中公教师

云南省特岗教师招聘考试辅导教材
语文学科专业基础知识

中公教育云南教师招聘考试研究院◎编著

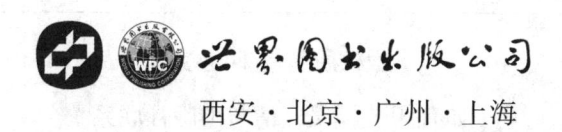

世界图书出版公司
西安·北京·广州·上海

图书在版编目（CIP）数据

语文学科专业基础知识/中公教育云南教师招聘考试研究院编著.—西安：世界图书出版西安有限公司，2018.10（2021.11 重印）
云南省特岗教师招聘考试辅导教材
ISBN 978-7-5192-5181-9

Ⅰ.①语… Ⅱ.①中… Ⅲ.①语文课—教学法—中小学—教师—聘用—资格考试—自学参考资料 Ⅳ.①G633.302

中国版本图书馆CIP数据核字（2018）第248213号

书　　名	云南省特岗教师招聘考试辅导教材·语文学科专业基础知识
	YUNNAN SHENG TEGANG JIAOSHI ZHAOPIN KAOSHI FUDAO JIAOCAI · YUWEN XUEKE ZHUANYE JICHU ZHISHI
编　　著	中公教育云南教师招聘考试研究院
责任编辑	樊　妮
特约编辑	张宇环
出版发行	世界图书出版西安有限公司
地　　址	西安市高新区锦业路1号都市之门C座
邮　　编	710065
电　　话	029-87214941　029-87233647（市场营销部）　029-87234767（总编室）
网　　址	http://www.wpcxa.com
邮　　箱	xast@wpcxa.com
销　　售	新华书店
印　　刷	三河市海新印务有限公司
开　　本	889mm×1194mm　1/16
印　　张	20
字　　数	480千字
版次印次	2018年10月第1版　2021年11月第6次印刷
国际书号	ISBN 978-7-5192-5181-9
定　　价	58.00元

版权所有 翻印必究

（如有印装错误，请与出版社联系）

前　言

云南省特岗教师招聘笔试实行全省统一命题制卷、统一时间考试、统一阅卷,各州(市)、县(市、区)自行组织考试。笔试考试科目分学前、小学和中学三个类别:①应聘幼儿园教师考查学前教育科目;②应聘小学特岗教师分语文、数学、英语、音乐、体育、美术、信息技术7个学科;③应聘中学特岗教师分语文、数学、英语、物理、化学、生物、政治、历史、地理、音乐、体育、美术、信息技术13个学科。小学、中学分学科使用不同试卷。

笔试成绩总分为120分,共分为两个部分。第一部分为报考学科的专业基础知识,总分值为100分;第二部分为教育学、教育心理学知识,总分值为20分。

特色一:精准归纳和细致讲解核心考点

本书编者在深入研究考试要求和历年考题的基础上,确定了图书的核心内容,精准归纳和细致讲解了语文学科的核心考点,既最大限度地保证了知识体系的完整,又凸显了考试的重难点。

例如:云南省特岗教师招聘语文历年考试的单项选择题都从不同角度考查了"语音"这一知识点。本书在第一部分第一章第二节细致讲解了这一知识点,以帮助考生提高复习效率。

再如:云南省特岗教师招聘语文历年考试都设置了"写作"题目。本书在第二部分细致讲解了"写作"这一内容,包括写作基础知识、常用写作体裁分析和常见作文题目基本类型,以帮助考生全面掌握该考点。

特色二:精心设置图书内容结构和版块

本书编者在图书的主体内容之前设置了备考指导,以便考生从整体上把握考试特点。备考指导包括考情分析和题型解读两部分的内容。考情分析部分简单介绍了云南省特岗教师招聘考试的情况。题型解读部分按照考查题型(单项选择题、多项选择题、判断题、名词解释题、简答题、阅读题、论述题、案例评析题、教学设计题、写作题)进行介绍,同时根据不同考查题型内容的特点进行总结,提出了相应的复习策略,为考生备考指明了方向,以帮助考生更加系统地进行复习。

本书的主体内容包括汉语言文学专业基础知识、写作基础、语文课程与教学论三个部分。本书编者在图书的主体内容部分设置了"知识拓展""易错提示""强化练习"等版块。其中,在重要考点处设置了"考题再现"版块,放置了历年考题中的代表性试题,帮助考生加强对考点的理解。考点讲解结束后,配有一定数量的练习题,帮助考生查漏补缺,强化知识要点。

特色三:多种细节设计提升学习效率

本书采用双色印刷,重要知识点均用波浪线进行标记,帮助考生快速识别和掌握考试重难点内容。

本书的"知识拓展"版块是对图书主体内容的补充,旨在帮助考生深入理解相关知识。例如,本书在第一部分第一章第二节"汉语拼音规则"中的"知识拓展"版块讲解了"隔音符号"与"专用名词和专用短语中的大小写"知识,这样既能保证图书主体内容的简洁明了,又能帮助考生深入理解相关知识。

  本书的"易错提示"版块对图书中容易混淆、出错的知识点进行了更加深入的讲解。例如:本书在第一部分第一章第三节"笔顺"中的"易错提示"版块就总结了一些笔顺容易写错的字,可以帮助考生掌握这些字的笔顺。

  本书所用真题来源于网络或根据考生回忆整理。期待考生为我们提出更多意见和建议,使图书更好地帮助更多的人。同时,我们也相信各位考生通过努力,定能顺利通过考试,早日圆梦三尺讲台,成为一名优秀的人民教师。

中公教育云南教师招聘考试研究院

2021年11月

备考指导

考情分析

　　云南省特岗教师招聘考试学科专业知识语文科目考试历年都有详细的考试大纲,2020年之前,题型、题量较为固定,2020年和2021年题型、题量发生了很大变化。历年试题的综合难度较大,其难度主要体现在考查范围较广、考查内容较有深度、要求考生掌握的能力水平较高等方面。试题包含了对汉语言文学专业基础知识、写作基础、语文课程与教学论三个方面内容的考查。

　　我们在深入研究云南省特岗教师招聘考试语文学科历年真题的基础上,总结其考试命题特点,分析其考情发展变化趋势,帮助考生从整体上认识云南省特岗教师招聘考试,把握考试方向,提升备考效率。

　　云南省特岗教师招聘考试学科专业知识语文学科历年真题基本情况见下表。

表1　2017—2021年云南省特岗教师招聘考试语文学科专业知识题型、题量分布表(单位:题)

试卷位置	题型	2021年小学	2020年小学	2020年中学	2019年小学	2018年小学	2018年中学	2017年小学	2017年中学
第一部分客观题	单项选择题	30	20	30	10	10	10	10	10
	多项选择题	—	—	10	—	—	—	—	—
	判断题	10	10	—	—	—	—	—	—
第二部分主观题	名词解释题	2	—	—	2	2	2	2	2
	简答题	2	3	—	3	3	3	3	3
	阅读题	—	—	2	—	—	3	—	—
	论述题	—	1	—	1	1	2	1	1
	案例评析题	1	—	—	1	1	—	1	—
	教学设计题	—	—	2	—	—	—	—	2
	写作题	1	1	1	1	1	1	1	1
总题量		46	36	45	18	18	21	18	19

题型解读

　　云南省特岗教师招聘考试大纲曾明确指出,语文科目考试主要考查一名合格教师所必须具备的语文知识基本素养,包括四个方面的内容,即汉语言文学专业基础、语言表达能力、教学理念、教学内容及技能。结合历年真题分析语文科目考试中的题型,云南省特岗教师招聘考试语文学科专业知识主要呈现出以下特色。

一、单项选择题

1.题型介绍

单项选择题是云南省特岗教师招聘语文考试历年必考题型之一，2020年之前，小学语文和中学语文每年固定考查10题；2020年，小学语文考查20题，中学语文考查30题；2021年，小学语文考查30题。在所有题型中，单项选择题相对来说难度系数较低。

2.考试内容及真题解读

单项选择题主要考查考生对现代汉语、古代汉语、中国古代文学、中国现当代文学、外国文学等内容的掌握程度及应用能力。依据近几年真题，我们总结出语文科目单项选择题考查情况如下。

表2 语文科目单项选择题考查情况表

主要考点	题量(题)	主要考查内容
现代汉语	2~9	字音、字义、字形的辨析，汉字的结构、笔画，"六书"，词的结构、分类，句子的结构、成分，病句及其成因等
古代汉语	1~2	通假字、古今异义、词类活用、异体字、文言实词、文言虚词、文言特殊句式等
中国古代文学	1~14	作家与作品的对应、作品内容的掌握、作品风格的赏析、主要流派等
中国现当代文学	1~7	
外国文学	1~8	

【2021年云南特岗小学真题】"鼠"字有（ ）笔。
A.14　　　　　B.15　　　　　C.16　　　　　D.13
【答案】D。

【2020年云南特岗小学真题】下列词语中，没有错别字的一项是（ ）。
A.大有裨益　　出类拔萃　　墨守成规
B.暗然销魂　　飞扬跋扈　　和蔼可亲
C.为虎作帐　　殚精竭虑　　融会贯通
D.一掷千金　　破斧沉舟　　一愁莫展
【答案】A。

【2019年云南特岗小学真题】下列词语中，加点字读音全部正确的一项是（ ）。
A.复辟(bì)　　岑寂(cén)　　炽热(zhí)　　阔绰(chuò)
B.缄默(jiān)　　菁华(jīng)　　窥探(kuī)　　酹酒(lèi)
C.仓廪(lǐn)　　擦起(luō)　　掮客(jiān)　　唱喏(rě)
D.血泊(pō)　　省亲(shěng)　　婆娑(suō)　　悚然(sǒng)
【答案】B。

现代汉语知识是历年单项选择题中占据比例较大的一类考试内容，主要考查内容包括字音、字义、字形的辨析，汉字的结构、笔画，短语及句子类型，病句及其成因等，具体呈现出以下特点。

①考查内容较稳定，常年固定考查的有字音等题型；此外，汉字、词类、复句、病句等知识也常有涉及。

②字音的辨析题是每年的必考题型，通常考查1题，题目难度相对较小；汉字方面的考查以造字法、笔画、汉字结构为主。通常来说，考生只要对以上内容加强识记，均能进行有效解答。

③有关病句的题目在历年真题中也有涉及，考生需要了解现代汉语语法知识及常见的病句类型。

【2021年云南特岗小学真题】"授之书而习其句读者"中"读"指的是（ ）。
A.文章诵读　　B.断句　　C.读者　　D.写字
【答案】B。

【2020年云南特岗中学真题】下列句子中,"其"字用作语气词的一项是( )。

A.今吾于人也,听其言而观其行　　B.君其问诸水滨

C.二国图其社稷,而求纾其民　　D.管仲以其君霸,晏子以其君显

【答案】B。

古代汉语知识每年必考,主要考查重点文言字词(如通假字、古今异义、词类活用)的翻译、虚词的用法、文言特殊句式等。考查内容多为初、高中课文,考生在备考时可重点复习。

【2021年云南特岗小学真题】下列属于20世纪魔幻现实主义代表作家的是( )。

A.艾略特　　B.奥尼尔

C.塞万提斯　　D.加西亚·马尔克斯

【答案】D。

【2020年云南特岗小学真题】下列作品不属于茅盾创作的一项是( )。

A.《子夜》　　B.《蚀》

C.《迟桂花》　　D.《虹》

【答案】C。

【2019年云南特岗小学真题】"唐宋八大家"不包括( )。

A.韩愈　　B.白居易

C.苏轼　　D.曾巩

【答案】B。

文学常识类考题主要考查中国古代文学、中国现当代文学和外国文学的相关知识。故考生在备考时应对相关内容进行复习。具体来说,近几年的考题呈现出以下特点。

①整体考查难度较小,基本停留在积累与识记水平。

②中国古代文学试题通常考查作家作品的对应、诗句的内在意蕴;现当代文学试题则多考查作家作品。

③外国文学试题以考查文学流派、作家作品的对应、作品人物等内容为主。

3.复习策略

考试中的单项选择题对考生能力的考查基本上稳定在识记与理解阶段,且要求识记的内容较多。故考生在复习这一部分知识时,可分三步走。第一步,用较少的时间,快速熟悉相关理论知识,对于重要理论知识,考生要根据对真题的分析做到有重点的准确识记。第二步,对重要字词、成语、文学常识,考生要分批、分阶段进行准确识记。第三步,在做题中印证识记、巩固识记、加深积累。

二、多项选择题

1.题型介绍

多项选择题是2020年云南省特岗中学语文教师招聘考试中出现的新题型,题量为10小题,总分为20分。

2.考试内容及真题解读

【2020年云南特岗中学真题】下列句子中,"者"字可解释为"……的人或事物"的是( )。

A.往者不可谏,来者犹可追

B.有颜回者好学,不迁怒,不贰过,不幸短命死矣

C.仲尼之徒无道桓文之事者

D.虽有天下易生之物也,一日暴之,十日寒之,未有能生者也

E.宋人有曹商者,为宋王使秦

【答案】ACD。

【2020年云南特岗中学真题】下列词语中,书写正确的是(　　)。
A.飞扬跋扈　　　　　　　　B.班门弄斧
C.并行不悖　　　　　　　　D.中流砥柱
E.言简意赅
【答案】ABCDE。

【2020年云南特岗中学真题】下列史书中,属于国别史的是(　　)。
A.《国语》　　　　　　　　B.《左传》
C.《史记》　　　　　　　　D.《战国策》
E.《春秋》
【答案】AD。

【2020年云南特岗中学真题】下列作品中,属于巴尔扎克创作的是(　　)。
A.《高老头》　　　　　　　B.《伪君子》
C.《驴皮记》　　　　　　　D.《包法利夫人》
E.《欧也妮·葛朗台》
【答案】ACE。

【2020年云南特岗中学真题】中国现代文学史上倡导文学革命的作家有(　　)。
A.郭沫若　　　　　　　　　B.胡适
C.陈独秀　　　　　　　　　D.钱玄同
E.刘半农
【答案】BCDE。

从2020年真题来看,多项选择题主要有以下特色。
①内容上,主要是对现代汉语、古代汉语、中国古代文学、中国现当代文学及外国文学相关知识的考查。
②考查内容比较常见,整体考查难度不大。

3. 复习策略

根据2020年真题来看,多项选择题要求考生加强对现代汉语、古代汉语、中国古代文学、中国现当代文学及外国文学方面知识的记忆。具体可以从以下几个方面着手。第一,加强对易错读音、字形的记忆。第二,重点记忆重要文学作家、流派等的基本知识。

三、判断题

1. 题型介绍

判断题是2020年云南省特岗小学语文教师招聘考试中出现的新题型,题量为10小题,总分为10分。

2. 考试内容及真题解读

【2021年云南特岗小学真题】关汉卿、马致远、郑光祖、王实甫被称为"元曲四大家"。(　　)
【答案】×。

【2021年云南特岗小学真题】大仲马是通俗小说的代表作家。(　　)
【答案】√。

【2021年云南特岗小学真题】林震出自《组织部来了个年轻人》这部作品。(　　)
【答案】√。

【2020年云南特岗小学真题】《义务教育语文课程标准(2011年版)》对第二学段识字与写字要求累计认识常用汉字1600个左右,其中800个左右会写。(　　)
【答案】×。

【2020年云南特岗小学真题】谓语通常由谓词性词语充当,在一定条件下,也可由名词性词语充当。
(　　)
【答案】√。
【2020年云南特岗小学真题】"举酒属客,诵明月之诗"中的"属"意为"属于"。(　　)
【答案】×。

从2020年和2021年真题来看,判断题主要有以下特色。
①内容上,主要是对《义务教育语文课程标准(2011年版)》、现代汉语、古代汉语、中国古代文学、中国现当代文学及外国文学内容的考查。
②考查内容比较常见,整体考查难度不大。

3.复习策略

根据2020年和2021年小学真题来看,判断题要求考生加强对《义务教育语文课程标准(2011年版)》、现代汉语、古代汉语、中国古代文学、中国现当代文学及外国文学方面知识的记忆。具体可以从以下几个方面着手。第一,加强对《义务教育语文课程标准(2011年版)》的识记与理解。第二,加强对现代汉语、古代汉语知识的理解。第三,重点记忆重要作家作品、文学流派等的基本知识。

四、名词解释题

1.题型介绍

除2020年之外,其他年份云南省特岗教师招聘语文考试均设置了名词解释题,共有2小题。

2.考试内容及真题解读

【2021年云南特岗小学真题】北方方言
【2018年云南特岗小学真题】冰心体

从历年真题来看,名词解释题主要有以下特色。
①内容上,其主要考查现代汉语、中国古代文学、中国现当代文学、外国文学中的作家作品、文学流派。
②考查难度较小,考试的内容均比较常见。
③现代汉语、作家作品、文学流派只是名词解释类试题可考查内容的一小部分,不排除以后考查古代汉语、文学理论等领域中的重要概念的可能。

3.复习策略

名词解释题要求考生加强对重要现代汉语概念、作家作品、文学流派的记忆能力。具体来说可以从以下几个方面着手。第一,了解中外文学发展的大致脉络。第二,重点识记在文学史上影响较大、知名度较高的作家、作品、文学流派,以及现代汉语、古代汉语、文学理论等领域中的重要概念。第三,温习旧知,提炼易混淆内容,有效区分记忆。

五、简答题

1.题型介绍

简答题作为云南省特岗教师招聘考试常考题型,题量稳定在2~3小题。

2.考试内容及真题解读

【2021年云南特岗小学真题】为什么说《约翰·克利斯朵夫》是一部"音乐小说"?
【2020年云南特岗小学真题】辛弃疾词作的艺术成就是什么?
【2018年云南特岗中学真题】简述语文教师教育的基本理念。
【2017年云南特岗小学真题】简析巴金《家》中觉慧的形象。

结合近年考试真题来看,简答题的考查主要呈现出以下特点。

①考查内容稳定,涉及中国古代文学、中国现当代文学、外国文学、新课程标准等方面的内容。
②考查的内容较为细致,多是对作品思想内容、艺术特色、人物形象的分析或对新课标内容的理解。

3.复习策略

①广泛阅读中外文学作品,熟悉、掌握新课标内容。
②了解并掌握鉴赏文学作品的方法,厘清答题思路。
③多练多写,在练习中要做到有理有据,条分缕析。

六、阅读题

1.题型介绍

阅读题在云南省特岗教师招聘考试中并不常见,近几年只在2020年、2018年云南省特岗中学试卷中出现过。2020年、2018年云南省特岗中学试卷中的阅读题主要是对文言文阅读的考查,对文言文句子的断句和翻译、文言实词的解释、文言文的理解和文言文的中心思想进行了考查。

2.考试内容及真题解读

【2020年云南特岗中学真题】阅读以下文言文(材料见本书P100"考题再现"),回答问题。

(1)给以下句子加标点,并翻译成现代汉语。

数千里外得长者时赐一书以慰长想即亦甚幸矣。

(2)解释下列加点字。

①何至更辱馈遗　　　　　　　　　　馈遗:_____
②则不才益将何以报焉　　　　　　　不才:_____
③书中情意甚殷　　　　　　　　　　殷:_____
④上下相孚　　　　　　　　　　　　孚:_____

结合真题来看,阅读题考查的是文言文阅读,考生在复习时要注重文言知识的积累,多读多练。近几年考试阅读题虽出现频率不高,但不排除之后的考试考查这方面内容的可能,考生在备考时,要注意阅读题的复习,除了复习文言文阅读之外,还要积累古诗词阅读等方面的知识。

3.复习策略

①多读多练,扩大阅读面,增加基础知识积累。
②掌握一定的答题技巧,厘清答题思路。

七、论述题

1.题型介绍

论述题是云南省特岗教师招聘考试的常考题型。近年来,小学真题多为对语文课程与教学论知识的考查,要求考生对这部分内容形成一个整体的、综合的认知,并且能够结合实例进行论述;中学真题多为对文学理论知识的考查,要求考生掌握文学创造、文学鉴赏、文学作品等方面的相关知识。

2.考试内容及真题解读

【2020年云南特岗小学真题】请结合教学实际,论述方言区小学汉语拼音教学运用的策略。

【2018年云南特岗中学真题】请结合你熟悉的作品,试分析苏轼词作的创作特色及成就。

【2017年云南特岗中学真题】试论文学四要素及其关系。

结合近年真题来看,论述题的考查范围较广,真题不仅包含对考生所掌握的理论知识的考查,而且还有对考生在教学实践中运用知识的能力的检测。因此,考生要能从广度与深度两个方面来掌握教学论及文学理论等知识点,在复习的时候,注意知识学习的广泛性、准确性和实践性。

从近年出题的趋势来看,论述题可能会作为常考题型长期存在。论述题分值较高,考生在复习时,应有侧重地对该题型进行强化训练。

3.复习策略

①形成知识储备，为论述打下基础。

②学会有逻辑地论述，使论述更有条理。

八、案例评析题

1.题型介绍

案例评析题是云南省特岗小学教师招聘考试的常考题型。此类试题通常节选一段教学设计或课堂实录，然后根据节选材料提出问题，要求考生根据新课标及个人认识进行分析，有时要求做出决策，有时要求进行评价，并针对缺点提出解决办法或意见。

2.考试内容及真题解读

【2021年云南特岗小学真题】阅读义务教育课程标准实验教科书人教版四年级上《卡罗纳》教学设计（材料见本书P292"考题再现"），根据小学语文阅读技能和阅读能力培养的教学案例，写一个课评。

案例评析题主要考查考生对文本的解读能力与对教学案例的分析能力。因此考生必须要在熟悉教材课文的前提下，理解新课标内容，形成自己的见解，并能以合理的语言对案例中执教教师的教学行为进行阐释。案例评析题主要呈现出以下特点。

①教学内容为课内小学阶段的课文，选材倾向于小学高学段教学。

②节选一段教学实录或教学目标、作业布置，以教学实录节选为主。所节选的教学实录片段主要涉及字词、句子的教学或是某一问题的教学。

③多与《义务教育语文课程标准（2011年版）》的理解或识记相结合。

④节选材料多为优秀教学案例，或优劣参半；少有完全失败的教学案例。

3.复习策略

案例评析题在2017—2021年云南省特岗教师招聘考试小学语文中都有考查，故考生一定要加强对案例评析题作答技巧的掌握。在复习这类考题时，考生要做到以下几点。

①多看——多阅读一些优秀教师的教学实录，分析其成功之处。

②多练——试着自己写作教学实录，并和优秀教学案例进行比照，分析自己写作的教学案例的缺点，找到优秀教学案例的优点。

在这样的多看、多练的比较分析中，考生既能有针对性地提高自己分析问题、解决问题的能力，又能提高自身教学设计写作的能力。

九、教学设计题

1.题型介绍

教学设计题虽然在近几年云南省特岗教师招聘考试中不常见，但依旧需要考生重视。教学设计题不仅考查考生对文本的解读能力，更考查考生的教学基本功，故对考生的能力要求很高。考生要想在这一部分取得高分，不仅需要对文本有准确认知，还需要熟练掌握教学技能、技法等相关知识。

2.考试内容及真题解读

【2017年云南特岗中学真题】阅读《陋室铭》（材料见本书P281），回答问题。

问题：

1.请为这篇文章设计教学思路。

2.请为这篇文章设计教学板书。

教学设计题除考查考生对文本内容的理解能力外，还考查考生将这些知识组织成符合逻辑的语言进行表达的能力，故对考生的要求进一步提高。从历年真题来看，教学设计题主要呈现出以下特点。

备考指导 7

①从阅读材料来看，真题所给的材料均为中学课内的古诗文。因此，未来的考试也极有可能从中学课本中选择材料，考生在备考时应着重了解中学语文教材内的重点古诗文。

②从考查方向来看，主要有教学目标设计，重难点设计，板书设计及教学思路、教学简案的编写。其中，教学思路、教学简案的编写和板书设计最为常见。

③从考查方式来看，教学设计题清晰地分为两个小题，这就要求考生在答题时，能够准确抓住题干要求，保证重点突出地完成教学设计。

3.复习策略

根据对近几年真题的分析，考生可从以下几个方面来加强练习。

①熟悉相关知识点，尤其是加强对教学目标设计、教学重难点设计、板书设计的要求的理解识记。

②强化对中学语文教材中重点古诗文的掌握、练习，在复习时可阅读优秀教师的教学设计及教案，领会其精神，学习其方法。

③在熟练掌握原理、技巧后，一定要多写、多修改，尽量使用专业术语，字迹要工整、清晰、美观。

十、写作题

1.题型介绍

写作题是云南省特岗教师招聘考试语文科目的必考题型，分值固定为30分，是试卷中所占分值较高的题型。从一定程度上来说，写作题的分数高低对考试的总得分有很大影响。命题形式方面，历年写作题的命题形式常为命题作文、话题作文或材料作文；写作要求方面，多数要求"角度自选，立意自定，标题自拟""除诗歌以外，文体不限"；字数方面，中学考试作文要求不少于800字，小学考试作文一般要求不少于600字（2018—2019年小学真题要求不少于800字）。

2.考试内容及真题解读

【2020年云南特岗小学真题】"入则无法家拂士，出则无敌国外患者，国恒亡。然后知生于忧患而死于安乐也。"（《孟子·告子下》）

请以"生于忧患，死于安乐"为题，写一篇不少于600字的作文。除诗歌外，文体不限，文中不得出现真实的人名、地名、校名。

【2020年云南特岗中学真题】"夫传言不可以不察。数传而白为黑，黑为白。故狗似玃，玃似母猴，母猴似人，人之与狗则远矣。此愚者之所以大过也。"

阅读以上文字，自拟题目，写一篇不少于800字的作文，除诗歌外，体裁不限。文中不得出现真实的人名、校名、地名。

【2019年云南特岗小学真题】创新是一个民族进步的灵魂，请以"创新"为话题写一篇文章，自选文体（诗歌除外），不少于800字。

从历年考试真题来看，云南省特岗教师招聘考试对命题作文、话题作文、材料作文都有所涉及，比较倾向于对议论文写作的考查。从内容来说，近年的真题作文有贴近学生、教师实际等教育方面的内容，如热爱、倾听、读书等；也有与教育、教学没有明显关联，侧重于对社会生活与价值态度评议的内容，如人生、勇气等。故考生在复习时，应加强对价值态度、人生哲理、师德、师爱等内容的了解。

3.复习策略

写作在考试中占据了"半壁江山"，那么考生如何才能打好写作这一仗呢？考生在复习时，可从以下角度出发。第一，了解各类作文的审题技巧，加强审题训练，取得写作胜利的第一步。第二，积累材料，根据云南省特岗教师招聘考试写作考查的特点，有方向地增加写作材料的积累。第三，加强写作练习，作文不是背出来的，也不是思考出来的，而是练出来的。很多考生在复习写作时，很少动笔，这不利于写作能力的提升。

注："备考指导"中所提及的真题的参考答案及详细解析，请参考配套试卷。

目 录

第一部分　汉语言文学专业基础知识

第一章　现代汉语 (2)
 第一节　现代汉语概述 (2)
 第二节　语　音 (4)
 第三节　汉　字 (15)
 第四节　词　语 (22)
 第五节　句　子 (36)
 第六节　常见病句 (42)
 第七节　常用辞格 (47)
 强化练习 (55)

第二章　古代汉语 (58)
 第一节　常见文言实词与虚词 (58)
 第二节　基本词法 (79)
 第三节　基本句法 (82)
 强化练习 (85)

第三章　阅　读 (87)
 第一节　古诗词阅读 (87)
 第二节　文言文阅读 (95)
 强化练习 (102)

第四章　中外文学作家、作品基本知识 (104)
 第一节　中国古代文学 (104)
 第二节　中国现当代文学 (137)
 第三节　外国文学 (158)
 第四节　文学理论 (183)
 强化练习 (202)

第二部分　写作基础

第一章　写作基础知识 (212)
第一节　写作能力及写作过程 (212)
第二节　写作中表达方式的运用 (215)

第二章　常用写作体裁分析 (217)
第一节　记叙文 (217)
第二节　议论文 (219)
第三节　说明文 (222)
第四节　书信 (224)
第五节　演讲稿 (226)

第三章　常见作文题目基本类型 (228)
第一节　全命题与半命题作文 (228)
第二节　话题作文 (230)
第三节　材料作文 (232)
第四节　漫画作文 (233)
强化练习 (234)

第三部分　语文课程与教学论

第一章　《义务教育语文课程标准（2011年版）》 (238)
第一节　前言 (238)
第二节　课程目标与内容 (239)
第三节　实施建议 (245)

第二章　教学设计能力 (252)
第一节　教学设计概述 (252)
第二节　常见的教学方法 (255)
第三节　教学目标设计及教学重难点的把握 (258)
第四节　教学内容的设计及课堂教学技艺 (263)
第五节　教学过程设计 (267)
第六节　课堂提问与课堂偶发事件的处理 (276)
第七节　教案写作 (278)
强化练习 (282)

第三章 教学评价能力 ……………………………………………………………………（286）

 第一节 语文教学评价的功能和种类 …………………………………………………（286）

 第二节 语文课堂教学评价的主要原则 ………………………………………………（289）

第四章 案例分析能力 ……………………………………………………………………（292）

 第一节 教学案例分析题目的类型 ……………………………………………………（292）

 第二节 教学案例分析题目的设问形式及作答思路 …………………………………（297）

 强化练习 …………………………………………………………………………………（302）

  中公教育·全国分部一览表 ……………………………………………………………（304）

第一部分 汉语言文学专业基础知识

　　本书第一部分严格按照云南省特岗教师招聘语文学科笔试考试大纲的知识结构编写，共分为四章。第一章为对现代汉语基础知识（现代汉语概述、语音、汉字、词语、句子、常见病句、常用辞格）及其应用的相关讲解；第二章为对古代汉语基础知识（常见文言实词与虚词、基本词法、基本句法）的相关讲解；第三章为对阅读（古诗词阅读、文言文阅读）的相关方法和理论的阐释；第四章为对中外文学史上的文学流派、作家、作品，以及文学理论的相关介绍。

　　本部分是历年云南省特岗教师招聘考试的必考内容。真题侧重对以下内容进行考查：①对字音、字形辨析、病句类型判断、修辞手法分析的考查；②对中国古代文学、中国现当代文学、外国文学及文学理论的考查。考生应在熟练掌握上述内容相关理论知识的基础上，结合自身实际，有针对性地进行复习。

第一章 现代汉语

第一节 现代汉语概述

一、现代汉语的含义

汉语是汉民族的语言。现代汉语是现代汉民族所使用的语言,通常有广义与狭义两种解释。广义的现代汉语指现当代以来汉民族使用的语言,包括民族共同语(普通话)和方言;狭义的现代汉语则仅指普通话。

民族共同语即一个民族全体成员通用的语言。现代汉民族共同语,即普通话,是以北京语音为标准音,以北方话为基础方言,以典范的现代白话文著作为语法规范的全国通用的语言。

汉民族共同语的发展大致经历了以下过程:雅言(春秋)——通语(汉代)——官话(明代)——国语(辛亥革命后)——普通话(中华人民共和国成立后)。

二、现代汉语的特点

1.语音方面

没有复辅音;元音占优势;音节整齐简洁;有声调。

2.词汇方面

单音节语素多;广泛运用词根复合法构成新词;双音节词占优势;同音语素多。

3.语法方面

语序和虚词是表示语法意义的主要手段;词类和句法成分关系复杂;词、短语和句子的结构原则基本一致;量词和语气词十分丰富。

三、现代汉语语音概说

考点1 语音的性质

语音是人类说话的声音,是有意义内容的语言成分的外部形式,或者说是语言的物质外壳。语音具有物理属性、生理属性和社会属性,其中,社会属性是其本质属性。

1.物理属性

语音具有四种要素,分别是音高、音强、音长、音色。

音高指声音的高低,它取决于发音体振动的快慢。发音体振动越快,发出的声音越高,反之则声音越低。

音强指声音的强弱,它取决于发音体振动幅度的大小。

音长指声音的长短,也就是声波延续的时间长度,它取决于发音体振动持续的时间。

音色又叫音质,是一个声音区别于其他声音的本质特点。造成音色不同的条件主要有三种:一是发音体不同;二是发音方法不同;三是发音时共鸣器的形状不同。

考题再现

【2018年·中学·单选】什么取决于发音体振动的快慢？（　　）
A.音强　　　　B.音长　　　　C.音高　　　　D.音色
【答案】C。

2.生理属性
语音是由人的发音器官发出来的,因而具有生理属性。人的发音器官由三大部分组成:呼吸器官,喉头和声带（嗓子）,口腔、鼻腔和咽腔。

3.社会属性
语音是一种社会现象,因而具备社会属性。语音的社会属性表现在以下两方面。

①语音的社会属性突出地表现在语音和语义的联系上。用什么语音表示什么意义,其间并没有必然的、本质的联系,不是由个人决定的,而是一定范围内的社会成员在长期的社会生活中约定俗成的。

②语音的社会属性还表现在语音的系统性上。各语种或方言都有自身独特的语音系统,从物理属性和生理属性上看是不同的音,在语言中可能认为是相同的音。

考点2　语音的单位

1.音素
音素是构成音节的最小单位或最小的语音片段。它是从音色的角度划分出来的,可分为元音和辅音两大类。一个音节,如果按音色的不同去进一步划分,就会得到一个或几个最小的各有特色的单位,这就是音素。例如:"爸"（bà）从音色的角度可以划分出"b"和"a"两个音素。"刊"（kān）可以划分出"k""a""n"三个音素。

2.音节
音节是语音的基本结构单位,是听话时自然感到的最小的语音单位,发音时发音器官肌肉紧张一次就形成一个音节。音节由一个或几个音素组成。汉语音节有两拼音节、三拼音节、整体认读音节、自成音节四种。一般来说,一个汉字的读音就是一个音节。汉语中有些比较复杂的音节的韵母包含韵头（又叫介音）、韵腹（又叫主要元音）和韵尾三个部分。

3.声母、韵母、声调
声母,由辅音构成,位于音节前段。有的音节开头没有辅音,元音前头部分是零,叫作"零声母",该音节即零声母音节。普通话中声母和辅音各有22个。其中,辅音声母21个,零声母1个。辅音ng只能用作韵母中的韵尾,不能用于音节最前段作声母。

韵母,由元音或元音加辅音构成,位于音节后段。韵母的结构可分为韵头、韵腹、韵尾。韵头也叫介音,位于声母和韵腹之间,只有i、u、ü三个元音可以充当。韵腹也叫主要元音,是韵母中必不可少的部分。所有的元音都可以出现在韵腹的位置上。韵尾位于韵腹后边,只有n、ng、i、u四个音素可以充当。

声调是依附在声韵结构中具有区别意义作用的音高型式。

4.音位
音位是一个语音系统中能够区别意义的最小的语音单位,是按语音的辨义作用归纳出的音类。

考题再现

【2020年·小学·单选】从音色角度划分,最小的语音单位是（　　）。
A.音位　　　　B.音节　　　　C.音素　　　　D.声调
【答案】C。

第一部分　汉语言文学专业基础知识　3

四、现代汉语方言

方言虽只在一定的区域内流行,但本身也有一套完整的系统。方言都具有语音结构系统、词汇结构系统和语法结构系统。不同汉语方言之间的差异表现在语音、词汇、语法等各个方面,其中语音的差异最大,词汇的差异次之,语法的差异最小。

我国方言比较复杂,汉语方言可以分为七大方言区:北方方言、吴方言、湘方言、赣方言、客家方言、闽方言和粤方言。

1.北方方言

北方方言是现代汉民族共同语的基础方言,以北京话为代表,内部一致性较强,分布地域最广,使用人口最多。北方方言大致可分为四个次方言:华北—东北方言、西北方言、西南方言、江淮方言。

> **考题再现**
>
> 【2021年·小学·名词解释】北方方言
> 【参考答案】见正文。

2.吴方言

吴方言以苏州话(一说上海话)为代表,主要分布在上海市、江苏省长江以南镇江以东地区(不包括镇江)、南通的小部分地区、浙江的大部分地区。

3.湘方言

湘方言以长沙话为代表,主要分布在湖南省大部分地区(西北部除外)。

4.赣方言

赣方言以南昌话为代表,主要分布在江西省大部分地区(东北沿长江地区和南部除外)。

5.客家方言

客家方言以广东梅县话为代表,主要分布在广东东部和北部、福建西部、江西南部、广西东南部。

6.闽方言

闽方言可分为闽东、闽南、闽北、闽中、莆仙五个次方言。其中,闽东方言以福州话为代表,主要分布在福建东部闽江下游;闽南方言以厦门话为代表,主要分布在闽南二十四县、台湾、广东潮汕地区、雷州半岛、海南及浙江南部。

7.粤方言

粤方言,又称白话,以广州话为代表,主要分布在广东中部、西南部和广西东部、南部及香港、澳门特别行政区。

第二节 语 音

一、字母

《汉语拼音方案》是用拉丁字母拼写现代汉语普通话语音的方案,于1958年2月11日由第一届全国人民代表大会第五次会议批准颁布。它包括字母表、声母表、韵母表、声调符号和隔音符号五项内容。其中,字母表一共有字母26个,详见下表。

表 1-1-1　字母表

字母	名称	字母	名称
Aɑ	ㄚ	Nn	ㄋㄝ
Bb	ㄅㄝ	Oo	ㄛ
Cc	ㄘㄝ	Pp	ㄆㄝ
Dd	ㄉㄝ	Qq	ㄑㄧㄡ
Ee	ㄜ	Rr	ㄚㄦ
Ff	ㄝㄈ	Ss	ㄝㄙ
Gg	ㄍㄝ	Tt	ㄊㄝ
Hh	ㄏㄚ	Uu	ㄨ
Ii	ㄧ	Vv	ㄪㄝ
Jj	ㄐㄧㄝ	Ww	ㄨㄚ
Kk	ㄎㄝ	Xx	ㄒㄧ
Ll	ㄝㄌ	Yy	ㄧㄚ
Mm	ㄝㄇ	Zz	ㄗㄝ

二、辅音与声母

考点1　辅音的分类

1.按发音部位分类（发音部位：发音时气流受到阻碍的位置）

按发音部位的不同，普通话辅音可分为双唇音、唇齿音、舌尖前音、舌尖中音、舌尖后音、舌面前音、舌面后音七类。

①双唇音（由上唇和下唇阻塞气流而形成）：b、p、m。（3个）
②唇齿音（由上齿和下唇接近阻碍气流而形成）：f。（1个）
③舌尖前音（由舌尖抵住或接近齿背阻碍气流而形成）：z、c、s。（3个）
④舌尖中音（由舌尖抵住上齿龈阻碍气流而形成）：d、t、n、l。（4个）
⑤舌尖后音（由舌尖卷起，抵住或接近硬腭前部阻碍气流而形成）：zh、ch、sh、r。（4个）
⑥舌面前音（由舌面前部抵住或接近硬腭前部阻碍气流而形成）：j、q、x。（3个）
⑦舌面后音（由舌面后部抵住或接近软腭阻碍气流而形成）：g、k、h、ng。（4个）

2.按发音方法分类（发音方法：发音时喉头、口腔和鼻腔节制气流的方式和状况）

按阻碍方式的不同，普通话辅音可分为塞音、擦音、塞擦音、鼻音、边音五类。

①塞音（发音部位形成闭塞，软腭上升，堵塞鼻腔的通路，然后气流冲破阻碍而发出声音）：b、p、d、t、g、k。（6个）
②擦音（发音部位之间留下窄缝，气流从窄缝中挤出，摩擦而发出声音）：f、h、s、sh、r、x。（6个）
③塞擦音（发音器官的两个部位完全闭塞，然后打开一条窄缝，让气流从中挤出，摩擦而发出声音）：z、c、zh、ch、j、q。（6个）
④鼻音（发音时，口腔通路闭塞，软腭下降，打开鼻腔通路，气流振动声带，从鼻腔通过而发出声音）：m、n、ng。（3个）
⑤边音（发音时，舌头中间位置成阻，使气流从舌头两边的空隙中流出而发出声音）：l。（1个）

第一部分　汉语言文学专业基础知识　5

按声带振动与否,普通话辅音可分为清音和浊音两类。
①清音(发音时,声带不振动):b、p、f、d、t、g、k、h、j、q、x、zh、ch、sh、z、c、s。(17个)
②浊音(发音时,声带振动):m、n、l、r、ng。(5个)
按呼出气流的强弱,部分普通话辅音可分为送气音和不送气音两类。
①送气音(呼出的气流较强):p、t、k、c、ch、q。(6个)
②不送气音(呼出的气流较弱):b、d、g、z、zh、j。(6个)

考点2 声母

《汉语拼音方案》中一共有21个辅音声母,详见下表。

表1-1-2 声母表

b	p	m	f	d	t	n	l
ㄅ玻	ㄆ坡	ㄇ摸	ㄈ佛	ㄉ得	ㄊ特	ㄋ讷	ㄌ勒
g	k	h	j	q	x		
ㄍ哥	ㄎ科	ㄏ喝	ㄐ基	ㄑ欺	ㄒ希		
zh	ch	sh	r	z	c	s	
ㄓ知	ㄔ蚩	ㄕ诗	ㄖ日	ㄗ资	ㄘ雌	ㄙ思	

三、元音与韵母

考点1 元音的分类

普通话元音分为单元音和复元音,其中,单元音有10个,复元音有13个。

1.单元音

单元音是发音时口形(舌位、唇形、开口度)始终保持不变的元音。
分析单元音的发音,可从舌位的高低、舌位的前后、唇形的圆展三个方面着手。
第一,根据舌位的高低和开口度的大小,可将舌面元音分为高元音(又称闭元音)、半高元音(又称半闭元音)、半低元音(又称半开元音)、低元音(又称开元音)。例如:i、u、ü为高元音,a为低元音。
第二,根据舌位的前后,可将舌面元音分为前元音、央元音、后元音。例如:i、ü为前元音,o、u为后元音。
第三,根据唇形的圆展,可将舌面元音分为圆唇元音、不圆唇元音。例如:o、ü为圆唇元音,a、i为不圆唇元音。
单元音可分为舌面元音、舌尖元音、卷舌元音三类。
(1)舌面元音
舌面元音共7个:a、o、e、ê、i、u、ü。
a[A]:舌面、央、低、不圆唇元音。例如:"蛤蟆""喇叭"中的a。
o[o]:舌面、后、半高、圆唇元音。例如:"婆婆""馍馍"中的o。
e[ɤ]:舌面、后、半高、不圆唇元音。例如:"割舍""合格"中的e。
ê[ɛ]:舌面、前、半低、不圆唇元音。普通话中只有"欸"字念ê(零声母)。
i[i]:舌面、前、高、不圆唇元音。例如:"集体""旖旎"中的i。
u[u]:舌面、后、高、圆唇元音。例如:"复古""出租"中的u。
ü[y]:舌面、前、高、圆唇元音。例如:"须臾""区域"中的ü。

（2）舌尖元音

舌尖元音共2个：-i [ɿ]、-i [ʅ]。

-i [ɿ]：舌尖前、高、不圆唇元音。-i [ɿ] 只和z、c、s相拼。例如："字词""自私"中的-i [ɿ]。

-i [ʅ]：舌尖后、高、不圆唇元音。-i [ʅ] 只和zh、ch、sh、r相拼。例如："迟滞""支持"中的-i [ʅ]。

（3）卷舌元音

卷舌元音共1个：er [ər]。

er [ər]：卷舌、央、中、不圆唇元音。er为单元音，其中的"r"为表示卷舌动作的符号，不代表音素，不是韵尾。

考题再现

【2020年·中学·单选】下列元音中，哪一个是舌面、前、高、圆唇元音？（ ）

A.e　　　　　　　　　　　　　　　B.i

C.er　　　　　　　　　　　　　　　D.ü

【答案】D。

2.复元音

复元音是发音时舌位、唇形都有变化的元音，可分为前响复元音、中响复元音和后响复元音。

前响复元音指发音时前边的元音比较响亮的复元音，共有4个，分别是ai、ei、ao、ou。例如：白菜、蓓蕾、佝偻。须注意的是，复元音ao后的元音是u，拼音方案为了避免u和n混淆，将u标为了o。

中响复元音指发音时中间的元音比较响亮的复元音，共有4个，分别是iao、iou、uai、uei。例如：渺小、悠久、会徽。

后响复元音指发音时后边的元音比较响亮的复元音，共有5个，分别是ia、ie、ua、uo、üe。例如：下架、挂画、雀跃。

考点2　韵母的分类

《汉语拼音方案》中一共收录了35个韵母。

表1-1-3　韵母表

	i	u	ü
	ㄧ 衣	ㄨ 乌	ㄩ 迂
a	ia	ua	
ㄚ 啊	ㄧㄚ 呀	ㄨㄚ 蛙	
o		uo	
ㄛ 喔		ㄨㄛ 窝	
e	ie		üe
ㄜ 鹅	ㄧㄝ 耶		ㄩㄝ 约
ai		uai	
ㄞ 哀		ㄨㄞ 歪	
ei		uei	
ㄟ 欸		ㄨㄟ 威	
ao	iao		
ㄠ 熬	ㄧㄠ 腰		

(续表)

ou 又 欧	iou 丨又 忧		
an 马 安	ian 丨马 烟	uan ㄨ马 弯	üan 山马 冤
en ㄣ 恩	in 丨ㄣ 因	uen ㄨㄣ 温	ün 山ㄣ 晕
ang 尢 昂	iang 丨尢 央	uang ㄨ尢 汪	
eng ㄥ 亨的韵母	ing 丨ㄥ 英	ueng ㄨㄥ 翁	
ong （ㄨㄥ）轰的韵母	iong 山ㄥ 雍		

● 知识拓展 ●

普通话有39个韵母,而《汉语拼音方案》的韵母表只收录了35个韵母,没有包括舌尖元音韵母–i [ɿ]、–i [ʅ]、卷舌元音韵母er和舌面元音韵母ê。

1. 按结构划分

韵母按结构可以分为单元音韵母、复元音韵母、鼻音尾韵母三类。

（1）单元音韵母

由单元音构成的韵母叫单元音韵母。普通话中共有10个单元音韵母。单元音韵母中a、o、e、ê、i、u、ü都是舌面元音,–i（舌尖前音）、–i（舌尖后音）是舌尖元音,er是卷舌元音。后3个韵母不属于舌面元音,可统称为"特殊元音韵母"。

（2）复元音韵母

由复元音构成的韵母叫复元音韵母。普通话中共有13个复元音韵母:ai、ei、ao、ou、ia、ie、ua、uo、üe、iao、iou、uai、uei。根据主要元音所处的位置,复元音韵母可分为前响复元音韵母、中响复元音韵母和后响复元音韵母。

（3）鼻音尾韵母

由一个或两个元音后面带上鼻辅音（n和ng）构成的韵母叫鼻音尾韵母,又叫带鼻音韵母。普通话中鼻音尾韵母共有16个,根据鼻辅音韵尾的不同,鼻音尾韵母可分为两类。第一类是前鼻尾韵母,普通话前鼻音韵母共有8个,即an、ian、uan、üan、en、in、uen、ün;第二类是后鼻尾韵母,普通话后鼻音韵母共有8个,即ang、iang、uang、eng、ing、ueng、ong、iong。

2. 按开头元音发音口形划分

韵母按开头元音发音口形,可以分为开口呼、齐齿呼、合口呼、撮口呼,简称"四呼"。

①开口呼韵母是指韵母开头不是i、u、ü的韵母,例如:a、ou、eng。
②齐齿呼韵母是指韵母开头为i的韵母,例如:iou、iao、ie、ia。
③合口呼韵母是指韵母开头为u的韵母,例如:ua、uo、uai、uei。
④撮口呼韵母是指韵母开头为ü的韵母,例如:üe、ün、üan。

3. 按韵尾划分

韵母按韵尾分类的详细情况可参看下表。

表 1-1-4　普通话韵母总表

类型			韵母			
			开口呼	齐齿呼	合口呼	撮口呼
单韵母	单元音韵母	无韵尾韵母	-i（前）（后）	i	u	ü
			a			
			o			
			e			
			ê			
			er			
复合韵母	复元音韵母	元音韵尾韵母		ia	ua	
					uo	
				ie		üe
			ai		uai	
			ei		uei	
			ao①	iao		
			ou	iou		
带鼻音韵母	鼻音韵尾韵母		an	ian	uan	üan
			en	in	uen	ün
			ang	iang	uang	
			eng	ing	ueng	
					ong	iong②

[注]①韵尾的元音u，拼音字母有时写作o，如ao、iao，不要误以为o是韵尾，它们的韵尾是u。
②ong的实际读音为[uŋ]，应该归入合口呼韵母；iong的实际读音为[yŋ]，应该归入撮口呼韵母。

四、声调符号

调类是声调的种类，就是把调值相同的字归纳在一起所建立的类。

调值指依附在音节里高低升降的音高变化的固定格式，也就是声调的实际读音。描写调值一般采用"五度标记法"。

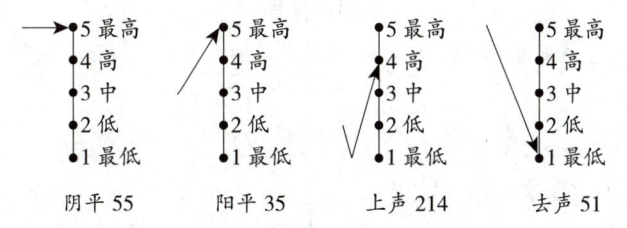

图 1-1-1　普通话调值五度标记法示意图

普通话的字音（不包括轻声和变调）分属四种基本调值。

表1-1-5 普通话声调表

调类	阴平（第一声）	阳平（第二声）	上声（第三声）	去声（第四声）
形状	—	/	V	\
调值	55	35	214	51
例字	千	锤	百	炼
调型标记法	qiān	chuí	bǎi	liàn

五、汉语拼音规则

拼写规则口诀

b、p、m、f与o亲，一般不与e相拼（"么"除外）。

i、u后边有元音，i、u改写成y、w。

i、u后边无元音，i前加y，u加w。

j、q、x是三兄弟，和ü相拼把点去。

汉语拼音规则，总结如下。

①"知""蚩""诗""日""资""雌""思"等七个音节的韵母用i，拼作zhi、chi、shi、ri、zi、ci、si。

②韵母儿写成er，用作韵尾的时候写成r。例如："儿童"拼作értóng，"花儿"拼作huār。

③i行的韵母，前面没有声母的时候，写成yi（衣）、ya（呀）、ye（耶）、yao（腰）、you（忧）、yan（烟）、yin（因）、yang（央）、ying（英）、yong（雍）。

④u行的韵母，前面没有声母的时候，写成wu（乌）、wa（蛙）、wo（窝）、wai（歪）、wei（威）、wan（弯）、wen（温）、wang（汪）、weng（翁）。

⑤ü行的韵母，前面没有声母的时候，写成yu（迂）、yue（约）、yuan（冤）、yun（晕），ü上两点省略。

⑥ü行的韵母跟声母j、q、x相拼的时候，写成ju（居）、qu（区）、xu（虚），ü上两点省略；但是跟声母n、l相拼的时候，仍然写成nü（女）、lü（吕）。

⑦iou、uei、uen前面加声母的时候，写成iu、ui、un。例如：niu（牛）、gui（归）、lun（论）。

⑧b、p、m、f只能和"o"拼，不能和"uo"拼。例如："波"只能拼作"bō"，不能写成"buō"。

易错提示

1. d、t、n、l可与eng相拼，但不与en相拼（除d、n外）。

2. z、c、s与en相拼的只有"怎"（zěn）、"谮"（zèn）、"参"（cēn）、"岑"（cén）、"涔"（cén）、"森"（sēn）。

3. d、t、n可与ing相拼，但不与in相拼（除"您"外）。

知识拓展

隔音符号

a、o、e开头的音节连接在其他音节后面的时候，如果音节的界限发生混淆，用隔音符号（'）隔开，例如：pí'ǎo（皮袄）。

隔音符号的使用口诀：

1. 两个音节连得紧，a、o、e前要隔音。例如：

xiān（先）——Xī'ān（西安）　　　　　　　　kuài（快）——kù'ài（酷爱）

2. a、o、e前无符号，一个音节无疑问。例如：

piāo（飘）——pí'ǎo（皮袄）　　　　　　　　jiāng（江）——jī'áng（激昂）

3. n、g 属后不必加,只有属前才隔音。例如:

míngē(民歌)——míng'é(名额)

专用名词和专用短语中的大小写

专用名词和专用短语中的每个词的开头字母都要大写。例如:Lǐ Bái(李白)、Dǒng Cúnruì(董存瑞)、Běijīng(北京)、Rénmín Rìbào(人民日报)。

六、语音的音变

考点1 变调

在语流中,有些音节的声调连读会发生一定的变化,与单读时调值不同,这种声调的变化叫作变调。例如:"美""好"连着读,听起来好像是"梅好"。音节变调多数是受后一个音节声调的影响而产生的。在普通话中,最常见的变调有以下几种。

1. 上声的变调

(1)上声与上声相连

两个上声相连,前一个上声调值由214变成35,例如:水果、理想、友好。在原为上声变读轻声的音节前,则有两种不同的变调,有的变成35,例如:捧起、洗洗、哪里;有的变成21,例如:嫂子、姐姐、奶奶、马虎。

三个上声相连,根据词语内部层次的不同,前两个音节有两种不同的变调。一种是后两个音节语义紧凑,语义停顿于第一个音节后,第一音节调值变成21,第二音节调值变成35,例如:小(21)老(35)虎(214);一种是前两个上声音节语义紧凑,语义停顿于第二个音节后,前两个音节调值都变成35,例如:管(35)理(35)组(214)。

三个以上的上声相连,可以先根据词语含义适当分组,再按上述办法变调。例如:"买把雨伞"可划分成两组,读成35+21+35+214。

(2)上声与非上声相连

上声在非上声音节前,调值由214变成21,例如:北京、语言、土地;在原为非上声变读轻声的音节前,变调情况也相同,例如:尾巴、宝贝。

2. 去声的变调

两个去声相连,前一个去声如果不是重读音节则调值变成53。例如:信念、变化、办事、快速、互助、大会。

3. "一""不"的变调

"一""不"在单念、词句末尾及表示序数三种情况时读本调,即"一"读阴平,"不"读去声。例如:一、第一、不、绝不。"一""不"的变调规律大致如下。

①在去声前,变为35。例如:一样、一对、一见如故、不怕、不算、不露声色。

②在非去声(阴平、阳平、上声)前,"一"变成51,例如:一般、一年、一手;"不"仍读去声(51),例如:不吃、不同、不管。

③"一""不"嵌在相同的动词中间,读轻声。例如:想一想、拖一拖、来不来、肯不肯。

④"不"在可能补语中读轻声。例如:做不好、来不了。

4. "七""八"的变调

"七""八"在去声前调值可以变成35,也可以不变,例如:七岁、七万、八岁、八万;其余场合读原调值55,例如:七、第七、七亩、八、第八篮、八两。

5. 形容词重叠的变调

形容词重叠后,变调情况基本围绕重叠音节要读成55的原则,例如:远远儿的、慢慢儿的、老老实实、马马虎虎。但是,有些情况比较复杂,例如:软绵绵、金灿灿,就读原调,因此需要逐一掌握。

考点2 轻声

普通话的每一个音节都有它的声调,但有些音节在词或句子里失去原来的声调,变成一种较轻、较短的调子,这种现象叫作轻声。轻声是音节连读时产生的一种音变现象,不是一种孤立的调类。书写轻声音节时不标声调。

1.读轻声的音节

应读轻声的通常有以下几种情况。

①助词"的""地""得""着""了""过"和语气词"吧""嘛""呢""啊"等读轻声。例如:他的、飞快地、学得好、看着、吃了、来过、说吧、好嘛、你呢、谁啊。

②部分重叠词的后一音节读轻声。例如:妈妈、伯伯、看看、说说。

③构词用的后缀"子""头""们"等读轻声。例如:桌子、木头、他们。

④用在名词、代词后面表示方位的语素或词"上""下""里""面""边"等读轻声。例如:身上、地底下、这里、上面、下边。

⑤用在动词、形容词后面表示趋向的词"来""去""起来""下去"等读轻声。例如:进来、出去、哭起来、冲下去。

⑥双音动词重叠式ABAB的第二、四音节读轻声。例如:研究研究、考虑考虑。

⑦一些常用的双音词中,第二个音节习惯上读轻声,三音词的中间字音也有读轻声的。例如:

双音词　萝卜、蘑菇、喇叭、玻璃、哆嗦
　　　　休息、招呼、力量、窗户、衣服
三音词　葡萄糖、狮子狗、踢踏舞、冰淇淋

⑧有些起区别意义或区别词性作用的词语读轻声。例如:过去(qù)(名词,指时间)——过去(qu)(动词,指离开一个地方到另一个地方)。

2.轻声的作用

轻声的作用主要包括以下两个方面。

①有些轻声音节具有区别词义和区分词性的作用。例如:

他的孙子(sūnzi)在工厂当工人。

古代的孙子(sūnzǐ)是一位军事理论家。

以上两句中的"孙子"都是名词,但词义不同。前句的"孙子"是指儿子的儿子,"子"是词语后缀,读轻声;后句的"孙子"是孙武的别称,这里"子"表示对人的敬称,不是词语后缀,读上声。

有时区别了词义,也连带区别了词性。例如:

办事情不能大意(dàyi)。

这篇文章的段落大意(dàyì)很清楚。

前句中的"大意"是"疏忽"的意思,是形容词,"意"读轻声;后句中的"大意"指的是"主要的意思",是名词,"意"读去声。

②轻声可以使语言变得抑扬顿挫,增强语言的节奏感。

考题再现

【2021年·小学·单选】下列词语全部不读轻声的一项是(　　)。

A.风筝　包袱　算盘　云彩
B.粗犷　摇曳　作孽　应该
C.衣服　分析　部分　阅读
D.清楚　符合　戒指　如果

【答案】B。解析:A项,"算盘"读作"suànpán",其余词语的第二个音节均读轻声。B项,"粗犷"读作"cūguǎng","摇曳"读作"yáoyè","作孽"读作"zuòniè","应该"读作"yīnggāi"。C项,"分析"读作"fēnxī","阅读"读作"yuèdú",其余词语的第二个音节均读轻声。D项,"符合"读作"fúhé","如果"读作"rúguǒ",其余词语的第二个音节均读轻声。

考点3　儿化

普通话的一些音节中,韵母因卷舌动作而发生音变,这种现象就叫作儿化。儿化了的韵母就叫作"儿化韵",其标志是在韵母后面加上"r"。儿化后的读音仍是一个音节,但带儿化韵的音节一般由两个汉字来表示。例如:花儿(huār)、老头儿(lǎotóur)。

普通话韵母中,单韵母ê没有儿化音,er本身就是e的儿化音读法,除了er韵和ê韵外,其他韵母均可儿化。

在普通话中,儿化具有区别词义、区分词性的功能。例如:"盖"为动词,"盖儿"为名词;"一点"是名词,指时间,"一点儿"为数量词,是"少量、少许"的意思。

还有一类儿化词带有喜爱、亲切的感情色彩。例如:脸蛋儿、花儿、小孩儿。

表示少、小、轻等状态和性质,也常常用到儿化。例如:米粒儿、门缝儿。

在实际的儿化韵认读中,儿化音与其前面的音节是连在一起发音的,不宜分开来读,不可把后面的"儿"字单独、清晰地读出。但在诗歌、散文等抒情类文体中,有时为了押韵的需要,可单独发儿化韵的音。例如:树叶儿、月牙儿。

考点4　语气词"啊"的音变

在句首读本音a。例如:"啊(à),黄河!""啊(á),这是怎么回事?"

用在句末,由于受前面音节的最后一个音素的影响而发生音变,主要有以下几种情况。

①前一音节末尾是a、o(不包括ao)、e、ê、i、ü时,读作ya,写作"呀"。例如:他呀、说呀、写呀、你呀、雨呀。
②前一音节末尾是u(包括ao、ou),读作wa,写作"哇"。例如:走哇、好哇、加油哇。
③前一音节末尾是n,读作na,写作"哪"。例如:人哪、新哪、吃饭哪。
④前一音节末尾是ng,读作nga,写作"啊"。例如:行啊、忙啊、强啊。
⑤前一音节末尾是-i(后)、er,读作ra,写作"啊"。例如:是啊、同志啊、店小二啊。
⑥前一音节末尾是-i(前),读作[ZA],写作"啊"。例如:孩子啊。

七、普通话字音的识记

考点1　注意多音字的读音

1.根据组词判断读音

许多多音字的其中一种读音只在一个或几个词语中出现,所以我们可以采取"记少不记多、据词定音"的方式来记忆一些多音字的读音。例如:"埋"只在"埋怨"中读mán,其他地方都读mái。

2.根据词义判断读音

许多多音字的读音只在该字的某个义项的词语中才出现,所以我们可以采取"记特殊不记一般"的方式来记忆一些多音字的读音。例如:"吭"只在表示喉咙时读háng(引吭háng高歌),其余读kēng(吭kēng声);"蔓"只在表示细而长的茎时读wàn(顺蔓wàn摸瓜),其余读màn(枝蔓màn)或mán(蔓mán菁);"劲"只在表示强劲有力时读jìng(强劲jìng),其余读jìn(劲jìn头);"落"只在表示遗漏的时候读là(丢三落là四),

其余读 luò（降落 luò）、luō（大大落落 luō）或 lào（落 lào 汗）；"禁"只在表示禁受、忍耐的时候读 jīn（忍俊不禁 jīn），其余读 jìn（禁 jìn 止）。

3. 根据语体判断读音

许多多音字在书面语体和口头语体中要读不同的读音，所以我们可以根据语体风格的不同来判断一些多音字的读音。例如："剥"在书面语体中读 bō（剥 bō 削），在口头语体中读 bāo（剥 bāo 橘子）；"逮"在书面语体中读 dài（逮 dài 捕），在口头语体中读 dǎi（逮 dǎi 犯人）；"勒"在书面语体中读 lè（悬崖勒 lè 马），在口头语体中读 lēi（勒 lēi 紧裤腰带）。

4. 根据词性判断读音

许多多音字在词性不同时有不同的读音，所以我们可以根据词性来判断一些多音字的读音。例如："散"作动词时多读去声（散 sàn 落），作形容词和名词时多读上声（散 sǎn 漫、散 sǎn 文）；"处"用作动词时多读上声（处 chǔ 理），用作名词时多读去声（处 chù 所）。

5. 根据语源判断读音

许多多音字在不同来源的词语中有不同的读音，所以我们可以根据该词语的来源来判断它的读音。例如："卡"在外来词中读 kǎ（卡 kǎ 车），其他词中读 qiǎ（发卡 qiǎ）；"打"在外来词中读 dá（一打 dá），其他词中读 dǎ（打 dǎ 架）。

考点2 形近字的读音

1. 误读成偏旁或部件读音

受形声造字法的影响，许多字的读音都发生了变化，这时如果根据其声旁去读，就可能出错。例如："良莠不齐"的"莠（yǒu）"错读成"秀（xiù）"；"高瞻远瞩"的"瞩（zhǔ）"错读成"属（shǔ）"；"栉风沐雨"的"栉（zhì）"错读成"节（jié）"；"振聋发聩"的"聩（kuì）"错读成"贵（guì）"。

2. 误读成形近字读音

受形近字的影响，视觉越位，读成与其形近的字的读音，时间一长，就会形成一种错误的定式思维。例如："病入膏肓"的"肓（huāng）"错读成"盲（máng）"；"鬼鬼祟祟"的"祟（suì）"错读成"崇（chóng）"；"如火如荼"的"荼（tú）"错读成"茶（chá）"；"恃才放旷"的"恃（shì）"错读成"持（chí）"。

此外，部分成语中还保留了古音，例如：自怨自艾（yì）、一曝（pù）十寒、图穷匕见（xiàn）、虚与委（wēi）蛇（yí）。

按一般的读音规律，许多词语中的字都容易读错。这类字是命题者常选用的对象，也是考生需要重点识记的字。这就需要考生在备考时接触大量容易读错的字。要想将这类试题做对，方法有三个：一是注意考试用书中注音的字词，二是做一定量的试题，三是查找并背诵一些有关这方面字的资料。总之，就是通过大量的练习来加深印象，查漏补缺。

考题再现

1.【2021年·小学·单选】下列词语中，加点字读音有误的一项是（　　）。

A. 浸湿（jìn）　　泥泞（nìng）　　渲染（xuàn）　　晕车（yùn）
B. 顷刻（qīng）　　坎坷（kē）　　螺蛳（shī）　　潜力（qiǎn）
C. 角色（jué）　　撇嘴（piě）　　咱们（zán）　　脸颊（jiá）
D. 被褥（rù）　　氛围（fēn）　　眼眶（kuàng）　　炽热（chì）

【答案】B。解析：A、C、D三项词语加点字读音均正确。B项，"顷刻"的"顷"应读作"qǐng"，"坎坷"的"坷"应读作"kě"，"螺蛳"的"蛳"应读作"sī"，"潜力"的"潜"应读作"qián"。

2.【2020年·中学·多选】下列词语中,加点字读音正确的是( )。

A.淙淙(zōng) B.吮吸(shǔn)
C.徘徊(huí) D.胡诌(zhōu)
E.发酵(xiào)

【答案】BD。解析:A项,"淙淙"的"淙"应读作"cóng"。C项,"徘徊"的"徊"应读作"huái"。E项,"发酵"的"酵"应读作"jiào"。B、D两项加点字读音均正确。

第三节 汉 字

一、汉字结构单位

现行汉字的结构单位有三级:一是笔画,二是部件,三是整字。

考点1 笔画

写字的时候,每次从落笔到起笔所写出的点或线就叫作一笔或一画。笔画是汉字的最小构字单位。笔画分单一笔画和复合笔画两种。

单一笔画共有6种。

表1-1-6 单一笔画表

笔画	一	丨	丿	㇏	丶	亅
名称	横	竖	撇	捺	点	提

复合笔画共有26种。

表1-1-7 复合笔画表

笔画	名称	例字	笔画	名称	例字
亅	竖钩	水	㇅	横折折	凹
㇈	卧钩	心	㇊	竖折折	鼎
㇆	横折钩	月	㇎	横折折折	凸
㇇	横撇	又	乛	横钩	皮
㇋	横折折撇	廷	㇂	斜钩	戈
㇌	竖折撇	专	㇁	弯钩	家
㇏	撇点	女	乚	竖弯钩	儿
㇗	竖提	民	㇉	横折折折钩	乃
㇘	横折提	语	㇌	竖折折钩	马
㇕	横折	口	㇋	横撇弯钩	队
㇄	竖折	山	㇟	横折弯钩	几
㇗	竖弯	四	㇆	横斜钩	飞
㇊	撇折	么	㇟	横折弯	沿

考点2 部件

部件是由笔画构成的较大的构字单位，是高一级的构字单位。汉字按部件的多少可分为独体字和合体字两大类。独体字是囫囵一个字，只有一个部件，不能拆开。独体字大多为象形字和指事字。例如：人、中。合体字是由两个或更多的部件合成的一个字，会意字与形声字一般都是合体字。例如："明"由"日"和"月"合成；"昧""魅""妹"分别由"日""鬼""女"与"未"合成。

偏旁是对合体字进行第一次切分而获得的结构单位。例如："析"的偏旁就是"木"和"斤"。

部首是字书中各部领头的部件或笔画，具有字形归类作用，即每一部的共同偏旁。例如：凡从"日"的字为一部，以其为首，凡从"主"的字为一部，以其为首，"日"和"主"就是两个部首。根据部首给汉字归类的方法，始于东汉许慎的《说文解字》。《说文解字》把9353个汉字归为540部。

部件、偏旁、部首是三个联系密切却又不同的概念。虽然一个字的形旁多数是这个字所属的部首，但是偏旁不等于部首。部件相对于偏旁来说，其概念可大可小：当部件是对合体字进行一次切分而得出的两个单位时，这时的部件相当于偏旁；当部件是对合体字进行多次切分而得出的多个单位时，这时的部件概念的范围就要比偏旁小。因此，偏旁也不等于部件。

表1-1-8 汉字偏旁部首名称表

形状	名称	例字	形状	名称	例字	形状	名称	例字
冫	两点水	次、冷、准	止	止字旁	武	弓	弓字旁	张
冖	秃宝盖	军、写、冠	户	户字旁	扇	子	子字旁	孩
十	十字儿	华	礻	示字旁	祖	女	女字旁	妈
讠	言字旁	论、计、识	王	王字旁	琅	纟	绞丝旁	绒
刂	立刀旁	制、别、剑	木	木字旁	村、杜、极	马	马字旁	骐、骥
八	八字旁	谷、分、公	车	车字旁	辆、输、轻	灬	四点底	热
人	人字头	仓、全、合	日	日字旁	暇、明、暗	方	方字旁	旅
厂	厂字头	原、压、历	冂	冒字头	冒	手	手字旁	拜
力	力字旁	努	父	父字头	爹、斧、釜	欠	欠字旁	欲
又	又字旁	艰	牛	牛字旁	牵、特、物	火	火字旁	灯
亻	单人旁	侵	夂	反文旁	敏、故	心	心字旁	意
卩	单耳刀	却	斤	斤字旁	新	角	角字旁	触、解
阝	双耳刀	陆、都	爫	爪字头	爱	身	身字旁	躲
廴	建字底	延	月	月字旁	腹、肋、膛	鱼	鱼字旁	鲜、鳄、鳔
勹	包字头	匈	穴	穴宝盖	穿、空、窟	隹	隹字旁	雀
厶	私字边	参	立	立字旁	竖	雨	雨字头	露、霜、零
匚	区字框	医	目	目字旁	盲、瞳、盯	齿	齿字旁	龄
冂	同字框	网	田	田字旁	男、胃、累	革	革字旁	靴、鞭、勒
氵	三点水	泸	石	石字旁	研、砂、磊	骨	骨字旁	骼
彡	三撇儿	形	矢	矢字旁	矮	音	音字旁	韶、韵
忄	竖心旁	悄	疒	病字旁	疼	山	山字旁	峡
宀	宝盖	宜	衤	衣字旁	衬	彳	双人旁	徐
广	广字旁	底	钅	金字旁	错	犭	反犬旁	猪

(续表)

形状	名称	例字	形状	名称	例字	形状	名称	例字
夕	夕字旁	梦	罒	四字头	蜀	饣	食字旁	饱
辶	走之旁	邀	皿	皿字底	盂、盖	尸	尸字头	屋
寸	寸字旁	封	禾	禾木旁	秋、秀、秒	虍	虎字头	虑、虚、虎
扌	提手旁	拖	白	白字旁	的	𥫗	竹字头	管、篮
土	提土旁	地	鸟	鸟字旁	鸭	舟	舟字旁	船
艹	草字头	药	米	米字旁	粒、糕、料	走	走字旁	赵
大	大字头	套	西	西字头	栗、要	𧾷	足字旁	距、踞、跳
小	小字头	肖	页	页字旁	项	巾	巾字旁	师
口	口字旁	唱	舌	舌字旁	乱	虫	虫字旁	蛹
囗	方框	国	缶	缶字旁	缸、缺	门	门字框	阅
耳	耳字旁	耽、职	厂	反字框	反、盾、后	丷	倒八字	兰、并、首

考点3 整字

汉字从结构上基本可以分为两大类,一类称独体结构,一类称合体结构。

结构上呈现独体特征的字叫作独体字,它是由一些基本笔画组成的字,且不能再分成若干部首或组成单位。例如:人、七、大、小、口、女、夕、衣。这些字笔画少,空白多,形体不规则。

结构上呈现合体结构的字叫作合体字,合体字就是由几个单体字或由单体字配上部首组合而成的字。在汉字中,合体字占百分之九十以上。合体字的结构大致分为以下几类。

1.上下结构

上下结构的汉字由上下两部分基本笔画组成。

①覆冒,有"宀""穴""人"等部首在上的字,应上宽下窄,覆冒其下。

②托载,有"皿""女""土"等部首作底的字,应下宽上窄,托载其上。

③上下均等,有"需""圭"等字,上下两部分宽窄大致均等,下半部分略伸展。还有上截笔画多,下截笔画少;或者上截笔画少,下截笔画多的字。例如:弊、籍。

2.上中下结构

上中下结构的汉字由上、中、下三部分基本笔画组成。例如:赢、意、冀、鼻。

3.左右结构

左右结构的汉字由左右两部分基本笔画组成。例如:渔、峰、彰、针、双、北。

4.左中右结构

左中右结构的汉字由左、中、右三部分基本笔画组成。有的字是中间部分窄,左右部分宽。例如:仰、柳、辨。有的字是中间部分宽,左右部分窄。例如:激、谢、微。

5.包围结构

包围结构的汉字可细分为七种类型:一是全包围结构,例如:国、圆;二是上包下结构,例如:周、同;三是下包上结构,例如:凶、函;四是左包右结构,例如:匡、区;五是左上包右下结构,例如:度、病;六是左下包右上结构,例如:进、毡;七是右上包左下结构,例如:戒、虱。

6."品"字结构

书写"品"字结构的汉字时,要注意笔画的变化,紧密匀称。一般来说左下的部分稍小,右下的部分稍伸展。例如:晶、磊、鑫。

7.四角结构

书写四角结构的汉字时要保证其四角方正,有的笔画稍细,需布置匀称。例如:叕、器。

8.多体结构

书写多体结构的汉字时要注意笔画的穿插,伸缩相揖。例如:鹦、麟、矖。

二、笔顺

汉字笔画的书写是有先后顺序的。笔顺是指写字时笔画的先后顺序。

1.基本规则

笔顺的基本规则:
①先横后竖。例如:十、下。
②先撇后捺。例如:人、大。
③先左后右。例如:语、植。
④先上后下。例如:露、想。
⑤先外后内。例如:月、问。
⑥先中间后两边。例如:办、水。
⑦从外到内后封口。例如:国、困。

2.特殊规则

多数汉字的写法是上述基本规则的综合运用,但也有少数特殊情况。
①"力""刀""乃""方"等是先折后撇。
②"火""爽"先两边后中间。
③"占""非"是先竖后横。
④"匹""巨""臣""可"是先上内后竖折或竖钩。
⑤"凶""建"是先内后外。
⑥"阝""卩"是先右后左(后写竖)。

还有些字的笔顺容易出错,例如:凹(5画)、凸(5画)、母(5画)、乘(10画)、鼎(12画)。

> **易错提示**
>
> 这些字你会写吗?
>
> 乃:乃乃(2画)　　　　　火:丶丶丿火(4画)　　　　　里:丨口曰甲甲里(7画)
> 与:一与与(3画)　　　　　丑:フ丑丑丑(4画)　　　　　非:丨丨丨丨非非非非(8画)
> 万:一ブ万(3画)　　　　　毋:乚口毋毋(4画)　　　　　垂:一二千千并垂垂垂(8画)
> 义:丶乂义(3画)　　　　　北:丨丨十丬北(5画)　　　　　乘:一二千千千千乖乖乘乘(10画)
> 叉:フ又叉(3画)　　　　　凸:丨卜凸凸凸(5画)　　　　　鬯:(10画)
> 车:一左车车(4画)　　　　凹:丨冂凵凹凹(5画)　　　　　脊:(10画)
> 比:一匕比比(4画)　　　　母:乚口母母母(5画)　　　　　兜:(11画)
> 丹:丿几月丹(4画)　　　　　臼:(6画)
> 　　　　　　　　　　　　　舟:(6画)
> 　　　　　　　　　　　　　忖:(6画)
> 　　　　　　　　　　　　　迅:(6画)

> **考题再现**
>
> 【2021年·小学·单选】"鼠"字有( )笔。
> A.14　　　　B.15　　　　C.16　　　　D.13
> 【答案】D。解析:"鼠"字共13笔,笔画顺序是撇、竖、横、横折、横、横、竖提、点、点、竖提、点、点、斜钩。

三、汉字的造字法与用字法

一般来说，传统的"六书"指象形、指事、会意、形声、转注和假借。其中，象形、指事、会意、形声属于造字法，转注、假借属于用字法。

1.象形

象形就是通过描绘事物形状来表示字义的造字法。许慎在《说文解字》中将象形定义为"象形者，画成其物，随体诘诎，日、月是也"。例如：

图1-1-2 象形字示例图

古象形字有的像事物的整体轮廓，例如：车、舟。有的像事物的特征部分，例如："牛"像牛角上弯，"羊"像羊角下弯。有的除具体的事物外还有必要的附带部分，例如："瓜"的瓜蔓。大部分的古代象形字从现行汉字中已看不出原来的样子，例如：马、鱼。

象形字来自图画文字，通常用于表现简单、具象的事物，是构成汉字的基础。象形造字法是最原始的造字方法，但由于许多复杂的事物或抽象的概念无法以象形展现，因此具有局限性。

2.指事

指事就是用象征性符号或在象形字上加提示符号来表示字义的造字法。许慎在《说文解字》中将指事定义为"指事者，视而可识，察而见意，上、下是也"。指事字与象形字的主要区别是指事字含有指事符号。例如：

图1-1-3 指事字示例图

指事字可分为两种。一种是象征性符号的指事字，例如：三、上、下。另一种是象形字加提示符号的指事字，例如："末"是"木"上加一个点，表示树梢的所在；"甘"是"口"内有一个点，表示含着甜的东西，有甘甜义；"刃"是"刀"上加一个点，表示刀刃的所在。

考题再现

【2018年·小学·单选】下列选项中，不属于象形字的一项是（　　）。

A.口　　　　　　　　　　　　　　B.瓜

C.车　　　　　　　　　　　　　　D.本

【答案】D。解析：A、B、C三项均为象形字。D项，"本"是指事字，从木，"一"标明树根所在的位置。

3.会意

会意就是用两个或两个以上部件合成一个字，把这些部件的意义合成新字的意义的造字法。许慎在《说文解字》中将会意定义为"会意者，比类合谊，以见指㧑，武、信是也"。例如：

图1-1-4 会意字示例图

会意字有异体会意字和同体会意字两类。异体会意字由不同的部件组成。例如："休"，从人从木，人在

第一部分　汉语言文学专业基础知识

树下,表示休息。"取",从耳从又,"又"是"右"的本字,作部件时当"手"讲。"取"是用手拿一只耳朵,古代战争中割敌方战死者的左耳,用来记功。"明",从日从月。"涉",从水从步,其甲骨文像两只脚过河。同体会意字即由相同的部件组成的会意字。例如:"从",两人一前一后,表示随行。"森",从三木,表示森林。

4.形声

形声就是由表示字义类属的部件与表示字音的部件组成新字的造字法。许慎在《说文解字》中将形声定义为"形声者,以事为名,取譬相成,江、河是也"。形声字由两部分组成:形旁(又称"形符""意符")和声旁(又称"声符""音符")。形旁表示字的意思或类属,声旁则表示字的相同或相近发音。例如:"樱"字,形旁是"木",表示它是一种树木,声旁是"婴",表示它的发音与"婴"字相同;"篮"字,形旁是"竹",表示它是竹制物品,声旁是"监",表示它的发音与"监"字相近;"齿"字的下方是形旁,画出了牙齿的形状,上方的"止"是声旁,表示它的发音与"止"字相近。形声是汉字最主要的造字方法,大大增加了汉字的数量。

形声字的形旁和声旁的组合是有一定规律的,大体可以分为以下几种类型。

①左形右声。例如:指、诗、估、格。
②右形左声。例如:救、歉、剑、钦。
③上形下声。例如:空、露、花、靳。
④下形上声。例如:盂、贷、娶、基。
⑤内形外声。例如:闻、问、闷、瓣、辨、辩。
⑥外形内声。例如:园、囚、病、衷、阁、匣。
⑦形占一角。例如:栽、荆、颖、腾、疆。
⑧声占一角。例如:旗、徒、荣。

考题再现

【2021年·小学·单选】下列不属于形声字的是( )。
A.莫   B.杞   C.物   D.情
【答案】A。解析:A项,"莫"是会意字,其甲骨文外形上下为草木,中间为太阳,表示太阳西沉于草木之中。B、C、D三项均为形声字。

5.转注

许慎在《说文解字》中将转注定义为"转注者,建类一首,同意相受,考、老是也"。不同地区发音不同,且存在地域上的隔阂,所以对同样的事物会有不同的称呼。当这两个字是用来表达相同的东西,词义一样时,它们会有相同的部首或部件。例如:"考""老"二字,本义都是长者;"颠""顶"二字,本义都是头顶;"窍""空"二字,本义都是孔。这些字有着相同的部首(或部件)及释义,读音上也有音转的关系。

6.假借

假借就是同音替代。许慎在《说文解字》中将假借定义为"假借者,本无其字,依声托事,令、长是也"。口语里有的词,没有相应的文字对应,于是就找一个和它发音相同或相近的字来表示它的含义。

四、汉字的演变

汉字在历史上出现过甲骨文、金文、大篆、小篆、隶书、楷书、草书、行书等字体。需要注意的是,汉字字体演变的总趋势是简化,且字体的演变过程是渐进的,新字体往往会和旧字体并存一段时间之后逐渐代替旧字体。

1.甲骨文

甲骨文主要指殷墟甲骨文,是中国商代后期(公元前14世纪—公元前11世纪)王室用于占卜记事而刻在龟甲或兽骨上的文字。它是中国已经发现的古代文字中年代最早、体系较为完整的文字,被认为是现代汉字的早期形式,有时也被认为是汉字的书体之一。

2. 金文

金文又称钟鼎文,是指铸或刻在青铜器上的文字。金文的主要特点:笔画丰满粗肥,外形比甲骨文方正、匀称,异体字也比较多。

3. 大篆

大篆起于西周末年,春秋战国时期行于秦国,以籀文、石鼓文为代表。大篆的主要特点:字形比金文整齐,笔画均匀,有少量异体字。大篆是古字向小篆过渡的一种字体。

4. 小篆

小篆又叫"秦篆",通行于秦代,是由大篆简化而成的。小篆的主要特点:字形更匀称、整齐,笔画圆转、简化,异体字基本废除。

5. 隶书

隶书分为秦隶和汉隶。秦隶为秦代下级人员用于日常书写的辅助性字体,秦隶笔形平直方折,残存着篆书的形体特点;汉隶为汉代的正式字体,基本由篆书演化而来,主要是将篆书圆转的笔画改为方折。隶书是古今汉字的分水岭,在汉字字体演变史上的地位尤为重要。

6. 楷书

楷书又称"正书""真书",具有形体方正、笔画平直的特点,是汉字的标准字体。楷书发展至唐代时达到极盛,书体成熟,书家辈出,如初唐的虞世南、欧阳询、褚遂良,中唐的颜真卿,晚唐的柳公权,他们的楷书作品均为后世所推崇,被奉为习字模范。

7. 草书

草书是为书写便捷而产生的一种字体,其特点是结构简省,笔画连绵,主要分为章草、今草、狂草。章草笔画的省变有章法可循,例如:三国吴皇象的《急就章》松江本;今草则不拘章法,笔势流畅,例如:王羲之的《初月帖》;狂草笔势狂放不羁,连绵回绕,字形变化繁多,是完全脱离实用的艺术创作,例如:张旭的《肚痛帖》、怀素的《自叙帖》。

8. 行书

行书介于楷书、草书之间,可以说是楷书的草化或草书的楷化。它是为了弥补楷书书写速度太慢和草书难以辨认的缺点而产生的。行书的笔势不像草书那样潦草,也不像楷书那样端正,其中楷法多于草法的称为"行楷"。行书作品中最为著名的当数王羲之的"天下第一行书"——《兰亭集序》。

五、汉字的识记

识记字形,包括两层意思:一是辨析常用汉字,区分形近字、同音字、多音多义字;二是正确书写汉字,不写错别字。

考点1 形近字、同音字、多音多义字

1. 形近字

有些字形体相近,不仔细分辨就容易写错、用错。因此,在积累词汇的同时,要注意分辨形近字。例如:"末梢"的"末"和"未来"的"未",字形区别仅仅在起笔两横的长短,意思却完全不同。正确书写和运用形近字,要把字形认准,字义弄懂,一笔一画认真书写。

2. 同音字

有些字读音相同,这类字叫同音字。例如:"唤""换""涣""焕"都读"huàn","璧"和"壁"都读"bì"。

还有些字读音相近。例如："浊"（zhuó）和"烛"（zhú）。分辨读音相同或相近的字，要从字义入手，并且记住这些字经常和什么字组成词语使用。

3.多音多义字

不止一个读音，且不止一个意义的字叫多音多义字。分辨这类字也要从字义入手，记住读这个音时表示什么意思，读另一个音时又表示什么意思。例如："薄"，用在"薄板"中读"báo"，表示厚度；用在"薄弱"中读"bó"，表示单薄、弱；用在"薄荷"中读"bò"，是一种植物的名称。

区别多音多义字，还可依据词性。例如："数"，作名词时读"shù"（数学）；作动词时读"shǔ"（数落）；作副词时读"shuò"（数见不鲜）。

还有一小部分多音字组成的词语属于古音异读词，这些词多为专有名词。例如："可汗（kèhán）""吐蕃（bō）"。

考题再现

1.【2020年·小学·单选】下列词语中，没有错别字的一项是（ ）。
A.大有裨益　出类拔萃　墨守成规　　　　B.暗然销魂　飞扬跋扈　和蔼可亲
C.为虎作帐　殚精竭虑　融会贯通　　　　D.一掷千金　破斧沉舟　一愁莫展
【答案】A。解析：A项词语中没有错别字。B项，"暗然销魂"的"暗"应改为"黯"。C项，"为虎作帐"的"帐"应改为"伥"。D项，"破斧沉舟"的"斧"应改为"釜"，"一愁莫展"的"愁"应改为"筹"。

2.【2019年·小学·单选】下列词语中，没有错别字的一项是（ ）。
A.缘分　谩骂　赡养　人情事故　　　　B.安详　报销　宽裕　原气大伤
C.肄业　札记　装帧　装模作样　　　　D.婉惜　孺子　辐射　惨酷无情
【答案】C。解析：A项，"人情事故"的"事"应改为"世"。B项，"原气大伤"的"原"应改为"元"。C项词语中没有错别字。D项，"婉惜"的"婉"应改为"惋"，"惨酷无情"的"惨"应改为"残"。

考点2　纠正、防止错别字的方法

①分辨形旁，注意字义。例如："贝"多和财物有关，"亻"多和人有关，"饣"多和饮食有关，"纟"多和丝、棉、麻有关，"氵"多和水有关，"衤"多和衣服有关，"月"多和身体有关。
②看清形旁，分辨同音字。例如："喧"不要写成"暄"。
③分辨形近字意义。例如："菅"与"管"。
④分辨同音词意义。例如："抱负"与"报复"。
⑤记住少数带多数。例如："辶"与"廴"，从"廴"的常用字只有三个，即"延""建""廷"，其他均从"辶"。
⑥不随意简化。

第四节　词　语

一、语素

考点1　语素的分类

语素是最小的有音又有义的语言单位，其主要功能是构成词语，表达意义。语素从不同角度划分，可分为以下不同类别。

1.单音节语素和多音节语素

按音节分类,语素可分为单音节语素和多音节语素。

单音节语素,即由一个音节构成的语素。例如:天、地、人、跑、唱、跳、农、而、吗。

多音节语素,即两个或两个以上音节构成一个具有意义的语素,而分开时各音节不具备与该语素相关的意义。例如:琵琶、蹒跚、巴士、苏打、巧克力、乌鲁木齐、布尔什维克。

2.成词语素和不成词语素

按构词能力分类,语素可分为成词语素和不成词语素。

成词语素指能够独立成词的语素,既包括实词,也包括虚词。例如:人、走、葡萄、橄榄、呢、吧、了。成词语素能够单独成词,也能够与其他语素组合成词。例如:好人、葡萄酒、橄榄油。

不成词语素指不能单独成词的语素。不成词语素又可分为不定位不成词语素和定位不成词语素两类。不定位不成词语素可以承担所组成的词的全部或部分基本意义,位置自由。例如:民、语、伟、丰、型。定位不成词语素只表示附加的意义,在词的结构中位置固定。例如:老、子、阿、者。

现代汉语语素中,成词语素与不定位不成词语素通常用作词根,表示词的基本意义;定位不成词语素通常用作前缀或后缀,即词缀,表示词的附加意义,起语法作用。例如:"孩子"一词中,"孩"是不定位不成词语素,作词根;"子"是定位不成词语素,作后缀。

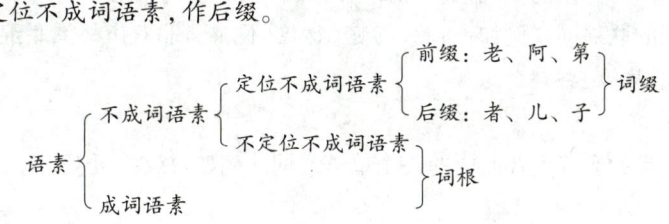

$$
语素\begin{cases}不成词语素\begin{cases}定位不成词语素\begin{cases}前缀:老、阿、第\\后缀:者、儿、子\end{cases}词缀\\不定位不成词语素\end{cases}\\成词语素\end{cases}词根
$$

图1-1-5 语素与词根、词缀的关系图

3.实语素和虚语素

按是否具有词汇意义分类,语素可分为实语素和虚语素。

实语素又叫词根语素,指具有词汇意义和语法意义的语素。

虚语素又叫词缀语素,指只有语法意义,没有词汇意义的语素。

考点2 确定语素的方法

确定语素,一般使用替代法。替代法,即用已知语素替代有待确定是不是语素的语言单位。使用替代法要注意的是,如果是包含两个成分的语言单位,这两个成分必须都可以被替换,且其中一个成分被替换后,另外一个成分能够保持原来的意义不变。

例如:

"汉语"中的"汉"和"语"都可以被别的已知语素所替代,且替换后,另一成分意义基本不变,因此"汉语"是两个语素。

汉——汉语　英语　韩语　德语

语——汉语　汉族　汉字　汉民

二、词

词是语言中最小的能够独立运用的有音又有义的语言单位。词从不同角度划分,可分为以下不同类别。

考点1 基本词汇和一般词汇

从使用的角度划分,词可分为基本词汇和一般词汇。

基本词汇是词汇中最主要的部分,所表达的多是与人们的日常生活息息相关的事物或现象,具有稳固性、能产性、全民常用性的特点,是语言词汇的核心。例如:与自然界事物相关的"天""地""风""云";与生活和生产资料相关的"米""灯""车""船";与数量相关的"十""百""千""万";等等。

一般词汇是现代汉语中除基本词汇以外的词汇,数量大,变化快,不为全民所常用或只在短期内为全民所常用,具有很大的灵活性。一般词汇包括古语词、方言词、外来词、行业语、隐语等。

考点2 单纯词和合成词

从构造角度划分,词可分为单纯词和合成词。

1.单纯词

由一个语素单独构成的词叫作单纯词。单纯词可以分为以下几种。

(1)联绵词

联绵词是由两个不同的音节连缀成义的词,包括双声联绵词、叠韵联绵词、非双声叠韵联绵词三种类型。双声联绵词指两个音节的声母相同的联绵词。例如:仿佛、伶俐。叠韵联绵词指两个音节的"韵"相同,即韵母相同或韵腹和韵尾相同的联绵词。例如:骆驼、窈窕、彷徨、傀儡。非双声叠韵联绵词指两个音节既非双声又非叠韵的联绵词。例如:蝴蝶、鹦鹉。

(2)叠音词

叠音词是由不成词语素的音节重叠而成的一个单语素词。例如:猩猩、姥姥。

(3)拟声词

拟声词是模拟客观事物、现象的声音而形成的词。例如:嘎吱、稀里哗啦。

(4)音译外来词

音译外来词是模拟外语词的声音形式而形成的词。例如:咖啡、的士。

> **易错提示**
>
> "姐姐""哥哥"等重叠的合成词和单一语素的意义相同,即"姐姐"和"姐"的意义相同,"哥哥"和"哥"的意义相同。而如"猩猩"一词则不属于此类合成词,因为"猩"单字无意义,故"猩猩"是单纯词,而非合成词。

2.合成词

由两个或两个以上的语素组成的词叫作合成词。汉语合成词主要有复合式、附加式、重叠式三种构词方式。

(1)复合式

复合式合成词是指由两个或两个以上不同的词根组合而成的词。复合式合成词主要有联合型、偏正型、补充型、动宾型、主谓型五种类型。

①联合型:又称并列式,由两个意义相同、相近、相关或相反的词根并列组合而成。这两个词根的前后顺序一般不能随意调换,例如:"买卖"不能说成"卖买";也有少量可对调的,例如:"互相"也可说成"相互"。

②偏正型:前一词根对后一词根起修饰、限制作用。例如:彻查、高山。

③补充型:后一词根补充说明前一词根。例如:说服、船只。

④动宾型:又称支配式,前一词根表示动作、行为,后一词根表示动作、行为所支配的对象。例如:动员、管家。

⑤主谓型:又称陈述式,前一词根表示被陈述的事物,后一词根陈述前一词根。例如:嘴馋、民主。

> **考题再现**
>
> 【2020年·中学·多选】下列合成词中,属于联合型合成词的是(　　)。
> A.途径　　　　　　　　　　B.始终
> C.冰箱　　　　　　　　　　D.地震
> E.国家
> 【答案】ABE。解析:A、B、E三项合成词均属于联合型合成词。C项,"冰箱"是偏正型合成词。D项,"地震"是主谓型合成词。

（2）附加式

附加式合成词,又称派生式合成词,由词根和词缀组合而成。例如:老——老乡、老师,头——石头、木头。

（3）重叠式

重叠式合成词由相同的词根语素重叠而成。例如:天天、哥哥、形形色色、林林总总。

考点3　单义词和多义词

从意义角度划分,词可分为单义词和多义词。

1.单义词

单义词是指只有一个义项的词。单义词主要有以下几种。

①事物名称。例如:汽车、飞机、大米、西红柿。
②专有名称。例如:马克思、鲁迅、北京、黄河。
③科技术语。例如:原子、元素、行星、克隆、纳米。
④外来词汇。例如:芭蕾、吉他、奥林匹克、卡拉OK。

2.多义词

多义词是指有两个或两个以上义项的词。多义词的几个意义中,有的是基本的或常用的意义,叫基本义;有的是从基本义引申出来的意义,叫引申义;有的是通过用基本义比喻另外的事物而固定下来的意义,叫比喻义。

词的基本义是指多义词的几个义项中最基本的、最常用的义项。例如:"铁"的基本义为"金属元素"。

词的引申义指由词的基本义引申出来的、经过推演发展而产生的意义。例如:"跑"的基本义是"两只脚或四条腿迅速前进",继而推演为"为某种事务而奔走"（跑生意）,又推演出"物体离开了应该在的位置"（跑题）。

词的比喻义是指借用一个词的基本义来比喻另一事物而产生并被固定下来的新的意义。例如:"近视"的基本义是视力缺陷,在"他看不见前途,眼光太近视了"中,就取其比喻义"眼光短浅"。

需要注意的是,比喻义不同于比喻句。比喻义是词的一种已经固定下来的意义,而比喻是一种修辞手法,是在特定的上下文中才会用到的,是临时的。例如:"北京是祖国的心脏"运用了比喻的修辞手法,将"北京"比作"心脏",但"心脏"一词并没有转化出固定的"首都"的含义。

> **考题再现**
>
> 【2020年·中学·单选】下列选项中,不属于"偷"字含义的一项是(　　)。
> A.苟且,不严肃　　　　　　B.鄙视
> C.偷窃　　　　　　　　　　D.抽出
> 【答案】B。解析:"偷"字主要有以下六种含义:①私下里拿走别人的东西,据为己有,如偷窃;②偷偷,如偷听、

偷看;③苟且敷衍,只顾眼前,如苟且偷安;④抽出(时间),如忙里偷闲;⑤偷盗的人,如小偷儿;⑥暗地里勾搭异性,与人私通,如偷情。"偷"字没有"鄙视"的意思,故本题选B。

考点4　实词和虚词

从功能角度划分,词可分为实词和虚词。

1.实词

实词指有词汇意义和语法意义、能够单独充当句法成分的词。实词包括名词、动词、形容词、区别词、副词、数词、量词、代词、叹词、拟声词。

(1)名词

名词表示人、事物或时地的名称。其中,表示专用名称的名词叫作"专有名词",例如:云南、白居易;表示抽象事物的名称的名词叫作"抽象名词",例如:范畴、思想;表示方位的名词叫作"方位名词",例如:南、北、前面、后边;表示处所的名词叫作"处所名词",例如:暗处、远处、周围、里屋;表示时间的名词叫作"时间名词",例如:晚上、冬天、未来。名词的语法特点主要有以下几点。

①经常用作主语和宾语,例如:牛吃草;多数能作定语,例如:(柳树)叶子、(河边)柳树;少数可以作状语,例如:他[前天]回家了;一般不能作补语。

②一般可以用表示名量的数量短语来修饰,不能受否定副词"不"的修饰。例如:可以说"一个人",不能说"不人"。

③部分指人名词(和代词)在表示复数时,可加后缀"们",加"们"之后不能再用数量短语来修饰。例如:可以说"朋友们",不能说"几个朋友们"。

④一般不能重叠。亲属称谓及其他一些词是构词的语素重叠,不是构形的形态变化。例如:妈妈、哥哥、星星。

⑤经常用在介词后面,组成介词短语,例如:在北京、关于理想。

(2)动词

动词表示人或事物的动作、行为、发展、变化等。其中,表示心理活动的动词,叫作"心理活动动词",例如:想、重视、羡慕、喜欢、注重,这样的动词前面往往可以加上"很""十分"。表示"可能、必要、意愿"这些意思的动词,叫作"能愿动词",例如:能、要、应、肯、敢、得(děi)、愿意、可以、必须,它们常用在一般动词的前面,例如:得去、愿意学习、可以考虑、必须上课。表示趋向的动词,叫作"趋向动词",例如:来、去、上、下、进、出、过来、上来、下去,它们往往用在一般动词后面表示趋向,例如:跳起来、走下去、抬上来、跑过去。表示判断的动词"是",叫作判断动词。动词的语法特点主要有以下几点。

①多数能作动语带宾语,能作谓语或谓语中心(核心),例如:他笑了、她喜欢吃苹果。

②能受副词"不""没(没有)"修饰,例如:不说话、没吃饭。少数表心理活动的动词和一些能愿动词前能加程度副词,例如:很怕、很喜欢、很愿意。

③能构成"×不×"式并带宾语表示提问,例如:喝不喝水。

④多数可以在后面加"着""了""过"等表示动态,例如:开着、吃了、去过。

⑤部分动作行为动词可以重叠,表示尝试、轻松等意义,也表示短促动作的动量小或时量短。例如:想想、打扫打扫、散散步。

◆知识拓展◆

能愿动词又叫助动词,常用来修饰动词或形容词,既可作状语,又可作谓语或谓语中心。作状语时与副词不同,它大都能构成"×不×"和"不×不"式。例如:能不能来、不能不去。需要注意的是,"要东西""会英语"中的"要""会"是一般动词。

（3）形容词

形容词表示事物的形状、状态、性质等。它和动词合称谓词。形容词可分为性质形容词和状态形容词。形容词的语法特点主要有以下几点。

①性质形容词一般能受程度副词的修饰，例如：不大、很大、不生动、很生动。性质形容词的重叠式和状态形容词不能再受程度副词修饰。

②能修饰名词，经常作谓语、定语或补语，例如：眼睛大、大眼睛、眼睛瞪得很大。

③部分形容词可以重叠，例如：大大、长长、高高。

④不带宾语。

（4）区别词

区别词表示人和事物的属性或区别性特征，有区分事物的分类作用，往往是成对成组的。例如：单—双；小型—中型—大型。区别词的语法特点主要有以下几点。

①区别词能作定语，直接修饰名词和名词短语，多数能带"的"组成"的"字短语。例如：大型企业、中式服装、小号的、金的。

②区别词不能单独作主语、谓语、宾语。

③区别词前加"非"表否定，不能加"不"。例如：非正式会谈。

（5）副词

副词是一类用以限制、修饰动词、形容词或加强描绘词组或整个句子的词。副词有表示程度的，例如：很、挺；有表示情态、方式的，例如：陆续、悄悄；有表示时间、频率的，例如：立刻、刚刚；有表示范围的，例如：都、全、总、仅；有表示肯定、否定的，例如：是、准、的确、不、没、未曾；有表示语气的，例如：难道、究竟。副词的语法特征主要有以下几点。

①副词大都能作状语，例如：已经下班了。程度副词"很""极"还可以作补语，"很"作补语时，前面必须加"得"，例如：好极了、厉害得很。

②副词一般不能单说，附着性较强，只有"不""别""没有""马上""也许""大概""一点儿"等在省略句中可以单说。例如：——出发吗？——马上。

③部分副词兼有关联作用，可单用，也可成对使用。例如：又干净又整洁。

（6）数词

数词表示数目多少或顺序前后。其中，表示数目的数词叫基数词；表示顺序的数词叫序数词。数词的语法特点主要有以下几点。

①通常与量词组成数量短语作句法成分，例如：十位老师。数词一般不直接跟名词组合，古汉语说法除外，例如：一草一木。

基数词除在数学计算时或文言格式中可单独使用外，一般不单独作句法成分。例如：一加一等于二。

序数词在特定情况下也可以直接修饰名词，多数是组成专有名词，中间不用量词。例如：第三候车室。

②数量短语通常用作定语或补语、状语，例如：一片浮云、看了一眼、一把拉住。

③"俩""仨"即"两个""三个"，其后不能加量词"个"，只用于口语，例如：俩人、哥儿俩、仨瓜俩枣。

④倍数只能用来表示数目的增加，不能表示数目的减少；分数既可以表示数目的增加，也可以表示数目的减少。

（7）量词

量词用来表示人、事物或动作数量的计算单位。它与名词、数词合称体词。量词可以分为两大类，即名量词与动量词。其中，名量词表示人或事物的计算单位，例如：个、位、件、匹；动量词表示动作次数和发生的时间总量，例如：天、次、回、下。此外，由两三个不同的量词复合而成的词叫作复合量词，例如：人次、秒立方米。

量词经常用在数词或指示词"这""那"后组合成量词短语,例如:一只猫、两棵树、那一次;不少量词可以重叠使用,表示"每一"的意思,例如:条条大路通罗马;当数词为"一"时,量词可以单独作句法成分,例如:鲤鱼论条、豆包论个,"条""个"均表示"一条""一个"。复合量词与数词组成数量短语作补语,不能作定语。

知识拓展

数词、量词使用不当

1."二"和"两"用法不完全相同。当单独用在度量衡量词前时,除"二两"不能说成"两两"外,用"二""两"都可以,如"二斤""两斤""二尺""两尺"。但单独用在其他量词前就只能用"两"不能用"二",如"两个"不说"二个","两条"不说"二条"(在"位"前可以用"二","二位""两位"都通用)。

2.数目的减少可以说减少或降低百分之几,不能说减少或降低几倍。

3.数量短语后加"以上""以下"表示概数。

---

(8)代词

代词具有代替、指示作用。其中,人称代词是代替人或事物名称的词,例如:我、您、它们、人家、彼此;指示代词是指示人或事物的词,分为近指和远指两种,例如:"这""这边""这样""这些"为近指,"那""那边""那样""那些"为远指;疑问代词主要表示询问,例如:谁、哪儿、多会儿、怎么样。有些疑问代词不表疑问,例如:"谁也不知道他怎么想的""类似的工作,我记得谁说过来着"。

(9)叹词

叹词表示感叹或呼应,例如:唉、啊、嗯。其特点是能独立成句,或者充任感叹语,不和别的词发生结构关系。

(10)拟声词

拟声词用来模拟事物的声音,例如:哗啦、叮当。其特点是既能独立成句,也能充任定语和状语等。

2.虚词

虚词指没有词汇意义只有语法意义、不能充当句法成分的词。虚词包括介词、连词、助词、语气词。

(1)介词

介词经常用在实词或短语前面,组成介词短语,表示时间、处所、方式、对象、目的等。介词短语主要充当状语,部分也可充当补语、定语。例如:按要求做、生于北京、关于他的故事。

介词与动词最大的区别是介词不能单独作谓语,不能加动态助词或重叠,而动词则可以。

知识拓展

运用"对于""对""于"的常见失误

"对于""对"在使用中容易产生以下两种错误:

①该用"对"而用了"对于"。例如:他对于别人很友好。(表"对待",应该用"对")

②主体和客体的位置颠倒。例如:他的作品,对于中学生是不熟悉的。(应改为"对于他的作品,中学生是不熟悉的")

"于"在使用中最容易产生的错误是在某些动词后不能加"于"而加了"于",常见的"导致于""来自于"的说法都是错误的。

---

(2)连词

连词一般连接词与词、词组与词组、句子与句子等,表示并列、承接、转折、因果、选择、假设、比较、让步等关系。例如:

小张和小王都考上了大学。(表并列)

如果你不去,我就不去。(表假设)

（3）助词

助词常附在实词、短语和句子后面，表示附加意义，一般读轻声。其中，结构助词"的"一般为定语的标志，"地"一般为状语的标志，"得"一般为补语的标志；时态助词"着"一般表示动作的进行或状态的持续，"了"一般表示动作或状态的实现，"过"一般表示曾经出现过某种动作或曾经具有某种性状；其他助词如"似的"表比喻，"看"一般用于重叠动词或动词短语后表尝试，"所"常放在及物动词前构成名词性短语或与介词"为""被"组成"为……所""被……所"结构表被动。

> **考题再现**
>
> 【2020年·小学·单选】下列句子中，助词使用正确的一项是（　　）。
> A.这说明着学校对同学的关心啊
> B.这件事办的不得法
> C.广大农村正在掀起了一个科学种田的高潮
> D.大家打算仔细地欣赏
> 【答案】D。解析：A项，"着"用在动词、形容词后面，表示动作在进行或状态在持续。"了"用在动词、形容词后面，表示动作或性状的实现，即已经成为事实。"说明"已含有结束的意思，不能与"着"搭配使用，应将"着"改为"了"。B项，"办"是动词，作中心语，"不得法"是形容词，作补语。"的"常用在定语后，"得"常用在谓语和补语之间，故应将"的"改为"得"。C项，"正在"表示动作在进行或状态在持续中，"了"表示动作或性状的实现，两者之间存在语义冲突，应删去其中之一。D项助词使用正确。

（4）语气词

语气词常用在句尾表示陈述、疑问、祈使、感叹等语气，也可以用在句中有停顿的地方。例如：

下雪了。（陈述语气）
今天是周日吧？（疑问语气）
你来学校一趟吧。（祈使语气）
这个地方好美呀！（感叹语气）
这些话吧，我都说过了。（用在主语后）

三、短语

短语，又称词组，是由语法上能够搭配的词依靠一定的语法手段（语序和虚词）组合起来的没有句调的语言单位。短语从不同角度可以分为不同的类别，最重要的有两种分类：一种是结构类，这是向内看的分类，主要看它的内部结构类型；另一种是功能类，这是向外看的分类，凭它在更大的语言单位里担任职务的能力，即充当句法成分的能力进行的分类。

考点1　结构类

1.主谓短语

主谓短语由被陈述部分（主语）和陈述部分（谓语）组成。例如：

粮食‖丰收（名‖动）　阳光‖灿烂（名‖形）　明天‖星期四（名‖名）

2.动宾短语

动宾短语由支配部分（动语）和被支配部分（宾语）组成。例如：

想|他（动|代）　　盖|被子（动|名）　　买|三碗（动|数量短语）
接受|批评（动|动）　喜欢|清静（动|形）

3. 偏正短语

偏正短语由修饰部分（修饰语）和被修饰部分（中心语）组成。偏正短语可再分为两种。

（1）定中短语

定中短语由定语和名词性中心语组成。其间的修饰关系有时用助词"的"作定语的标记。例如：

（他）的马（代·名）　　（江苏）人（名·名）　　（前进）的步伐（动·名）

还有一种特殊的定中短语，属于名词性短语。例如：

（中国）的崛起（名·动）

（2）状中短语

状中短语由状语和动词、形容词性中心语组成。其间的修饰关系有时用助词"地"作状语的标记。例如：

[刚]回来（副·动）　　[今天]回来（名·动）　　[花园里]谈谈（方位短语·动）

4. 中补短语

中补短语由被补充部分（中心语）和补充部分（补语）组成。其间有时用助词"得"作补语的标记。例如：

学得〈好〉（动·形）　　打〈死〉（动·动）　　看了〈一次〉（动·数量短语）

5. 联合短语

联合短语由语法地位平等的两项或几项词语组成，并构成并列、递进、选择等关系。其间用"和""并""或"等连词连接。例如：

今天和明天（名+名，并列）　　一个或两个（数量短语+数量短语，选择）

6. 连谓短语

连谓短语由多项谓词性词语连用构成，谓词性词语之间没有主谓、动宾、偏正、动补、联合等基本结构关系，也不用任何关联词语，但是其间的动作有先后关系。例如：

上山采药（动·动）　　看着心烦（动·形）　　坐火车去西藏旅游（动·动·动）

7. 兼语短语

兼语是指由前一动语的宾语兼作后一谓语的主语。兼语短语是指含有兼语的短语。例如："请他进来"中，"他"既作"请"的宾语，又作"进来"的主语。

8. 同位短语

同位短语又叫复指短语，指前后成分虽然词语不同，但是指的是同一事物，且两者语法地位相同。例如：

刘胡兰烈士（名·名）　　我们大家（代·代）　　摔跤这种运动（动·定中短语）

9. 方位短语

方位短语由方位词直接附着在名词性或谓词性词语后面组成，主要表示处所、范围或时间，具有名词性。例如：大门外、水里、桌子上面。

由"东""南""西""北""左""右"组成的方位短语只表示处所，其他的既可以表示处所、范围，也可以表示时间。例如：食堂前、吃饭前、一米以内、三年以内。

方位词也经常跟介词一起组成介词短语。例如：在地上。

区别短语为方位短语还是定中短语，可以用能否插入"的"来判断。例如："水面上"不能说成"水面的上"，而"水面上方"能说成"水面的上方"。因此，"水面上"为方位短语，"水面上方"为定中短语。

10. 量词短语

①数量短语：由数词加量词组成。例如：一朵、三次、一堆。

②指量短语：由指示代词、疑问代词加（数）量词组成。例如：这件、哪次、这两位、哪一幅。

11.介词短语

介词短语由介词附着在名词等词语前面组成。

介词短语常修饰谓词,用来标明动作的工具、方式、因果、施事、受事、对象等多种语义成分或语义格。例如:

[用大碗]盛汤(表示工具)　　[向英雄]学习(表示对象)

少数介词短语可作补语。例如:

来〈自中国〉(表示处所)

一些介词短语还能够作定语,这个时候后面一定要加助词"的"。例如:

(关于后羿射日)的神话(表示事件)

12.助词短语

助词短语由助词附着在词语上组成,包括"的"字短语、比况短语和"所"字短语等。

①"的"字短语:由助词"的"附在实词或短语后面组成,指称人或事物,属于名词性短语,能作主语和宾语。例如:"不想好好做的是你",其中"不想好好做的"是"的"字短语,在句中作主语。

②比况短语:由比况助词"似(shì)的""一样""(一)般"附在名词等词语后面组成,表示比喻,有时也表示推测,有多种句法功能,可作定语、状语、补语,属于形容词性短语。例如:小鸟般依人。

用来比喻的成分中以名词最为常见,动词、形容词较少。这种短语主要是用来描写类似点的,前面常用"像""好像"等动词,引出比喻的对象或表推测。例如:好像要打雷了一样(表推测)。

③"所"字短语:由助词"所"加在动词前面组成,指称动作所支配或关涉的对象。例如:所知、所想、所答。

考题再现

1.【2020年·小学·单选】下列选项中,属于偏正短语的一项是(　　)。

A.粮食丰收

B.增强信心

C.今天和明天

D.语法作业

【答案】D。解析:A项属于主谓短语。B项属于动宾短语。C项属于并列短语。D项属于偏正短语。

2.【2020年·中学·单选】下列短语中,属于主谓短语的一项是(　　)。

A.增强信心

B.为人民服务

C.伟大而质朴

D.阳光灿烂

【答案】D。解析:A项,"增强信心"属于动宾短语。B项,"为人民服务"属于偏正短语。C项,"伟大而质朴"属于联合短语。D项,"阳光灿烂"属于主谓短语。

考点2　功能类

短语有两方面的功能:一方面是作句法成分,所有短语都能充当一个更大的短语里的组成成分;另一方面是成句,大部分短语加上句调能独立成句。但也有少数短语不具备成句的能力,例如:"所"字短语。

短语的功能是根据它相当于哪类词的功能决定的。功能相当于名词的叫作名词性短语;功能相当于谓词的叫作谓词性短语,通常以动词、形容词为中心。主谓短语的功能类型由该短语的谓语中心的词性而定。

考点3　多义短语

1.结构关系不同的多义短语

例如：①学习文件
　　　A 动｜宾　动词性短语
　　　B 定)中　名词性短语

②进口机电产品
　　A 动｜宾　谓词性短语
　　　　定)中
　　B 定)中　谓词性短语
　　　　定)中

③学习雷锋的故事
　　　A 动｜宾　谓词性短语
　　　　　定)中
　　　B 　定)中　名词性短语
　　　　动｜宾

④演好戏
　　A 动｜宾　谓词性短语
　　　中〈补
　　B 动｜宾　谓词性短语
　　　　定)中

2.语义关系不同的多义短语

例如：　母亲的　回忆
　　　A 定)中　表示母亲回忆往事
　　　B 定)中　表示回忆母亲

3.结构和语义关系都不同的多义短语

例如：　咬　死了农民的狗
　　　A 动｜宾　动宾短语，表示农民的狗被咬死了。
　　　　中〈补　定)中
　　　B 　　　定)中　定中短语，表示农民被狗咬死了。
　　　　动｜宾
　　　　中〈补

四、熟语

考点1　成语

成语是一种相承沿用下来的，具有书面语色彩的固定短语，是一种特殊的词汇现象。

1.成语的来源

成语主要源于神话传说、寓言故事、历史故事、诗文语句、口头俗语、外来文化等。
①源于神话传说。例如：夸父逐日、精卫填海。
②源于寓言故事。例如：刻舟求剑、狐假虎威。
③源于历史故事。例如：负荆请罪、破釜沉舟。
④源于诗文语句。例如：老骥伏枥、青出于蓝。
⑤源于口头俗语。例如：三长两短、半斤八两。

2.成语的特征

成语具有以下几方面的基本特征。

（1）意义整体性

成语在表意上与一般固定短语不同，它的意义往往并非其构成成分意义的简单相加，而是在其构成成分意义的基础上进一步概括出来的整体意义。

（2）结构凝固性

成语的结构形式一般是定型的、凝固的。它的构成成分和结构形式都是固定的，不能任意变动词序或抽换、增减其中的成分。

（3）风格典雅性

成语通常来自古代文献，其语体风格至今仍保留着书面语庄重、典雅的特色。这与惯用语、歇后语通俗、平易的风格不同。

3.成语的构造

成语大部分为四字格式，也有三字、五字、六字、七字等格式。例如：闭门羹、莫须有、欲速则不达、五十步笑百步、醉翁之意不在酒。

四字成语有下列几种常见结构。

①主谓结构。例如：愚公移山、万象更新。
②动宾结构。例如：好为人师、莫名其妙。
③中补结构。例如：逍遥法外、举棋不定。
④兼语结构。例如：以邻为壑、令人捧腹。
⑤联合结构。例如：千山万水、山穷水尽。
⑥偏正结构。例如：倾盆大雨、窈窕淑女。
⑦连谓结构。例如：画蛇添足、解甲归田。

成语的前后两部分还可以构成因果、目的、承接等关系。

①因果关系。例如：官逼民反、春华秋实、打草惊蛇、玩物丧志。
②目的关系。例如：刻舟求剑、削足适履、杀一儆百、借古讽今。
③承接关系。例如：闻鸡起舞、水到渠成、温故知新、先礼后兵。

4.成语的正确运用

成语具有文字简练、形式固定、易学易记的特点，使用范围相当广泛。在使用成语时，应该注意以下几方面。

（1）要彻底理解成语的含义，不能"不求甚解"

如果对某一个成语的意思还没有理解透彻就随便拿来使用，那就难免得不恰当，甚至闹出笑话。例如：成语"瓜田李下"出自"经瓜田不蹑履，过李园不正冠"。这两句的意思是经过瓜田，不弯下身来提鞋，免得人家怀疑摘瓜；走过李树下面，不举起手来整理帽子，免得人家怀疑摘李子。后用"瓜田李下"泛指容易引起嫌疑的地方。

（2）成语的感情色彩及使用场合恰当，不应滥用

注意成语的感情色彩、适用范围。有褒义色彩的成语不能误用成贬义，有贬义色彩的成语不能误用成褒义。例如："为了救活这家濒临倒闭的工厂，新上任的厂领导积极开展市场调查，狠抓产品质量和新产品开发，真可谓处心积虑"中，成语"处心积虑"指千方百计地盘算。该成语的感情色彩明显含贬义，与语境不符。

（3）注意成语的规范化

运用成语要规范：注意成语的定型性，应运用成语的通行结构和固定成分；能分辨字形和读音。例如："桃李不言，下自成蹊"原指桃树、李树不会说话，但它们的花和果实会把人吸引过去，在树下踩出小路来；后比喻为人诚挚，自会有强烈的感召力而深得人心。"蹊"（xī），即小路，该字不可写成其他的字，不可改成其他语素。"心心相印"中的"心"意为"心意，思想感情"，"印"意为"符合"。"印"（yìn）不可以写成"映"（yìng）。

考题再现

【2020年·小学·单选】下列对词语解释有误的一项是(　　)。

A.苟延残喘:比喻勉强维持生存

B.鞠躬尽瘁:指小心谨慎,贡献出全部精力

C.高屋建瓴:在高山上建房子

D.苦心孤诣:费尽心思钻研或经营,达到别人达不到的境地

【答案】C。解析:A、B、D三项解释均正确。C项,"高屋建瓴"的意思是在房顶上用瓶子往下倒水,形容居高临下的形势。

考点2　惯用语

惯用语是指口语中短小定型的习惯用语。

1.惯用语的特点

惯用语具有简洁生动、通俗易懂的特点,具体包括以下几点。

①惯用语大多由三个字组成,例如:戴高帽、敲竹杠、开小差、开夜车、拍马屁;少数是多于三个字的,例如:喝西北风、钻牛角尖、坐冷板凳、打退堂鼓、捅马蜂窝、开空头支票。

②惯用语以动宾结构为主,例如:开后门、跑龙套、泼冷水、碰钉子;也有其他结构的,例如:门外汉、半瓶醋、铁饭碗、纸老虎属于偏正结构,天晓得、天照应属于主谓结构。

③惯用语通常使用其固定的比喻义。例如:"翘尾巴"比喻骄傲自大;"和稀泥"比喻无原则地调解或折中;"打小算盘"比喻为个人或局部利益打算。

④惯用语在使用时可以被其他成分隔开,词序也可以变化,但它的整体意义保持不变。例如:"敲竹杠"可以说成"你这是敲谁的竹杠";"吹牛皮"可以说成"牛皮吹得山响"。

2.惯用语的来源

惯用语多来源于口语。有的是从行业语演变而来,例如:打游击(原为军事用语)、走过场(原为戏剧用语)。有的来源于历史传说故事、谚语或歇后语等的节缩及方言中的习惯说法等。

3.惯用语与成语的比较

惯用语和成语有一定的相似之处,也有一定的区别。惯用语口语色彩较浓厚,而成语书面语色彩较浓厚;惯用语含义单纯,而成语含义丰富;惯用语大多是动宾结构,在动词和宾语之间可以根据表达的需要加进定语或补语,而成语的结构固定,一般不能加进其他成分。例如:我们可以在"开倒车"中增加成分,表述为"开历史的倒车"。

4.惯用语的正确运用

(1)注意语义的双层性

惯用语除字面意义外,一般都具有深层次的比喻义或引申义。在使用时,人们一般不使用字面义。例如:"跑龙套"本指戏剧中扮演随从或兵卒的角色,但作为惯用语使用时,一般取"在工作中做一些不负主要责任的杂事或小事"的意义。

(2)了解结构的灵活性

惯用语形式短小,一般是三字格,大多为动宾结构。例如:出洋相、吃老本、泼冷水。也有一些惯用语是多字格。例如:光杆司令、花钱买气受、大白天说梦话。惯用语中间有时可以插入一些词语,或者颠倒其中某些成分的次序,这样惯用语就成了一般的语句,但它所表达的习惯意义不受影响。例如:"碰钉子"和"碰了一个大钉子"意思是一样的。

（3）注意浓厚的色彩性

惯用语具有浓厚的口语色彩和褒贬色彩。例如：寄生虫、白开水、抓辫子、吃独食、穿小鞋。谐谑、讽刺和贬义的惯用语很多，例如：戴高帽、耍嘴皮、咬耳朵、眼中钉；褒扬、赞许的惯用语极少，例如：老黄牛；中性的惯用语也很少，例如：破天荒、打游击。

考点3　歇后语

歇后语是由近似于谜面和谜底两部分组成的带有隐语特点的口头固定短语。

1.歇后语的分类

歇后语可以分为喻意型歇后语和谐音型歇后语。

（1）喻意型歇后语

喻意型歇后语的前一部分是比喻，后一部分是对前一部分的解释。例如：大海里捞针——无处可寻，木头眼镜——看不透（不能彻底了解）。

（2）谐音型歇后语

谐音型歇后语的后一部分借助音同或音近的字表达意思，这是一种谐音双关的现象。例如：四两棉花——弹（谈）不上，孔夫子搬家——净是书（输）。

2.歇后语的正确运用

歇后语最初来自民间，流行于群众口语之中，后来逐渐为文人所理解、接受，逐渐被吸收到书面语中。在口语和文学作品中恰当运用歇后语，能够使语言更加形象、生动、诙谐风趣。

使用歇后语要进行鉴别，注意规范。基本意义不明确的、前后部分引注关系不合理的、附属色彩与基本意义相矛盾的、内容庸俗不健康的歇后语，是词汇规范的对象。有的歇后语以有生理缺陷的人为描述对象，例如：小秃子打伞——无发（法）无天，哑巴吃黄连——有苦说不出。这些歇后语虽有一定的表现力，但若含有取笑的成分，就应该抛弃不用。使用歇后语还要注意结构形式的定型、书面形式的统一。如标点符号问题，在歇后语的前后部分之间是用破折号还是用逗号，需要规范；一些同音字也要作为规范的对象。

书面上在运用歇后语时，要选择那些思想健康的，摒弃那些庸俗落后的。要根据场合的需要来决定是否运用歇后语，一般情况下，比较庄重的场合不宜使用歇后语。

五、谚语、格言、名言

考点1　谚语

谚语是人民群众口头上流传的通俗、形象、简练、含义深刻的定型化的语句，以韵语或短句的形式，反映人们的实际生活经验或感受。

谚语具有以下几个特点。

①流传在群众口头上，具有广泛的群众性、鲜明的口语性。例如：不是一家人，不进一家门；火要空心，人要实心；宁走一步远，不走一步险。

②概括性强，善于把深刻的哲理寓于浅显生动的形象之中，例如：人不可貌相，海水不可斗量。

③结构相对固定，句式整齐，富有音乐美，易于传诵记忆。例如：人往高处走，水往低处流。少数谚语的结构和成分具有一定的灵活性，例如：性子急，吃不了热粥；心急吃不得热粥；心急吃不了热豆腐；性子急，吃不了热豆腐。

④内容上，概括生产知识和生活经验，反映社会现实和深刻的哲理，富有知识性和教育意义。例如："天无三日晴，地无三尺平"形容贵州旧时的自然环境；"东北有三宝：人参、貂皮、乌拉草"强调东北的三种特产；

"吃过端午酒,扇子不离手"是指在端午节后,天气日趋炎热。

考点2　格言、名言

格言和名言都是出自名人或名篇的言简意赅的警句。格言是含有劝诫和教育意义的可作为准则的话,一般较为精练。例如:虚心使人进步,骄傲使人落后。名言是著名的话。正如朱自清在《论标语口号》中所说:"格言偏重个人的修养,名言的作用似乎更广泛些……格言也罢,名言也罢,作用其实都在指示人们行动,向着某一些目的。"

第五节　句　子

一、句子与句子成分

句子是词或短语(也叫词组)按照一定的结构规则组成的,具有一定的语气、语调,可以表达一个相对完整的意思,能完成简单的交际任务的语言单位。

句子的组成部分就叫作句子成分。主语、谓语、宾语、定语、状语、补语都是句子成分,前三者是基本成分,后三者是连带成分。

从结构上分析句子,就是分析句子的各种成分。一个句子好比一棵树,基本成分是树的主干,连带成分是树的枝叶。分析时可"先抓主干,后理枝叶"。具体步骤:①划分句子的主语部分和谓语部分;②找出主语部分的中心词和谓语部分的中心词,即主语和谓语;③如果动词谓语带了宾语,找出宾语;④以主语、谓语和宾语为主干,再分别找出定语、状语和补语。

表1-1-9　句子成分简表

名称	定义	举例	说明
主语	是句子陈述的对象,指明说的是"谁"或"什么"	赵州桥‖非常雄伟。	①常用名词、代词或短语; ②句子一般具备主语和谓语
谓语	是对主语进行陈述的成分,说明主语"是什么"或"怎么样"	祥子的衣服‖早已湿透。	①常用动词、形容词、某些名词或短语; ②一般主语在前,谓语在后
宾语	表示动作、行为、行为涉及的人或事物,回答"谁"或"什么"一类问题	沙漠‖是可以征服的。	①常用名词或短语; ②宾语和谓语共同陈述主语; ③一般在谓语后面
定语	是名词前的附加成分,用来修饰、限制名词,表示人或事物的性状、数量、所属等	(肥胖的)黄蜂‖伏在菜花上。	①常用实词或短语; ②一般在主语或宾语前面; ③"的"是定语的重要标志
状语	是动词或形容词的附加成分,用来修饰、限制动词或形容词,表示动作的状态、方式、时间、处所或程度等	[在朝鲜的每一天],我‖[都][被一些东西]感动着。	①常用形容词、副词或介宾短语; ②表示时间和处所的名词也常作状语; ③常用在谓语前,有时也用在主语前; ④"地"字是状语的重要标志

(续表)

名称	定义	举例	说明
补语	是动词或形容词后的连带成分,用来补充说明动作和行为的情况、结果、程度、趋向、时间、处所、数量、性状等	厚厚的积雪‖把一切都盖〈得严严实实〉。	①常用形容词、动词、副词、数量词或介宾短语; ②一般在谓语后面; ③"得"字是补语的重要标志

考题再现

【2020年·小学·判断】谓语通常由谓词性词语充当,在一定条件下,也可由名词性词语充当。（　　）
【答案】√。

● 知识拓展 ●

一般来说,句子成分的位置比较固定。以下顺口溜可以帮助我们分析句子成分。

主谓宾,定状补,主干枝叶分清楚;
基本成分主谓宾,连带成分定状补;
定语必在主宾前,谓前是状谓后补;
六种关系辨分明,分析正误自有数。

二、句子的类型

考点1　按句子的语气划分

句子按语气划分,一般分为疑问句、祈使句、感叹句、陈述句四种类型。

表1-1-10　句子类型表

句子名称		用途	表达方式	例句
疑问句	设问句	表示强调,旨在引起读者注意	自问自答	谁是我们最可爱的人呢?我们的战士。
	反问句	表示强调	不是有疑而问,而是用提问的方式来加强肯定或否定的意思。肯定的反问句表达的是否定的意思,否定的反问句表达的是肯定的意思	像这样的教师,我们怎么会不喜欢他呢?
	特指问	从被询问的对象处寻求答案(有时也表示强调)	用疑问代词或由疑问代词组成的短语表示疑问	这个人是谁?
	是非问		用陈述句加疑问语调提问	这部电影你看过?
	选择问		要求对方从并列项目中选择一项进行回答的疑问句	我们是在室内听音乐,还是去室外打球?
	正反问		用肯定、否定并列的方式来提问	你有没有拿那份文件?
祈使句		表示命令、请求、催促、劝阻等	多用省略句、非主谓句加祈使语调表达,也可用疑问句式表达	快把烟扔掉!
感叹句		表示某种强烈的感情	用主谓句或非主谓句加上感叹语调来表达	太棒了!

(续表)

句子名称	用途	表达方式	例句
陈述句	表示肯定	用"是"字句或一般肯定句表达	我是一名共青团员。
	表示否定	句中用"不""没""没有"等否定词	这不是普通的自行车。
	表示主动	用行为的发出者作主语	我把那支笔弄丢了。
	表示被动	用"被""叫""让"等词语引出行为的发出者,用行为的接受者作主语	那支笔被我弄丢了。

易错提示

有一种特殊的"呢"字问句,由"呢"字附在非疑问形式后面加上升语调构成。多数相当于特指问的省略形式,有时相当于正反问的省略形式,视上下文情况而定。例如:

你的雨伞呢?
(→你的雨伞在哪儿?)(特指问)
(→你的雨伞有没有带来?)(正反问)

考点2 按句子的结构划分

从句子结构的角度,可以将句子分为单句和复句。

1.单句

单句分为主谓句和非主谓句。

表1-1-11 单句分类表

单句分类		句子名称	表达方式	例句
主谓句	一般	主谓式	由主谓短语带上一定的语气和语调构成	他累了。
		主谓宾式	主语+谓语+宾语	学生们踢足球。
	特殊	"把"字句	施事+"把"+受事+动词+其他成分	我们把豹子打死了。
		"被"字句	受事+"被"+施事+动词+其他成分	豹子被我们打死了。
		连谓句	一个主语带两个或两个以上谓语动词,且谓语动词在语义上有目的和方式、原因和结果、先和后的关系	我骑自行车回家。
		兼语句	兼语短语充当谓语或独立成句	连长带我们去割麦。
		双宾句	一个谓语动词带两个宾语	我给他一本书。
		"是"字句	由动词"是"构成的判断句	我是一名学生。
		存现句	表示人、事物存在或出现、消失的句子	操场上站满了学生。
非主谓句		/	由非主谓短语加句调构成的句子	快过来呀!
			由一个词加句调构成的句子	好!

考题再现

【2020年·小学·判断】"伯父给了我两本书"是双宾句。( )
【答案】√。

2.复句

复句是由两个或两个以上意义相关联、结构上互不作句法成分的单句(分句)加上贯通全句的句调组成的句子。复句按单句(分句)的层数可以分为单重复句和多重复句。其中,单重复句指只有一层分句关系的句子,例如:蜜蜂是画家的爱物,我却不大喜欢。多重复句指有两层或两层以上分句关系的句子,例如:想有好花,一定要有好土;没有好土,便没有好花。可见土比花重要。

根据分句间的意义关系划分,复句可以分为联合复句和偏正复句两大类。联合复句是由意义上平等、无主次之分的分句连接起来的复句,又分为并列、顺承、递进、解说、选择五小类;偏正复句是由意义上有主次之分的正句(主句)和偏句(从句)连接起来的复句,又分为转折、因果、假设、条件、目的五小类。

表1-1-12 复句分类表

名称		特点	常用关联词语	例句
联合复句	并列复句	分句分别叙述几件事情或说明同一事物的几个方面,分句之间没有主次之分,排列顺序可以颠倒	又……又…… 既……又(也)…… ……同时…… 一边……一边…… 一方面……另一方面…… 不是……而是…… 也,又	绿既是美的标志,又是科学、富足的标志。
	顺承复句	分句间的关系是时间、空间、逻辑上的顺承,排列顺序不可颠倒	首先……然后…… 于是,接着,便	她进入这个世界,便奉献给这个世界以真诚。
	递进复句	后一个分句表示的意思比前一个分句更进一层	不但(不仅,不光)……而且(还)…… 不但……还(也,又,更)…… 尚且……何况…… 不但……就是……也…… 别说……连……也…… 不但不……反而(反倒)…… 况且,尚且,还,甚至(于),尤其,更	小孩子尚且知道不能随地扔垃圾,何况我们大人呢?
	解说复句	分句间有解释、说明或总分的关系	一般不用关联词,少数在后一分句单用"即""就是说"等关联词语	说假话的人会得到这样的下场,即他说的真话也没人相信。
	选择复句	几个分句分别说出几个选项,并要求被询问的对象从中做出选择	或者……或者…… 不是……就是…… 要么……要么…… 是……还是…… 与其……不如…… 宁可……也不…… 还是,还不如,倒不如	是你去,还是我去?
偏正复句	转折复句	前后分句的意思是相反或相对的	虽然……但(可是,却,还是,也)…… 尽管(固然)……但是(可是,然而,不过,只是,还是)……	虽然我一见便知道是闰土,但又不是我这记忆上的闰土了。
	因果复句	偏句说明原因或提出依据、前提,正句表示结果或推出结论	因为(由于)……所以(因此,因而)…… 之所以……是因为…… 既然(既)……就(便,那么)…… 是由于,致使	因为从6月起,相关部门会严查骑摩托车不戴头盔的现象,所以头盔一时供不应求,价格飙升。

(续表)

名称		特点	常用关联词语	例句
偏正复句	假设复句	一般是偏句假设存在或出现了某种情况，正句说明产生的结果	如果（假如，假使，倘若，如若，要是）……那么（就，便，则）…… 即使（就算，就是，纵使，哪怕）……也（仍然，还是）…… ……的话	即使工作再困难，他也不会退缩。
	条件复句	偏句提出一个条件，正句说明在这种条件下产生的结果	只要……就…… 只有……才…… 除非……才…… 无论（不论，不管，任凭）……都（也，还，总是）…… 便，就，要不然	不管这次病毒有多么可怕，英勇的中国人民也不会被吓倒。
	目的复句	偏句表示行为，正句表示行为的目的	以、以便、以求、用以、借以、好、好让、为的是、以免、免得、省得、以防	你把意见整理一下，以便明天交大会讨论。

考题再现

1.【2021年·小学·单选】只有热爱工作的人，（　　）热爱生活。
A.并且　　　　　　　　　　　B.才能
C.却　　　　　　　　　　　　D.才是
【答案】B。解析："只有……才……"是表示条件关系的关联词语；"热爱"为该句中的谓语，前面不能加"是"。故本题选B。

2.【2017年·中学·单选】下列句子中，属于并列复句的一项是（　　）。
A.她进入这个世界，便奉献这个世界以真诚
B.调查有两种方法：一种是走马观花，一种是下马观花
C.我不是要人装傻，而是要人保留一份纯真
D.不是鱼死，就是网破
【答案】C。解析：A项，是顺承复句，"便"是顺承复句中常用的关联词语，表示前后分句在动作上的连续性。B项，解说复句，解说复句中通常没有关联词语，分句之间存在解释说明及总分的关系。C项，并列复句，"不是……而是……"是并列复句中常用的关联词语，表示前后分句表示的意义相反或相对。D项，选择复句，"不是……就是……"是选择复句中常用的关联词语，表示二者选一、非此即彼。

三、句子的选用和排序

考点1　句子的选用

涉及句子选用的试题，主要是根据要求和语境选用、仿用不同句式的句子，考查的要点是选句填空，或在两句之间、两段之间填上衔接句。句子选用的方法主要有以下几种。

1.话题统一

话题统一是指组成段落的句子之间或是组成复句的分句之间要密切相关，紧紧围绕一个中心，集中表现

一个事件、场景或思想观点。

实现话题统一主要有以下两种手段。

①保持主语一致。主语在表述话题中承担着重要作用,共同的主语是贯穿整段语句的灵魂。所以,说话时要尽量保持主语的一致。

②保持陈述对象一致。在一定的语言环境中,保持陈述对象的一致,是做到话题统一的重要方面。陈述对象一致与主语一致有部分重合的地方,但并不完全相同。陈述对象一致还包括内部句群间陈述内容的一致。

2.句式一致

句式一致是指组成文段的语言结构形式前后具有一致性。整齐一致的句式,既可以增强语势,又可以加强语句的通畅性,给人思路清晰的感觉。

句式一致类考题主要涉及短语类型和句式结构,作答时需结合题干中相对应的语句进行选择。情况主要有以下几种。

①排比或对比关系的句子。

②并列关系的句子。此种情况并列成分之间常用分号隔开。

③均为动宾结构,均为主谓结构,或均为被动句等。

3.意境协调

选用句子类题目所给的语段往往有自己的风格和特色,形成一种特定的情感基调。比如,对于景物描写的语段,要分析语境因素,景物、情感基调、写法的特点等在语段中是否保持和谐一致。

"意境协调"是指整个文段在情感、态度、色彩、气氛、视角等方面的一致性。具体可从以下几个方面进行分析。

①情感上,或悲或喜。

②态度上,或褒或贬。

③色彩上,有鲜明、暗淡的区分。

④氛围上,有热烈、凄清的差异。

⑤视角上,有高、低、俯、仰之别。

4.前后照应

"前后照应"指语段中的信息要前后吻合、彼此呼应,在表意上形成一个严密的整体。

前后照应的情况主要有以下几种。

①词语照应。此种照应指的是正确选项中的词语与文段中关键词语之间的照应。

②观点照应。此种照应指的是正确选项中包含的观点应与文段的整体观点相一致。

③问答照应。此种照应指的是问句中问与答、肯与否之间的协调一致。

考点2　句子排序

语句排序题主要考查考生对句子的理解能力和逻辑组合能力。要想快速有效地解答句子排序题,可以从以下几个方面入手。

1.抓词语

语段中的某些词语往往是理解句子含义和厘清先后次序的重要标志词。这些标志词包括关联词语、指示代词,也包括表时序、次序、总括和举例解释等过渡性词语。关联词语可以提示语句间的逻辑顺序,特别是表达转折、因果、并列等关系的关联词语,例如:"但是""然而""却""因此""所以""一方面……另一方面……""既……又……"等。含有指示性代词的句子通常不会位于句首,一般是跟在指示代词所指代的对象之后。因此,可以通过寻找指示代词及指示代词所指代的对象,确定句子的相对顺序。

2.寻句子

寻句子即寻找语段中的关键语句。这里的关键语句是指语段的中心句、起始句、过渡句和总结句等。这些句子能够明确地表明语段的中心、表达顺序和层次结构。起始句和总结句往往具有鲜明的特征。起始句通常是概括语段的中心观点或大致内容的句子,总结句中常见的标志性词语有"总之""可见""由此可知""因此"等。中心句、过渡句也有着各自的特点,中心句有时也是起始句,过渡句往往起承上启下的作用。

3.找逻辑

找逻辑即寻找句子与句子之间的逻辑关系。需要排序的这几个句子之间往往存在语意或事理上的逻辑关系,或由表及里,或由大到小,或由浅入深……因此,排序时可按人们认识事物的过程或事物发展的逻辑顺序排序,寻找事物发展的规律。如果是论述性语段,则可以参照"提出观点—具体展开论述、提出问题—给出解决对策、指出现象—分析原因"的逻辑顺序来排序。

第六节　常见病句

常见的病句类型主要有成分残缺或赘余、搭配不当、语序不当、歧义、句式杂糅、不合逻辑。

考点1　成分残缺

成分残缺是因缺少应有的成分造成句子结构不完整、表意不明确的一种语病。常见的成分残缺类型及分析详见下表。

表1-1-13　成分残缺类型及分析

类型	类型分析
主语残缺	滥用介词、错误使用"介词……方位词"格式或暗中更换主语
谓语残缺	错把主语或宾语中的动词当作整个句子的谓语
宾语残缺	主要是由于动词所带的宾语较长,在表述时,往往只写了宾语的修饰语,丢失了宾语的中心语
其他残缺	其他句子成分残缺的情况,如状语残缺、介词残缺、关联词语残缺等

示例一:当全球金融危机爆发,使我国出口遭遇寒冬。

点拨:主语残缺。滥用介词"当",使句子缺失主语,应该删去"当"。

示例二:我国人民正在意气风发地为建设一个现代化的社会主义强国。

点拨:谓语残缺。应该删去"为",或者在"强国"后加上"而奋斗"。

示例三:这支古老遗民仍保留着以钻木取火的方法获取火种以照明和取暖。

点拨:宾语残缺。应该在"取暖"后加上"的习惯"。

示例四:在古代,这类音乐作品只有文字记载,没有乐谱资料,既无法演奏,也无法演唱。

点拨:状语残缺。应该在"既无法演奏,也无法演唱"前加上时间状语"现在"。

示例五:那些手上有过硬技术的职工,企业即使面临困难,也要千方百计地挽留。

点拨:介词残缺。应该在"那些手上有过硬技术的职工"前加上介词"对于"。

示例六:不管天气多么恶劣,他能按时到校学习。

点拨:关联词语残缺。应该在"能"前面加上"都"。

考点2　成分赘余

1.主语赘余

示例一:马金龙的成长和发展,使他认识到平凡人也可以做出不平凡的事情。

点拨:主语中心语"成长""发展"意义相近,应该删去"和发展"。

示例二:我们二年级的同学,在上课的时候,一般来说,我们都能认真听讲,遵守课堂纪律。

点拨:第二个"我们"是多余的主语,应该将其删去。

2.谓语赘余

有些句子中已经存在一个作谓语的动词或动词性词语,又加进一个动词或动词性词语作谓语,造成谓语赘余。

示例一:回到家乡已经四个多月过去了。

点拨:谓语"已经四个多月了",结构和意思都很完整,应该删去"过去"。

示例二:他说的这句话包含有好几个意思。

点拨:谓语中心"包含"指"里边含有",与"有"意思重复,两者应删去其一。

示例三:读完这篇文章,读者就会被主题所感染,使读者感到余味无穷,不忍释手。

点拨:"使读者感到余味无穷,不忍释手"是承前省略主语的兼语短语作谓语,如果把主语补全,则是"读者使读者感到余味无穷,不忍释手",所以"使读者"是谓语的多余成分,应该删去。

3.宾语赘余

动词后本来有合适的宾语,还要加进不合适的词语,造成宾语有多余的成分。

示例:目前这一代中年高、中级知识分子,大都是中华人民共和国成立后成长起来的各条战线上的中坚和骨干,不少人担负着领导职务。

点拨:宾语中心"中坚""骨干"语意重复,应该删去"中坚和"。

4.定语及定语中心语赘余

示例一:他参加工作后,坚持上业余夜校,刻苦钻研业务技术,补习文化。

点拨:"夜校"即夜间上课的学校,多是业余学校,应该删去定语"业余"。

示例二:翻开科学史的记录可以看到,从天体运动规律的总结中得出了万有引力定律。

点拨:"科学史的记录"就是"科学史",应该删去中心语"的记录"。

5.状语赘余

示例:目前财政困难,有些问题短期内不可能很快解决。

点拨:"短期内不可能解决"和"不可能很快解决"意思一样,因此"短期内"和"很快"连在一起共同修饰"解决",语意重复,应该删去其一。

6.补语赘余

示例:从此以后,原来这个平静的家庭里,就不时发生出使人不安的怪事来。

点拨:"发生"就是出现,补语"出""来"多余,应该删去。

考点3　搭配不当

搭配不当主要出现在主谓之间、动宾之间、修饰语与中心语之间等。常见的搭配不当类型及分析详见下表。

表1-1-14　搭配不当类型及分析

类型	类型分析
主谓搭配不当	主要表现为谓语不能陈述主语,有时主语或谓语由联合短语充当,其中一部分不能搭配

(续表)

类型	类型分析
动宾搭配不当	主要表现为当动词带有两个或两个以上宾语时,部分宾语与动词搭配不当
主宾搭配不当	主要出现在由"是"充当谓语的句子中
修饰语与中心语搭配不当	主要表现为句子的定语、状语、补语与其修饰、限制的中心语搭配不当

示例一:机关考勤制度改革后,"一杯茶,一支烟,一张报纸看半天"的现象不见了,全勤的人数骤然增多,出勤率较前三个月有很大增加。

点拨:主谓搭配不当。主语"出勤率"与谓语"增加"搭配不当,应该把"增加"改为"提高"。

示例二:在市郊的每块土地上,都可以看到农民们愉快的笑脸和那"喔哞、喔哞"的赶牛的吆喝声。

点拨:动宾搭配不当。谓语动词"看到"只能与"笑脸"搭配,不能与"吆喝声"搭配,应该把"和"改为",听到"。

示例三:江西的瓷器是全国产量最高、质量最好的省份之一。

点拨:主宾搭配不当。主语"瓷器"与宾语"省份之一"搭配不当,应该删去"省份之一"。

示例四:他把教室打扫得干干净净、整整齐齐。

点拨:修饰语与中心语搭配不当。谓语中心语"打扫"与其修饰语"整整齐齐"搭配不当,应该在"整整齐齐"前加上"收拾得"。

考点4　语序不当

语序不当主要指句子中词语的顺序不合理或句子的顺序不符合逻辑、语法及习惯。

1.多层定语次序不当

多层定语与中心语的正确次序:
①表领属的或表时间、处所的;
②指称或表数量的;
③动词或动词性短语;
④形容词或形容词性短语;
⑤名词或名词性短语。

另外,带"的"的定语放在不带"的"的定语之前。

示例:教我们体育的是国家队的(表领属)一位(数量词)有二十年教学经验的(动词短语)优秀的(形容词)篮球(名词)女教练。

2.多层状语次序不当

多层状语与中心语的正确次序:
①表目的、原因、时间、处所的介宾词语;
②先时间后处所;
③副词(表范围或频率);
④形容词或动词(表情态);
⑤表对象的介宾短语。

示例:许多老师昨天(何时)在休息室里(何地)都(范围)热情地(何种情态)同他(对象)交谈。

3.关联词语位置不当

复句中关联词语的语序分以下两种情况。
①同一主语,主语在前。格式:主语+前一关联词语+后一关联词语+(主语)。
②不同主语,关联词语在前。格式:前一关联词语+主语A+后一关联词语+主语B。

示例：
他因为优柔寡断，所以（他）错失了取胜良机。（同一主语）
因为他优柔寡断，所以整支队伍错失了取胜良机。（不同主语）
后一关联词语若为副词，则位于主语之后。

考点5 歧义

歧义是指一个句子存在两种或两种以上的解释的现象。常见的歧义类型及分析详见下表。

表1-1-15 歧义类型及分析

类型	类型分析
词的多义导致歧义	指由句子中的多义词或多义短语造成的歧义
停顿不同导致歧义	指由句子中停顿不明确（或句中可以有不同的停顿）而引起的歧义
指代不明导致歧义	指由句子中的指示代词或人称代词指代不明造成的歧义
修饰语修饰对象不明导致歧义	指由修饰语修饰的中心语不明造成的歧义

示例一："依我看，这个考点最需要引起重视"，张老师补充道。
点拨：词的多义导致歧义。"考点"既可以指"考试的地点"，也可以指"考试的内容重点"。
示例二：物业工作人员通知失主9月10日前去物业办公室领取丢失物品。
点拨：停顿不明导致歧义。这句话可以理解为"9月10日之前去物业办公室"，也可以理解为"9月10日当天去物业办公室"。
示例三："有偿新闻"应当受到批评，这是极其错误的。
点拨：指代不明导致歧义。"这"可以指"有偿新闻"，也可以指"'有偿新闻'应当受到批评"这件事。
示例四：两个单位的代表都来到了现场。
点拨：修饰语修饰对象不明导致歧义。"两个"既可以修饰"单位"，也可以修饰"代表"。

考点6 句式杂糅

句式杂糅是指把两种不同的句法结构混杂在一起，造成结构混乱、语义不明的语法错误。常见的杂糅句式见下表。

表1-1-16 常见的杂糅句式

常见的杂糅句式	杂糅的两种句式
本着……为原则	本着……原则；以……为原则
是为了……为目的	是为了……；以……为目的
对于……问题上	对于……问题；在……问题上
原因是……造成的	原因是……；是由……造成的
借口……为名	借口……；以……为名
有/包括……组成	有/包括……；由……组成
靠的是……取得的	靠的是……；是通过……取得的
围绕以……为中心	围绕……中心；以……为中心
是由于……的结果	是由于……；是……的结果
大多以……为主	大多是……；以……为主
根据……显示	根据……；……显示

示例一：一部影视作品，要想有高的收视率或票房价值，作品本身要有质量和必要的包装宣传缺一不可。

点拨："要有……"和"……缺一不可"两种句式杂糅，可删去"缺一不可"。

示例二：这些蔬菜长得这么好，是由于菜农们精心管理的结果。

点拨："由于……"与"……的结果"两种句式杂糅，应该删去"由于"或"的结果"。

考点7　不合逻辑

不合逻辑主要考查对事理逻辑的分析能力。常见的不合逻辑类型及分析详见下表。

表1-1-17　不合逻辑类型及分析

类型	类型分析
一面对两面	主要特征是句子内容不能前后照应，句子的一部分内容涉及两个方面，而与之对应的另一部分内容却只涉及一个方面
自相矛盾	指前面的说法与后面的说法彼此冲突，主要涉及时间、数量、范围、动作、位置、状态等
主客颠倒	颠倒了主体和客体之间存在的主要与次要、认知与被认知、主动与被动等关系，造成表达的混乱
否定失当	主要原因是句中有多个否定词，多重否定失当导致与逻辑不符
并列不当	通常是由对词语所表达的概念内涵及概念间关系的误解造成的

◆ 知识拓展 ◆

在汉语词语中，有些词语只有"一面"的意思，可以是正面的，例如：高、优、是、应该；可以是反面的，例如：低、劣、不是、不应该。还有一些词语兼有正反两方面的意思，例如：高低、优劣、是否、应不应该。但还有一类词虽然看似是"一面"的，实际上却是"两面"的，这类词可以称为"隐形两面词"，例如：作用、影响、质量、信誉。"作用""影响"可以是积极的也可以是消极的，"质量"包含"高"和"低"两个方面的意义，"信誉"可以好，也可以不好。

例如：质量是工程的生命，细心是质量的保障。对工程施工是否认真负责，直接关系到工程的质量，我们要深思而慎为。

从表面看，该语句第二句的前半部分出现了两面词，后半部分没有两面词，存在一面、两面照应不周的问题，但"质量"一词在日常语言生活中包含"高"和"低"两个方面的意义，内涵比较丰富。所以，这个句子在内容上并无问题，听话人和说话人之间不会产生误会，不应当被看成病句。

示例一：司法腐败导致对有权势的罪犯的庇护，而贪污、受贿等职务犯罪的构成要件是当事人是否有职权。

点拨：一面对两面。"构成要件"与"是否"属于一面对两面，应该删去"是否"。

示例二：这个峡谷至今仍是个谜，听老人们说，那里从来都没有人能进去，进去的人从来就没有能活着回来的。

点拨：自相矛盾。既然"从来都没有人能进去"，那就不可能有"进去的人从来就没有能活着回来的"这种情况。

示例三：在那个时候，报纸与我接触的机会是很少的。

点拨：主客倒置。主体应该是"我"，后半句可以改为"我与报纸接触的机会是很少的"。

示例四：为了防止不再发生类似事故，领导制定了一系列切实加强安全保卫工作的措施。

点拨：否定失当。"防止""不"双重否定表肯定，与句子要表达的意思相反，应该删去其一。

示例五：展望21世纪，中国文化和东方文化的伟大复兴，必将改变西方文化片面主宰世界的格局。

点拨：并列不当。"中国文化"属于"东方文化"，二者不能并列。

考题再现

1.【2020年·小学·单选】下列句子中,没有语病的一项是(　　)。
A.考试场设在一间古色的大厅里举行
B.在老师的教育下,使我提高了认识
C.从他身上我们看到了共产党人的高尚品质
D.我们要为建设现代化的社会主义强国的美丽前程而贡献自己的力量
【答案】C。解析:A项,句式杂糅,应改为"考试场设在一间古色的大厅里"或"考试在一间古色的大厅里举行"。B项,主语残缺,应删去"在"和"下"或删去"使"。C项句子没有语病。D项,搭配不当,应删去"的美丽前程"。

2.【2020年·中学·单选】下列句子中,有语病的一项是(　　)。
A.只要天一亮,就出去锻炼
B.他一边收拾行李,一边认真思考刚才谈的问题
C.这些展出的年画,不仅数量多,而且题材新颖,形式风格多样
D.如果你的帮助多么微薄,但是在他的心上,却像千斤重的砝码
【答案】D。解析:A、B、C三项句子均无语病。D项,关联词语搭配不当,应将"如果"改为"不论",删去"但是",将"却"改为"都"。

3.【2019年·小学·单选】下列句子中,没有语病的一项是(　　)。
A.一些长期有争议的问题,有了不同程度的进展
B.我们主张由浅入深、循序渐进的方法
C.我们要注意团结跟自己合不来、看不惯的同志
D.晚年的巴金,仍然文思敏捷、精力充沛,写了很多优秀的作品
【答案】D。解析:A项,搭配不当,可改为"一些长期有争议的问题,得到了不同程度的解决"。B项,搭配不当,可改为"我们主张采取由浅入深、循序渐进的方法"或"我们主张由浅入深、循序渐进"。C项,搭配不当,可改为"我们要注意团结跟自己合不来、自己看不惯的同志"。D项句子无语病。

第七节　常用辞格

辞格也称"修辞格""修辞方式""修辞格式",是在语境里巧妙运用语言而构成特有模式以提高表达效果的特定格式。辞格多种多样,各有其特点和表达效果。按不同的标准有不同的分法,从大类到小类,有同有异。常见的辞格包括比喻、比拟、借代、夸张、双关、反语、顶真、排比、对偶、反复、反问、设问、映衬、对比、通感等。

考点1　比喻

1.比喻的含义及作用

比喻就是打比方,是用本质不同又有相似点的甲事物描绘乙事物或用甲道理说明乙道理的辞格,也叫"譬喻"。比喻里被比方的事物叫"本体",用来打比方的事物叫"喻体",联系二者的词语叫"喻词"。本体和喻体必须是性质不同的两种事物,利用它们之间某些相似点来打比方,就构成了比喻。

比喻的作用有三:一是使深奥的道理浅显化,使人更容易理解;二是使抽象的事物具体化,让人更容易接受;三是使概括的东西形象化,给人鲜明的印象。

2.比喻的基本类型

根据构成要素(本体、喻体、喻词)的不同,比喻可分为明喻、暗喻、借喻三大类。三种比喻各有特点,详见下表。

表 1-1-18　比喻的基本类型

类型	形式	成分 本体(甲)	喻词	喻体(乙)	示例
明喻	甲像乙	出现	像、好像、似、好比、犹如、有如、如、仿佛、像……一样(一般、似的)	出现	收获的庄稼堆成垛,像稳稳矗立的小山。
暗喻	甲是乙	出现	是、变为、变成、成为、等于	出现	马克思主义和中国革命的关系,就是箭和靶的关系。
借喻	乙代甲	不出现	(无)	出现	鲁迅在一篇文章里,主张打落水狗。他说,如果不打落水狗,它一旦跳起来,就要咬你,最低限度也要溅你一身的污泥。

考题再现

【2021年·小学·单选】"群众是汪洋大海,个人只不过是大海里的一滴水"运用了(　　)的修辞手法。

A.借代　　　　　　　　　　B.拟人
C.比喻　　　　　　　　　　D.双关

【答案】C。解析:题干句子运用了比喻的修辞手法,将"群众"比作"汪洋大海",将"个人"比作"大海里的一滴水"。

考点2　比拟

1.比拟的含义及作用

比拟就是把物当作人来写、把人当作物来写或把甲物当作乙物来写的辞格。被比拟的事物称为"本体",用来比拟的事物称为"拟体"。其形式特点是将事物"人化",或将人"物化",或将甲物"乙物化"。

比拟具有思想的跳跃性,能使读者展开想象的翅膀,捕捉它的意境,体味它的深意。正确运用比拟,可以使读者不仅对所表达的事物产生鲜明的印象,而且可以感受到作者对该事物的强烈感情,从而引起共鸣。运用比拟表现喜爱的事物,可以把它写得栩栩如生,使人倍感亲切;表现憎恨的事物,可以把它写得丑态毕露,使人产生强烈的厌恶感。

2.比拟的基本类型

比拟分为拟人和拟物两大类,详见下表。

表 1-1-19　比拟的基本类型

类型	形式	示例	分析
拟人	把物当作人	海睡熟了。大小的岛拥抱着,偎依着,也静静地恍惚入了梦乡。星星在头上眨着慵懒的眼睑,也像要睡了。(鲁彦《听潮》)	把"海""岛""星星"人格化,使它们具有人的思想感情、动作情态,借以表现大海由动到静的相关情态
	把抽象概念拟人化	真理总是悄悄走进勇敢者的心间,向他昭示智慧的魔力。	"真理"是抽象概念,赋予它以人的动作后,其形象变得生动活泼,具体可感

(续表)

类型	形式	示例	分析
拟物	把人当作物	那肥大的荷叶下面,有一个人的脸,下半截身子长在水里。那不是水生吗?(孙犁《荷花淀》)	把人当作植物来写,使人的下半截身子"长在水里",形如荷梗,显得生动形象
	把甲物当作乙物	沙漠竟已狂虐到了这样地步,它正在无情地吞噬着一座孤立的大山!(玛拉沁夫《沙漠,我将不再赞美你》)	把沙漠当作生物来描写,所以"沙漠"能"狂虐",能"吞噬"大山

考点3 借代

1.借代的含义

借代,也叫换名,是指不直接说出所要表述的人或事物,而用与其相关的事物来指代的辞格。被指代的事物为"本体",用来指代的事物为"借体"。借代强调两事物之间的相关点。

2.借代的基本类型

借代主要包括五种基本类型,详见下表。

表1-1-20 借代的基本类型

类型	示例	分析
特征、标志代本体	你们这一车西瓜,也不必过秤,一百张"大团结",我们包圆儿了。(刘绍棠《柴禾妞子》)	用"大团结"指代一张10元的人民币
专名代泛称	中国人民中间,实在有成千成万的"诸葛亮",每个乡村,每个市镇,都有那里的"诸葛亮"。(毛泽东《组织起来》)	用"诸葛亮"指代有智慧的人
具体代抽象	马之悦鬼着哪,连替中农说几句公道话都是前怕狼后怕虎的,唯恐丢了乌纱帽。(浩然《艳阳天》)	以"乌纱帽"指代官职
部分代整体	我还向他们一再言明,有人敢拿百姓一针一线的,只杀勿赦。(姚雪垠《李自成·第二卷》)	以"一针一线"指代财物
结果代原因	孔乙己一到店,所有喝酒的人便都看着他笑,有的叫道:"孔乙己,你脸上又添上新伤疤了!"(鲁迅《孔乙己》)	"添上新伤疤"是被打的结果

考题再现

【2020年·小学·单选】"孤帆远影碧空尽"运用的修辞手法是( )。

A.比喻　　　　　　　　　　B.借代
C.夸张　　　　　　　　　　D.比拟

【答案】B。解析:题干诗句运用了借代的修辞手法,以"孤帆"代指"船"。

考点4 夸张

1.夸张的含义及作用

夸张是指故意言过其实,对客观的人或事物作扩大、缩小或超前描述的辞格。它对事物某方面的特征加以合情合理地渲染,给人以虽不真实,却胜似真实的感觉。

夸张的作用主要表现为以下两点。

①深刻地表现出作者对事物鲜明的感情态度,从而引起读者的强烈共鸣。

②通过对事物的形象渲染,可以引起人们丰富的想象,有利于突出事物的本质和特征。

2.夸张的基本类型

夸张可分为扩大夸张、缩小夸张、超前夸张三种基本类型,详见下表。

表1-1-21 夸张的基本类型

类型	示例	分析
扩大夸张	泰山小啊天山低,顶天立地的向秀丽!(贺敬之《向秀丽》)	"泰山"与向秀丽相比显得小,"天山"与向秀丽相比显得低,凸显了向秀丽高大无比的形象
缩小夸张	红军不怕远征难,万水千山只等闲。五岭逶迤腾细浪,乌蒙磅礴走泥丸。(毛泽东《七律·长征》)	把五岭山脉看作"细浪",把乌蒙山脉视为"泥丸",极言其小以凸显红军形象的高大
超前夸张	看见这样鲜绿的苗,就嗅出白馒头的香味儿来了。	"看见这样鲜绿的苗",就"嗅出白馒头的香味儿",故意把未出现的事说成已出现的事

考点5 双关

1.双关的含义及作用

双关是指利用语音或语义条件,有意使语句同时关顾表面和内里两种意思,言在此而意在彼的辞格。

恰当地运用双关手法,一方面可使语言幽默,饶有风趣;另一方面也能适应某种特殊语境的需要,使语言表达含蓄曲折、生动活泼,以增强文章的表现力。

2.双关的基本类型

双关可分为谐音双关和语义双关两类,详见下表。

表1-1-22 双关的基本类型

类型	示例	分析
谐音双关	洋贵妃醉酒(《工人日报》摄影标题)	标题是指美国夏威夷大学演出团用英语表演的京剧《杨贵妃醉酒》,"洋贵妃"与"杨贵妃"谐音双关
语义双关	新事业从头做起,旧现象一手推平。(某理发店春联)	"从头做起"和"一手推平"语义双关。该春联表面上讲的是理发,实际寄托着人民群众除旧布新的愿望

> **易错提示**
>
> **借喻和语义双关**
>
> 1.借喻是以喻体代本体,说的是喻体事物,要表达的是本体事物,是比喻与被比喻的关系,目的在于把抽象深奥的事物表达得具体、生动、简洁。
>
> 2.语义双关表达的是两种意思,借一个词语或句子的意义关涉两个事物,表里意思不一,目的在于达到含蓄委婉、幽默风趣的效果。

考点6 反语

1.反语的含义及作用

反语,也叫倒反或反话,是指运用与本意相反的词语来表达本意的辞格。

反语多用在揭露、批判、讽刺等方面,使文章富有战斗性;也可用于表现风趣、幽默、诙谐的语言风格。在一定的语言环境中,反语比正面论述更为有力。运用反语能更好地表达深刻的思想和激昂的感情。

2.反语的基本类型

反语可分为以正当反和以反当正两类,详见下表。

表1-1-23 反语的基本类型

类型	示例	分析
以正当反	有几个"慈祥"的老板到小菜场去收集一些莴苣的菜叶,用盐一浸,这就是她们难得的佳肴。(夏衍《包身工》)	"慈祥""佳肴"是反语,"慈祥"实则是"凶恶","佳肴"其实是"猪食"
以反当正	几个女人有点失望,也有些伤心,各人在心里骂着自己的狠心贼。(孙犁《荷花淀》)	"狠心贼"并没有什么恶意,相反更能表现出几个女人对自己丈夫深沉的爱

考点7 顶真

1.顶真的含义及作用

顶真,也叫联珠,是指将上一句结尾的词语或句子作为下一句的开头,使前后的句子头尾相连、上递下接的辞格。顶真可以使议事说理准确、严谨、周密,抒情写意,格调清新。

2.顶真的基本类型

顶真可分为词与词顶真、短语与短语顶真、句子与句子顶真三类。

①词与词顶真。例如:严志和一见了土地,土地上的河流,河流两岸阴湿的涯田,涯田上青枝绿叶的芦苇,心上就漾着喜气。(梁斌《红旗谱》)

②短语与短语顶真。例如:指挥员的正确的部署来源于正确的决心,正确的决心来源于正确的判断,正确的判断来源于周到的和必要的侦察,和对于各种侦察材料的联贯起来的思索。(毛泽东《中国革命战争的战略问题》)

③句子与句子顶真。例如:咱们做的事越多,老百姓就来得越多;老百姓来得越多,咱们的力量就越大;咱们的力量越大,往后的事也就越多!(欧阳山《高干大》)

考点8 排比

1.排比的含义及作用

排比是指由三个或三个以上结构相同或相似,内容相关,语气一致的短语或句子组合排列的辞格。排比的作用在于加强语势,强调内容,加重感情。

2.排比的基本类型

排比可分为句法成分排比和句子排比两类。

①句法成分排比。例如:好像失了东三省,党国倒愈像一个国;失了东三省谁也不响,党国倒愈像一个国;失了东三省只有几个学生上几篇"呈文",党国倒愈像一个国,可以博得"友邦人士"的夸奖,永远"国"下去一样。(鲁迅《"友邦惊诧"论》)

②句子排比。例如:他们的品质是那样的纯洁和高尚,他们的意志是那样的坚韧和刚强,他们的气质是那样的淳朴和谦逊,他们的胸怀是那样的美丽和宽广。(魏巍《谁是最可爱的人》)

考点9 对偶

1.对偶的含义及作用

对偶,也叫对仗,是指一对短语或句子字数相等、词性相对、结构相同或基本相同、意义相关,且存在承接、递进、因果、假设和条件等关系的辞格。对偶的作用是便于吟诵,有音乐美,表意凝练。

2.对偶的基本类型

对偶按内容和结构的不同可分为不同类型,详见下表。

表1-1-24 对偶的基本类型

分类依据	类型	示例
按内容分	正对	天连五岭银锄落,地动三河铁臂摇。(毛泽东《七律二首·送瘟神》)
	反对	宜将剩勇追穷寇,不可沽名学霸王。(毛泽东《七律·人民解放军占领南京》)
	串对	为有牺牲多壮志,敢教日月换新天。(毛泽东《七律·到韶山》)
按结构分	成分对偶	山水本无知,蝶雁亦无情。但它们对待人类最公平,一视同仁,既不因达官显贵而承欢卖笑,也不因山野渔樵而吝丽啬彩。
	句子对偶	墙上芦苇,头重脚轻根底浅;山间竹笋,嘴尖皮厚腹中空。

考点10 反复

1.反复的含义及作用

反复是指有意重复同一个词语或句子,以达到突出某种思想、强调某种感情、加深读者印象的目的的辞格。反复具有突出思想、强调感情、分清层次、加强节奏感的修辞效果。

2.反复的基本类型

反复可分为连续反复和间隔反复两类。

①连续出现同一个词语或句子,中间没有间隔的,叫作连续反复。例如:沉默呵,沉默呵!不在沉默中爆发,就在沉默中灭亡。(鲁迅《记念刘和珍君》)

②同一个词语或句子不连续出现,有其他词语或句子隔在中间的,叫作间隔反复。间隔反复不仅可以隔着句子,有时甚至可以隔着段落或整个诗节。例如:我们还在这样的世上活着;我也早觉得有写一点东西的必要了。离三月十八日也已有两星期,忘却的救主快要降临了罢,我正有写一点东西的必要了。(鲁迅《记念刘和珍君》)

反复与排比、重复不同,具体表现如下。

①反复与排比:反复着眼于词语或句子字面的重复,排比着眼于结构相同或相似、意义相近、语气一致;反复的作用是强调、突出重点,排比的作用是增强气势。

②反复与重复:反复是一种常用的辞格,重复是一种语病,使人感到内容贫乏,语言累赘。

考点11 反问

1.反问的含义及作用

反问,又叫激问,是指无疑而问、明知故问的辞格。反问只问不答,把要表达的确定意思包含在问句里。同平铺直叙的表达比较起来,反问这种表达语气强烈,加重了语言的力量,能激发读者的感情,给读者留下深刻的印象。连用反问可使表达的思想内容更深刻,语气更强烈。

2.反问的基本类型

反问有用肯定的形式表示否定和用否定的形式表示肯定两种形式。

①用肯定的形式表示否定。例如:毛主席都是如此,我们还有什么可以骄傲的呢?(表示否定,即不能骄傲)

②用否定的形式表示肯定。例如:难道不是我们劳动群众创造了人类世界吗?(表示肯定,即是劳动群众创造了人类世界)

考点12 设问

设问是指无疑而问、自问自答,以引导读者注意和思考问题的辞格。设问的作用是提醒注意,引导思考,

突出某些内容,使文章起波澜、有变化。例如:是谁创造了人类世界?是我们劳动群众。(《国际歌》)

反问与设问都是没有疑问而故意提出问题,都有加强语气、突出强调的作用。两者的不同之处有以下几点。

①设问一般是自问自答,有问有答;反问则是只问不答,答在问中。

②设问不表示肯定什么或否定什么,反问则明确地表示肯定或否定的内容。

③肯定句式经过反问表达的是否定的意思,否定句式经过反问表达的是肯定的意思,设问则没有这个规律。

考点13 映衬

1.映衬的含义及作用

映衬,也叫衬托,是指为了突出主体事物,用类似的或相反的、相异的事物作陪衬的辞格。映衬的作用在于突出正面、反面或相异的事物的主体,表达强烈的思想感情,使文章的中心思想深化。

2.映衬的基本类型

映衬可分正衬和反衬两类,详见下表。

表1-1-25 映衬的基本类型

类型	示例	分析
正衬	俗话说:人逢喜事精神爽。偏巧,这天又风和日暖,一路上山溪婉转,鸟语花香。莲子虽然没坐上花轿,心里依然是喜气洋洋。	以景衬情,用"风和日暖""鸟语花香"等衬托莲子喜悦的心情
反衬	姑娘选种麦地里,沉甸甸麦穗打脸皮;手理头发怨自己,为啥长得这样低?	用姑娘埋怨自己长得矮来反衬麦子长得高,颗粒饱满,大丰收在望

考点14 对比

1.对比的含义及作用

对比,也叫对照,是指把两种不同事物或同一事物的两个方面放在一起相互比较的辞格。对比可以使客观存在的对立统一关系表达得更集中、更加鲜明突出。

2.对比的基本类型

对比可以分成两体对比和一体两面对比两类,详见下表。

表1-1-26 对比的基本类型

类型	示例	分析
两体对比	有的人活着,他已经死了;有的人死了,他还活着。有的人,骑在人民头上:"呵,我多伟大!"有的人,俯下身子给人民当牛马。(臧克家《有的人》)	通过对比,歌颂了"永远活在人们心里的人",打击和讽刺了行尸走肉般的人
一体两面对比	时间是勤奋者的财富,创造者的宝库;时间是懒惰者的包袱,浪费者的坟墓。	通过对比,鲜明透彻地说明了时间对四种人的不同意义和效应

考点15 通感

1.通感的含义及作用

通感,也叫移觉,是指叙事状物时运用词语,使不相通的感官感觉相互连通起来的辞格。其特点是把不同感官的感觉连通起来,借联想引起感觉转移,"以感觉写感觉"。运用通感是为了突破语言的局限,丰富表情达意的审美情趣,收到增强文采的艺术效果。

2. 通感的基本类型

通感可分为形容通感和比喻通感两类，详见下表。

表1-1-27　通感的基本类型

类型	示例	分析
形容通感	你的耳朵在侦察，你的眼睛在倾听，你的指挥棒上，跳动着你的神经。（艾青《小泽征尔》）	以耳为目，以目为耳，生动传神地展现了指挥家小泽征尔的神采风姿
比喻通感	微风过处，送来缕缕清香，仿佛远处高楼上渺茫的歌声似的。（朱自清《荷塘月色》）	将嗅觉化为听觉，把荷香的时断时续、若有若无与清雅缥缈、沁人心脾描写得形象可感

考点16　辞格的综合运用

在一句或一段话里，同时使用几种辞格，就是多种辞格的综合运用。辞格的综合运用主要包括连用、兼用、套用三种基本类型。

1. 辞格的连用

辞格的连用指在一段文字中接连使用几种辞格，可分为同类辞格连用和异类辞格连用两种形式。具有不同修辞效果的辞格前后配合，交错使用，互补互衬，可以把思想内容表达得更加丰富多彩，更加鲜明有力。例如：

①离开渔船，走上堤岸，只见千百条水渠，像彩带似的，把无边无际的田野，划成棋盘似的整齐方块。那沉甸甸的稻谷，像一垄垄金黄的珍珠；炸蕾吐絮的棉花，像一厢厢雪白的珍珠；婆娑起舞的莲蓬，却又像一盘盘碧绿的珍珠。

②摇动的车轮，旋转的锭子，争着发出嗡嗡嘤嘤的声音，像演奏弦乐，像轻轻地歌唱。

例①是比喻和排比连用，具体地描绘了"水渠""田野""稻谷""棉花""莲蓬"等各不相同的生动形象，引人联想。例②是比拟和比喻连用，把纺车描写得绘声绘形，充满美感。

2. 辞格的兼用

辞格的兼用，也叫"兼格"，指一句话同时兼用多种辞格。恰当地运用兼格，可以从多方面为文章的表达增添文采和力量。例如：

①真正的铜墙铁壁是什么？是群众，是千百万真心实意地拥护革命的群众。

②英雄门第出英雄，英雄来自群众；光荣人家增光荣，光荣属于人民。

例①兼用设问和比喻，在运用设问的同时巧妙地融进了本体和喻体的关系。例②兼用对偶、顶真、反复三种辞格，强调了英雄出自群众，光荣归于人民的观点。

3. 辞格的套用

辞格的套用指一种辞格里又包含其他辞格，分层组合，形成大套小的包容关系。辞格套用的形式多种多样，异类辞格可以套用，同类辞格也可以套用。几种辞格灵活组合，可以使整段文字的表达更加严密细致，更加有文采、活力，也更加富有变化和表现力。例如：

①看吧，狂风紧紧抱起一层层巨浪，恶狠狠地将它们甩到悬崖上，把这些大块的翡翠摔成尘雾和碎末。

②一站站灯火扑来，像流萤飞走；一重重山岭闪过，似海涛奔流……

例①是比拟里套用了比喻。整个句子运用了比拟（拟人）的修辞手法，把"狂风"拟人化，其间又套用比喻，把"一层层巨浪"比作"大块的翡翠"，强烈的憎恨之情跃然纸上，达到了寓情于物的修辞效果。例②是对偶里套用了比喻，比喻里又套用了比拟。第一个层次是对偶。对偶的上句和下句分别由比喻构成第二个层次。其中"一站站灯火扑来""一重重山岭闪过"又是比拟，为第三个层次。由于它主要是把三种辞格有层次地运用在一个句子中，所以在效果上给人以层出不穷的形象逼真之感。

强化练习

单项选择题

1. 下列词语中,加点字读音全部正确的一项是( )。
  A. 两鬓风霜(bìn)　　一蓑烟雨(suō)　　白叟黄童(sǒu)　　秦岭云横(héng)
  B. 笠翁对韵(wēng)　　声律启蒙(méng)　　龙文鞭影(yǐng)　　哺育成长(pǔ)
  C. 漫漫朔雪(shuò)　　结草衔环(jié)　　竹篱茅舍(shè)　　峰峦叠翠(ruán)
  D. 瑷璦(dài)　　菡萏(dàn)　　踟蹰(chù)　　怙恶不悛(quān)

2. 下列词语中,字形全部正确的一项是( )。
  A. 干涸　安祥　兴高采烈　曲意逢迎
  B. 睿智　寒喧　绵里藏针　世外桃园
  C. 楹联　繁衍　怨天尤人　斩钉截铁
  D. 赋予　迭起　张皇失措　走头无路

3. 下列对现代汉语知识理解不正确的一项是( )。
  A. 普通话的词汇标准是以北方话词汇为基础
  B. 汉语的音节结构严密,每个音节都由声母、韵母构成
  C. 语法包括词法和句法两部分
  D. 语言是人类最重要的交际工具,是人类文化的重要组成部分

4. 下列句子中,加点成语使用不恰当的一项是( )。
  A. 武汉、南京等城市出现的大型洪涝和渍水让不少人对"海绵城市建设"的"慢排缓释"理念产生怀疑,专家指出,莫因发生洪涝就将"海绵城市建设"一笔抹杀
  B. 傍晚时分,某小区的一幢居民楼突然起火,火势之大,令人不可向迩,好在附近居民及时报警,事故并没有造成人员伤亡
  C. 当飞机上的乘客和机组人员看到三位中国乘客出手施救的外籍女子苏醒后,大家都拍手称快,用掌声向参与救治的三名中国乘客致敬
  D. 面对日益激烈的求职竞争,部分大学生"错峰就业",让自己有更多的时间来积聚力量,这无可厚非

5. 下列选项中,依次填入横线处最为恰当的一项是( )。
  ①解放军向敌人的阵地_____开炮。
  ②中场休息之后,足球赛_____进行。
  ③工作人员的服务态度有了明显的_____。
  ④我们要发扬优点,_____缺点,做一名好学生。
  A. 连续　继续　改进　改正
  B. 持续　连续　改善　改正
  C. 连续　持续　改正　改善
  D. 持续　连续　改进　改正

6. "他觉得不舒服"中的"不舒服"是( )。
  A. 宾语　　　　　　　　　　　　　　　B. 补语
  C. 谓语　　　　　　　　　　　　　　　D. 状语

7. 下列句子中,没有语病的一项是( )。
  A. 为减少PM2.5的浓度,北京将进一步淘汰不符合首都功能的污染企业,以世界上最严格的标准治理北京市工业污染

第一部分　汉语言文学专业基础知识　55

B.植树节的意义不在于种下了多少棵树,而在于让更多的人关注生态环境问题,在于通过植树造林来增强人们的环保意识,建设美丽中国

C.近期发射的首个中国自行研制的货运飞船"天舟"一号与"天宫"二号交会对接,开展推进剂在轨补加等技术验证,为中国建成空间站搭桥铺路

D.今年国际消费者权益日在央视一套播出了以"用责任汇聚诚信的力量"为主题的"3·15"晚会,满足了观众渴望了解消费侵权事件的收视期待

8.对下列句子的修辞手法分析有误的一项是(　　)。

A.兵马俑有的颔首低眉,若有所思,好像在考虑如何相互融洽,战胜敌人。(比喻)

B.蜀道之难,难于上青天。(夸张)

C.那是个停电的晚上,沙尘暴铺天盖地撕扯着黑暗中的一切,我缩在被窝里惊恐地竖耳听着。(比拟)

D.如果不打落水狗,它一旦跳起来,就要咬你,最低限度也溅你一身的污泥。(比喻)

9.下列不全属于单纯词的一项是(　　)。

A.芙蓉　疙瘩　巧克力

B.葡萄　玫瑰　叽里咕噜

C.匍匐　乒乓　俄罗斯

D.忐忑　参差　拖拉机

10.下列属于中补短语的一项是(　　)。

A.故乡山水　　　　　　　　B.歌唱祖国

C.前途光明　　　　　　　　D.打扫干净

11.下列依次填入横线处的语句,衔接最恰当的一项是(　　)。

但是,没有人会喜欢只有灰色的世界。_____多彩保证了活力,而灰色提升着品位。这也就是和谐。

①这世界充满生命活力,姹紫嫣红,千姿百态,万类霜天竞自由。

②灰色也只有在和其他色彩搭配时,才能显示它的普适性,显示它的高贵和纯粹。

③也正因为有了思想的高贵、纯粹,纷繁的世界才不至于俗不可耐。

④正因为有了生活的五彩缤纷,理论的灰色才不显得死寂。

⑤因此,灰色又必须链接多彩的世界。

A.②⑤①④③

B.②③④⑤①

C.①⑤②④③

D.⑤①②④③

参考答案及解析

单项选择题

1.【答案】A。解析:A项加点字读音全部正确。B项,"哺育成长"的"哺"应读作"bǔ"。C项,"峰峦叠翠"的"峦"应读作"luán"。D项,"踟蹰"的"蹰"应读作"chú"。

2.【答案】C。解析:A项,"安祥"的"祥"应改为"详"。B项,"寒喧"的"喧"应改为"暄";"世外桃园"的"园"应改为"源"。C项字形全部正确。D项,"走头无路"的"头"应改为"投"。

3.【答案】B。解析:A、C、D三项理解均正确。B项,一般来说,汉语中一个汉字是一个音节,但并不是每个音节都由声母、韵母、声调三部分组成,零声母音节中就只有韵母和声调。

4.【答案】C。解析:A项,"一笔抹杀"比喻轻率地把优点、成绩等全部否定。该成语用在句中符合语境。B项,"不

可向迩"意为不能接近。该成语用在句中符合语境。C项,"拍手称快"意为拍着手喊痛快,多指仇恨得到消除。该成语用在句中不符合语境。D项,"无可厚非"意为不可过分指摘,表示虽有缺点,但是可以理解或原谅。该成语用在句中符合语境。

5.【答案】A。解析:"持续"指延续不断。"连续"指一个接一个。"继续"指(活动)连下去;延长下去;不间断。"改进"指改变旧有情况,使有所进步。"改正"指把错误的改为正确的。"改善"指改变原有情况使好一些。①句中"开炮"这一动作应是一个接一个的,应填入"连续";②句中"足球赛"这一活动应是在中断后连下去,应填入"继续";③句中修饰"服务态度"应是表示改变原来的情况,有进步,应填入"改进";④句中"缺点"应与"改正"搭配。故本题选A。

6.【答案】B。解析:题干句子中,"他"作主语,"觉得"作谓语,"不舒服"是"觉得"的补语。

7.【答案】B。解析:A项,"减少"与"浓度"搭配不当,应将"减少"改为"降低"。B项句子没有语病。C项,语序不当,"首个"应放在"货运飞船"之前。D项,成分残缺,应将"播出了"改为"播出的"。

8.【答案】A。解析:A项句子赋予兵马俑以人的动作、神态,运用了比拟中的拟人的修辞手法。句中虽然出现"好像"一词,但并不存在喻体,未运用比喻的修辞手法。B、C、D三项分析均正确。

9.【答案】D。解析:单纯词是由一个语素单独构成的词,整个词只能表示一个意思,不能拆开。四个选项中,只有D项的"拖拉机"一词可以拆开,"机"可独立成词且意义不变。

10.【答案】D。解析:A项,"故乡山水"属于偏正短语。B项,"歌唱祖国"属于动宾短语。C项,"前途光明"属于主谓短语。D项,"打扫干净"属于中补短语。

11.【答案】A。解析:这段话通过分析灰色和其他颜色之间的关系来说明现实生活中的道理。②句分析灰色与其他色彩之间相互依存的关系,关联词"也只有"和题干中的"只有"相照应,故②句为首句;⑤句是②句的原因,故⑤句在②句之后;①句中"这世界"承接⑤句中"多彩的世界",故①句在⑤句之后;④③两句分析灰色理论与多彩世界之间的依存关系,根据"正因为"和"也正因为"判断④句应该在③句前面。故衔接最恰当的顺序为②⑤①④③。

第一部分　汉语言文学专业基础知识　57

第二章 古代汉语

第一节 常见文言实词与虚词

一、常见文言实词

古代汉语中常见的文言实词如下。

【爱】①吝惜。例如:会盟而谋弱秦,不爱珍器重宝肥饶之地。(贾谊《过秦论》)

②爱护。例如:宽厚而爱人,尊贤而重士。(贾谊《过秦论》)

③喜欢,爱好。例如:晋陶渊明独爱菊。(周敦颐《爱莲说》)

④给人好处,恩惠。例如:吴广素爱人,士卒多为用者。(司马迁《陈涉世家》)

【拔】①提拔,提升。例如:是以先帝简拔以遗陛下。(诸葛亮《出师表》)

②拔起,抽出。例如:拔剑,剑长,操其室。(《荆轲刺秦王》)

③攻克,占领。例如:其后秦伐赵,拔石城。(司马迁《廉颇蔺相如列传》)

④越出,高出。例如:天姥连天向天横,势拔五岳掩赤城。(李白《梦游天姥吟留别》)

【被】①通"披",穿着。例如:军士吏被甲,锐兵刃,彀弓弩,持满。(司马迁《周亚夫军细柳》)

②被。例如:信而见疑,忠而被谤,能无怨乎?(司马迁《屈原列传》)

③受。例如:秦王复击轲,被八创。(《荆轲刺秦王》)

④覆盖。例如:未几,成归,闻妻言,如被冰雪。(蒲松龄《促织》)

【本】①考察,探究。例如:抑本其成败之迹,而皆自于人欤?(欧阳修《五代史伶官传序》)

②根。例如:凡植木之性,其本欲舒。(柳宗元《种树郭橐驼传》)

③本来。例如:本图宦达,不矜名节。(李密《陈情表》)

④本原。例如:请循其本。(《庄子与惠子游于濠梁之上》)

⑤本来的,原来的。例如:此之谓失其本心。(《鱼我所欲也》)

【比】①合。例如:故夫知效一官,行比一乡,德合一君,而征一国者,其自视也,亦若此矣。(庄子《逍遥游》)

②等到。例如:比至陈,车六七百乘,骑千余,卒数万人。(司马迁《陈涉世家》)

③靠近。例如:其两膝相比者,各隐卷底衣褶中。(魏学洢《核舟记》)

④并,列。例如:愿举国为内臣,比诸侯之列。(《荆轲刺秦王》)

⑤和……相比。例如:盖余所至,比好游者尚不能十一。(王安石《游褒禅山记》)

⑥比较,较量。例如:试使山东之国与陈涉度长絜大,比权量力,则不可同年而语矣。(贾谊《过秦论》)

⑦近来。例如:比得软脚病,往往而剧。(韩愈《祭十二郎文》)

⑧勾结,串通。例如:君子周而不比,小人比而不周。(《论语·为政》)

【鄙】①浅陋,目光短浅。例如:肉食者鄙,未能远谋。(《曹刿论战》)
②边邑。例如:越国以鄙远,君知其难也。(《烛之武退秦师》)此处用作动词。

【毕】①全。例如:群贤毕至,少长咸集。(王羲之《兰亭集序》)
②完结。例如:六王毕,四海一,蜀山兀,阿房出。(杜牧《阿房宫赋》)

【兵】①士兵。例如:昨夜见军帖,可汗大点兵。(《木兰诗》)
②兵器。例如:非我也,兵也。(《寡人之于国也》)
③军队。例如:秦发兵击之,大破楚师于丹、淅。(司马迁《屈原列传》)

【病】①疲劳。例如:今日病矣,予助苗长矣。(《孟子·公孙丑上》)
②生病。例如:汝病吾不知时,汝殁吾不知日。(韩愈《祭十二郎文》)
③困苦。例如:故病且怠。(柳宗元《种树郭橐驼传》)
④担心,忧虑。例如:君子病无能焉,不病人之不己知也。(《论语·卫灵公》)

【长】①时间长,久,读作"cháng"。例如:举手长劳劳,二情同依依。(《孔雀东南飞(并序)》)
②长度,读作"cháng"。例如:而计其长曾不盈寸。(魏学洢《核舟记》)
③长,与"短"相对,读作"cháng"。例如:登高而招,臂非加长也,而见者远。(荀子《劝学》)
④辽阔,辽远,读作"cháng"。例如:落霞与孤鹜齐飞,秋水共长天一色。(王勃《滕王阁序》)
⑤生长,增长,读作"zhǎng"。例如:盈虚者如彼,而卒莫消长也。(苏轼《赤壁赋》)
⑥年长,年纪大,读作"zhǎng"。例如:孰与君少长?(司马迁《鸿门宴》)

【常】①经常,常常。例如:千里马常有,而伯乐不常有。(韩愈《马说》)
②普通,平凡。例如:而世之奇伟、瑰怪、非常之观,常在于险远。(王安石《游褒禅山记》)
③永久的,固定的。例如:圣人无常师。(韩愈《师说》)
④常规,法则,定规。例如:且陛下春秋高,法令亡常。(班固《苏武传》)

【诚】①真正,确实。例如:公孙衍、张仪岂不诚大丈夫哉?(《富贵不能淫》)
②真诚,诚实,诚心。例如:帝感其诚,命夸娥氏二子负二山。(《愚公移山》)
③如果。例如:今诚以吾众诈自称公子扶苏、项燕,为天下唱,宜多应者。(司马迁《陈涉世家》)

【驰】①赶马快跑。例如:愿驰千里足,送儿还故乡。(《木兰诗》)
②车马等疾行,快跑。例如:将军约,军中不得驱驰。(司马迁《周亚夫军细柳》)
③驱车追赶,追逐。例如:齐师败绩。公将驰之。(《曹刿论战》)

【出】①离开(朝廷)。例如:永和初,出为河间相。(范晔《张衡传》)
②经过。例如:家君作宰,路出名区。(王勃《滕王阁序》)
③出入的出,与"进"相对。例如:既出军门,群臣皆惊。(司马迁《周亚夫军细柳》)
④国家外部。例如:入则无法家拂士,出则无敌国外患者,国恒亡。(《生于忧患,死于安乐》)
⑤显露,出现。例如:近岸,卷石底以出。(柳宗元《小石潭记》)
⑥摆出,拿出。例如:余人各复延至其家,皆出酒食。(陶渊明《桃花源记》)

【除】①清除,去掉。例如:庶竭驽钝,攘除奸凶。(诸葛亮《出师表》)
②授职,拜官。例如:寻蒙国恩,除臣洗马。(李密《陈情表》)

【辞】①推托,拒绝。例如:蒙辞以军中多务。(司马光《孙权劝学》)
②辞别,告别。例如:今者出,未辞也,为之奈何?(司马迁《鸿门宴》)
③言辞。例如:博闻强志,明于治乱,娴于辞令。(司马迁《屈原列传》)

【次】①编次。例如:陈胜、吴广皆次当行,为屯长。(司马迁《陈涉世家》)
②军队驻扎。例如:又间令吴广之次所旁丛祠中。(司马迁《陈涉世家》)
③旁边。例如:引以为流觞曲水,列坐其次。(王羲之《兰亭集序》)

④次序。例如：荆轲奉樊於期头函，而秦武阳奉地图匣，以次进。(《荆轲刺秦王》)

【刺】①指责。例如：群臣吏民能面刺寡人之过者，受上赏。(《邹忌讽齐王纳谏》)
②用尖利的东西扎。例如：是何异于刺人而杀之。(《寡人之于国也》)
③刺杀。例如：夫专诸之刺王僚也，彗星袭月。(《唐雎不辱使命》)

【从】①跟随，跟从。例如：一狼得骨止，一狼仍从。(蒲松龄《狼》)
②向，到。例如：渡远荆门外，来从楚国游。(李白《渡荆门送别》)
③听从，顺从。例如：小惠未遍，民弗从也。(《曹刿论战》)
④参与，从事。例如：弟走从军阿姨死，暮去朝来颜色故。(白居易《琵琶行》)
⑤从，由。例如：愿为市鞍马，从此替爷征。(《木兰诗》)

【殆】①疑惑。例如：学而不思则罔，思而不学则殆。(《论语·为政》)
②大概，恐怕，可能。例如：轩凡四遭火，得不焚，殆有神护者。(归有光《项脊轩志》)
③接近，几乎。例如：且燕赵处秦革灭殆尽之际，可谓智力孤危。(苏洵《六国论》)

【但】①只是，不过。例如：但少闲人如吾两人者耳。(苏轼《记承天寺夜游》)
②仅，只。例如：不闻爷娘唤女声，但闻黄河流水鸣溅溅。(《木兰诗》)

【当】①对等，比得上。例如：料大王士卒足以当项王乎？(司马迁《鸿门宴》)
②对着，面对。例如：唧唧复唧唧，木兰当户织。(《木兰诗》)
③应当，应该。例如：臣生当陨首，死当结草。(李密《陈情表》)
④在，在……时候。例如：当其欣于所遇，暂得于己。(王羲之《兰亭集序》)
⑤担任，充当。例如：猥以微贱，当侍东宫。(李密《陈情表》)
⑥把守。例如：剑阁峥嵘而崔嵬，一夫当关，万夫莫开。(李白《蜀道难》)
⑦主持，掌握。例如：人君当神器之重，居域中之大。(魏征《谏太宗十思疏》)
⑧会，将会。例如：卿当日胜贵，吾独向黄泉！(《孔雀东南飞(并序)》)

【道】①规律，方法。例如：策之不以其道，食之不能尽其材。(韩愈《马说》)
②道路。例如：会天大雨，道不通，度已失期。(司马迁《陈涉世家》)
③说。例如：何可胜道也哉！(王安石《游褒禅山记》)
④风尚。例如：嗟乎！师道之不传也久矣！(韩愈《师说》)
⑤学问，主张。例如：彼与彼年相若也，道相似也。(韩愈《师说》)
⑥道理。例如：虽有至道，弗学，不知其善也。(《虽有嘉肴》)

【独】①唯独，仅仅。例如：予独爱莲之出淤泥而不染，濯清涟而不妖。(周敦颐《爱莲说》)
②老而无子的人。例如：矜、寡、孤、独、废疾者皆有所养。(《大道之行也》)
③岂，难道。例如：纵彼不言，籍独不愧于心乎？(司马迁《项羽之死》)
④单独，独自。例如：而吾以捕蛇独存。(柳宗元《捕蛇者说》)

【读】①读书，读作"dú"。例如：好读书，不求甚解。(陶渊明《五柳先生传》)
②宣扬，说出，读作"dú"。例如：中冓之言，不可读也。(《诗经·墙有茨》)
③一句话中间短暂的停顿，读作"dòu"。例如：彼童子之师，授之书而习其句读者，非吾所谓传其道解其惑者也。(韩愈《师说》)

【发】①显露，流露。例如：征于色，发于声，而后喻。(《生于忧患，死于安乐》)
②打开。例如：轲既取图奉之，发图，图穷而匕首见。(《荆轲刺秦王》)
③发动，动手。例如：虞常等七十余人欲发，其一人夜亡，告之。(班固《苏武传》)
④拨动。例如：中有都柱，傍行八道，施关发机。(范晔《张衡传》)
⑤开放，开花。例如：野芳发而幽香，佳木秀而繁阴。(欧阳修《醉翁亭记》)

60　语文学科专业基础知识

⑥兴起。例如：舜发于畎亩之中，傅说举于版筑之间。(《生于忧患，死于安乐》)
⑦把箭射出去，发射。例如：见其发矢十中八九，但微颔之。(欧阳修《卖油翁》)
⑧派出，派遣。例如：怀王乃悉发国中兵，以深入击秦，战于蓝田。(司马迁《屈原列传》)
⑨泄露。例如：恐前语发。(班固《苏武传》)

【方】①当。例如：方其破荆州，下江陵，顺流而东也。(苏轼《赤壁赋》)
②方向。例如：自此以后，乃令史官记地动所从方起。(范晔《张衡传》)
③正，正在。例如：方欲行，转视积薪后，一狼洞其中，意将隧入以攻其后也。(蒲松龄《狼》)
④合乎礼义的行事准则。例如：由也为之，比及三年，可使有勇，且知方也。(《子路、曾皙、冉有、公西华侍坐》)
⑤正直，品格刚正(的人)。例如：邪曲之害公也，方正之不容也。(司马迁《屈原列传》)
⑥纵横。例如：方六七十，如五六十。(《子路、曾皙、冉有、公西华侍坐》)

【负】①担负，承担。例如：均之二策，宁许以负秦曲。(司马迁《廉颇蔺相如列传》)这里是使动用法。
②凭借，倚仗，依靠。例如：负势竞上，互相轩邈。(吴均《与朱元思书》)
③违背。例如：相如度秦王虽斋，决负约不偿城。(司马迁《廉颇蔺相如列传》)
④辜负，对不起。例如：臣诚恐见欺于王而负赵。(司马迁《廉颇蔺相如列传》)
⑤背着东西。例如：颁白者不负戴于道路矣。(《寡人之于国也》)
⑥失败。例如：故不战而强弱胜负已判矣。(苏洵《六国论》)

【攻】①进攻。例如：一狼洞其中，意将隧入以攻其后也。(蒲松龄《狼》)
②学习，研究。例如：闻道有先后，术业有专攻。(韩愈《师说》)
③治疗。例如：譬之如医之攻人之疾者然。(《兼爱》)

【固】①顽固。例如：汝心之固，固不可彻。(《愚公移山》)
②必，一定。例如：若儿戏耳，其将固可袭而虏也。(司马迁《周亚夫军细柳》)
③本来，当然。例如：人固有一死。(司马迁《报任安书》)
④巩固。例如：固国不以山溪之险，威天下不以兵革之利。(《得道多助，失道寡助》)
⑤坚固。例如：临不测之渊，以为固。(贾谊《过秦论》)
⑥坚决。例如：秦王恐其破璧，乃辞谢，固请。(司马迁《廉颇蔺相如列传》)

【顾】①回头看。例如：元方入门不顾。(《陈太丘与友期行》)
②拜访。例如：三顾臣于草庐之中。(诸葛亮《出师表》)
③不过，只是。例如：顾计不知所出耳！(《荆轲刺秦王》)
④顾及，顾念。例如：大行不顾细谨，大礼不辞小让。(司马迁《鸿门宴》)

【故】①原因，缘故。例如：既克，公问其故。(《曹刿论战》)
②故意，特意，特地。例如：广故数言欲亡，忿恚尉。(司马迁《陈涉世家》)
③交情，旧识。例如：君安与项伯有故？(司马迁《鸿门宴》)
④因此，所以。例如：故不积跬步，无以至千里。(荀子《劝学》)
⑤旧。例如：豫章故郡，洪都新府。(王勃《滕王阁序》)
⑥本来。例如：宋将军故自负，且欲观客所为。(魏禧《大铁椎传》)

【观】①观察，看。例如：予观夫巴陵胜状，在洞庭一湖。(范仲淹《岳阳楼记》)
②景象。例如：此则岳阳楼之大观也，前人之述备矣。(范仲淹《岳阳楼记》)
③指观察政治的得失、风俗的盛衰。例如：《诗》可以兴，可以观，可以群，可以怨。(《论语·阳货》)
④考察，学习。例如：因入京师，观太学。(范晔《张衡传》)

【归】①称赞，称许。例如：一日克己复礼，天下归仁焉。(《论语·颜渊》)

②返回。例如：一屠晚归，担中肉尽，止有剩骨。（蒲松龄《狼》）
③归还。例如：城不入，臣请完璧归赵。（司马迁《廉颇蔺相如列传》）
④女子出嫁。例如：男有分，女有归。（《大道之行也》）

【过】①过错。例如：吾不能早用子，今急而求子，是寡人之过也。（《烛之武退秦师》）
②超过。例如：子卿不欲降，何以过陵？（班固《苏武传》）
③过分。例如：过蒙拔擢，宠命优渥。（李密《陈情表》）
④责备。例如：闻大王有意督过之。（司马迁《鸿门宴》）
⑤经过。例如：沉舟侧畔千帆过，病树前头万木春。（刘禹锡《酬乐天扬州初逢席上见赠》）

【会】①适逢，恰巧遇到。例如：会天大雨，道不通，度已失期。（司马迁《陈涉世家》）
②会合，聚集。例如：迁客骚人，多会于此。（范仲淹《岳阳楼记》）
③领悟，理解。例如：每有会意，便欣然忘食。（陶渊明《五柳先生传》）
④应当，当然。例如：会当凌绝顶，一览众山小。（杜甫《望岳》）
⑤诸侯在非规定时间朝见天子。例如：宗庙之事，如会同，端章甫，愿为小相焉。（《子路、曾皙、冉有、公西华侍坐》）

【或】①有时。例如：马之千里者，一食或尽粟一石。（韩愈《马说》）
②或许，也许。例如：予尝求古仁人之心，或异二者之为，何哉？（范仲淹《岳阳楼记》）
③有的人。例如：或取诸怀抱，悟言一室之内。（王羲之《兰亭集序》）
④倘若，如果。例如：或王命急宣，有时朝发白帝，暮到江陵。（郦道元《三峡》）

【及】①来得及，赶得及。例如：悲守穷庐，将复何及！（诸葛亮《诫子书》）
②比得上。例如：君美甚，徐公何能及君也？（《邹忌讽齐王纳谏》）
③到，到达。例如：及郡下，诣太守，说如此。（陶渊明《桃花源记》）
④涉及，牵连。例如：事如此，此必及我，见犯乃死，重负国。（班固《苏武传》）
⑤到，等到。例如：及鲁肃过寻阳，与蒙论议。（司马光《孙权劝学》）
⑥和，与。例如：若有作奸犯科及为忠善者，宜付有司论其刑赏。（诸葛亮《出师表》）

【极】①最，非常。例如：初极狭，才通人。（陶渊明《桃花源记》）
②最高位置，顶点，极点。例如：渔歌互答，此乐何极！（范仲淹《岳阳楼记》）
③到达尽头，达到极点。例如：然则北通巫峡，南极潇湘。（范仲淹《岳阳楼记》）
④疲困。例如：人穷则反本，故劳苦倦极。（司马迁《屈原列传》）

【疾】①速度快，迅速。例如：虽乘奔御风，不以疾也。（郦道元《三峡》）
②疾病。例如：臣少多疾病，九岁不行。（李密《陈情表》）
③劲疾。例如：顺风而呼，声非加疾也，而闻者彰。（荀子《劝学》）
④痛恨。例如：尝问天下所疾恶者。（范晔《张衡传》）
⑤痛心。例如：屈平疾王听之不聪也。（司马迁《屈原列传》）

【假】①假装。例如：乃悟前狼假寐，盖以诱敌。（蒲松龄《狼》）
②借。例如：以是人多以书假余。（宋濂《送东阳马生序》）
③借助，利用。例如：君子生非异也，善假于物也。（荀子《劝学》）
④临时的。例如：武与副中郎将张胜及假吏常惠等募士斥候百余人俱。（班固《苏武传》）

【假借】①借。例如：每假借于藏书之家，手自笔录，计日以还。（宋濂《送东阳马生序》）
②宽容，原谅。例如：愿大王少假借之，使毕使于前。（《荆轲刺秦王》）

【间】①当中，中间，读作"jiān"。例如：其间千二百里，虽乘奔御风，不以疾也。（郦道元《三峡》）
②缝隙，读作"jiàn"。例如：彼节者有间，而刀刃者无厚。（庄子《庖丁解牛》）

③间断，间隔，读作"jiàn"。例如：不复出焉，遂与外人间隔。（陶渊明《桃花源记》）
④参与，读作"jiàn"。例如：肉食者谋之，又何间焉？（《曹刿论战》）
⑤间或，偶然，读作"jiàn"。例如：数月之后，时时而间进。（《邹忌讽齐王纳谏》）
⑥私下，读作"jiàn"。例如：又间令吴广之次所旁丛祠中。（司马迁《陈涉世家》）
⑦从小路，读作"jiàn"。例如：沛公已去，间至军中。（司马迁《鸿门宴》）

【见】①表被动。例如：百姓之不见保，为不用恩焉。（《齐桓晋文之事》）
②了解。例如：但当涉猎，见往事耳。（司马光《孙权劝学》）
③看见，看到。例如：见渔人，乃大惊，问所从来。（陶渊明《桃花源记》）
④拜见，求见。例如：公将战，曹刿请见。（《曹刿论战》）
⑤接见，召见。例如：秦王坐章台见相如。相如奉璧奏秦王。（司马迁《廉颇蔺相如列传》）
⑥我。例如：生孩六月，慈父见背。（李密《陈情表》）
⑦通"现"，出现，显露。例如：食不饱，力不足，才美不外见。（韩愈《马说》）

【竟】①终了，最后。例如：求二石兽于水中，竟不可得。（纪昀《河中石兽》）
②完毕。例如：秦王竟酒，终不能加胜于赵。（司马迁《廉颇蔺相如列传》）
③竟然。例如：呜呼，其竟以此而殒其生乎？（韩愈《祭十二郎文》）

【就】①接近，靠近。例如：故木受绳则直，金就砺则利。（荀子《劝学》）
②就任，就职。例如：举孝廉不行，连辟公府不就。（范晔《张衡传》）
③成就，完成，成功。例如：河海不择细流，故能就其深。（李斯《谏逐客书》）
④登上。例如：于是荆轲遂就车而去，终已不顾。（《荆轲刺秦王》）

【举】①尽，全。例如：杀人如不能举，刑人如恐不胜。（司马迁《鸿门宴》）
②成功。例如：何不作衣裳？莫令事不举！（《孔雀东南飞（并序）》）
③攻占，占领。例如：南取汉中，西举巴、蜀。（贾谊《过秦论》）
④举起。例如：举酒属客，诵明月之诗，歌窈窕之章。（苏轼《赤壁赋》）
⑤施行。例如：举先王之政，以兴利除弊，不为生事。（王安石《答司马谏议书》）
⑥推荐，推举。例如：举孝廉不行，连辟公府不就。（范晔《张衡传》）
⑦发动，兴起。例如：今亡亦死，举大计亦死。（司马迁《陈涉世家》）

【具】①完全，详尽。例如：得夜见汉使，具自陈道。（班固《苏武传》）
②备办，准备。例如：使建中远具时羞之奠，告汝十二郎之灵。（韩愈《祭十二郎文》）
③通"俱"，全，皆。例如：政通人和，百废具兴。（范仲淹《岳阳楼记》）

【绝】①极。例如：佛印绝类弥勒。（魏学洢《核舟记》）
②横渡。例如：假舟楫者，非能水也，而绝江河。（荀子《劝学》）
③断绝。例如：归去来兮，请息交以绝游。（陶渊明《归去来兮辞（并序）》）
④阻隔，隔断。例如：至于夏水襄陵，沿溯阻绝。（郦道元《三峡》）
⑤停止，止息。例如：而大声发于水上，噌吰如钟鼓不绝。（苏轼《石钟山记》）
⑥独一无二的，没人能赶上的。例如：奇山异水，天下独绝。（吴均《与朱元思书》）
⑦僻远的，极远的。例如：率妻子邑人来此绝境，不复出焉。（陶渊明《桃花源记》）

【堪】①能忍受，经得起。例如：人不堪其忧，回也不改其乐。（《论语·雍也》）
②胜任。例如：不堪吏人妇，岂合令郎君？（《孔雀东南飞（并序）》）

【劳】①犒赏，慰劳。例如：上自劳军。（司马迁《周亚夫军细柳》）
②辛劳，劳苦。例如：忧劳可以兴国，逸豫可以亡身。（欧阳修《五代史伶官传序》）
③功劳。例如：而蔺相如徒以口舌为劳，而位居我上。（司马迁《廉颇蔺相如列传》）

【略】①掠夺，夺取。例如：进兵北略地，至燕南界。(《荆轲刺秦王》)
　　②全，都，与否定词连用。例如：两岸连山，略无阙处。(郦道元《三峡》)
　　③策略，谋略。例如：卿今者才略，非复吴下阿蒙！(司马光《孙权劝学》)
【名】①出名。例如：山不在高，有仙则名。(刘禹锡《陋室铭》)
　　②名字。例如：北冥有鱼，其名为鲲。(庄子《逍遥游》)
　　③命名。例如：以故其后名之曰"褒禅"。(王安石《游褒禅山记》)
　　④说出，讲明。例如：后世之谬其传而莫能名者，何可胜道也哉！(王安石《游褒禅山记》)
　　⑤声名，名誉。例如：至人无己，神人无功，圣人无名。(庄子《逍遥游》)
【辟】①开辟，读作"pì"。例：欲辟土地，朝秦楚，莅中国而抚四夷也。(《齐桓晋文之事》)
　　②不正，读作"pì"。例如：苟无恒心，放辟邪侈，无不为已。(《齐桓晋文之事》)
　　③通"避"，躲避，读作"bì"。例如：死亦我所恶，所恶有甚于死者，故患有所不辟也。(《鱼我所欲也》)
　　④征召，录用，读作"bì"。例如：举孝廉不行，连辟公府不就。(范晔《张衡传》)
【期】①约定。例如：陈太丘与友期行。(《陈太丘与友期行》)
　　②至，及。例如：况修短随化，终期于尽！(王羲之《兰亭集序》)
　　③期限。例如：会天大雨，道不通，度已失期。(司马迁《陈涉世家》)
　　④期求。例如：富贵非吾愿，帝乡不可期。(陶渊明《归去来兮辞(并序)》)
　　⑤一周年，一整月，一昼夜，读作"jī"。例如：期年之后，虽欲言，无可进者。(《邹忌讽齐王纳谏》)
【强】①强壮，有力，读作"qiáng"。例如：蚓无爪牙之利，筋骨之强。(荀子《劝学》)
　　②强盛，强大，读作"qiáng"。例如：强国请服，弱国入朝。(贾谊《过秦论》)
　　③有余，过盛的，读作"qiáng"。例如：策勋十二转，赏赐百千强。(《木兰诗》)
　　④加强，增强，读作"qiáng"。例如：强公室，杜私门。(李斯《谏逐客书》)
　　⑤竭力，尽力，读作"qiǎng"。例如：虽欲强聒，终必不蒙见察。(王安石《答司马谏议书》)
　　⑥强行，读作"qiǎng"。例如：秦王度之，终不可强夺。(司马迁《廉颇蔺相如列传》)
　　⑦强迫，迫使，读作"qiǎng"。例如：少年固强之。(蒲松龄《促织》)
　　⑧勉强，读作"qiǎng"。例如：乃强起扶杖，执图诣寺后，有古陵蔚起。(蒲松龄《促织》)
【穷】①尽。例如：渔人甚异之，复前行，欲穷其林。(陶渊明《桃花源记》)
　　②失意，不得志。例如：穷则独善其身，达则兼济天下。(《孟子·尽心上》)
　　③困厄，处境艰难。例如：穷且益坚，不坠青云之志。(王勃《滕王阁序》)
【劝】①鼓励。例如：故圣人以治天下为事者，恶得不禁恶而劝爱？(《兼爱》)
　　②劝导，劝说。例如：楚人既咎子兰以劝怀王入秦而不反也。(司马迁《屈原列传》)
【阙】①通"缺"，空隙，缺口。例如：两岸连山，略无阙处。(郦道元《三峡》)
　　②弊端，缺点。例如：必能裨补阙漏，有所广益。(诸葛亮《出师表》)
　　③侵损，削减。例如：阙秦以利晋，唯君图之。(《烛之武退秦师》)
【却】①击退，使退却。例如：乃使蒙恬北筑长城而守藩篱，却匈奴七百余里。(贾谊《过秦论》)
　　②退。例如：相如因持璧却立，倚柱，怒发上冲冠。(司马迁《廉颇蔺相如列传》)
　　③推辞，拒绝。例如：王者不却众庶，故能明其德。(李斯《谏逐客书》)
【让】①责备。例如：使者大喜，如惠语以让单于。(班固《苏武传》)
　　②拒绝，推却。例如：是以太山不让土壤，故能成其大。(李斯《谏逐客书》)
【如】①往。例如：纵一苇之所如，凌万顷之茫然。(苏轼《赤壁赋》)
　　②像。例如：浩浩乎如冯虚御风，而不知其所止。(苏轼《赤壁赋》)

③至于。例如:如其礼乐,以俟君子。(《子路、曾皙、冉有、公西华侍坐》)
④或者。例如:方六七十,如五六十。(《子路、曾皙、冉有、公西华侍坐》)
⑤比得上,及。例如:天时不如地利,地利不如人和。(《得道多助,失道寡助》)
⑥如果,假如。例如:如有地动,尊则振龙,机发吐丸,而蟾蜍衔之。(范晔《张衡传》)

【善】①擅长。例如:陈康肃公善射,当世无双。(欧阳修《卖油翁》)
②好好地。例如:秦王必喜而善见臣。(《荆轲刺秦王》)
③友善,交好。例如:素善留侯张良。(司马迁《鸿门宴》)
④善行。例如:积善成德,而神明自得,圣心备焉。(荀子《劝学》)
⑤好的。例如:择其善者而从之,其不善者而改之。(《论语·述而》)

【稍】①渐渐,逐渐。例如:稍迁至栘中厩监。(班固《苏武传》)
②稍微,略微。例如:录毕,走送之,不敢稍逾约。(宋濂《送东阳马生序》)

【舍】①止息,停止,读作"shě"。例如:驽马十驾,功在不舍。(荀子《劝学》)
②释放,读作"shě"。例如:舍之!吾不忍其觳觫。(《齐桓晋文之事》)
③安置住宿,读作"shè"。例如:遂许斋五日,舍相如广成传。(司马迁《廉颇蔺相如列传》)

【胜】①美好,读作"shèng"。例如:予观夫巴陵胜状,在洞庭一湖。(范仲淹《岳阳楼记》)
②胜利,读作"shèng"。例如:此所谓战胜于朝廷。(《邹忌讽齐王纳谏》)
③超过,胜过,读作"shèng"。例如:日出江花红胜火,春来江水绿如蓝。(白居易《忆江南》)
④尽,读作"shēng"。例如:杀人如不能举,刑人如恐不胜。(司马迁《鸿门宴》)
⑤承受,读作"shēng"。例如:沛公不胜杯杓,不能辞。(司马迁《鸿门宴》)

【使】①使者。例如:方欲发使送武等。(班固《苏武传》)
②派遣。例如:燕王拜送于庭,使使以闻大王。(《荆轲刺秦王》)
③出使。例如:王必无人,臣愿奉璧往使。(司马迁《廉颇蔺相如列传》)
④使唤,驱使。例如:受母钱帛多,不堪母驱使。(《孔雀东南飞(并序)》)
⑤让。例如:愿大王少假借之,使毕使于前。(《荆轲刺秦王》)
⑥假使,如果。例如:使六国各爱其人,则足以拒秦。(杜牧《阿房宫赋》)

【适】①刚才。例如:适得府君书,明日来迎汝。(《孔雀东南飞(并序)》)
②出嫁。例如:贫贱有此女,始适还家门。(《孔雀东南飞(并序)》)
③享有。例如:而吾与子之所共适。(苏轼《赤壁赋》)
④往,到。例如:适莽苍者,三餐而反。(庄子《逍遥游》)
⑤适合,适当。例如:快意当前,适观而已矣。(李斯《谏逐客书》)
⑥正好,恰好。例如:从上观之,适与地平。(沈括《梦溪笔谈》)

【视】①看,观察。例如:相如视秦王无意偿赵城。(司马迁《廉颇蔺相如列传》)
②管理、处理政事。例如:视事三年,上书乞骸骨,征拜尚书。(范晔《张衡传》)
③对待,看待。例如:子孙视之不甚惜,举以予人,如弃草芥。(苏洵《六国论》)

【属】①类,读作"shǔ"。例如:有良田、美池、桑竹之属。(陶渊明《桃花源记》)
②属于,读作"shǔ"。例如:时维九月,序属三秋。(王勃《滕王阁序》)
③通"嘱",嘱托,读作"zhǔ"。例如:属予作文以记之。(范仲淹《岳阳楼记》)
④劝请,读作"zhǔ"。例如:举酒属客,诵明月之诗,歌窈窕之章。(苏轼《赤壁赋》)
⑤随从,跟随,读作"zhǔ"。例如:项王渡淮,骑能属者百余人耳。(司马迁《项羽之死》)
⑥连接,读作"zhǔ"。例如:常有高猿长啸,属引凄异。(郦道元《三峡》)

【率】①率领。例如:遂率子孙荷担者三夫,叩石垦壤。(《愚公移山》)

第一部分 汉语言文学专业基础知识 65

②全部，一概。例如：六国互丧，率赂秦耶？（苏洵《六国论》）

③大概，大致。例如：风从北来者，大率不能甘而善苦。（刘基《苦斋记》）

④遵循，顺着。例如：此吾所以敢率性就死不顾汝也。（林觉民《与妻书》）

⑤轻率。例如：子路率尔而对曰。（《子路、曾皙、冉有、公西华侍坐》）

【素】①一向。例如：虞常在汉时，素与副张胜相知。（班固《苏武传》）

②白色的。例如：春冬之时，则素湍绿潭，回清倒影。（郦道元《三峡》）

③朴素，未加修饰。例如：可以调素琴，阅金经。（刘禹锡《陋室铭》）

④白色的绢。例如：十三能织素，十四学裁衣。（《孔雀东南飞（并序）》）

【遂】①于是，就。例如：念无与为乐者，遂至承天寺寻张怀民。（苏轼《记承天寺夜游》）

②生长，成长。例如：字而幼孩，遂而鸡豚。（柳宗元《种树郭橐驼传》）

③终于，竟然。例如：然操遂能克绍，以弱为强者，非惟天时，抑亦人谋也。（陈寿《隆中对》）

【通】①顺利。例如：政通人和，百废具兴。（范仲淹《岳阳楼记》）

②达。例如：陵与卫律之罪上通于天！（班固《苏武传》）

③全，整个。例如：弈秋，通国之善弈者也。（《学弈》）

④精通，通晓。例如：遂通五经，贯六艺。（范晔《张衡传》）

【徒】①这些人。例如：郯子之徒，其贤不及孔子。（韩愈《师说》）

②只，不过。例如：而蔺相如徒以口舌为劳，而位居我上。（司马迁《廉颇蔺相如列传》）

③白白地。例如：秦城恐不可得，徒见欺。（司马迁《廉颇蔺相如列传》）

【亡】①逃跑，读作"wáng"。例如：其一人夜亡，告之。（班固《苏武传》）

②灭亡，死亡，读作"wáng"。例如：是故燕虽小国而后亡，斯用兵之效也。（苏洵《六国论》）

③通"无"，没有，读作"wú"。例如：杞国有人忧天地崩坠，身亡所寄，废寝食者。（《杞人忧天》）

【微】①没有。例如：微斯人，吾谁与归？（范仲淹《岳阳楼记》）

②卑贱，低下。例如：今臣亡国贱俘，至微至陋。（李密《陈情表》）

③微小的。例如：愿陛下矜愍愚诚，听臣微志。（李密《陈情表》）

④稍微，略微。例如：见其发矢十中八九，但微颔之。（欧阳修《卖油翁》）

⑤微妙，精妙。例如：其文约，其辞微，其志洁，其行廉。（司马迁《屈原列传》）

【谓】①为，是。例如：太守谓谁？庐陵欧阳修也。（欧阳修《醉翁亭记》）

②对……说。例如：秦王使人谓安陵君曰。（《唐雎不辱使命》）

③说，认为。例如：予谓菊，花之隐逸者也。（周敦颐《爱莲说》）

【文】①文章。例如：属予作文以记之。（范仲淹《岳阳楼记》）

②文字。例如：独其为文犹可识。（王安石《游褒禅山记》）

③文采。例如：质胜文则野，文胜质则史。（《论语·雍也》）

【闻】①听到，听说。例如：能谤讥于市朝，闻寡人之耳者，受下赏。（《邹忌讽齐王纳谏》）这里是使动用法。

②知道，懂得。例如：生乎吾前，其闻道也固先乎吾。（韩愈《师说》）

③闻名，出名。例如：苟全性命于乱世，不求闻达于诸侯。（诸葛亮《出师表》）

④上报。例如：宰以卓异闻，宰悦，免成役。（蒲松龄《促织》）

⑤见闻，学识。例如：博闻强志，明于治乱，娴于辞令。（司马迁《屈原列传》）

【向】①对着，朝着。例如：狼不敢前，眈眈相向。（蒲松龄《狼》）

②先前的。例如：既出，得其船，便扶向路，处处志之。（陶渊明《桃花源记》）

③假使，如果。例如：向使三国各爱其地，齐人勿附于秦。（苏洵《六国论》）

④临近，将近。例如：俄顷风定云墨色，秋天漠漠向昏黑。（杜甫《茅屋为秋风所破歌》）

【效】①功效。例如:愿陛下托臣以讨贼兴复之效。(诸葛亮《出师表》)
②贡献,献出。例如:今得杀身自效,虽蒙斧钺汤镬,诚甘乐之。(班固《苏武传》)
③模仿,仿效。例如:他植者虽窥伺效慕,莫能如也。(柳宗元《种树郭橐驼传》)

【谢】①道歉。例如:荆轲顾笑武阳,前为谢曰。(《荆轲刺秦王》)
②推辞,拒绝。例如:阿母谢媒人。(《孔雀东南飞(并序)》)
③辞别。例如:往昔初阳岁,谢家来贵门。(《孔雀东南飞(并序)》)
④告诉,告知。例如:多谢后世人,戒之慎勿忘!(《孔雀东南飞(并序)》)

【幸】①指君主宠爱女子。例如:财物无所取,妇女无所幸。(司马迁《鸿门宴》)
②指皇帝到某地去。例如:缦立远视,而望幸焉。(杜牧《阿房宫赋》)
③幸亏,幸而。例如:今事有急,故幸来告良。(司马迁《鸿门宴》)
④希望。例如:吾母与弟在汉,幸蒙其赏赐。(班固《苏武传》)
⑤幸运,幸福。例如:幸甚至哉,歌以咏志。(曹操《观沧海》)

【凶】①凶恶的,凶暴的。例如:攘除奸凶,兴复汉室。(诸葛亮《出师表》)
②不幸。例如:臣以险衅,夙遭闵凶。(李密《陈情表》)
③谷物收成不好,荒年。例如:河内凶,则移其民于河东,移其粟于河内。(《寡人之于国也》)

【修】①修建。例如:乃重修岳阳楼,增其旧制。(范仲淹《岳阳楼记》)
②长,高。例如:此地有崇山峻岭,茂林修竹。(王羲之《兰亭集序》)
③治理,整治。例如:外结好孙权,内修政理。(陈寿《隆中对》)
④整饰。例如:严大国之威以修敬也。(司马迁《廉颇蔺相如列传》)
⑤培养。例如:选贤与能,讲信修睦。(《大道之行也》)

【许】①答应,允许。例如:由是感激,遂许先帝以驱驰。(诸葛亮《出师表》)
②赞同。例如:杂然相许。(《愚公移山》)
③处所,地方。例如:大铁椎,不知何许人。(魏禧《大铁椎传》)
④表示约数。例如:潭中鱼可百许头,皆若空游无所依。(柳宗元《小石潭记》)
⑤如此的,这样的。例如:世间亦有千寻竹,月落庭空影许长。(苏轼《文与可画筼筜谷偃竹记》)
⑥期望。例如:塞上长城空自许,镜中衰鬓已先斑。(陆游《书愤》)

【遗】①丢失,遗失,读作"yí"。例如:秦无亡矢遗镞之费,而天下诸侯已困矣。(贾谊《过秦论》)
②遗留,留下,读作"yí"。例如:察纳雅言,深追先帝遗诏。(诸葛亮《出师表》)
③留给,读作"wèi"。例如:是以先帝简拔以遗陛下。(诸葛亮《出师表》)
④赠送,读作"wèi"。例如:厚遗秦王宠臣中庶子蒙嘉。(《荆轲刺秦王》)

【易】①更替。例如:寒暑易节,始一反焉。(《愚公移山》)
②交换。例如:使人遗赵王书,愿以十五城请易璧。(司马迁《廉颇蔺相如列传》)
③简单,容易,与"难"相对。例如:冯唐易老,李广难封。(王勃《滕王阁序》)
④替代。例如:以乱易整,不武。(《烛之武退秦师》)
⑤轻易。例如:当与秦相较,或未易量。(苏洵《六国论》)

【诣】①拜访。例如:及郡下,诣太守,说如此。(陶渊明《桃花源记》)
②到……去。例如:乃强起扶杖,执图诣寺后,有古陵蔚起。(蒲松龄《促织》)

【引】①拉,牵拉。例如:友人惭,下车引之。(《陈太丘与友期行》)
②举起。例如:荆轲废,乃引其匕首提秦王。(《荆轲刺秦王》)
③指身子向上起。例如:未至身,秦王惊,自引而起,绝袖。(《荆轲刺秦王》)
④牵扯。例如:虞常果引张胜。(班固《苏武传》)

⑤引导,领着。例如:帝引在帷幄,讽议左右。(范晔《张衡传》)
⑥连接。例如:襟三江而带五湖,控蛮荆而引瓯越。(王勃《滕王阁序》)
⑦序,一种文体。例如:敢竭鄙怀,恭疏短引。(王勃《滕王阁序》)

【隐】①痛惜,哀怜。例如:王若隐其无罪而就死地。(《齐桓晋文之事》)
②暗地里,私下里。例如:然睹促织,隐中胸怀。(蒲松龄《促织》)
③隐藏,隐蔽。例如:重岩叠嶂,隐天蔽日。(郦道元《三峡》)
④隐居。例如:予谓菊,花之隐逸者也。(周敦颐《爱莲说》)

【忧】①忧虑,忧愁。例如:先天下之忧而忧,后天下之乐而乐。(范仲淹《岳阳楼记》)
②特指父母丧事。例如:以母忧去职。(《梁书·王筠传》)

【由】①缘由,原因。例如:每览昔人兴感之由。(王羲之《兰亭集序》)
②遵从。例如:得志,与民由之;不得志,独行其道。(《富贵不能淫》)
③由于。例如:由是感激,遂许先帝以驱驰。(诸葛亮《出师表》)
④从,在,根据。例如:由此观之,王之蔽甚矣。(《邹忌讽齐王纳谏》)

【犹】①仍然。例如:刺客不行,良将犹在。(苏洵《六国论》)
②如同,好像。例如:横柯上蔽,在昼犹昏。(吴均《与朱元思书》)
③尚且。例如:今虽耄老,未有所成,犹幸预君子之列。(宋濂《送东阳马生序》)

【与】①和,同。例如:陈太丘与友期行,期日中。(《陈太丘与友期行》)
②替,给,跟。例如:陈涉少时,尝与人佣耕。(司马迁《陈涉世家》)
③给予,赐予。例如:呼尔而与之,行道之人弗受。(《鱼我所欲也》)
④赞成。例如:吾与点也!(《子路、曾皙、冉有、公西华侍坐》)
⑤亲附,亲近。例如:与嬴而不助五国也。(苏洵《六国论》)
⑥参与,读作"yù"。例如:自康乐以来,未复有能与其奇者。(陶弘景《答谢中书书》)
⑦通"举",推举,读作"jǔ"。例如:选贤与能,讲信修睦。(《大道之行也》)

【缘】①沿着,顺着。例如:缘溪行,忘路之远近。(陶渊明《桃花源记》)
②缘分。例如:虽与府吏要,渠会永无缘。(《孔雀东南飞(并序)》)
③因为,由于。例如:不识庐山真面目,只缘身在此山中。(苏轼《题西林壁》)

【择】①区别。例如:则牛羊何择焉?(《齐桓晋文之事》)
②选择。例如:择其善者而从之,其不善者而改之。(《论语·述而》)
③通"释",舍弃。例如:河海不择细流,故能就其深。(李斯《谏逐客书》)

【知】①认识,了解,读作"zhī"。例如:其真无马邪?其真不知马也!(韩愈《马说》)
②感觉,知觉,读作"zhī"。例如:大雪深数尺,足肤皲裂而不知。(宋濂《送东阳马生序》)
③通"智",明智,读作"zhì"。例如:失其所与,不知。(《烛之武退秦师》)
④通"智",智慧,见识,读作"zhì"。例如:君子博学而日参省乎己,则知明而行无过矣。(荀子《劝学》)

【志】①志愿,志向。例如:三军可夺帅也,匹夫不可夺志也。(《论语·子罕》)
②记载,记述。例如:《齐谐》者,志怪者也。(庄子《逍遥游》)
③做记号。例如:既出,得其船,便扶向路,处处志之。(陶渊明《桃花源记》)
④记,记住。例如:博闻强志,明于治乱,娴于辞令。(司马迁《屈原列传》)

【治】①修养。例如:险躁则不能治性。(诸葛亮《诫子书》)
②治理,审理。例如:衡下车,治威严,整法度。(范晔《张衡传》)
③讲求。例如:此惟救死而恐不赡,奚暇治礼义哉?(《齐桓晋文之事》)

④社会安定。例如:举地千里,至今治强。(李斯《谏逐客书》)
⑤处罚,惩处。例如:不效,则治臣之罪,以告先帝之灵。(诸葛亮《出师表》)

【致】①达到。例如:非淡泊无以明志,非宁静无以致远。(诸葛亮《诫子书》)
②得到。例如:家贫,无从致书以观。(宋濂《送东阳马生序》)
③招纳。例如:不爱珍器重宝肥饶之地,以致天下之士。(贾谊《过秦论》)
④招致。例如:女行无偏斜,何意致不厚?(《孔雀东南飞(并序)》)
⑤意态,情趣。例如:虽世殊事异,所以兴怀,其致一也。(王羲之《兰亭集序》)

【制】①体制,规模。例如:乃重修岳阳楼,增其旧制。(范仲淹《岳阳楼记》)
②形制,构造。例如:其牙机巧制,皆隐在尊中。(范晔《张衡传》)
③统率,统领。例如:廉颇、赵奢之伦制其兵。(贾谊《过秦论》)
④规定。例如:是故明君制民之产,必使仰足以事父母。(《齐桓晋文之事》)

【置】①舍弃,放弃。例如:沛公则置车骑,脱身独骑。(司马迁《鸿门宴》)
②放置,安置。例如:乃取一葫芦置于地,以钱覆其口。(欧阳修《卖油翁》)
③购置,置办。例如:既至匈奴,置币遗单于。(班固《苏武传》)

【卒】①士兵。例如:比至陈,车六七百乘,骑千余,卒数万人。(司马迁《陈涉世家》)
②死亡。例如:年六十二,永和四年卒。(范晔《张衡传》)
③完成,尽。例如:谓言无罪过,供养卒大恩。(《孔雀东南飞(并序)》)
④终究,终于。例如:卒廷见相如,毕礼而归之。(司马迁《廉颇蔺相如列传》)
⑤通"猝",突然,读作"cù"。例如:群臣惊愕,卒起不意,尽失其度。(《荆轲刺秦王》)

考题再现

1.【2021年·小学·单选】"授之书而习其句读者"中"读"指的是( )。
A.文章诵读   B.断句
C.读者   D.写字
【答案】B。解析:"授之书而习其句读者"中的"读"读作"dòu",指一句话中间短暂的停顿,即断句。

2.【2020年·小学·判断】"举酒属客,诵明月之诗"中的"属"意为"属于"。 ( )
【答案】×。解析:题干句子中的"属"在这里读作"zhǔ",指劝人饮酒。

二、常见文言虚词

古代汉语中常见的文言虚词如下。

考点1 代词

1.疑问代词
根据疑问代词指代的询问对象的不同,古汉语中的疑问代词可分为以下几类。

(1)指人的疑问代词(谁、孰)

"谁"用于一般问句,可作主语、宾语、定语及判断句中的谓语。例如:"君若以德绥诸侯,谁敢不服?"中的"谁"作主语;"微斯人,吾谁与归?"中的"谁"作宾语。

"孰"用于选择问句,一般有先行词,既可以指人,也可以指物。例如:"吾与徐公孰美?"中的"孰"指人,意为"哪一个";"是可忍也,孰不可忍也?"中的"孰"指物,意为"什么"。

（2）指物的疑问代词（何、胡、奚、曷）

"何""胡""奚""曷"为常见的指物的疑问代词，经常作宾语、状语、定语等，主要有两种用法。

①用来询问事物，相当于"什么"。例如："大王来何操？"中的"何"作"操"的宾语；"何故而至此？"中的"何"作"故"的定语；"嗟尔远道之人胡为乎来哉！"中的"胡"作"为"的宾语。

②用来询问原因、情况等，相当于"为什么"或"怎么"。例如："曷不委心任去留？"中的"曷"作状语，意为"为什么"；"奚以知其然也？"中的"奚"作状语，意为"怎么"。

（3）指处所的疑问代词（安、焉、恶）

"安""焉""恶"为常见的指处所的疑问代词，经常作宾语、状语等，主要有两种用法。

①用来询问处所，相当于"哪里"。例如："沛公安在？"中的"安"、"夫子将焉适？"中的"焉"、"学恶乎始？"中的"恶"均作宾语，意为"哪里"。需要注意的是，"恶"作宾语时，常用在"在""乎"等词之前。

②用于反问句，加强语气，不再实指处所，作状语，相当于"哪里""怎么""怎么能够""哪里知道"等。例如："安求其能千里也？"中的"安"作状语，意为"怎么能够"；"割鸡焉用牛刀？"中的"焉"作状语，意为"哪里"。

2.指示代词

古汉语中的指示代词可分为近指代词、远指代词、虚指代词、无指代词等。

（1）近指代词

常见的近指代词有"是""此""斯""兹""之"等。近指代词常作主语、定语、宾语等，表示"这""这个""这里"。例如："直不百步耳，是亦走也"中的"是"作"走"的主语，"此小大之辩也"中的"此"作"小大之辩"的主语，"微斯人，吾谁与归？"中的"斯"作"人"的定语，"挥手自兹去，萧萧班马鸣"中的"兹"作"自"的宾语，"之二虫又何知！"中的"之"作"二虫"的定语。此外，"此""是"可作判断句中的谓语。例如："汤之问棘也是已"中的"是"作"汤之问棘"的谓语。

"若""然""尔"有时也可作近指代词，表示"如此""这样"。"若"一般作定语。例如：君子哉若人！（《论语·公冶长》）"然"一般作谓语。例如：河东凶亦然。（《寡人之于国也》）"尔"一般作谓语。例如：问君何能尔？心远地自偏。（陶渊明《饮酒》）

（2）远指代词

常见的远指代词有"彼""夫""其"等，表示"那""那个""那里"。"彼"指代性强，可作主语、定语、宾语。例如：乘彼垝垣，以望复关。（《诗经·氓》）"夫"指代性较弱，多作定语。例如：微夫人之力不及此。（《烛之武退秦师》）"其"只能作定语。例如：臣窃以为其人勇士，有智谋，宜可使。（司马迁《廉颇蔺相如列传》）

（3）虚指代词

虚指代词用来指代那些说话人不愿说或没必要说的人或物，常见的虚指代词有"或""某"等。

"或"通常用来指人，只能作主语，表示"有人""有的人""有个人"等，其主要用法有两种。第一，"或"前有先行词，这时"或"字指代其中的某些人或某一个人。例如：宋人或得玉。（《左传·襄公十五年》）第二，当两个或两个以上的"或"字连用时，表示列举。例如：或百步而后止，或五十步而后止。（《寡人之于国也》）

（4）无指代词

无指代词用来指代那些不存在的人或物，在句中只能作主语，常见的无指代词为"莫"。

"莫"表示广泛的否定。若没有先行词，表示一种不强调范围的否定，一般指人。例如：保民而王，莫之能御也。（《齐桓晋文之事》）若有先行词，表示强调范围的否定，指人又指物，例如：宫妇左右莫不私王。（《邹忌讽齐王纳谏》）

考题再现

【2021年·小学·单选】下列选项中的加点字不属于指示代词的是（   ）。
A.缺
B.北冥有鱼,其名为鲲
C.逝者如斯夫,不舍昼夜
D.之子于归,宜其室家

【答案】B。解析:C项中的"斯"、D项中的"之"均为指示代词,B项,"其"为第三人称代词,表领属关系,意为"它的"。

3.人称代词

①第一人称代词,主要有"吾""余""我""予""朕",可作定语、主语、宾语。其中,"朕"在秦以前是"我"的意思,自秦始皇起专用作皇帝的自称。例如:

吾日三省吾身。(《论语·学而》)
崇祯五年十二月,余住西湖。(张岱《湖心亭看雪》)
公为我献之。(司马迁《鸿门宴》)
国事至此,予不得爱身。(文天祥《〈指南录〉后序》)
帝高阳之苗裔兮,朕皇考曰伯庸。(屈原《离骚》)

②第二人称代词,主要有"女(汝)""尔""若""而""乃"。"女(汝)""尔""若"可作主语、定语、宾语,"而""乃"一般作定语。例如:

孰为汝多知乎?(《两小儿辩日》)
尔安敢轻吾射!(欧阳修《卖油翁》)
若入前为寿,寿毕,请以剑舞。(司马迁《鸿门宴》)
而翁归,自与汝覆算耳!(蒲松龄《促织》)
王师北定中原日,家祭无忘告乃翁。(陆游《示儿》)

③第三人称代词,"彼"一般作主语,个别作宾语,有指示性和轻蔑意味。"之"只用作宾语。"其"一般用作定语、宾语。例如:

彼竭我盈,故克之。(《曹刿论战》)
故天将降大任于是人也,必先苦其心志,劳其筋骨,饿其体肤,空乏其身,行拂乱其所为,所以动心忍性,曾益其所不能。(《生于忧患,死于安乐》)

④第一、二人称代词后,加"侪""辈""属""曹"表示复数。例如:"不者,若属皆且为所虏"中的"若属"表示"你们这些人"。

4.辅助性代词

常见的辅助性代词为"所"。辅助性代词是一种特别的指示代词,具有一定的指代作用,但不能单独充当句子成分。

辅助性代词"所"的基本语法功能是加在谓词性成分前,指代某种动作的对象,组成"所"字结构,使谓词性成分名词化。具体可分为以下几类。

①"所+动词"。例如:此人一一为具言所闻。(陶渊明《桃花源记》)
②"名词+之+所+动词"。例如:不如须臾之所学也。(荀子《劝学》)
③"所+介词+谓词性成分"。例如:是吾剑之所从坠。(《刻舟求剑》)

5.兼职代词

同时兼有代词和另一种词性的词,可称为兼职代词。常见的兼职代词有"焉""诸"等。

(1)焉

"焉",相当于介词加代词,表示"于之""于此"等。例如:

见贤思齐焉,见不贤而内自省也。(《论语·里仁》)——"焉"相当于"于之",意为"向他"。

积土成山,风雨兴焉;积水成渊,蛟龙生焉。(荀子《劝学》)——"焉",相当于"于此",意为"从这里"或"在这里"。

有时候,"焉"中隐含的介词"于"的意义是可有可无的。例如:

故为之说,以俟夫观人风者得焉。(柳宗元《捕蛇者说》)——"焉",隐含的介词"于"的意义可有可无,可译为"它"。

(2)诸

"诸",用于句中时,相当于代词加介词,表示"之于";用于句尾时,相当于代词加语气助词,表示"之乎"。例如:

投诸渤海之尾。(《愚公移山》)——"诸",相当于"之于",全句意为"把它(土石)扔到渤海的尽头"。

不识有诸?(《齐桓晋文之事》)——"诸",相当于"之乎",全句意为"不知道有这种事吗?"。

考点2 副词

1.时间副词

①表示动作行为发生在过去的时间副词,有"向""乡""既""业""尝""曾"等。"向""乡"是同一个副词,只是写法不同,意为"从前、刚才";"既""业"表示动作行为已经完成,相当于"已经";"尝""曾"表示过去做过某事,意为"曾经"。

②表示动作行为正在发生的时间副词,有"方""正""适""会"等。"方"一般只用在谓词性词语前面,意为"正在"。"适""会"还可用在主语前面,意为"恰好、正好、适逢"。

③表示动作行为将要发生的时间副词,有"行""将""且""垂"等。这些副词在动词前作状语,意为"将要、快要、就要"。

④表示动作行为持续时间长短的副词,有"俄""暂""姑""常""雅""素"等。"俄""暂"表示时间短暂,意为"一会儿、不久"。"姑"意为"姑且、暂且"。"常""雅""素"表示时间长久,"常"意为"经常、常常","雅""素"意为"向来、平素"。

2.范围副词

①表示总括的副词,有"皆""尽""毕""悉""举""咸""具""凡""都""共""率"等。"毕""举"意为"都、全部"。"凡"有两种用法:一是用在句首表示规律性的总结,相当于"凡是";二是用在数词前面表示总括事物的数量或动作的次数,相当于"总共、共"。"率"也表示总括,意为"大都、大致"。

②表示范围小或有限制、有例外的副词,有"但""特""只""直""止""第""独""徒""仅""唯"等。这些副词都有"只、仅仅"的意思。"仅"除了有"只"的意思,还有"几乎、将近、差不多达到"的意思。"唯"有"仅有、只有"的意思。

3.程度副词

①表示程度深的副词,有"至""极""绝""大""太""殊""尤""良""甚"等。"至""极""绝"表示极致的程度,意思是"最"。"大"的意思是"十分"。"太"的意思是指"程度上超过一定的限度"。"殊""尤""良"的意思是"特别、非常"。"良"在汉代与"久"连用,意为"很久";六朝以后修饰其他词语,意为"的确、很"。"甚"在六朝前是形容词,既作状语,也作谓语、定语;六朝后,才成为程度副词专作状语,表示"相当、非常"。

②表示程度轻微的副词,有"少""稍""微""略""颇"等,这些词都是"稍微、略微"的意思。先秦表示这类意思一般用"少",汉代以后才用"略""微""颇",唐宋后"稍"才从表逐渐义的情态副词中分化出程度副词的用法。

③表示程度在原有的基础上加深、加重的副词,有"加""更""愈""益""弥""兹(滋)"等。这些副词

一般译为"更、越、更加"。

4.情态副词

①表示动作行为进行的方式的副词,有"俱""并""微""窃""固"等。"俱""并"表示几个施事一起做某件事。"微""窃"表示暗中做某件事。"固"表示坚决地做某件事。

②表示动作行为发生或进行的速度的副词,有"暂""遽""卒(猝)""立""即""旋""稍""渐""益"等。"暂"强调动作的突然性。"遽"表示匆忙急迫。"卒(猝)"表示时间短且事发突然。"立""即""旋"表示事情或行为紧接着发生。"稍""渐"表示动作的逐渐性。"益"在汉代后也产生了"逐渐"义,在唐代以前是程度副词,意为"更加"。

③表示动作行为发生的频率的副词,有"数""亟""累""屡""仍""辄""每""复"等。"数""亟""累""屡""仍"表示动作多次出现。"辄"表示同一动作行为的多次重复,相当于"常常""总是"。"每"表示反复出现的情况或动作中的任何一次。"复"表示重复进行同一动作。

5.语气副词

①表示肯定语气的副词,有"乃""即""必""定""诚""信""果"等。"乃""即"相当于"就是"。"必""定"相当于"一定"。"诚""信"相当于"实在""的确"。"果"相当于"果真"。

②表示委婉的测度、商榷或议论语气的副词,有"其""盖""殆"等。"其""盖""殆"相当于"大概(是)""恐怕(是)"。"盖"大多用在句首,既表示猜测性的论断语气,又带有提示性的语气,也可用在谓语前面,意为"大概"。

③表示出乎意料的惊异语气的副词,有"乃""竟""曾"等。"乃""竟"意为"竟、竟然"。"曾"表示动作行为或情形状况与预期或常情相反,意为"竟然、反而",常和否定副词"不"连用。

④表示祈使语气的副词为"其"。"其"用在祈使句中,表示希望、请求、劝勉,意为"希望、还是"。

⑤表示反诘语气的副词,有"岂""其""庸""巨(讵)""宁"等。这些副词相当于"难道""哪里""怎么",有时可不译。

> **考题再现**
>
> 【2020年·中学·单选】下列句子中,"其"字用作语气词的一项是(　　)。
> A.今吾于人也,听其言而观其行
> B.君其问诸水滨
> C.二国图其社稷,而求纾其民
> D.管仲以其君霸,晏子以其君显
>
> 【答案】B。解析:A项,两个"其"均为代词,可译为"他的"。B项,"其"为语气词,表示希望或命令,可译为"还是、可以"。C项,两个"其"均为代词,可译为"他们的"。D项,"其"为代词,可译为"他的"。

6.否定副词

①"不"和"弗"表示一般的否定。"不"可以用在及物动词前,也可以用在不及物动词前;"不"字后的动词可以带宾语,也可以不带宾语。"弗"一般用在及物动词前,"弗"字后的动词一般不带宾语。

②"毋"和"勿"通常用在祈使句中,表示禁止或劝阻,意为"别""不要"。"毋"有时也写作"无"。"勿"有时也用作一般的否定。

③"未"表示情况还没有出现或动作还没有开始,相当于"没有"。

④"非"一般用于名词性谓语前,表示否定判断。有时含有假设性的否定,相当于"若不是";有时也可用于叙述句和描写句中,表示对行为和性质的否认。

⑤"微"可用在单句中表示否定,与"非"相当;也可表示假设性的否定,相当于"若不是";还可同副词"独"连用,表示"不但(如此)"。

7.指代性副词

常见的指代性副词主要有"相""见"等,它们常用在及物动词前面作状语。

①"相",表互指时,意为"相互"。例如:今梁、赵相攻,轻兵锐卒必竭于外。(《史记·孙子吴起列传》)表偏指时,指代受事一方,不包括施事。例如:"时时为安慰,久久莫相忘"中的"莫相忘"意为"莫忘我"。

②"见"原是助动词,用在动词前表示主语是受事。魏晋南北朝时期又演变为副词,用在及物动词前,表示对他人动作行为的接受,有指代宾语的作用,可译作"自己"或"我"。例如:生孩六月,慈父见背。(李密《陈情表》)

8.谦敬副词

表谦副词有"敢""窃""忝""猥""伏"等。

表敬副词有"请""敬""谨""幸""惠""垂""拜""蒙"等。

动词"请"和表敬副词"请"的用法不同。"请"作动词时表示"请求对方做"。例如:请京,使居之。(《左传·隐公元年》)"请"作副词时表示"请允许我做"。例如:欲与大叔,臣请事之。(《左传·隐公元年》)

备考锦囊

谦辞:表示谦虚的言辞。如"家"字常用于对别人称比自己辈分高或同辈年长的亲属(家父、家母、家兄),"舍"字常用于对别人称比自己辈分低或同辈年纪小的亲属(舍侄、舍妹、舍弟),"鄙""愚""拙""敝""不""薄"等用于自称或称跟自己有关的事物(鄙人、鄙意,愚兄、愚见,拙作、拙著,敝人、敝姓,不才、不佞,薄礼、薄面)。

敬辞:表示尊敬的言辞。如"令"常用于称对方的亲属(令尊、令爱、令亲),"惠"用于对方对自己的行动(惠临、惠顾、惠存),"垂"多用于长辈或上级对自己的行动(垂念、垂问、垂爱),"赐"用于别人对自己的指示、光顾(赐教、赐顾),"拜"常用于人事往来(拜读、拜辞、拜服),"贵"用于称跟对方有关的事物(贵姓、贵干、贵恙),"高"用于称与对方有关的人或事(高足、高见、高寿、高就)。

考点3 介词

1.于(於、乎)

介词"于"的常见用法有以下几种。

①引进动作行为的时间、处所或动作行为所涉及的范围,与后面的名词或名词性短语组成介宾短语,作补语或状语,意为"在""从""到"或"在……中""在……方面"等。例如:河内凶,则移其民于河东,移其粟于河内。(《寡人之于国也》)

②引进动作行为涉及的对象,与后面的名词或名词性短语组成介宾短语,作补语或状语,意为"向""跟""给""对""对于"等。例如:古人之观于天地、山川、草木、虫鱼、鸟兽,往往有得。(王安石《游褒禅山记》)

③引进比较的对象,与后面的名词或名词性短语组成介宾短语,在形容词和表心理活动的动词后面作补语,意为"比"。例如:苛政猛于虎也。(《礼记·檀弓下》)

④引进动作行为的发出者,与后面的名词或名词性短语组成介宾短语,作动词的补语,意为"被"。例如:夫赵强而燕弱,而君幸于赵王。(司马迁《廉颇蔺相如列传》)

⑤介词"于"与代词"是"连用,形成固定搭配,在句中作状语,意为"从此""在这里""在这个时候""在这种情况下"。后来"于"虚化为连词,一般用在句子的开头表承接。

"乎"用作介词,其作用与"于"或"於"基本相同,可以引进动作行为的处所、时间、对象等,意为"在""比""到""向"等。

2.以

"以",原为动词,意为"用",后虚化为介词。其主要用法有以下几种。

①引进动作行为凭借的工具、手段等,意为"用""拿"。例如:王好战,请以战喻。(《寡人之于国也》)

②引进动作行为的原因,意为"因""因为"。例如:赵王岂以一璧之故欺秦邪?(司马迁《廉颇蔺相如列传》)

③引进动作行为的条件、依据、标准等,意为"依靠""按照"等。例如:斧斤以时入山林,材木不可胜用也。(《寡人之于国也》)

④引进动作行为发生的时间或范围,相当于"于",意为"在"。例如:赏以春夏,刑以秋冬。(《左传·襄公二十六年》)

此外,"有以""无以"是动词"有""无"和介词"以"组成的固定结构,分别意为"有东西(或办法)用来……""没有东西(或办法)用来……"。这种结构只能作状语。"以故"是"由于这个原因""根据这种情况"的意思。"是以"是宾语前置的介宾结构,意思是"因此",用于句子开头,表示结果。

3.因

"因",本义是名词,意为"茵席(坐垫)",后引申为动词,意为"依靠、凭借"。介词"因"由动词"因"虚化而来,其主要用法有两种。

①表示动作行为的条件、依据或媒介,意为"凭着""趁着""通过""依据"。例如:我欲因之梦吴越,一夜飞度镜湖月。(李白《梦游天姥吟留别》)

②表示动作行为发生的原因或理由,意为"因为""由于"。例如:恩所加则思无因喜以谬赏。(魏征《谏太宗十思疏》)

4.为

"为",原是动词,常用基本义是"做",后虚化为介词。其主要用法有以下几种。

①引进动作行为的服务对象,相当于"替""给"等。例如:请以赵十五城为秦王寿。(司马迁《廉颇蔺相如列传》)

②引进动作行为的目的,相当于"为了"。例如:慎勿为妇死,贵贱情何薄。(《孔雀东南飞(并序)》)

③引进动作行为发生的原因、理由,相当于"因为"。例如:盘庚不为怨者故改其度,度义而后动,是而不见可悔故也。(王安石《答司马谏议书》)

④引进动作行为涉及的对象,相当于"跟""对""向"。例如:不足为外人道也。(陶渊明《桃花源记》)

⑤引进动作行为的发出者,表示被动,相当于"被"。例如:而身死国灭,为天下笑。(欧阳修《五代史伶官传序》)

5.与

"与",原为动词,基本义是"帮助""给予""参与",后虚化为介词。其主要用法有以下几种。

①引进动作行为的服务对象,相当于"为""替""给"。例如:传令与诸将。(罗贯中《三国演义》)

②引进动作行为的参与者,相当于"和""同"。例如:举天下之豪杰,莫能与之争。(欧阳修《五代史伶官传序》)

③引进比较的对象,相当于"和""和……相比"。例如:孰与君少长?(司马迁《鸿门宴》)

考点4 连词

1.与

连词"与"的常见用法有以下几种。

①连接体词(名词、代词)或体词性词组,表示并列关系,意为"和"。例如:蜩与学鸠笑之曰。(庄子《逍遥游》)

②连接谓词性成分,表示选择关系,意为"或者""还是"。例如:杀人以梃与刃,有以异乎?(《孟子·梁惠王上》)

③连接分句和分句成分,表示选择关系。通常与其他虚词配合,构成"与……不如……""与……

不若……""与……宁……""与其……不如……""与其……孰若……"等格式,意为"与其……宁可(不如)……"。

需要注意的是,"与"既可作介词,又可作连词,作介词与作连词时的区别如下:①介词"与"带宾语,组成介宾结构,通常用在动词前作状语;连词"与"用在并列关系的成分中构成名词或动词性词组,"与"字本身不充当句法成分。②介词"与"前面可以用副词修饰,连词"与"不能。

2. 而

连词"而"的常见用法有以下几种。

①连接谓词性词语或分句,表示并列关系,可译为"又""而且",也可不译。例如:潦水尽而寒潭清,烟光凝而暮山紫。(王勃《滕王阁序》)"而"有时也连接名词性成分,这时候这两个名词一般都具有动词的性质。例如:蟹六跪而二螯。(荀子《劝学》)

②连接谓词性词语或分句,表示承接、递进或因果关系,可译为"就""并且""因而"等。例如:有怠而欲出者。(王安石《游褒禅山记》)

③连接谓词性词语或分句,前后两项在事理上是不一致的,构成转折关系,可译为"却""可是"。例如:狗彘食人食而不知检,涂有饿莩而不知发。(《寡人之于国也》)

④连接主语和谓语,表示假设关系,可译为"如果""假如""倘若"等。例如:人而无信,不知其可也。(《论语·为政》)

3. 以

"以",既是介词又是连词,连词"以"从介词"以"虚化而来。其常见用法有以下几种。

①连接谓词性词语或分句,表示递进关系,可译为"更""并""且"等,也可不译。例如:秦王大喜,传以示美人及左右,左右皆呼万岁。(司马迁《廉颇蔺相如列传》)

②连接谓词性词语或分句,表示目的关系,可译为"来""用来"等。例如:东临碣石,以观沧海。(曹操《观沧海》)

③连接谓词性词语或分句,表示因果关系,可译为"因而""因为"等。例如:晋侯、秦伯围郑,以其无礼于晋,且贰于楚也。(《烛之武退秦师》)

④连接状语和中心语,表示前项是动作进行的时间、条件、状态。这种"以"字用法与"而"相近,可根据上下文翻译或不译。例如:木欣欣以向荣,泉涓涓而始流。(陶渊明《归去来兮辞(并序)》)

考题再现

【2020年·小学·单选】下列句子中,"以"作为连词使用的一项是( )。
A. 劳师以袭远,非所闻也
B. 臣以神遇而不以目视
C. 以乱易整,不武
D. 君子不以言举人,不以人废言

【答案】A。解析:A项,"以"是连词,表目的。B、C两项,"以"均是介词,意为"用、拿"。D项,"以"是介词,意为"因为"。

4. 则

连词"则"的常见用法有以下几种。

①用在结果分句的开头,承接前一分句,表示两个分句在事理上是条件或因果关系,可译为"那么""那么就"。例如:君子博学而日参省乎己,则知明而行无过矣。(荀子《劝学》)

②用在两个或两个以上的并列分句中,表示在列举或对比的情况下,动作行为的结果是不同的。例如:入则无法家拂士,出则无敌国外患者,国恒亡。(《生于忧患,死于安乐》)

③连接谓词性词语或分句,表示转折关系。这里又可分为两种情况。第一,表示前后两项相反,可译为"却""反而"等。例如:爱其子,择师而教之;于其身也,则耻师焉,惑矣。(韩愈《师说》)第二,表示后项行为是出乎前项动作行为主体意料的,可译为"却"或"原来已经"。例如:其子趋而往视之,苗则槁矣。(《孟子·公孙丑上》)

④用在偏句中的谓语之前,表示让步关系,可译为"固然""倒""倒是"等。例如:善则善矣,未可以战也。(《国语·吴语》)

5.虽

连词"虽"常表示让步关系,其常见用法有以下几种。

①表示事实让步,可译为"虽然"。例如:虽无丝竹管弦之盛,一觞一咏,亦足以畅叙幽情。(王羲之《兰亭集序》)

②表示假设让步,可译为"即使""纵然"。例如:虽人有百手,手有百指,不能指其一端。(林嗣环《口技》)

6.虽然、然而、然则

古代汉语中,"虽然"为两个词:"虽",连词;"然",代词。"虽然"通常表示承接上文,以引起下文的转折,意思是"虽然如此"或"即使如此"。例如:虽然,每至于族,吾见其难为。(《庖丁解牛》)六朝以后,"虽然"逐渐虚化为连词。

"然而"是指示代词"然"和转折连词"而"的连用。"然"总结上文,"而"引起下文的转折,意思是"这样却""虽然如此,可是"。例如:七十者衣帛食肉,黎民不饥不寒,然而不王者,未之有也。(《寡人之于国也》)

"然则"是指示代词"然"与连词"则"的连用。"然"总结上文,"则"引起下文的推论,意思是"既然如此,那么"。例如:然则诸侯之地有限,暴秦之欲无厌。(苏洵《六国论》)

考点5　助词

1.之

结构助词"之"的常见用法主要有以下几种。

①用于定语和中心词之间。表示修饰与被修饰的结构关系。例如:小大之狱,虽不能察,必以情。(《曹刿论战》)表示领属关系。例如:廉颇者,赵之良将也。(司马迁《廉颇蔺相如列传》)表示同一关系。例如:公输盘为楚造云梯之械。(《墨子·公输》)

②用于主语和谓语之间,取消句子独立性。例如:吾妻之美我者,私我也。(《邹忌讽齐王纳谏》)

③用于中心词和补语之间,表示被补充和补充的关系。例如:人不食,十日则死;大寒之隆,不衣亦死。(《韩非子·定法》)

④用于主语和介宾短语之间,可不译。例如:寡人之于国也,尽心焉耳矣。(《寡人之于国也》)

⑤用于前置宾语和谓语之间,作宾语前置的标志,可不译。例如:宋何罪之有?(《墨子·公输》)

2.乎

语气助词"乎"的常见用法主要有以下几种。

①用在是非问句尾,可译为"吗"。

②用在选择问句尾,可译为"呢"。

③用在特指问句尾,可译为"呢"。

④用在反问句尾,可译为"吗"或"呢"。

⑤用于祈使句尾,仍是疑问语气词,只是句中的祈请或感叹语调是主要的,疑问语气相应减弱,带有疑虑未定的色彩。

3.焉

"焉"是语气助词兼指示代词,其常见用法主要有以下几种。

①"焉"是有指代作用的语气词,用于叙述句和描写句尾,表提示性的陈述语气。一般用在不及物动词或动宾词组后面,既表示"于(介词)+是(此)"的意思,又表示提示性的煞尾语气。例如:积土成山,风雨兴焉;积水成渊,蛟龙生焉。(荀子《劝学》)

②用在形容词后,隐含"于是"之意,指代比较对象。例如:晋国,天下莫强焉。(《孟子·梁惠王上》)

③用在不及物动词后,相当于代词宾语"之",指代作用更明显。例如:非曰能之,愿学焉。(《子路、曾皙、冉有、公西华侍坐》)

④如果"焉"所指代的对象、时间、处所,在本句中的前一部分已经出现,那么"焉"就没有指代作用,而虚化为纯粹的句尾语气词。例如:南方有鸟焉,名曰蒙鸠。(荀子《劝学》)

⑤"焉"在句末也可虚化为语气词,表提示。例如:我二十五年矣,又如是而嫁,则就木焉。(《左传·僖公二十三年》)

考题再现

【2020年·小学·单选】 下列句子中,"焉"作为语气词使用的一项是(　　)。

A.三人行,必有我师焉
B.君子病无能焉,不病人之不己知也
C.吾闻庖丁之言,得养生焉
D.晋国,天下莫强焉

【答案】 B。**解析:** A项,"焉"是兼词,意为"在其中"。B项,"焉"是语气词,表陈述语气,不译。C项,"焉"是兼词,意为"从庖丁的话中"。D项,"焉"是代词,指代"晋国"。

4.也

语气助词"也"的常见用法主要有以下几种。

①用在判断句尾,表确认、肯定的判断语气。例如:和氏璧,天下所共传宝也。(司马迁《廉颇蔺相如列传》)

②用在陈述、祈使、感叹、疑问、反问句句尾,表论断、确认语气。例如:若为佣耕,何富贵也?(司马迁《陈涉世家》)

③用在句中表示停顿、舒缓的语气。例如:师道之不传也久矣!(韩愈《师说》)

5.者

助词"者"的常见用法主要有以下几种。

①"谓词性成分+者",使谓词性成分名词化,表示"……的人""……的事物"。例如:后之览者,亦将有感于斯文。(王羲之《兰亭集序》)

②"数词+者",表示几种人、几件事情或几样东西,有时也表示人的年龄。例如:知、仁、勇三者,天下之达德也。(《礼记·中庸》)

③用在"有"字的宾语后面,与"有"字宾语组成名词性短语,做主语。例如:有颜回者好学,不迁怒,不贰过。(《论语·雍也》)

④用在判断句、叙述句的主语后,表示语气停顿。例如:所谓华山洞者,以其乃华山之阳名之也。(王安石《游褒禅山记》)

⑤用在时间名词后,表示语气停顿。例如:今者有小人之言,令将军与臣有郤。(司马迁《鸿门宴》)

⑥用在假设分句或结果分句后,表示语气停顿。例如:入则无法家拂士,出则无敌国外患者,国恒亡。(《生于忧患,死于安乐》)

> **考题再现**
>
> 【2020年·中学·多选】下列句子中,"者"字可解释为"……的人或事物"的是(　　)。
> A.往者不可谏,来者犹可追
> B.有颜回者好学,不迁怒,不贰过,不幸短命死矣
> C.仲尼之徒无道桓文之事者
> D.虽有天下易生之物也,一日暴之,十日寒之,未有能生者也
> E.宋人有曹商者,为宋王使秦
> 【答案】ACD。解析:A、C、D三项中的"者"均可解释为"……的人或事物"。B、E两项中的"者"用在叙述句的主语之后,表示语气的停顿,不译。

第二节　基本词法

一、词类活用

考点1　名词的活用

1.名词活用为一般动词

名词用作动词的情况可根据以下结构进行判断。

①名词前面有能愿动词、副词、"所"字等成分修饰时。例如:

假舟楫者,非能水也,而绝江河。(荀子《劝学》)——"水"受能愿动词"能"修饰,用作动词,意为"游水"。

恐托付不效。(诸葛亮《出师表》)——"效"受否定副词"不"修饰,用作动词,意为"奏效、有效果"。

乃丹书帛曰"陈胜王",置人所罾鱼腹中。(司马迁《陈涉世家》)——"罾"受特殊指示代词"所"修饰,用作动词,意为"用网捕"。

②名词与名词、代词等成分连用时。例如:

籍吏民,封府库。(司马迁《鸿门宴》)——"籍"在名词"吏民"前,用作动词,意为"登记"。

以故其后名之曰"褒禅"。(王安石《游褒禅山记》)——"名"在代词"之"前,用作动词,意为"命名"。

③名词后接介词短语时。例如:

浴乎沂,风乎舞雩,咏而归。(《子路、曾皙、冉有、公西华侍坐》)——"风"在介词短语"乎舞雩"前,用作动词,意为"吹风"。

2.名词的使动用法

名词的使动用法是指名词用作动词时,它的宾语成为该名词所表示的人或事物,或者发生与该名词有关的动作行为。例如:

然得而腊之以为饵,可以已大风、挛踠、瘘、疠,去死肌,杀三虫。(柳宗元《捕蛇者说》)——"腊"原意为"干肉",在此句中意为"使……成为干肉"。

3.名词的意动用法

名词的意动用法就是把名词后的宾语看成这个名词所表示的人或事物。例如:

孔子师郯子、苌弘、师襄、老聃。(韩愈《师说》)——"师"原意为"教师",在此句中意为"以……为师"。

第一部分　汉语言文学专业基础知识　79

4.名词用作状语

①名词用以表示动作行为的状态、特征时,作状语。例如:

天下云集响应,赢粮而景从。(贾谊《过秦论》)——"云""响""景",用作状语,意思分别为"像云一样""像回声一样""像影子一样"。

②名词用以表示动作行为发生的方式时,作状语。例如:

群臣吏民能面刺寡人之过者,受上赏。(《邹忌讽齐王纳谏》)——"面",用作状语,意为"当面"。

③名词用以表示动作行为发生时所使用的工具时,作状语。例如:

黔无驴,有好事者船载以入。(柳宗元《黔之驴》)——"船",用作状语,意为"用船"。

④名词用以表示动作行为发生的处所时,作状语。例如:

夫以秦王之威,而相如廷叱之。(司马迁《廉颇蔺相如列传》)——"廷",用作状语,意为"在朝廷上"。

⑤时间名词用以表示动作行为发生的频率或表示情况逐渐发生变化时,作状语。例如:

园日涉以成趣,门虽设而常关。(陶渊明《归去来兮辞(并序)》)——"日",用作状语,意为"每日、天天、每天"。

而乡邻之生日蹙。(柳宗元《捕蛇者说》)——"日",用作状语,意为"一天天地、一天比一天地"。

⑥方位名词位于动词前,用以表示动作行为发生的位置或动作行为的趋向时,作状语。例如:

上食埃土,下饮黄泉,用心一也。(荀子《劝学》)——"上""下",方位名词作状语,分别意为"向上""向下"。

考点2　动词的活用

1.动词活用为名词

古代汉语中,动词活用为名词是指动词在句子中不再表示动作行为,而是表示与该动作行为有关的事物,即被当作名词使用。例如:

殚其地之出,竭其庐之入。(柳宗元《捕蛇者说》)——"出""入"均为动词用作名词,分别意为"出产的东西""收入的东西"。

2.动词的使动用法

(1)不及物动词的使动用法

在古代汉语里,不及物动词常有使动用法。不及物动词本来不带宾语,用于使动时,后面便可带宾语。例如:

卒廷见相如,毕礼而归之。(司马迁《廉颇蔺相如列传》)——"归",动词的使动用法,"归之"意为"使之归"。

今以钟磬置水中,虽大风浪不能鸣也。(苏轼《石钟山记》)——"鸣",动词的使动用法,"不能鸣"意为"不能使(之)鸣"。

(2)及物动词的使动用法

及物动词的使动用法较为少见。及物动词本来就可带宾语,和使动用法在形式上没有区别,区别只在意义上。例如:

沛公旦日从百余骑来见项王。(司马迁《鸿门宴》)——"从",意为"使……跟从"。

考点3　形容词的活用

1.形容词活用为一般动词

形容词一般不带宾语,如果带了宾语,而又不是使动、意动的用法,就是用作一般动词。例如:

楚左尹项伯者,项羽季父也,素善留侯张良。(司马迁《鸿门宴》)——"善"本是形容词,意为"友善",

在这里用作动词,意为"与……交好"。

卒使上官大夫短屈原于顷襄王。(司马迁《屈原列传》)——"短"本是形容词,意为"不足、欠缺",在这里用作动词,意为"诋毁、说坏话"。

2.形容词的使动用法

形容词的使动用法是使宾语代表的人或事物具有这个形容词所表示的性质或状态的用法。例如:

域民不以封疆之界,固国不以山溪之险,威天下不以兵革之利。(《得道多助,失道寡助》)——"固"原指"牢固、坚固",这里为使动用法,意为"使……牢固"。

3.形容词的意动用法

形容词的意动用法中,谓语具有"认为宾语怎么样"或"把宾语看作什么"的意思。例如:

孔子登东山而小鲁,登泰山而小天下。(《孟子·尽心上》)——"小鲁"意为"感到鲁国很小";"小天下"意为"感到天下很小"。

4.形容词活用为名词

形容词的主要功能是作谓语、定语,如果一个形容词作了主语或宾语,这个形容词就可能活用为名词了。例如:

将军身被坚执锐,伐无道,诛暴秦。(司马迁《陈涉世家》)——"坚""锐"本是形容词,意为"坚固、坚硬""锐利",这里用作名词,指"坚固的盔甲""锐利的武器"。

侍中、侍郎郭攸之、费祎、董允等,此皆良实,志虑忠纯,是以先帝简拔以遗陛下。(诸葛亮《出师表》)——"良实"本是形容词,意为"善良诚实",这里用作名词,指"善良诚实的人"。

二、古今异义

考点1 古今词义异同的情况

①古今词义一致。例如:山、水、雪、母、心、目。
②古今义完全不同,即古代和现代用的是同一个字,但古义与今义迥然不同。
③大多数词的古今义既有联系又有区别。

考点2 古今词义的差别

①义项的数量不同。一个词的意义的多少往往会产生变化,有的旧义消亡了,有的新义产生了。例如:"池"的古义是"护城河、池塘";今义是"池塘或旁边高中间洼的地方"。
②词义的侧重点不同。例如:"售",古义侧重行为的结果,指把商品卖出去;今义侧重行为本身,指卖。
③词义的轻重程度不同。例如:"恨"的古义轻,表"遗憾、不满";今义重,表"仇恨、愤恨"。"怨"的古义重,表"仇恨、怨恨";今义轻,表"埋怨、不满"。
④词义的感情色彩不同。例如:"下流"古中今贬,古义指负罪受辱的处境,今义指卑鄙龌龊;"爪牙"古褒今贬,古义指得力的助手或武士,今义指坏人的党羽;"锻炼"古贬今褒,古义指玩弄法律条文对人进行诬陷,今义指通过体育运动使身体强壮或通过生产劳动、社会活动和工作实践,使觉悟、工作能力等提高。
⑤词义所指的名物制度不同。名物制度不同又分为三种情况。一是词义所指的名物制度范围扩大,例如:"腿"古义指小腿,今义指整个下肢。二是词义所指的名物制度范围缩小,例如:"谷"古义是谷类的总称,今义指北方的粟(去皮后为小米)、南方的稻谷。三是词义所指的名物制度发生转移,例如:"兵"古义指兵器,今义指军人、士兵。

三、通假字

所谓通假字,就是在已有专用字的情况下不用专用字,而借用来代替专用字的字。原本专用的字叫本字,又叫"正字";临时用来代替本字的字称为通假字,又叫"借字"。

通假的特点是"因音通假",音同或音近是通假的必备条件。"音同""音近"中的"音",指的是上古音。音同,指声母和韵部相同;音近,指声母相同、韵部相近,或韵部相同、声母相近,或声母相近、韵部也相近。通假字与本字虽在当时音同或音近,但因语音发展变化,今音有的已不同,因此在读通假字时,要读本字的今音。

四、异体字

异体字是字音字义相同而字形不同的一组字。异体字有以下几种情况。
①造字法不同。造字法的不同造成的异体字主要体现在会意字与形声字的差别上。例如:羴/羶、泪/淚、岩/巖。
②改换意义相近的意符。例如:绔/袴、敕/勅、嘆/歎。
③改换声音相近的声符。例如:粮/糧、勋/勳、昵/暱。
④变换各成分的位置。例如:隣/鄰、裏/裡、够/夠。

第三节　基本句法

考点1　省略句

古代汉语中最常见的省略句式有以下几种。

1.省略主语

判断句子中是否省略了主语,需分析上下文的意思或整个语言环境。翻译时,要根据具体情况补充省略的主语。
①承前省。例如:廉颇为赵将,(廉颇)伐齐,大破之。(司马迁《廉颇蔺相如列传》)
②蒙后省。例如:沛公谓张良曰:"……(公)度我至军中,公乃入。"(司马迁《鸿门宴》)
③对话省。例如:(孟子)曰:"独乐乐,与人乐乐,孰乐?"(王)曰:"不若与人。"(《孟子·梁惠王下》)

2.省略谓语

在内在结构并列的句子中,如果一句中运用了某一动词,则另一句中的同一动词就可以省略。有时省略的谓语需要根据上下文补出,补充完整后不影响意思的表达。
①承上文谓语而省略。例如:军中无以为乐,请以剑舞(为乐)。(司马迁《鸿门宴》)
②蒙下文谓语而省略。例如:杨子之邻人亡羊,既率其党(追之),又请杨子之竖追之。(《列子·说符》)
③共喻省略。共喻省略根据上下文一看便会明白省略的是什么。例如:及左公下厂狱,史朝夕(俟)狱门外。(方苞《左忠毅公逸事》)

3.省略宾语

古代汉语中省略动词或介词后的宾语的情况是比较普遍的,所省多是代词"之"。
①省略动词后的宾语。例如:项伯乃夜驰之沛公军,私见张良,具告(之)以事。(司马迁《鸿门宴》)
②省略介词后的宾语。例如:成视之,庞然修伟,自增惭怍,不敢与(之)较。(蒲松龄《促织》)

4. 省略兼语

"使""命""令"等使令动词的宾语常兼作后面主谓短语的主语,这个宾语被称作兼语,多为代词"之","之"常被省略。例如:不如因而厚遇之,使(之)归赵。(司马迁《廉颇蔺相如列传》)

5. 省略介词

"于""以""自"等介词与后面的宾语组成介宾短语作补语时,介词常常被省略。

①省略介词"于"。例如:荆州之民附操者,逼(于)兵势耳。(司马光《赤壁之战》)

②省略介词"以"。例如:试与他虫斗,虫尽靡;又试之(以)鸡,果如成言。(蒲松龄《促织》)

③省略介词"自"。例如:或王命急宣,有时朝发(自)白帝,暮到江陵。(郦道元《三峡》)

考点2 倒装句

1. 主谓倒装

例如:"渺渺兮予怀"(苏轼《赤壁赋》)中的谓语"渺渺兮"前置,起强调作用。

2. 宾语前置

古代汉语中的宾语在某些特定的语法条件下,需放在动词的前面,这种现象被称为"宾语前置"。常见的宾语前置一般有以下几种情况。

(1) 叙述句中宾语前置

叙述句中为强调宾语,把宾语前置,在宾语后用"是"或"之"复指,构成"宾语+是(之)+动词"或"(惟)宾语+是(之)+动词"的格式。如果被提前的宾语是"是",则可以不用复指。例如:

吾以子为异之问,曾由与求之问。(《论语·先进》)

昭王南征而不复,寡人是问。(《左传·僖公四年》)

鬼神非人实亲,惟德是依。(《左传·僖公五年》)

(2) 否定句中代词宾语前置

否定句中,代词宾语前置需要具备两个条件:一是宾语是代词;二是句子是否定句,由"不""毋""未""莫"等否定词表示。在这种情况下,代词宾语要放在动词之前、否定词之后。例如:"三岁贯女,莫我肯顾"(《诗经·硕鼠》)中的"莫我肯顾"应理解为"莫肯顾我"。

(3) 疑问句中代词宾语前置

疑问句中,疑问代词作动词或介词的宾语时,必须放在动词或介词的前面。如果动词前有助动词,疑问代词就放在助动词前面。例如:

大王来何操?(司马迁《鸿门宴》)

沛公安在?(司马迁《鸿门宴》)

微斯人,吾谁与归?(范仲淹《岳阳楼记》)

(4) 介词"以"的宾语前置

这类宾语前置句往往不是疑问句也不是否定句。介词"以"的宾语往往不受语法条件限制,可直接放在"以"的前面。例如:

将子无怒,秋以为期。(《诗经·氓》)

《诗》三百,一言以蔽之,曰:"思无邪。"(《论语·为政》)

3. 状语后置

例如:"战于长勺"(《曹刿论战》)中的介词"于"与名词"长勺"构成介宾短语作状语。为强调状语"于长勺"而将其置于动词之后,原句应该理解为"于长勺战"。

4. 定语后置

例如:"居庙堂之高则忧其民,处江湖之远则忧其君"(范仲淹《岳阳楼记》)中的"高""远"分别作"庙堂""江湖"的定语,为强调"高""远"而后置。

考点3　判断句

用名词或名词性短语表示判断的句子,叫作判断句。在绝大多数情况下,古代汉语借助语气词来表示判断。常见的判断句式有以下几种。

①在谓语后面用语气词"也"表示判断,即"……,……也"式。翻译时"也"不译,只在主谓之间加"是"。例如:张衡字平子,南阳西鄂人也。(范晔《张衡传》)

②主语后面用语气词"者"表示提顿,在谓语后面用语气词"也"表示判断,即"……者,……也"式。例如:有亭翼然临于泉上者,醉翁亭也。(欧阳修《醉翁亭记》)

③主语后面用语气词"者"表示提顿,而谓语后面不用语气词"也",即"……者,……"式。翻译时"者"不译,只在主语和谓语之间加判断词"是"。例如:柳敬亭者,扬之泰州人,本姓曹。(黄宗羲《柳敬亭传》)

④既不在主语后面用"者"提顿,也不在谓语后面用"也"表示判断,即"……,……"式。例如:秦,虎狼之国。(司马迁《屈原列传》)

⑤"为"表示判断。例如:中峨冠而多髯者为东坡。(魏学洢《核舟记》)

⑥谓语前面用"乃""即""则""皆""必"等副词可加强肯定判断的语气,用副词"非"可表示否定判断。例如:

今公子有急,此乃臣效命之秋也。(司马迁《信陵君窃符救赵》)

此则岳阳楼之大观也。(范仲淹《岳阳楼记》)

此非君子之言,齐东野人之语也。(《孟子·万章上》)

⑦"是"表示判断。例如:巨是凡人,偏在远郡。(司马光《赤壁之战》)

考点4　被动句

在古代汉语中,主语是受事的句式叫被动句。常见的被动句有以下几种形式。

①用介词"于"引进施事,即"动词+于+名词/代词"。例如:夫赵强而燕弱,而君幸于赵王,故燕王欲结于君。(司马迁《廉颇蔺相如列传》)

②用介词"为"引进施事,"为"后面的宾语有时可以省略,即"为+(名词/代词)+动词"的形式。例如:

身客死于秦,为天下笑。(司马迁《屈原列传》)

父母宗族,皆为戮没。(《荆轲刺秦王》)

③用介词"为"引进施事,在动词前加"所",构成"为+(名词/代词)+所+动词"的形式。例如:

有如此之势,而为秦人积威之所劫。(苏洵《六国论》)

不者,若属皆且为所虏!(司马迁《鸿门宴》)

④在动词前面用"见"表示被动,如果需要把施事介绍出来,可在动词后加介词"于",即"见+动词(+于+名词)"。例如:

举世混浊而我独清,众人皆醉而我独醒,是以见放。(司马迁《屈原列传》)

臣诚恐见欺于王而负赵。(司马迁《廉颇蔺相如列传》)

⑤在动词前边用"被"表示被动,构成"被+动词"的形式。例如:

信而见疑,忠而被谤,能无怨乎?(司马迁《屈原列传》)

"被"在汉代以前是一个表示被动的助词,和助词"见"一样不能引进施事。汉代以后,"被"逐渐发展为像"为"一样的介词,便可以引进施事了。例如:

舞榭歌台,风流总被雨打风吹去。(辛弃疾《永遇乐·京口北固亭怀古》)

⑥无任何标志的被动句。这种被动句中没有任何被动词,翻译时可以根据上下文的意思补出。例如:兵

挫地削,亡其六郡。(司马迁《屈原列传》)

强化练习

单项选择题

1.下列句子中加点字"而"的意义和用法,与其他三项不同的一项是(   )。

A.学而时习之

B.博学而笃志

C.思援弓缴而射之

D.择其善者而从之,其不善者而改之

2.下列句子中,没有通假字的一项是(   )。

A.两岸连山,略无阙处(《三峡》)

B.手裁举,则又超忽而跃(《促织》)

C.是马也,虽有千里之能,食不饱,力不足,才美不外见(《马说》)

D.卿言至此,甚合孤心(《赤壁之战》)

3.下列句子中,不属于宾语前置的一项是(   )。

A.微斯人,吾谁与归

B.温故而知新,可以为师矣

C.沛公安在

D.古之人不余欺也

4.下列各句中加点词的解释,不正确的一项是(   )。

A.割据江东,地方数千里(地方:土地方圆)

B.蜀之鄙有二僧(鄙:边境、边邑)

C.操虽托名汉相,其实汉贼也(其实:实际)

D.既来之,则安之(安:使……安)

5.下列句子中,对加点的字解释正确的一项是(   )。

《诗》可以兴,可以观,可以群,可以怨。

A.兴高采烈

B.兴致勃勃

C.具体事物引起人的兴奋

D.具体事物引起人的联想

参考答案及解析

单项选择题

1.【答案】B。解析:四个选项中的"而"都是连词,但是意义和用法却有所不同。A、C、D三项中,"而"表示承接关系,指动作因循相继。B项"而"表示并列关系,相当于"和""与"。

2.【答案】D。解析:A项,"阙"通"缺",意为"缺口"。B项,"裁"通"才",意为"刚刚"。C项,"见"通"现",意为"表现、显现"。D项没有通假字。

3.【答案】B。解析:文言文中动词宾语前置,大致有以下四种情况:①否定句中,代词作宾语,如D项,语序应为"古之人不欺余也";②疑问句中,代词作宾语,如C项,语序应为"沛公在安";③用"之"把宾语提到动词前,以加重语气,如"句读之不知,惑之不解";④用"是"把宾语提到动词前,以加重语气,如"唯利是图"。介词宾语前置,有以下三种情况:①疑问代词作宾语,如A项,语序应为"微斯人,吾与谁归";②介词的宾语不是疑问代词,但是为了强调它,也把它放在介词的前面,这种情况最常见的是"以"的宾语前置;③介词的宾语是方位词时,也放在介词的前面。

4.【答案】C。解析:A、B、D三项均正确。C项,"其实"是"其""实"两个词,"其"是代词,可以翻译为"他","实"可以翻译为"实际"。

5.【答案】D。解析:题干中的"兴"指的是根据具体事物引发联想,即景抒情的创作手法,全句意为"《诗经》可以即景抒发人的思想感情,可以用来观察世情民俗和政治得失,可以用来与朋友交往,可以用来讽刺评论不平的事"。

第三章 阅 读

第一节 古诗词阅读

一、鉴赏古诗词的形象

考点1 古诗词形象的含义及分类

古诗词形象指的是诗歌作品创造出来的生动具体、寄寓了作者生活理想和思想感情的艺术形象,包括人物形象、景(事)物形象。

人物形象包括抒情主人公即作者本身的形象,也包括作者之外的人物形象,即作者在诗词作品中塑造的人物形象。景(事)物形象是指抒情诗词中表达主观情感时所借助的客观物象(山川草木等),也就是含有"意"的形象,即"意象"(寄情藏意的物象)。

考点2 古诗词形象鉴赏的方法技巧

1.人物形象分析

(1)人物形象的分类

①抒情主人公自己的形象

诗词中的形象"我",一般指抒情主人公,即作者自己。

②诗词中刻画的主人公形象

抒情主人公与诗词中刻画的主人公形象不是毫无关系的,诗词中着力刻画主人公形象,往往是为了更好地表达作者的感情。

(2)分析人物形象型题目的形式

①你从诗(词)中看到了一个什么样的形象?作者为什么要描写这一形象?

②请简要概括诗(词)中作者的形象特点。

(3)分析人物形象的方法

①区分诗(词)中人物形象是作者自己还是作者之外的形象。

②注意作者塑造人物形象的方法。一般来说,作者在塑造人物时往往会综合运用多种描写手法,如语言描写、动作描写、肖像描写、正面描写、侧面描写等。

③结合作者对于人物的描写,概括出人物的特点。

④分析作者塑造人物的意义。

⑤结合作者的处境和诗(词)的写作背景,知人论世。

(4)分析人物形象型题目的一般解答模式

①概括某一句或整首诗(词)写了什么内容,刻画了什么形象。

②概括所描摹场景的特点或使用的描写手法。

③概括人物形象的特征、社会意义或其中所蕴含的作者的情感。

2.意象分析

（1）古诗词中常见意象的分类

意象是诗词中熔铸了作者主观感情的客观物象。古诗词在漫长的发展历程中，形成了很多传统的意象，它们蕴含的意义基本是固定的。

①愁苦类意象（或表达忧愁、悲伤心情，或渲染凄冷、悲凉气氛），例如：梧桐、芭蕉、杜鹃、猿猴。

②送别类意象（或表达依依不舍的心情，或叙写离别后的思念），例如：杨柳、长亭、南浦。

③思乡类意象（或表达对家乡的思念，或表达对亲人的牵挂），例如：月亮、鸿雁。

④抒怀类意象（或展现高洁的品质，或抒发感慨），例如：菊、梅、松、柏、竹。

⑤战争类意象（或表达对战争的厌恶，或表达对和平的向往，或表达杀敌报国的决心），例如：长城、楼兰、关山、号角。

⑥爱情类意象（表达爱恋、相思之情），例如：红豆、莲、连理枝、比翼鸟、红叶、大雁、青鸟。

⑦闲适类意象（或表达闲适恬淡的心境，或表达对隐居生活的向往），例如：五柳、东篱、三径。

（2）分析意象型题目的形式

请说明诗（词）中使用某种意象的作用。

（3）分析意象的方法

①熟记常见意象的象征意义。

②结合作者的处境，了解作者的身世，分析作者的情感态度和所用意象的象征意义。

（4）分析意象型题目的一般解答模式

①总结诗（词）中描绘歌咏的主要意象。

②结合诗（词）句分析意象的特点，关注描写用语的感情色彩，分析其内在的神韵。

③结合作者自身经历、思想感情剖析所托之物、所抒之情。

3.意境分析

（1）诗词意境的构成模式

①触景生情，情随景生

作者原本没有某种情意，却因遇到某种物境，触发了某种情意，于是借对物境的描写，把自己的情意表达出来。例如：杜牧的《江南春》。

②移情入景，景中生情

作者心中具有某种强烈的感情，在接触物境时，便借对物境的描写，将这种感情抒发出来，使客观的物境带上主观的情感。例如：杜甫的"感时花溅泪，恨别鸟惊心"（《春望》），"花溅泪""鸟惊心"明显带有诗人"感时""恨别"的主观色彩。

（2）分析意境型题目的形式

①这首诗（词）营造了一种怎样的意境？

②这首诗（词）描绘了一幅怎样的画面？表达了作者怎样的思想感情？

③从"情"和"景"的角度对这首诗（词）进行赏析。

（这首诗/词描写了哪些景物？抒发了怎样的情感？营造了怎样的氛围？说说它与这首诗/词所表达的感情的关系……）

（3）分析意境的方法

意境是诗词通过形象描写表现出来的境界和情调，是诗词中呈现的情景交融、虚实相生的形象及由该形象所引发和开拓的审美想象空间。分析诗词意境，一要注意物象的特点，二要注意作者在描摹的事物中所寄托的情感。

(4)分析意境型题目的一般解答模式

①描绘诗(词)中所展现的图景画面。描述时一要忠实于原诗(词),二要抓住诗(词)中的主要景物,用自己的联想和想象进行再创造,力求语言优美。

②概括景物所营造的氛围特点。一般用两个双音节词即可,如孤寂冷清、恬静优美、雄浑壮阔、萧瑟凄凉。

③分析作者的思想感情。根据意境氛围来分析作者的思想感情,并说出景与情之间的内在联系。回答要具体,切忌空洞。

二、鉴赏古诗词的语言

考点1 "炼字"

"炼字"即锤炼词语,是指作者经过反复琢磨,挑选出最妥帖、最精确、最形象生动的词语,以形象地描摹事物或精确地表情达意。根据所炼词语的词性而言,炼字型题目往往以炼动词、叠词、形容词、拟声词、副词居多。从所炼词语在诗句中的位置来看,五言诗句以炼第三个字居多,七言诗句以炼第五个字居多。

1. 炼字型题目的形式

①这一句中最生动传神的字是哪个?为什么?

②某字历来为人称道,你认为它用得好不好?好在哪里?

③请结合诗(词)句评析某字的艺术效果。

2. 炼字型题目的解答方法

解答炼字型题目时不应把该字孤立起来解释,而应将其放在句中,结合全诗(词)的意境情感来分析。

3. 炼字型题目的一般解答模式

①首先表明自己的看法。

②用一两句话解释该字在诗(词)句中的含义,或者指出这个字特殊的语法现象或修辞手法,如词类活用、拟人、通感、化静为动等。

③结合诗(词)的有关内容具体分析这个字所描述的景象。

④联系诗(词)的创作背景,适当展开联想和想象,说说这个字营造了怎样的意境,表达了怎样的感情,有什么样的艺术效果,分析这个字对主旨、意境和结构所起的作用。

考点2 "诗(词)眼"

诗有"诗眼",词有"词眼","诗眼""词眼"有时是精练传神的字,有时是传达主旨的关键词、关键句,一般是动词或形容词。分析诗(词)眼就是分析其在拓深诗(词)的意境、传达作者情感上所起的作用。

1. 诗(词)眼型题目的形式

①这首诗(词)的诗(词)眼是什么?为什么?

②全诗(词)围绕某字展开,请结合全诗(词)分析。

③有人认为某字(词)是全诗(词)的关键,你同意吗?请说明理由。

2. 诗(词)眼型题目的一般解答模式

①首先表明自己的看法,然后解释某字(词)在句中的含义,指出该字(词)在表达主旨上所起的作用。

②结合诗(词)句进行梳理,列举全诗(词)围绕该字(词)写了哪些内容。

③分析该字(词)在结构上所起的作用。

考点3 名句赏析

1.名句赏析型题目的形式
①描述名句所展现的画面,并解释其含义。
②解释名句的意思,并分析其情与景的关系。
③解释名句的意思,说出它们表达了作者怎样的思想感情。
④结合全诗(词)赏析某句的表达效果。

2.名句赏析型题目的解答方法
名句赏析型题目往往要求从景、情、意(理)三个方面分析诗(词)句的含义或表达效果。

3.名句赏析型题目的一般解答模式
①明确名句中的具体景物形象。
②展开想象和联想,用自己的语言再现景物形象。
③概括作者描绘景物的特点。
④分析名句表达了作者什么样的思想感情或给人什么样的启示和思考。

考点4 语言特色

1.古诗词主要语言特色分类

(1)清新雅致
清新雅致的特点是用语新颖,不落俗套。写景的诗词作品风格一般比较清新,语言比较通俗,比喻新颖独到,包含着作者的喜悦之情。例如:杨万里的"小荷才露尖尖角,早有蜻蜓立上头"(《小池》),周邦彦的"叶上初阳干宿雨,水面清圆,一一风荷举"(《苏幕遮》),都具有清新之美,给人以愉悦之感。

(2)平实质朴
平实质朴的特点是选用确切的字眼直接陈述,或者用白描,不加修饰,真切深刻,平易近人。例如:陶渊明的"采菊东篱下,悠然见南山。山气日夕佳,飞鸟相与还"(《饮酒》),语言质朴无华,但于平淡中蕴含着深意。

(3)含蓄隽永
古诗词富有灵气,其灵气在于隽永,在于"字短情长",字里行间总是留有启人联想、开人悟性的"空白"。例如:李商隐的"君问归期未有期,巴山夜雨涨秋池。何当共剪西窗烛,却话巴山夜雨时"(《夜雨寄北》),寥寥四句,深婉隽永,将分处异地的二人对秉烛夜谈的憧憬显于言外,隐于空白。

(4)绚丽飘逸
李白的诗大都写得色彩缤纷、景象绮丽、变幻莫测,具有绚丽飘逸之美。例如:李白的"日照香炉生紫烟,遥看瀑布挂前川。飞流直下三千尺,疑是银河落九天"(《望庐山瀑布》),运用了比喻、夸张和想象的手法,构思奇特,绚丽飘逸,引人遐想。

(5)雄浑壮阔
雄浑壮阔指诗歌骨力雄健,气势浩瀚,境界辽阔。雄浑壮阔是盛唐诗歌的风格,它反映了盛唐朝气蓬勃的活力和欣欣向荣的景象。以高适、岑参、王昌龄为代表的边塞诗人的诗作大多具有雄浑壮阔的特征。例如:王昌龄的《出塞》(秦时明月汉时关)气势浩瀚,雄伟壮丽;王之涣的《凉州词》(黄河远上白云间)想象丰富,意境辽阔。

(6)形象生动
古诗词作品的语言往往因生动形象而感人至深。例如:苏轼的"乱石穿空,惊涛拍岸,卷起千堆雪"(《念奴娇·赤壁怀古》),既是诗又是画,有形有色地描绘了赤壁气势雄伟、境界开阔的壮丽景色。

（7）豪放旷达

豪放即豪迈奔放，狂荡不羁；旷达即通脱豁达，潇洒飘逸。语言豪放旷达的作品通常想象奇特，力拔山河，气吞宇宙，志向高远，襟怀旷达。例如：李白的"君不见黄河之水天上来，奔流到海不复回"（《将进酒》），气势浩荡，一泻千里；"燕山雪花大如席，片片吹落轩辕台"（《北风行》），想象奇特，用语夸张。苏轼的《念奴娇·赤壁怀古》也带有明显的豪放旷达的色彩，其《江城子·密州出猎》也表现出了雄健豪放的磊落之气。

（8）沉郁顿挫

沉郁指情感的深沉蕴藉，顿挫指声调的抑扬起伏。作者似乎有千言万语积压在胸，而后沉吟再三，勃发于笔端。例如：杜甫的"万里悲秋常作客，百年多病独登台。艰难苦恨繁霜鬓，潦倒新停浊酒杯"（《登高》），"万里悲秋"已是凄怆不已，"艰""难""苦""恨"四个字的叠加更是使得愁绪百转千回，但最终却又偏偏暂停了消愁的酒杯，语言可谓低回起伏，缓慢深沉。

（9）慷慨悲壮

语言慷慨悲壮类的诗词通常出语高昂，充满着对时代的感慨，其主题或是怀才不遇，或是感时伤乱，或是忧国忧民，或是愤慨不平。例如：陈子昂的"前不见古人，后不见来者。念天地之悠悠，独怆然而涕下"（《登幽州台歌》），句式长短不齐，音节抑扬变化，虽然只有四句，却于悲怆之中蕴蓄着一种积极奋发的豪气。

（10）婉约细腻

婉约细腻风格的作品往往体现出"曲""细""柔"的特点，曲径通幽，情调缠绵，表达感情细如抽丝。例如：李清照的"才下眉头，却上心头"（《一剪梅》），仅仅八个字，便将心中顿然欣慰却又无限相思的曲折变化表达得生动细腻。

其他用来鉴赏古诗词语言风格的常用语言还有"华美""精练""粗犷豪放""缠绵哀怨""含蓄蕴藉""悲怆幽怨""音律和谐""言简意赅""言有尽而意无穷""含不尽之意见于言外"等。

2. 语言特色型题目的形式

①这首诗（词）在语言上有何特色？
②分析这首诗（词）的语言风格。
③谈谈该诗（词）的语言艺术。

3. 语言特色型题目的解答方法

语言特色型题目不是要求揣摩个别字词运用的巧妙之处，而是要品味整首诗（词）的语言风格。这类题目要求考生知人论世，因为不同的作者语言风格是不一样的。有的豪放飘逸，有的沉郁顿挫，有的晓畅明快，有的田园风味十足，等等。有时候即使不熟悉作者也可以从诗（词）中读出其语言风格。

4. 语言特色型题目的一般解答模式

①用一两个词或一句话，准确点明语言特色，如清新自然、朴实无华、华美绚丽、明白晓畅、委婉含蓄、雄浑豪放、简练生动。
②结合有关诗（词）句具体分析这种特色是如何体现的。
③指出该诗（词）表达了作者怎样的思想感情。

三、鉴赏古诗词的表达技巧

表达技巧是作者在塑造形象、创设意境、表达思想情感时所采用的特殊手法的总称。诗词的表达技巧既包括各种表达方式、表现手法，也包括各类修辞手法和巧妙的艺术构思。

考点1　表达方式

古诗词作品中主要运用叙述、描写、议论、抒情四种表达方式，其中描写、抒情是考查的重点。描写方式有正面(直接)描写、侧面(间接)描写、细描(工笔)、白描、肖像描写、动作描写、心理描写、景物描写等;抒情方式有直接抒情和间接抒情。直接抒情有即景抒情、直抒胸臆,间接抒情有借景(事)抒情、借物抒情(托物言志)、寓情于景(物)、情景交融等。

1. 正面描写与侧面描写

正面描写又称直接描写,是一种直接描绘人物的肖像、心理、语言和行动的表达方式。侧面描写又称间接描写,是一种通过对其他人物的描写来映衬、烘托所写人物,或者通过别人的评述来描写人物,即以"烘云托月"的手法,来达到以"虚"写"实"目的的表达方式。例如:《陌上桑》中的"头上倭堕髻,耳中明月珠。缃绮为下裙,紫绮为上襦。行者见罗敷,下担捋髭须。少年见罗敷,脱帽著帩头。耕者忘其犁,锄者忘其锄。来归相怨怒,但坐观罗敷",前四句是对秦罗敷的正面描写,后八句是对秦罗敷的侧面描写。

2. 细描与白描

细描即"细节描写",指使用大量生动、贴切的比喻,绚丽的文字,斑斓的色彩,对所见所闻进行浓笔涂抹;也指抓住生活中细微而具体的典型情节,进行生动细致的描绘。白描以质朴的文字,抓住人物或事物的特征,寥寥几笔就勾勒出人物或事物的形象。例如:杜甫的"迟日江山丽,春风花草香。泥融飞燕子,沙暖睡鸳鸯"(《绝句》),前两句为白描,粗笔勾画出阔远明丽的景物;后两句为细描,细致地描写了飞燕衔泥、鸳鸯静睡的景象。整个画面和谐统一,构成一幅色彩鲜明、生机勃发、极具美感的初春景物图。

3. 直接抒情

直接抒情又称直抒胸臆,是一种由作者直接对有关人物、事件等表明爱憎态度的抒情方式。直接抒情的特点是抒情时情感直露,感情强烈,节奏紧张。它可以使感情表达得朴实真切,震撼人心。例如:杜甫的"呜呼!何时眼前突兀见此屋,吾庐独破受冻死亦足!"(《茅屋为秋风所破歌》)就直截了当地表现了诗人甘愿为天下贫寒的读书人的幸福而牺牲自己的高尚情操。

4. 寓情于景(物)、情景交融

寓情于景(物)、情景交融是一种将感情融汇在特定的自然景物或生活场景中,借自然景物或生活场景的描摹刻画来抒发感情的间接而含蓄的抒情方式。例如:杜甫的"感时花溅泪,恨别鸟惊心"(《春望》),寓情于景,表达了诗人对国家前途命运的忧虑和对家人的思念之情。

考点2 表现手法

古诗词作品中常见的表现手法有渲染、烘托、象征、映衬(正衬、反衬)、对比、比兴、铺陈、虚实结合、动静结合、化静为动、以小见大、欲扬先抑、远近高低结合、联想、想象等。

1. 渲染与烘托

渲染用于艺术创作,是指从正面着意描写。例如:"江南可采莲,莲叶何田田,鱼戏莲叶间。鱼戏莲叶东,鱼戏莲叶西,鱼戏莲叶南,鱼戏莲叶北"(汉乐府民歌《江南》)中,"鱼戏莲叶东……鱼戏莲叶北"四句运用了渲染的表现手法,使得全诗生动活泼,音调优美,把鱼儿在荷叶下欢快穿梭的画面活灵活现地展现在读者面前。

烘托,即从侧面着意描写,使所要表现的事物鲜明突出。可以是以人烘托人,例如:《陌上桑》中借"行者""少年"等人的反应来烘托秦罗敷惊人的美貌;也可以是以物烘托物,例如:"蝉噪林逾静,鸟鸣山更幽""月出惊山鸟"等;更多的是以物烘托人,例如:《琵琶行》中写"东船西舫悄无言,唯见江心秋月白",借对江中之月及周围环境的描写,烘托了琵琶声的美妙动听及琵琶女技艺的高超。

2. 反衬

反衬是指为了突出事物的特色,用相反或相对的事物与之进行对照,包括以乐景写哀情、以动衬静、以静衬动等。例如:白居易的"春江花朝秋月夜,往往取酒还独倾"(《琵琶行》),便是以乐景写哀情。

3.虚实结合

虚实结合的表现手法可使作品的结构更加紧凑,形象更加鲜明,并为作品增加容量。例如:王维的《九月九日忆山东兄弟》前两句诉说诗人独自在他乡漂泊,每逢佳节便倍加思念家乡及亲人的感受,是实写;后两句诗人想象远在家乡的兄弟们插着茱萸登高,想念身在远方的自己,是虚写。诗歌通过虚实结合的手法,表达了诗人浓烈的思乡之情。

4.借古讽今

借古讽今是指将历史人物或历史事件某方面的经验教训,作为现实社会某方面的借鉴。观古鉴今,两相对照,或颂古非今,或贬古刺今,以表达作品的题旨。鉴赏这类作品,必须结合作者写作的时代背景和创作时的心境。例如:刘禹锡的"台城六代竞豪华,结绮临春事最奢。万户千门成野草,只缘一曲后庭花"(《台城》)。全诗以"台城"这一六朝帝王起居临政之地的名字为题,前两句描写了六朝帝王纵情作乐的荒淫生活。第三句,诗人将台城昔日的豪华与其今日野草丛生的凄凉进行对比,把严肃的历史教训化作触目惊心的具体形象,总结了陈朝亡国的教训,抨击了陈后主的荒淫,寄托了吊古伤今的无限感慨。

5.意象组合

意象组合是指作者根据表达需要,将一些意象按照某种逻辑,有机地组合在作品中,给人以鲜明的形象感的一种表现手法。例如:温庭筠的"鸡声茅店月,人迹板桥霜"(《商山早行》),用"鸡声""茅店""月""人迹""板桥""霜"六个意象写早行的情景,是意象与意境俱足的佳句。

考点3　结构技巧

古诗词通常是先写景叙事,后议论抒情,前面的景或事为后面的议论或抒情做铺垫,后面的观点态度和思想感情也一定是在前面写景叙事的基础上来阐发的。常见的诗词结构技巧有开门见山、伏笔照应、层层深入、先总后分、先景后情、画龙点睛、过渡、铺垫、起承转合等。

①开门见山。无论是说理还是叙事,都不拐弯抹角,开端即直截了当地切入主题。

②伏笔照应。作者在描写、叙述的过程中,对后面要表现的内容,提前给出适当的提示或暗示,前后呼应。这种安排可以使作品结构严谨、脉络分明。

③先景后情。情与景分别咏写,贵在层次分明,层层递进。

④画龙点睛。点睛之笔常用在诗词的结尾,因而又被称为"卒章显志"。

⑤起承转合。起承转合一般指对绝句的四句、律诗的四联在写作上的要求。

四、分析古诗词的思想情感

考点1　不同题材古诗词的思想感情特征

古诗词作品无论是写景、叙事,还是咏物、怀古,都会寄寓作者一定的思想感情。

1.山水田园类

山水田园类诗词可进一步分为山水类诗词和田园类诗词。山水类诗词多以自然山水为描写对象,田园类诗词多以农村景物、田园生活,以及农人、渔父等人的劳动场景为主要描写对象,创造出一种田园牧歌式的生活。山水田园类诗词的思想内容主要有以下三类。

①热爱自然,钟情山水。例如:王维的《山居秋暝》,描绘了生机盎然又清新宁静的山水风光,表达了诗人寄情于山水的情怀与志趣。

②淡泊宁静,不与世俗同流合污,向往隐逸生活的高洁情怀。例如:陶渊明的《归园田居(其一)》,借"园田"与"尘网"的对比,表达了诗人对世俗风气的厌恶,以及对隐逸生活的向往。

③宁静闲适、悠然自得的心境。例如：孟浩然的《过故人庄》，通过描写简朴的田家生活，表达了诗人闲适、自得的心境。

2. 边塞征战类

边塞征战类诗词多描写边塞军旅生活，或表现边塞苦寒的生活环境，或表现奇异壮丽的边塞风光。边塞征战类诗词常抒发渴望建功立业、报效国家的豪情；状写戍边将士浓重的乡愁和家中思妇的离情别绪；讽刺或劝谏拓土开边、穷兵黩武的统治者；惊叹边地绝域的奇异风光和民间风俗。例如：岑参的《逢入京使》，以朴实简洁的语言，表达了诗人在赴边塞途中对家乡亲友的无限思念。又如：高适的"战士军前半死生，美人帐下犹歌舞"（《燕歌行》），通过"战士"与"美人"的对比，表达了诗人对为官为将者寻欢作乐的不满。

3. 咏物抒怀类

咏物抒怀类诗词往往运用托物言志或借物抒情的手法，即作者通过对所咏之物进行细致、形象的描绘，在所咏之物中寄寓自己的情怀和志向，使笔下的物具有美感。例如：陆游的《卜算子·咏梅》，作者借梅来表明自己的心志，即坚贞自守和矢志不移的信念。又如：于谦的《石灰吟》，其中"清白"二字，不只是对所咏之物外形特点的吟咏，也是作者对自身品格的高度概括。这首诗的价值就在于作者处处以石灰自喻，表达自己为国尽忠、不怕牺牲的意愿和坚守高洁情操的决心，咏石灰就是在歌咏自己光明磊落的襟怀和崇高清白的人格。

4. 咏史怀古类

咏史怀古类诗词以历史人物、事件、陈迹为题材，来感慨兴衰、寄托哀思、托古讽今。这类诗词一般不仅叙古事，还会融入作者自己的感受和评论，委婉地表达对现实的看法。咏史怀古类诗词或怀古伤今，借古讽今，描绘昔盛今衰之景，例如：刘禹锡的《西塞山怀古》，看似只是吟咏西晋灭吴这一段历史，实则暗含对现实中骄奢腐败的唐王朝的担忧；或怀人伤己，抒发怀才不遇、壮志难酬的愤懑之情，例如：苏轼的《念奴娇·赤壁怀古》，作者借对昔日英雄人物的怀念与敬仰，抒发了自己功业未成却华发早生的悲慨。

5. 赠友送别类

赠友送别类诗词往往表达分别时对友人的留恋、劝勉与祝福，抒发分别后对友人的思念与牵挂，以及自己的孤寂与落寞。例如：刘长卿的《重送裴郎中贬吉州》，既有同病相怜的悲慨，又有临别时对友人的担忧。又如：高适的《别董大》，"莫愁前路无知己，天下谁人不识君"表达了诗人对友人的劝勉。

6. 羁旅行役类

所谓"羁旅"，即因谋求仕途、游历山水、遭受贬谪、探亲访友等原因漂泊异地、寄居他乡。羁旅行役类诗词抒发的情感大致有以下三类。

①叙写羁旅之苦，抒发内心的孤独寂寞、凄凉失落。例如：张继的《枫桥夜泊》，一个"愁"字便将漂泊在外的孤寂、凄凉与愁苦和盘托出，既有羁旅之苦，又有家国之忧。

②叙写独居异乡的孤寂，表达对家乡亲友的思念之情。例如：张九龄的《望月怀远》，诗人望见月亮而思念远方亲友，以致彻夜难眠，渴望与亲友在梦中相遇，悠悠情思，令人回味不已。

③抒发独居他乡、怀才不遇、报国无门的孤寂、愤慨之情。例如：杜甫的《登高》，诗人独居他乡，内心孤独惆怅，同时心中又交织着忧国伤时的情操和壮志未酬的郁闷。

需要注意的是，这三类感情并不是完全割裂的，一首诗词中往往交织着多种感情。

7. 闺怨类

闺怨类诗词多描写少女、妇人在闺阁之中的情思、愁苦和怨恨，或由女性抒写，或由男性以女性的口吻抒写。在思想感情上，或表达对心上人的思念与眷恋，或抒发对时光易逝的感慨与思考。例如：晏殊的"欲寄彩笺兼尺素，山长水阔知何处"（《蝶恋花》），含蓄地表达了女主人公因心上人迟迟未归、杳无音讯而忧愁苦闷的情绪。又如：白居易的"辽阳春尽无消息，夜合花前日又西"（《闺妇》），在表达思念的同时，又抒发了韶华易逝、青春不再的忧愁与无奈。

考点2　古诗词中常见的思想感情

1.忧国伤时
①揭露统治者的昏庸腐朽,例如:杜牧《过华清宫》。
②揭露统治者的穷兵黩武,例如:杜甫《兵车行》。
③反映离乱的社会现实,例如:杜甫《春望》。
④同情人民的疾苦,例如:杜甫《茅屋为秋风所破歌》、白居易《卖炭翁》。
⑤对国家、民族前途命运的担忧,例如:杜甫《登楼》。

2.建功报国
①建功立业的渴望,例如:曹操《龟虽寿》、苏轼《江城子·密州出猎》。
②保家卫国的决心,例如:王昌龄《从军行》。
③舍生取义的气节,例如:文天祥《过零丁洋》。
④不受重用、报国无门的悲愤,例如:辛弃疾《丑奴儿·书博山道中壁》。
⑤年华消逝、壮志难酬的悲叹,例如:辛弃疾《破阵子·为陈同甫赋壮词以寄之》。
⑥理想不为人所知的愁苦,例如:屈原《涉江》。

3.思乡怀人
①羁旅愁思,例如:孟浩然《宿建德江》、温庭筠《商山早行》。
②思念亲友,例如:王维《九月九日忆山东兄弟》、苏轼《江城子·乙卯正月二十日夜记梦》。
③边关思乡,例如:范仲淹《渔家傲·秋思》。
④闺中怀人,例如:王昌龄《闺怨》、欧阳修《踏莎行》(候馆梅残)。

4.离愁别绪
①依依不舍的留恋,例如:柳永《雨霖铃》(寒蝉凄切)、王维《送元二使安西》。
②情深意长的劝勉,例如:王勃《送杜少府之任蜀州》。
③坦陈心志的告白,例如:王昌龄《芙蓉楼送辛渐》。

5.生活杂感
①寄情山水、田园的悠闲,例如:王维《终南别业》、范成大《四时田园杂兴》。
②昔盛今衰的感慨,例如:姜夔《扬州慢》(淮左名都)、刘禹锡《乌衣巷》。
③借古讽今的情怀,例如:辛弃疾《永遇乐·京口北固亭怀古》。
④年华易逝的感慨,例如:晏殊《浣溪沙》(一曲新词酒一杯)。
⑤仕途失意的苦闷,例如:白居易《琵琶行》。
⑥告慰平生的喜悦,例如:杜甫《闻官军收河南河北》。

第二节　文言文阅读

一、文言词语的解读

考点1　文言实词的解读

1.字音推断法
古代汉语多单音节词,现代汉语多双音节词,后者是在前者的基础上发展演变而来的,二者之间存在一定的联系。推断某个文言实词的含义时可以将其扩充为双音节词,再依据语境进行取舍。例如:朝——朝廷、朝见、朝代;辞——言辞、文辞、推辞、辞让、告辞。

如果根据词语的本义或引申义解释不通,可以试着找通假字,从而推断出符合语境的意思。例如:"丞相有子就举,欲以属公"(《宋史·萧燧传》)中"属"通"嘱",意为"嘱托"。

2.字形推断法

在文言文中,形声字、会意字占大多数,这为推断词义提供了有利条件。例如:"陶澍就擢巡抚"(《清史稿·陶澍传》)中的"擢",从"擢"字的构成部件大体能推断出该字与"手"有关,结合上下文语境,可以推断出"擢"是"提升"的意思。

3.结构推断法

文言文中的排比句、对偶句和并列结构的短语、句子非常多,其中位置对应的词语一般词性相同,意义相同、相近或相反,可以借此来推断词义。例如:"殚其地之出,竭其庐之入"(柳宗元《捕蛇者说》),句式整齐,前后语意连贯,可由"竭"的含义推断出"殚"的意思是"竭尽"。

4.语法推断法

汉语中的主语、宾语大多由名词、代词充当,谓语大多由形容词、动词充当,定语由形容词充当,状语由副词充当。根据它们的语法特点,可以推知它们的词性,进而推知它们的意义。例如:"百姓孰敢不箪食壶浆以迎将军者乎"(陈寿《隆中对》)中的"箪""壶"作谓语,名词用作动词,意为"用箪盛""用壶装"。

5.语境推断法

语境可分为内部语境和外部语境。内部语境指的是句子本身的语言环境,外部语境则是针对整段文字、整篇文章而言的大语境,即上下文语境。有些实词的含义可以借助句子内部语境来推断。例如:"愿以运费增价就籴之"(《宋史·何灌传》),内部语境为"希望能将运输粮草的费用拿来就地加价购买粮草",由此可推知"籴"在此处意为"买进"。

6.邻字推断法

邻字推断法即根据相邻的字的意义来推断该词的意义的方法。该方法主要适用于文言文中合成词词义的分析。此类合成词通常由两个同义或反义的单音节词构成,分为同义复词和偏义复词。例如:"曹操之众远来疲敝"(司马光《资治通鉴》)中的"疲敝"为同义复词,运用邻字推断法进行分析,可知"敝"与"疲"意义相同,均意为"疲劳"。

考点2 文言虚词的解读

1.分清虚词实词

有些文言词语兼有虚词和实词的双重性质。根据上下文语境,如果一组句子中,同一个文言词语的词性不一样,其用法肯定也不同。例如:

东临碣石,以观沧海。(曹操《观沧海》)

古人秉烛夜游,良有以也。(李白《春夜宴从弟桃花园序》)

点拨:前句中"以"是连词,表目的;后句中"以"是名词,意为"原因、缘故"。

2.分析语法结构

虚词主要表达一定的语法功能,因此,从分析句子的语法结构入手,也可以推断出虚词的意义和用法。例如:

臣之壮也,犹不如人。(《烛之武退秦师》)

此亡秦之续耳。(司马迁《鸿门宴》)

点拨:前句中的"之"放在主语"臣"和谓语"壮"之间,取消句子的独立性,不译;后句中的"之"用在定语"亡秦"和中心语"续"之间,是结构助词,相当于"的"。

3.厘清逻辑关系

有些虚词可以表达一定的逻辑关系,因此,可以通过分析上下文之间的逻辑关系,来推断虚词的意义和用法。例如:

吾尝跂而望矣,不如登高之博见也。(荀子《劝学》)

朝济而夕设版焉。(《烛之武退秦师》)

点拨:前句中"而"连接的是状语和中心语,表修饰关系;后句中"而"连接的是两个偏正短语,并且这两个短语在逻辑上有先后,顺序不能颠倒,故"而"表承接关系。

4.联系语境推断

文言虚词的用法比较灵活,要确定一个虚词的意思就必须联系语境做具体分析,做到"字不离句,句不离篇"。例如:

受任于败军之际。(诸葛亮《出师表》)

室西连于中闺。(归有光《项脊轩志》)

点拨:"受任于败军之际"是说在兵败的时候受任务,这里的"于"是介词,意为"在";"室西连于中闺"是说室西和中闺相连,"于"是介词,意为"和、与、跟"。

5.看清标志

有些虚词是构成特殊文言句式的标志性词语。熟记一些有代表性的标志词或句式,有利于快速判断该虚词的意思。例如:

以牒为械。(《墨子·公输》)

身死人手,为天下笑者,何也?(贾谊《过秦论》)

点拨:前句为"以……为……"的固定格式,相当于"把……当作……";后句是被动句,"为"是"被"的意思。

二、文言文断句

考点1　文言文断句的原则

一般来说,文言文断句要依据以下三个原则:第一,通读全文,整体把握文章的内容和主题;第二,仔细体会词语的含义和词语之间的关系;第三,先易后难,逐步缩小范围,直至断开全文,加上正确的标点。

考点2　文言文断句的方法

1.利用文言文词汇特点

(1)找名词、代词

名词、代词在文言文中常常做主语或宾语,因此在名词、代词之前或之后一般要进行断句。文言文中常见的名词主要有人名、地名、事名、物名、朝代名、国名、官职名等;常见的代词有人称代词、指示代词、疑问代词等。例如:

湖阳公主新寡帝与共论朝臣微观其意。(司马光《资治通鉴》)

句中共有三个名词:湖阳公主、帝、朝臣。其中,"湖阳公主"位于句首,只能作主语;"帝"不能作动词"寡"的宾语而只能作主语;"朝臣"作动词"论"的宾语。因此,断句如下:湖阳公主新寡,帝与共论朝臣,微观其意。

(2)找对话标志

文言文对话标志"曰""云""言"等后面一般要断开。例如:

吾妻归宁述诸小妹语曰闻姊家有阁子且何谓阁子也？（归有光《项脊轩志》）

上述句子中出现对话标志"曰"，因此可推断，"曰"字后面要断开。断句如下：吾妻归宁，述诸小妹语曰："闻姊家有阁子，且何谓阁子也？"

需要注意的是，并不是"曰""云""言"的后面都要断句，断句时，需分清转述、引用、对话等不同情况。例如：

自云先世避秦时乱，率妻子邑人来此绝境，不复出焉，遂与外人间隔。（陶渊明《桃花源记》）

"云"后面是转述的话，"云"后不需要断句。

（3）找虚词

虚词在文言文中的位置、作用都比较固定。发语词、部分副词一般用于句首，语气助词一般用于句尾，连词有时用于句中，有时用于句首。

①"夫""盖""且""惟""唯""若夫""且夫""至若"等发语词常用于句首，这些词的前面一般要断开。

②谦敬副词"敬""请""窃"，范围副词"凡"等，常用于句首，这些词的前面一般要断开。

③"虽""纵""假使""苟""故""是故""则""然则""况""而况""且"等连词常用于句首，这些词的前面一般要断开。

④"也""矣""焉""耳"等常用于陈述句尾；"耶""与（欤）""邪"等常用于疑问句尾；"哉""夫"等常用于感叹句尾。这些词的后面一般要断开。

⑤部分虚词的位置不定。"以""于""为""而""则"等虚词往往用于句中，其前后一般不断句。但是，当"而"表转折且其后是一个比较长或比较完整的句子时，其前面要断开；当"则"表顺承且其后是一个比较长或比较完整的句子时，其前面也要断开。"斯"，作连词时一般用于句首，作语气词时一般用于句中或句末。

2.分析文言文句法结构

（1）分析句法成分

谓语是一个句子的核心部分，其次是主语、宾语，以及定语、状语、补语等修饰语。一般来说，时间状语常位于句首，单独成句。分清句子的主、谓、宾、定、状、补等成分，便可厘清句子主干，从而进行断句。例如：

是岁七月七日予在湖州曝书画见此竹废卷而哭失声。（苏轼《文与可画筼筜谷偃竹记》）

"七月七日"是时间，与主语"予"之间有停顿。句中的动词"曝""见""废""哭"，作主语"予"的谓语，"书画""竹""卷"等名词只能分别作"曝""见""废"的宾语。因此，断句如下：是岁七月七日，予在湖州曝书画，见此竹，废卷而哭失声。

需要注意的是，古代汉语的句法结构包括定语后置、宾语前置、主谓倒装等特殊句式，断句时需加以辨别。

（2）熟知特殊句式和固定结构

文言文中一些常见的句式和固定结构已成为断句的显性标志。常用典型句式有"如……何""若……何""奈……何""奚以……为""何以……为""无乃……乎""得无……乎""况……乎""孰与……乎""其……与""唯/惟……是……""不亦……乎""焉用……""何……之有""于……何有""何有于……""与其……孰若……"。这些句式中间通常不作停顿。

（3）把握文言文修辞谋篇

古人写文章讲究语言的工整，多运用对偶、排比、顶真、反复等修辞手法，句式整齐匀称，富有节奏感。因此，可以根据句子的对称、节奏等进行断句。例如：秦孝公据崤函之固/拥雍州之地/君臣固守以窥周室/有席卷天下/包举宇内/囊括四海之意/并吞八荒之心/当是时也/商君佐之/内立法度/务耕织/修守战之具/外连衡而斗诸侯/于是秦人拱手而取西河之外。（贾谊《过秦论》）这几句中，"据崤函之固""拥雍州之地"是对偶;"席卷天下""包举宇内""囊括四海""并吞八荒"是排比;"内""外"是对照。

三、文言句子的翻译

翻译文言文中的句子时,应达到"信""达""雅"的标准。文言文翻译最基本的方法:留、补、删、换、调。

1. 留

"留"就是保留。古今意义相同的词,以及古代的人名、地名、物名、书名、官名、国号、年号、度量衡单位、古代专有名词等,翻译时都可保留。例如:

元丰七年六月丁丑,余自齐安舟行适临汝。(苏轼《石钟山记》)

点拨:"元丰七年六月丁丑"是时间,"齐安"和"临汝"是地名,翻译时可保留。全句可翻译为"元丰七年六月丁丑,我从齐安乘船到临汝"。

2. 补

古代汉语中常常省略一些成分,翻译成现代汉语时必须把这些省略的成分补充完整,否则就会导致语意不明。例如:

召入,使拜夫人。(方苞《左忠毅公逸事》)

点拨:补充后的句子为"(左光斗)召(史可法)入(家),使(史可法)拜夫人"。全句可翻译为"左光斗叫史可法来自己家里,让他拜见夫人"。

另外,古代汉语以单音节词为主,现代汉语以双音节词为主,翻译时要把单音节词补成对应的双音节词。例如:

项燕为楚将,数有功,爱士卒。(司马迁《陈涉世家》)

点拨:"楚"指"楚国","将"指"将领","功"指"战功","爱"指"爱护"。全句可翻译为"项燕是楚国将领,多次立下战功,爱护自己的士兵"。

3. 删

"删"就是删去不需要翻译的词语。古汉语中有不少虚词起凑足音节、停顿等作用,没有实际意义,翻译时这类词可不译。例如:

路曼曼其修远兮,吾将上下而求索。(屈原《离骚》)

点拨:"其"是助词,起调节音节的作用,无实际意义,可不译。全句可翻译为"前方的道路又远又长,我将要不断地追求和探索"。

另外,有些词直译为现代汉语后,语句会不通顺,此时便可删去其中的赘余成分。例如:

置之地,拔剑撞而破之。(司马迁《鸿门宴》)

点拨:"而"是连词,表示承接关系,但无须译作"并"或"并且"。全句可翻译为"放在地上,拔出剑把它击碎"。

4. 换

随着时间的推移,古代汉语中某些词的意义已经发生较大变化,翻译时应多加注意这些古今异义词。例如:

小大之狱,虽不能察,必以情。(《曹刿论战》)

点拨:"狱"古义为"案件",今义为"监狱",翻译时应取其古义。全句可翻译为"大大小小的案件,虽然不能都了解清楚,但一定要根据自己的诚心处理"。

5. 调

古代汉语中的倒装句翻译成现代汉语时,应调整语序,使其符合现代汉语的规范化要求。例如:

古之人不余欺也！（苏轼《石钟山记》）

点拨："古之人不余欺也"为宾语前置句，正常语序为"古之人不欺余也"，全句可翻译为"古人没有欺骗我"。

文言文翻译以直译为主，意译为辅。直译即逐字逐句地翻译，意译则译出大意即可。另外，意译时要注意古汉语中的一些修辞手法，如比喻、借代、用典等。除了掌握以上原则和方法，翻译时还必须遵循"解词—串意—顺句"的步骤。

考题再现

【2020年·中学·阅读】阅读以下文字，回答问题。

数千里外得长者时赐一书以慰长想即亦甚幸矣；何至更辱馈遗，则不才益将何以报焉？书中情意甚殷，即长者之不忘老父，知老父之念长者深也。

至以"上下相孚，才德称位"语不才，则不才有深感焉。夫才德不称，固自知之矣；至于不孚之病，则尤不才为甚。

（选自宗臣《报刘一丈书》，有删改）

1. 给以下句子加标点，并翻译成现代汉语。
数千里外得长者时赐一书以慰长想即亦甚幸矣。

2. 解释下列加点字。
（1）何至更辱馈遗　　　　　　　　馈遗：_____
（2）则不才益将何以报焉　　　　　不才：_____
（3）书中情意甚殷　　　　　　　　殷：_____
（4）上下相孚　　　　　　　　　　孚：_____

【参考答案】

1. 数千里外，得长者时赐一书，以慰长想，即亦甚幸矣。
翻译：在数千里外，时常收到前辈您的来信，来宽慰我的长久思念，这真是太幸运了。

2. （1）赠送礼物
（2）没有才能的人，对自己的谦称
（3）深厚，恳切
（4）信任，相信

四、分析整合文言文内容及思想

考点1　筛选文中信息

筛选文中的信息，即筛选符合题目要求，具有某些特定含义的文言词语、句子。文中的信息分为明示性信息和隐含性信息两种。云南省特岗教师招聘考试常以对某一问题直接提问的方式考查考生筛选文中信息的能力。

考点2　归纳内容要点，概括中心意思

1.考点概述

"归纳内容要点，概括中心意思"就是要求我们对文中的信息加以提炼和整合，对所叙事件或所说道理做出合理判断和推理。具体要求有两个：①概括中心意思必须准确、全面；②归纳内容要点必须分清文章体裁。中心意思是作者通过文章所表达的最基本或最主要的意思，它是作者的写作意图，是作者对客观事物的

判断和态度。概括中心意思既指对文章的高度概括,也指对作者表达的思想观点和写作意图的概括。因此,概括时既要准确,又要全面。要做到准确,就要对关键性语句有正确的理解,对言外之意或隐含信息的揣摩、体味要合理;要做到全面,就要梳理文章主要材料并进行合理的归纳和概括,将叙述性内容、说明性内容、阐释性内容的关系分析清楚,避免出现遗漏。

2.命题陷阱

(1)无中生有

选择题的某些选项中一部分信息是正确的表述,能在文中找到对应的信息点,但另一部分信息在文中找不到依据,甚至是捏造的"事实"。

(2)弄错时态

古代作品中事情的发生、发展在时态上是客观的,某些选项却混淆时态,将原文中没有发生的或将要发生的事情当作已发生的事情,将原文中可能出现的情况当作已出现或必然出现的情况。

(3)曲解文意

利用词的多义性或某些容易望文生义的词,干扰正确选项,故意曲解文意。

(4)颠倒顺序

史传文中事情的发生、发展的先后顺序是客观的,某些选项的表述往往将这种客观顺序颠倒。

(5)弄错信息筛选涉及的对象

题干要求根据某角度对某人进行信息筛选,选项中往往出现不属于这个人的信息。

(6)弄错信息筛选的角度

题干明确要求根据某角度筛选出与题干所提供的角度相符的内容。选项中往往出现不属于该角度的信息。

考点3 分析概括作者在文中的观点态度

1.考点概述

作者在文中的观点态度就是指作者对文章中所提及的人物的态度,也包括作者对文中所叙述事情的态度。考生需要根据作者对人物或事件的相关表述,分析概括出作者在文中隐藏的观点态度。因此,考生关注的重点不能只是故事的内容,而应该是作者在文中的观点。作者在文中表达观点态度的形式是多样的,有的开篇明义,直抒胸臆;有的寄寓故事,含而不露;有的通篇叙述,卒章显志……一般来讲,表达作者观点态度的句子往往是文中具有议论性的句子。考生应注意甄别筛选,以便准确把握作者的观点态度。

2.解题技巧

(1)删繁就简,锁定重点

分析概括作者的观点态度,一定要把握文中表述的重点信息。可以先在大篇幅文段中锁定重点段落,再找出其中具有议论性的句子,然后剥离文中不能直接体现作者观点的句子,最后从保留下的关键信息中分析概括出作者的观点态度。

(2)留心结语,仔细推敲

人物传记类文章的结尾大都有一段议论性的评价语言,这往往是体现作者观点态度的内容。因此,考生一定要仔细审读文章结尾部分,从中推敲出作者的观点态度。

(3)综合分析,简要概括

有时作者的观点态度并不会通过抒情或议论直接表达出来,而是蕴含在所叙述的人物或事件之中。这就要求考生综合把握事件的前因后果,然后从事件的细节中分析提炼出隐藏信息,进而简要概括出作者的观点态度。

考题再现

【2018年·中学·阅读】阅读以下文字,回答问题。

子曰:"君子食无求饱,居无求安,敏于事而慎于言,就有道而正焉,可谓好学也已。"(《论语·学而》)

子曰:"富与贵,是人之所欲也;不以其道得之,不处也。贫与贱,是人之所恶也;不以其道得之,不去也。君子去仁,恶乎成名?君子无终食之间违仁,造次必于是,颠沛必于是。"(《论语·里仁》)

1.请用自己的话概括出孔子心目中的"君子"应具备的人格风范。

2.结合第二则语录,谈谈孔子对于追求财富所持的态度。

【参考答案】

1.①不过分追求物质条件的丰富和安逸,不会为达目的不择手段,坚守仁的准则。

②热爱学习,对待学问能够敏锐思考、勤奋好学、谨言慎行。

③能够主动接近品德高尚的人以匡正自己。

2.追求财富需要用正当的方式,君子无论在任何情况下都应该坚持仁德。

强化练习

阅读理解题

1.阅读以下诗歌,回答问题。

雨夜

何景明

院静闻疏雨,林高纳远风。
秋声连蟋蟀,寒色上梧桐。
短榻孤灯里,清笳①万井②中。
天涯未归客,此夜忆江东。

【注】①笳:一种乐器。②万井:古制八家为"井",后以"井"代指乡里、家宅;此处指许多村庄。

(1)此诗用字精妙,请在"秋声连蟋蟀,寒色上梧桐"中选择两字加以赏析。

(2)诗歌主要运用了何种表现手法?抒发了诗人怎样的思想感情?

2.阅读以下文言文,回答问题。

高琼,家世燕人。琼少勇鸷无赖,为盗。事败,将磔于市,暑雨溃溃,伺守者稍息,即掣钉而遁。事王审琦,太宗尹京邑,知其材勇,召置帐下。太宗尝侍宴禁中,甚醉,及退,太祖送至苑门。时琼与戴兴、王超、李斌、桑赞从,琼左手执鞚,右手执镫,太宗乃能乘马。太祖顾琼等壮之,因赐以控鹤官衣带及器帛,且勖令尽心焉。太宗即位,擢御龙直指挥使。<u>从征太原,命押弓弩两班,合围攻城。</u>坐事,出为许州马步军都指挥使。会有龙骑亡命卒数十人,因知州臧丙出郭,谋劫其导从以叛。琼闻即白丙,趣还城,因自率从卒数十人,挟弓矢单骑追捕,至榆林村,及之。贼入村后舍,登墙以拒。贼首青脚狼者注弩将射琼,琼引弓一发毙之,遂悉擒送于州。<u>丙上其事</u>。会将北伐,召归。授马步军都军头、领蓟州刺史、楼船战棹都指挥使,部船千艘赴雄州。又城易州。师还,为天武右厢都指挥使、领本州团练使。

端拱二年,出为并州马步军都部署,时潘美亦在太原。旧制,节度使领军职者居上,琼以美旧臣,表请居其下,从之。戍兵有以廪食陈腐哗言者,琼知之。一日,出巡诸营,士卒方聚食,因取其饭自啖之,谓众曰:"今边鄙无警,尔等坐饱甘丰,宜知幸也。"众言遂息。咸平三年,代还,以手创不任持笏,诏执梃入谒,授殿前都指挥使。景德中,车驾北巡。时前军已与敌接战,上欲亲临营垒,或劝南还,琼曰:"敌师已老,陛下宜亲往,以督其成。"上悦,即日进幸澶渊。明年,以罢兵,料简兵卒,诸班直十年者出补军校,年老者退为本班剩员。琼进曰:"此非激劝之道,宿卫岂不劳乎?"自是八年者皆得叙补焉。卒,年七十二,赠侍中。

(选自《宋史·高琼传》,有删改)

(1)解释下列加点的字。

①至榆林村,及之　　　　　　　　及:_____

②琼以美旧臣　　　　　　　　　　以:_____

(2)翻译文中画线的句子。

①从征太原,命押弓弩两班,合围攻城。

②丙上其事。会将北伐,召归。

参考答案

阅读理解题

1.【参考答案】

(1)"连"字将秋声与蟋蟀之声相连,写出蟋蟀叫声之大,足以与秋声相比。秋天的蟋蟀声与阵阵秋声都能唤起人的迟暮之感,二者相连,更加衬托出诗人的凄凉心境。

寒色"上"到梧桐树,可见寒色是慢慢浸润上来的,原来只是隐伏在地上,到了这微雨之夜,经过夜的催化,才爬上了枝干。诗人以一个"上"字,描写出梧桐寒色的动态之感,表现出无尽的孤独失落之情。

(2)本诗主要运用了借景抒情的表现手法,通过对秋天雨夜景物的描写,展现出一幅雨夜秋思图,渲染了秋夜无尽的凄凉之感,表达了诗人浓郁的思乡之情。

2.【参考答案】

(1)①追上,赶上;②因为

(2)①随(太宗)征讨太原时,(太宗)命(他)带领两班弓箭手,合力围攻城池。

②臧丙上奏此事。正好(朝廷)将要北伐,便召(高琼)回京。

第四章　中外文学作家、作品基本知识

第一节　中外古代文学

一、中国古代文学流派

考点1　"建安风骨"

建安时期的作品真实地反映了现实的动乱和人民的苦难，抒发了建功立业的理想，表现了积极进取的精神，同时也流露出人生短暂、壮志难酬的悲凉幽怨，意境宏大，笔调朗畅，具有鲜明的时代特征和个性特征，形成了雄健深沉、慷慨悲凉的艺术风格，文学史上称"建安风骨"或"汉魏风骨"。代表人物有曹操和曹丕、曹植父子三人及孔融、陈琳、王粲、徐幹、阮瑀、应玚、刘桢等。

考点2　田园诗派

田园诗派是中国古代的一个诗歌流派，其特色是作品多描写农村的朴实生活和田园风光，以农村景物和农民、牧人、渔父等的劳动为主要题材。东晋诗人陶渊明开创了田园诗这一新的题材，他的诗从多方面描写了田园景色和农村生活，表现了田园生活的恬美静谧和诗人悠然自得的心境，也表现了诗人参与农事劳动的感受，以及与农民的愉快交往。至唐代时，田园诗与山水诗结合，出现了山水田园诗派。

考题再现

【2018年·小学·名词解释】田园诗

【参考答案】

田园诗是东晋诗人陶渊明开创的以歌咏田园生活为主要内容的诗歌样式。陶渊明的田园诗，多方面描写田园景色和乡村生活，表现乡村生活的恬淡安宁和诗人悠然自得的心情，也表达诗人参与农事劳动的感受。田园诗在艺术上淳朴自然，富有意境，韵味隽永。它的出现不仅为古代诗歌开辟了一个全新的境界，更对唐代山水田园诗派的形成和发展产生了深远的影响。

考点3　山水诗派

山水诗是指描写山水风景的诗。在一首山水诗中，并非山和水都得同时出现，有的只写山景，有的只写水景。但不论山光还是水色，必定都是未曾经过诗人知性介入或情绪干扰的山水，也就是山水必须保持耳目所及之本来面目。诗中的山水也并不局限于荒山野外，其他经过人工点缀的风景名胜，以及城市近郊、宫苑或庄园的山水亦可入诗。山水诗起源于先秦两汉，产生于魏晋时期，并在南朝至晚唐时期随着中国古代诗歌发展与文学环境变迁而不断演变。山水诗的鼻祖是南朝宋时的谢灵运。

考点4　王孟诗派

王孟诗派是盛唐时期形成的以王维、孟浩然为代表的诗歌流派，又称"山水田园诗派"。该诗派融陶渊明、"二谢"（谢灵运、谢朓）诗之长，以山水田园风光和隐逸生活为主要题材，风格冲淡自然。该诗派重要诗人还有储光羲、常建、裴迪等。

考点5　边塞诗派

边塞诗派是盛唐时期的一个重要诗歌流派，其作品以描绘边塞风光、反映戍边将士生活为主。该诗派的诗人以高适、岑参、李颀、王昌龄最为知名，其中高适、岑参成就最高，故边塞诗派又称"高岑诗派"。边塞诗派的诗人大都有边塞生活的经历，他们在诗中从各方面深入表现边塞生活，艺术上也有所创新。他们的作品不仅描绘了壮阔苍凉、绚丽多彩的边塞风光，而且抒写了驰骋沙场、建功立业的豪情壮志，有的作品还表达了戍边将士的思乡之情、深闺思妇的思念之情。边塞诗多采用七言歌行和七言绝句的形式，对战争的态度有歌颂，也有批评和谴责，在思想上往往具有一定深度。边塞诗派的诗歌特点是情辞慷慨、气氛浓郁、意境雄浑。

考点6　古文运动

古文运动是指唐代中期及北宋以提倡古文、反对骈文为特点的文体改革运动。韩愈和柳宗元是唐代古文运动的代表。他们主张的核心是"文以明道"，其倡导古文是为了推行古道，复兴儒学。韩愈说："思古人而不得见，学古道则欲兼通其辞。通其辞者，本志乎古道者也。"（《题欧阳生哀辞后》）北宋古文运动即北宋诗文革新运动，主要反对以西昆体为代表的浮靡文风，主张对诗、文进行革新。欧阳修是北宋古文运动的代表。

考点7　韩孟诗派

韩孟诗派是唐代中期的一个诗歌创作流派，代表诗人有韩愈、孟郊、李贺、卢仝、马异、刘叉等。他们主张"不平则鸣""笔补造化"，提倡以散文化的章法、句法入诗，将叙述、议论融为一体。他们崇尚雄奇怪异之美，表现出重主观心理、尚奇险怪异的创作倾向，在艺术上力求避熟就生，标新立异，力矫大历诗风的平弱纤巧，具有一种奇崛硬险的风格。韩孟诗派这种诗歌上新的追求与新的变化，积极推动了盛唐以后诗歌艺术境界的开拓。

考点8　花间词派

花间词派是晚唐五代奉温庭筠为鼻祖而进行词的创作的一个文人词派。该词派产生于西蜀，得名于赵崇祚编辑的《花间集》。代表词人还有孙光宪、李珣、欧阳炯等。这一词派的词作题材狭窄、情致单调，大都以婉约的表达手法，写女性的美貌和服饰及她们的离愁别恨。这些词描绘的景物富丽、意象繁多、构图华美、刻画工细，能唤起读者视觉、听觉、嗅觉的美感。由于注重锤炼文字、音韵，从而形成了隐约、迷离、幽深的意境。

《花间集》是我国最早的文人词总集，该词集收录了温庭筠、韦庄等18位词人的500首作品，集中而典型地反映了早期词史上文人词创作的主体取向、审美情趣、体貌风格和艺术成就，集中代表了词在格律方面的规范化，为后世词的发展奠定了基础。

考点9　江西诗派

江西诗派是宋代的一个诗歌流派。"江西诗派"这一名字源自吕本中所作的《江西诗社宗派图》。江西诗派以杜甫为一祖，以黄庭坚、陈师道、陈与义为三宗，有"一祖三宗"之说。江西诗派的诗歌理论强调"夺胎换骨""点铁成金"，即或师承前人之辞，或师承前人之意，崇尚瘦硬奇拗的诗风，追求字字有出处。在创作实践中，江西诗派"以故为新"，重要作家的诗作风格迥异，自成一体，成为宋代最有影响的诗歌流派。

考点10 辛派词人

辛派词人是指南宋时期受辛弃疾的影响而形成的一个词派,其成员主要有陈亮、刘过、刘克庄等。他们继承辛弃疾的豪放词风,作品意象宏大肆意、风格雄豪悲壮、意境慷慨激昂;以抗敌爱国、感抚时事为主要创作内容;以文为词,使词更进一步散文化、议论化,但不如辛词蕴藉;虽重音律,但辞藻秀丽不及格律词人。

考点11 南宋骚雅词派

南宋骚雅词派既是南宋以姜夔为重要代表的、成员众多的一个词学流派,又是成就卓然、理论与实践并重的一个文人群体。该词派代表词人还有张炎、周密、王沂孙等。"骚"是指以诗人的笔法入词,侧重继承以《离骚》为代表的注重比兴寄托的抒情传统;"雅"即"雅正",清刚醇雅。骚雅派词人加强了词表现自我的能力,丰富了词的抒情手段,在词史上有一定的开创之功,但为了追求"骚雅",走上了过于隐晦、细小、破碎、缺少开阔意境与开阔手段的道路,将词带到了一个狭小的天地,这又限制了词的发展。

考点12 茶陵诗派

茶陵诗派是明代的一个诗歌流派,因该派领袖李东阳为湖南茶陵人而得名。茶陵诗派诗人还有彭民望、谢铎、张泰及"李门六君子"(邵宝、何孟春、石珤、顾清、罗玘、鲁铎等)。茶陵诗派提出诗学汉唐的复古主张,强调对声调节奏等法度的掌握,重视诗与文的区别。

考点13 唐宋派

唐宋派是明代的散文流派。该流派的代表作家有王慎中、唐顺之、归有光、茅坤等。唐宋派作家对"文必秦汉"的复古主张表示不满,主张作文应学习唐宋文章的法度,同时也要有自己的特点。唐宋派强调文以明道,文道合一,同时也有一些以文学成就取胜的作品。

考点14 前后七子

前七子是明代一个以李梦阳为核心的文人群体,包括李梦阳、何景明、徐祯卿、边贡、康海、王九思和王廷相七人。前七子主张文学复古,借助复古的手段表达对文学现状的不满和对文学本质的新的理解。其诗文创作追求自然而朴素的情感特性,文学观念由雅转向俗,除时政题材外,注意表现庶民生活,散发出浓烈的庶民文化气息。

后七子是明代一个以王世贞为核心的文人群体,包括王世贞、李攀龙、宗臣、徐中行、吴国伦、谢榛、梁有誉(谢榛、梁有誉后被更换为余曰德、张佳胤)。后七子承接前七子的复古文学主张,但在学古等问题上对法度格调的讲究更加具体化。后七子针对唐宋派提出了注重作品"修辞"艺术的观点,表达了反对重"理"轻"辞"的文学态度。

不过,前后七子均过多地注重对古人诗文法度格调的揣度模拟,其创作实践与文学主张脱节,表达情感时受到一定的束缚,有"刻意古范,铸形宿镆,而独守尺寸"之嫌。

考题再现

【2020年·中学·多选】下列诗人中,属于明代中期"前七子"的有( )。
A.李梦阳　　　　　　　　　　　　B.边贡
C.何景明　　　　　　　　　　　　D.康海
E.王廷相
【答案】ABCDE。

考点15　公安派

公安派是明代后期的文学流派。因为该文学流派的代表作家袁宗道、袁宏道和袁中道为湖北公安人,故被称为"公安派"。他们提出"独抒性灵,不拘格套"的口号,反对一切束缚,又主张"宁今宁俗,不肯拾人一字",在创作上注重有感而发,直抒胸臆。公安派在散文创作方面的成就是,扩大了散文样式,开拓了杂文和小品文领域。其游记作品个性鲜明,语言流利,文风清新活泼。

考点16　竟陵派

竟陵派是明代后期的文学流派。因为该流派的代表人物钟惺、谭元春都是湖北竟陵人,故被称为"竟陵派"。竟陵派是明末反对诗文拟古潮流的重要一派。竟陵派在创作上追求"幽情单绪""奇情孤诣"的境界,他们的作品题材狭窄,语言艰涩。因此,束缚了其创作的发展。

考点17　桐城派

桐城派是清代的散文流派。该流派由方苞开创,其后刘大櫆、姚鼐等又进一步加以发展,因为这三人都是安徽桐城人,故被称为"桐城派"。他们主张学习《左传》《史记》等先秦两汉散文和唐宋古文家韩愈、欧阳修等人的作品,讲究"义法",要求作品内容醇正,语言"雅洁",以阳刚阴柔分析文章风格。

考点18　浙西词派

浙西词派是清代前期的重要词派。因其开创者朱彝尊及主要作家都是浙江人,故被称为"浙西词派"。该词派代表作家还有李良年、李符、沈皞日、沈岸登、龚翔麟等。他们在艺术上奉姜夔、张炎为圭臬,标榜醇雅、清空,以婉约为正宗,认为词"宜于宴嬉逸乐,以歌咏太平"。他们在创作中忽视词的内容,注重词的格律精巧,词句工丽,引用孤僻典故,艺术上追求"幽新"风格,导致其作品的形象通常较为破碎,内涵晦涩。

考点19　常州词派

常州词派是清代嘉庆以后的重要词派。该词派由常州词人张惠言发起,后经周济的推阐、发展,理论更趋完善,所倡导的主张更加切合当时内忧外患、社会急速变化的历史要求。常州词派反对专在词的声调格律上用力,反对琐屑、堆砌辞藻,强调重视比兴寄托。代表人物除张惠言、周济外,还有张琦、董士锡、恽敬、左辅、钱季重、李兆洛、丁履恒、陆继辂、金应珪、金式玉等。

考点20　性灵派

性灵派是清代中叶的诗歌流派,在公安派"独抒性灵,不拘格套"的基础上发展而成,其代表人物是袁枚。袁枚主张性灵说,即论诗以性灵为本,强调独创和直抒胸臆,与沈德潜的"格调说"和翁方纲的"肌理说"相抗衡,为清诗开创了新的局面。

考题再现

【2020年·中学·单选】与"格调说"和"肌理说"相抗衡,标举"性灵说"的是(　　)。
A.袁枚　　　　B.王世贞　　　　C.袁宏道　　　　D.李贽
【答案】A。解析:A项,袁枚,清代文学家、文学批评家,其标举的"性灵说",与清代沈德潜的"格调说"和翁方纲的"肌理说"相抗衡,影响甚大。B项,王世贞,明代文学家、史学家,"后七子"领袖,标榜"文必秦汉,诗必盛唐"。C项,袁宏道,明代文学家,公安派代表人物之一,在文学上反对"文必秦汉,诗必盛唐"的风气,提出"独抒性灵,不拘格套"的"性灵说"。D项,李贽,明代思想家、文学家,主张"童心说"。

二、中国古代文学作家、作品

考点1 《山海经》

我国远古神话主要保存在《山海经》《淮南子》《楚辞》等典籍中，其中保存神话最多的是《山海经》。

《山海经》是一部志怪古籍，除了保存着丰富的神话资料之外，还记载着中国古代的地理、植物、动物、矿物、巫术、宗教、医药、民俗、民族等内容，反映的文化现象包罗万象。《山海经》全书现存18篇，其中有山经5篇、海外经4篇、海内经5篇、大荒经4篇。《山海经》中的著名神话有夸父逐日、精卫填海、鲧禹治水、黄帝擒蚩尤、刑天舞干戚等。

《山海经》中虽然有大量的幻想成分，但这种幻想是以现实生活为基础的，其种种解释和描述虽不免荒唐可笑，但绝不是纯意识和心理的活动，而是和自然与生活斗争的反映。例如：精卫填海、夸父逐日明显地反映出原始人在实际生活中同自然做斗争的坚决意志；谨头国人有翼和鸟喙，在海中捕鱼，这也是当时人们与生活做斗争的反映。在劳动生活中减少困难、减轻劳动，是当时人们普遍的愿望和要求。

考题再现

【2020年·中学·单选】我国古代保存神话资料最多的著作是（　　）。
A.《淮南子》　　　　　　　　B.《山海经》
C.《庄子》　　　　　　　　　D.《穆天子传》

【答案】B。解析：A项，《淮南子》是由西汉刘安及其门客编写而成的一部著作。我国古代著名的四大神话——女娲补天、共工触山、后羿射日、嫦娥奔月，都保留在《淮南子》中。B项，《山海经》是我国古代保存神话资料最多的著作。C项，《庄子》是庄子及其后学所作，是先秦说理文中最具文学价值的著作。D项，《穆天子传》中所记述的周穆王姬满游历天下之事，是我国文字记载中的最早的旅行活动。

考点2 《诗经》

《诗经》是我国第一部诗歌总集，收录了西周初年至春秋中期的305篇诗歌，又称"诗三百"，与《楚辞》合称"风骚"，与《尚书》《礼记》《周易》《春秋》合称"五经"，与《尚书》《礼记》《周易》《春秋》《乐经》合称"六经"。《诗经》按用途和音乐特点分为"风""雅""颂"三部分，其中的"风"是指各地的民间歌谣，"雅"大部分是贵族的宫廷正乐，"颂"是周天子和诸侯用以祭祀宗庙的音乐。《诗经》的主要表现手法是"赋""比""兴"。其中铺陈直叙叫"赋"，以彼物比此物叫"比"，先言他物以引起所咏之词叫"兴"。"赋""比""兴"与"风""雅""颂"合称"六义"。《诗经》中的经典名篇有《关雎》《蒹葭》《氓》《君子于役》《七月》《硕鼠》《采薇》《桃夭》等。

1.《诗经》的艺术特点

《诗经》抒情绵密深沉、隽永辗转、婉转多姿，多采用复沓、比兴等艺术手法，语言生动精致、凝练整饬，体现了非常高的艺术水平。其艺术特点主要表现在以下几个方面。

①从表现手法看，《诗经》最显著的特点是"赋""比""兴"手法的运用。

②《诗经》中的作品绝大部分都是抒情诗，这些作品主要运用了现实主义的创作方法，从各个方面反映了社会生活，构成了一幅幅真实而生动的画卷。

③《诗经》主要采用四言的形式，但也有一些作品句式长短变化灵活，语气自然。

2.《诗经》的历史地位及影响

①《诗经》开创了我国抒情诗的传统。自《诗经》以后，抒情诗成为我国诗歌的主要形式。

②《诗经》是我国第一部现实主义诗歌总集。其所表现出的关注现实的热情、强烈的政治和道德意识，

以及积极真诚的人生态度,被后人概括为"风雅"精神,对后世文人的创作产生了深远的影响。

③《诗经》中的比兴手法在艺术表现手法上为后世作家提供了学习的典范。

④从诗歌的体裁结构和语言艺术上讲,《诗经》的四言句式对后世的文学创作也产生了深远影响。

知识拓展
《诗经》中必知的经典名句

1. 靡不有初,鲜克有终。(《诗经·大雅·荡》)
2. 它山之石,可以攻玉。(《诗经·小雅·鹤鸣》)
3. 战战兢兢,如临深渊,如履薄冰。(《诗经·小雅·小旻》)
4. 昔我往矣,杨柳依依。今我来思,雨雪霏霏。(《诗经·小雅·采薇》)
5. 呦呦鹿鸣,食野之苹。我有嘉宾,鼓瑟吹笙。(《诗经·小雅·鹿鸣》)
6. 溥天之下,莫非王土;率土之滨,莫非王臣。大夫不均,我从事独贤。(《诗经·小雅·北山》)
7. 桃之夭夭,灼灼其华。(《诗经·国风·周南·桃夭》)
8. 投我以木桃,报之以琼瑶。匪报也,永以为好也!(《诗经·国风·卫风·木瓜》)
9. 手如柔荑,肤如凝脂,领如蝤蛴,齿如瓠犀,螓首蛾眉,巧笑倩兮,美目盼兮。(《诗经·国风·卫风·硕人》)
10. 桑之未落,其叶沃若。于嗟鸠兮,无食桑葚!于嗟女兮,无与士耽!士之耽兮,犹可说也。女之耽兮,不可说也!(《诗经·国风·卫风·氓》)
11. 知我者,谓我心忧;不知我者,谓我何求。悠悠苍天,此何人哉?(《诗经·国风·王风·黍离》)

考题再现

【2021年·小学·判断】"桑之未落,其叶沃若"出自《诗经·关雎》。( )

【答案】×。

考点3 《楚辞》

《楚辞》是我国第一部浪漫主义诗歌总集,由于诗歌的形式是在楚国民歌的基础上加工形成的,篇中又大量引用楚地的风土物产和方言词汇,所以叫"楚辞",又称"楚词"。"楚辞"广义上是指运用楚地的文学样式、方言声韵,叙写楚地的山川人物、历史风情,具有浓厚的楚地特色的作品;狭义上专指刘向所辑录的以《离骚》《九歌》等为代表的诗集。汉代时,刘向把屈原的作品及宋玉等人"承袭屈赋"的作品编辑成集,命名为《楚辞》。《楚辞》成为继《诗经》之后对我国文学具有深远影响的一部诗歌总集。代表作品有《离骚》《九歌》《天问》《招魂》等。

《楚辞》中屈、宋作品所涉及的历史传说、神话故事、风俗习惯,以及所使用的艺术手段,所体现的浓郁的抒情风格,无不带有鲜明的楚文化色彩。这是《楚辞》的基本特征,它们是与中原文化交相辉映的楚文化的重要组成部分。

《楚辞》开创了一种新的诗歌形式,句式、结构上自由且富有变化,词语繁复,重视外在形式的美感,感情热烈奔放,想象奇幻。

考点4 屈原《离骚》《九歌》

屈原,名平,字原,战国末期楚国丹阳人,中国伟大的浪漫主义诗人。屈原创立了"楚辞"这种文体,开创了"香草美人"的意象传统。屈原对内主张举贤任能,对外主张联齐抗秦,深得楚怀王的信任,后遭奸佞陷害而被楚怀王流放。楚怀王死后,顷襄王继位,屈原再次遭奸佞陷害并再次被放逐。最终,屈原投汨罗江而亡。屈原对自己受到的不公正待遇充满了哀怨、愤激之情,并借诗歌倾泻出来。代表作品有《离骚》《九歌》

《天问》《招魂》《九章》等。

1.《离骚》

《离骚》共370多句，是中国古代最早的长篇抒情诗。诗人从身世、品德、理想写起，抒发自己遭谗被害的苦闷与矛盾心情，斥责楚王昏庸、群小猖獗与朝政日非，抨击黑暗现实，表达了诗人坚持"美政"的理想，抒发了诗人不与邪恶势力同流合污的斗争精神和至死不渝的爱国热情。全诗运用香草美人的比喻、大量的神话传说和丰富的想象，形成绚烂的文采和宏伟的结构，表现出积极的浪漫主义精神，开创了中国文学史上的"骚体"诗歌形式，对后世诗歌创作产生了深远影响。

《离骚》的艺术特色主要表现在以下几个方面。

①《离骚》是一首具有现实意义的浪漫主义抒情诗，诗中无论是对主人公形象的塑造，还是对一些事物特征的描绘，都大量采用夸张的浪漫主义表现手法。神话传说的充分运用更加强了《离骚》的浪漫主义气韵。

②《离骚》以香草美人来象征人格和君臣关系，开辟了"托物言志"的表现手法。香草被屈原用来比喻或象征自己的品质和修养，美人是圣君的象征，或象征贤臣，或自喻，用以向楚王陈述爱国之心和被遗弃的哀怨，用婚姻爱情来象征君臣关系，使得诗歌有着更深厚浓郁的抒情意味，诗歌中的情感更加幽怨悲愤。

③《离骚》的句式较《诗经》更为自由且富有变化，往往是在四言或六言句中增加一个"兮"字，构成五言或七言句式，显得哀婉缠绵。这种新的诗歌形式对塑造复杂的艺术形象，抒发更幽深、激烈的情感，有着重要的作用。这些句式和委婉轻灵的楚声相结合，极富表现力。

2.《九歌》

《九歌》共11篇，主要是南方巫祭文化的产物，民间色彩十分浓郁，具有明显的表演性。《九歌》在内容上多描写爱情，但也表达了对神灵的赞颂和祭者的虔敬之情，还描述了阵亡将士的勇烈悲壮。

考题再现

1.【2020年·小学·单选】下列作品属于屈原的一项是(　　)。
A.《风赋》　　　　　　　　　　B.《九歌》
C.《对楚王问》　　　　　　　　D.《登徒子好色赋》
【答案】B。解析：A、C、D三项均是宋玉的作品。B项是屈原的作品。

2.【2017年·小学·单选】屈原的《九歌》是南方(　　)的产物。
A.神话传说　　　　　　　　　　B.民间故事
C.巫祭文化　　　　　　　　　　D.民间戏剧
【答案】C。解析：《九歌》是屈原以南方民间祭祀的乐歌为基础加工创作而成的，因而具有楚国民间祭神巫歌的特点。

知识拓展

《九歌》(共11篇)包括《东皇太一》《云中君》《湘君》《湘夫人》《大司命》《少司命》《东君》《河伯》《山鬼》《国殇》《礼魂》。

《九章》(共9篇)包括《惜诵》《涉江》《哀郢》《抽思》《怀沙》《思美人》《惜往日》《橘颂》《悲回风》。

考点5 《春秋》

《春秋》即《春秋经》，我国最早的编年体史书，相传由孔子修订而成，是儒家典籍"五经"之一。它记载了自鲁隐公元年(公元前722年)至鲁哀公十四年(公元前481年)之间的历史。《春秋》中用于记事的语言极为简练，以一字寓褒贬，在谨严的措辞中表现出作者的爱憎，被后人称为"春秋笔法"，又称"微言大义"。

由于《春秋》记事过于简略,后世出现了许多对《春秋》进行补充、解释及说明的著作,被称为"传",较为著名的"春秋三传",即《左传》《春秋公羊传》《春秋穀梁传》。

考题再现

【2017年·小学·名词解释】《春秋》

【参考答案】见正文。

考点6 《左传》

《左传》又名《左氏春秋》或《春秋左氏传》,相传是春秋末年鲁国史官左丘明为解释孔子的《春秋》而作。《左传》记载了自鲁隐公元年(公元前722年)至鲁哀公二十七年(公元前468年)的史料,以及战国初年的个别史料,是我国现存第一部叙事较为完备的编年体史书,也是我国第一部真正意义上的叙事作品。《左传》与《春秋公羊传》《春秋穀梁传》合称"春秋三传"。

《左传》的叙事特点主要有以下几点。

①《左传》以《春秋》的记事为纲,在叙事的基础上,加入了大量的历史事实和传说,丰富了历史事件,描写了各色历史人物,将《春秋》的简短记事发展成完整的叙事散文。

②《左传》作为一部编年体史传著作,基本是按照时间顺序来记述事件的。但为了更加清晰细致、丰富翔实地表述事情的全过程,《左传》在顺叙之外,还采用了倒叙、插叙、补叙、预叙等手法。

③《左传》重视完整地叙述事件的过程和因果关系。《左传》善于描述战争,书中对大大小小几百次战争的叙述,不但交代了战争过程,还深入揭示了战争的起因、酝酿过程和后果。《左传》对于事件因果关系的叙述,常有道德化与神秘化的特点。这一特点是春秋时期人们世界观和认识水平的反映,具有鲜明的时代特色。

④《左传》对事件的叙述颇具戏剧性,这使得整部作品充满故事性。不但如此,《左传》有的叙事记言还出自臆测和虚构。这种写法,可看作后代小说家为人物虚拟对话的萌芽。

⑤《左传》中的人物形象个性鲜明。《左传》很少集中描写一个人物,一个人物往往分散记录在不同事件中,故只有将一个人物在不同年代的事迹联系起来,才能综合了解这个人物完整的形象。同时,《左传》在对人物形象进行描述时,也展现了人物性格的丰富性和复杂性,体现了人物性格的变化。《左传》表现人物形象时,很少对人物的外貌和心理等进行描写,主要是通过人物在重大历史事件中的言行来展现人物形象的。

⑥《左传》的细节描写很成功。《左传》对战争过程、政治事件中的琐事细节及许多与战局关系不大的细节进行了详细描写,使得叙述更加生动、人物形象更加饱满。

⑦《左传》的叙述语言简练蕴藉,词约义丰,浅近平实且富有表现力。其语言达到了先秦文学的最高水平,并对后世散文有着深刻的影响。

考点7 《国语》

《国语》又称《春秋外传》,是我国第一部国别体史书。全书共21卷,分周、鲁、齐、晋、郑、楚、吴、越八国记事,是各国史料的汇编。《国语》主要反映了儒家崇礼重民等观念,主张人神并重,由对天命的崇拜转向对人事的重视,重视人民的地位和作用,以民心的向背为施政的主要依据。

《国语》的特点主要表现在以下几个方面。

①《国语》以记言为主,往往通过言论反映事实,通过人物之间的对话刻画人物形象,其叙述语言在形象思维和逻辑思维方面都很缜密,同时又有通俗化、口语化的特点。

②《国语》尽管以记言为主,但同时也以杰出的叙事技巧和情节构思展示了一系列生动的人物形象。

第一部分 汉语言文学专业基础知识 **111**

③《国语》常集中篇幅写一人,有向纪传体过渡的趋势。但需要注意的是,其写人的篇章仅仅是材料的汇集,是各自独立的小故事的组合,尚未把一个人的事迹有机结合为一篇完整的、独立的人物传记。

考点8 《战国策》

《战国策》是一部国别体史书,由西汉刘向根据战国时期的史料整理编辑而成,主要记述了东周战国时期纵横家的政治主张和策略,展示了东周战国时代的历史特点和社会风貌。全书共33卷,杂记西周、东周、秦、齐、楚、赵、魏、韩、燕、宋、卫、中山诸国的军政大事。

《战国策》的文学成就包括以下几个方面。

①《战国策》中的文章长于说事,大量使用对偶、排比、夸张等修辞技巧,从而达到"辩丽横肆""铺张扬厉""气势纵横"的效果,无论是个人陈述还是双方辩论,都喜欢夸张渲染,充分发挥,畅所欲言,具有很强的说服力。

②《战国策》中描写的人物形象十分生动。在描写人物的特点和活动时,通过细致完整、生动曲折的情节、个性化的言行、传神的形态和细节描写来塑造人物形象,展现人物的内在精神。全书对战国时期社会各阶层形形色色的人物均有鲜明生动的描写,尤其是一系列"士"的形象,更是写得栩栩如生,光彩照人。

③《战国策》还用大量的寓言故事、逸闻趣事来增强辩辞的说服力。如"鹬蚌相争"(《燕策二》)、"画蛇添足"(《齐策二》)、"狐假虎威"(《楚策一》)、"南辕北辙"(《魏策四》)。这些寓言大都即事编撰,独出心裁,比附现实,以表情达意。《战国策》善于用具体的形象说明抽象的道理,表现出极强的艺术力量。

考题再现

【2020年·中学·多选】下列史书中,属于国别史的是( )。
A.《国语》　　　　　　　　　　　　B.《左传》
C.《史记》　　　　　　　　　　　　D.《战国策》
E.《春秋》

【答案】AD。解析:A、D两项均属于国别史。B项,《左传》是我国第一部叙事完备的编年体史书。C项,《史记》是我国第一部纪传体通史。E项,《春秋》是我国第一部编年体史书。

考点9 《论语》

《论语》是儒家学派的经典著作之一,由孔子(名丘,字仲尼,春秋时期鲁国人)的弟子及再传弟子纂录而成,与《孟子》《大学》《中庸》合称"四书"。《论语》以语录体和对话体为主,记录了孔子及其弟子的言行,集中体现了孔子的政治主张、伦理思想、道德观念及教育原则等。作为一部优秀的语录体散文集,《论语》言简意赅、含蓄隽永。

《论语》的说理性主要表现在以下几个方面。

①《论语》是一家之说,虽然没有构成整篇的文章集中地对某一问题进行剖析和论述,但把它散在各章的有关某一问题的言论集中起来,其观点具有内在的一致性,能从不同的角度说明一个中心问题,因而符合弥贯群言、精研一理的论著的基本要求。

②《论语》中论断的逻辑性较强,全书五分之四以上的章节带有说理性质,分别运用直言、假言、选言等复杂的判断形式和因果、类比、演绎、归纳等推理方法,表现深刻的思想。

③全书用当时的"雅言"形式写成,语言明白简练,意蕴丰厚,有的生动活泼,有的满怀深情,使用多种修辞手法来说理。

考点10 《孟子》

《孟子》一书是孟子（名轲，字子舆，战国时期邹人，有"亚圣"之称）言论的汇编，由孟子及其弟子共同编写而成，是记录孟子的道德伦理观、政治观点（仁政、王霸之辩、民本、格君心之非、民贵君轻）和政治活动的儒家经典著作。孟子在人性问题上提出"性善论"，即"人之初，性本善"，倡导"仁政""王道"，主张德治。《孟子》说理畅达，气势充沛，长于辩论，逻辑严密，代表着传统散文写作的一个高峰。

《孟子》的说理性主要表现在以下几个方面。

①《孟子》在叙述风格上明显不同于《论语》，它常常抽象地论述一些概念，如"仁义""心性"等，在论述方式上，以说理的方式发展了诸子散文艺术，提高了诸子文章的理论品格。

②《孟子》有很强的逻辑力量，气势磅礴，咄咄逼人，感情色彩极为强烈，有着明显的战国时代的特征和突出的个性精神。其文章虽是以辩论为主的对话体，但仍不失典型的议论风格。

③《孟子》展示了儒家士人以"道"自任的人格力量，表现出对"道"的热切追求和对人事的深切关怀。在游说中，孟子往往能抓住对方的心理特征，循循善诱，层层推进。

④《孟子》还善于在论辩中使用比喻和寓言故事说理，其比喻大多取材于现实生活，通俗易懂。

考题再现

【2020年·中学·单选】《孟子》最突出的艺术成就是（ ）。
A.言近旨远、词约义丰的说理 B.形象隽永的语言
C.气势浩然的文风 D.善用寓言故事
【答案】C。解析："气势浩然的文风"是《孟子》最突出的艺术成就。

考点11 《荀子》

《荀子》由荀子（名况，字卿，战国后期赵国人）及其弟子所著。"性恶论"是荀子礼乐法术论的理论基础。荀子强调社会教化作用，赞成革新，其思想具有唯物主义色彩。荀子认为"君子必辩"，特别强调论辩的重要性，擅长说理文的论辩。

《荀子》具有以下几个特点。

①《荀子》中的文章往往先总论后分论，构思周密，说理清晰，论辩透辟，思想深邃，大量运用反驳的论证手法，是后世论述文的典范。

②《荀子》多使用日常生活中常见的事物作为譬喻，深入浅出，生动巧妙，其中的经典名篇有《劝学》《性恶》《议兵》等。

③《荀子》中的文章十分注意句式的安排，论述时常使用排比和骈偶句式，韵律和谐，富有节奏感。

④《荀子》文章风格沉着深厚，语言朴素简洁而辞采缤纷。

考题再现

【2021年·小学·名词解释】《荀子》
【参考答案】
《荀子》由荀子及其弟子所著，现存32篇，以议论文居多。《荀子》中的文章构思周密，说理清晰，多以日常生活中常见的事物为譬喻，深入浅出，将抽象的道理形象化、具体化，使深奥的道理变得浅显易懂，并且文章风格沉着深厚，语言朴素简洁而辞采缤纷，韵律和谐，富有节奏感。其中的经典名篇有《劝学》《性恶》《议兵》等。

考点12　司马相如《子虚赋》《上林赋》

司马相如,字长卿,西汉文学家,以辞赋著称,有"赋圣"和"辞宗"之称,与扬雄、班固、张衡合称"汉赋四大家"。《汉书·艺文志》著录司马相如赋29篇,今存5篇。代表作有《子虚赋》《上林赋》《长门赋》等。

1.司马相如大赋的特征

①结构宏伟,富丽堂皇。司马相如的赋讲求场面开阔,层次分明;由外及里,由上及下,由近及远,有空间的转移和时间的流动;由多种生活、场面和气氛构成了广阔复杂而又极其统一和谐的艺术画面。他的作品是他自己"赋家之心,苞括宇宙"主张的最好体现。

②讲究绘声绘形,有声有色。司马相如的赋声音色彩多种多样,富有变化,穷形尽相,惊心动魄。他的赋在总体气氛上是富丽、欢娱、热烈而又庄严的,与东汉以后的辞赋大不相同。

③司马相如的赋极大程度地利用了中国方块字在字形构造上的突出特点,排列上给读者以强烈的视觉刺激。司马相如直接继承了枚乘《七发》中的用字方法,并将之推向顶峰。

2.《子虚赋》《上林赋》

《子虚赋》借子虚和乌有先生的对话展开描写,极尽铺张扬厉之能事,辞藻丰富,描写工丽,写出了楚、齐两国的苑囿畋猎之盛。《上林赋》在内容上与《子虚赋》是连贯的,二者可作为一篇的上下章。《上林赋》借亡是公之口,批评子虚、乌有先生乃至齐、楚诸侯,反对诸侯奢侈,最后笔锋一转,极力描写天子的上林苑之巨丽、游猎之盛大,接着写天子主动解酒罢猎,实行德政,整体呈现出一种"扬天子、贬诸侯"的倾向。

《子虚赋》《上林赋》的创作特点主要表现在以下几个方面。

①在形式上,篇幅较长,结构宏大,句法灵活多变,句式长短不一。

②在内容上,采用虚构人物进行主客问答的方式,以描摹事物为主,主要写宫苑、山川等壮丽景物及声色犬马、畋猎驰逐等生活场景,以润色鸿业、歌功颂德为主,同时带有一些议论色彩,兼有讽刺意味。

③在艺术上,采用铺张扬厉的手法,运用博富绚丽的辞藻,对事物进行穷形尽相地描写,显示出绵密细致、富丽堂皇的风格特征。

考题再现

【2020年·中学·单选】司马相如的赋体代表作是(　　)。
A.《七发》　　　　　　　　　　　　B.《招隐士》
C.《子虚赋》　　　　　　　　　　　D.《甘泉赋》

【答案】C。解析:A项,《七发》是汉代辞赋家枚乘的代表作。B项,《招隐士》是汉代淮南王刘安的门客淮南小山的作品。C项,《子虚赋》是汉代辞赋家司马相如的赋体代表作。D项,《甘泉赋》是汉代文学家扬雄的代表作。

考点13　司马迁《史记》

司马迁,字子长,西汉伟大的史学家、思想家、文学家,被后人尊称为"史圣"。他最大的成就是创作了中国第一部纪传体通史《史记》(原名《太史公书》)。司马迁与司马光并称"史界两司马",与班固并称"班马"。

1.《史记》简介

《史记》记载了自黄帝至西汉武帝时期约3000年的历史,被认为是中国史书的典范。《史记》全书包括十二本纪(按帝王顺序记叙各朝兴衰始终)、三十世家(主要为贵族之家的历史)、七十列传(不同阶层、不同类型的人物传记,其中最后一篇为自序)、十表(排列帝王侯国间大事)、八书(有关经济、文化、天文、历法等方面的专门论述),共130篇。

司马迁的修史宗旨是"究天人之际,通古今之变,成一家之言"。《史记》与后来的《汉书》(班固)、《后汉书》(范晔)、《三国志》(陈寿)合称"前四史";与司马光的《资治通鉴》(我国最大的一部编年体通史)并称"史学双璧";被鲁迅誉为"史家之绝唱,无韵之《离骚》"。

2.《史记》的风格特征

《史记》风格雄肆奇伟,行文有感情、有气势,体现了西汉鼎盛时期的文风。

①《史记》中塑造的人物性格鲜明,形态各异,善于在情节发展中通过人物自身的语言和动作表现其性格特征,善于把人物置于广阔的社会背景之下,描绘一幅幅波澜壮阔的历史画卷。

②《史记》叙事生动,很多篇章情节曲折,矛盾冲突紧张激烈,故事性强。作者围绕情节展开叙述,运用铺垫、渲染、照应等手法,大胆设置悬念,达到了引人入胜的艺术效果。

③《史记》吸收了来自民间的俗语、谚语和歌谣,语言生动活泼、丰富多彩、准确生动,富有节奏感和气势美。

考题再现

【2018年·中学·简答】简析《史记》的风格特征。

【参考答案】见正文。

3.《史记》的地位和影响

①《史记》是我国纪传体史学的奠基之作,同时也是我国传记文学的开端。《史记》的出现,标志着我国古代史传文学的发展已经达到高峰。

②《史记》是传记文学名著,但它具有诗的意蕴和魅力。《史记》既继承了《诗经》《楚辞》的文学传统,又借鉴了战国散文的文学风格,充分体现了对先秦文学传统的继承和融会。

③司马迁在《史记》中大力弘扬人文精神,为后世作家树立起一面光辉的旗帜。《史记》中塑造的一系列血肉丰满的人物形象,成为后代作家仰慕和思索的对象,给他们以鼓舞和启迪,影响深远。

④《史记》是古代散文的楷模,传记文学的典范,其写作技巧、文章风格、语言特点,令后世散文家翕然宗之。《史记》的语言平易简洁而又富有表现力,不刻意追求对仗工稳,也不避讳重复用字,形式自由,不拘一格,被视为古文的典范。

⑤《史记》的许多传记情节曲折,人物形象栩栩如生,为后世小说创作积累了宝贵的经验。《史记》中的许多故事广为流传,成为后世小说、戏剧的取材对象。

知识拓展

出自《史记·项羽本纪》的成语:拔山盖世;发指眦裂;沐猴而冠;破釜沉舟;人为刀俎,我为鱼肉;四面楚歌;咸阳一炬。

出自《史记·陈涉世家》的成语:篝火狐鸣、鸿鹄之志。

出自《史记·平原君虞卿列传》的成语:利令智昏、毛遂自荐、一言九鼎。

出自《史记·廉颇蔺相如列传》的成语:价值连城、负荆请罪、怒发冲冠、完璧归赵、两虎共斗。

出自《史记·商君列传》的成语:徙木为信。

出自《史记·孟尝君列传》的成语:鸡鸣狗盗。

考题再现

【2021年·小学·单选】"四面楚歌"这一成语出自(　　)。

A.曹操《龟虽寿》　　　　　　　　　　B.王勃《滕王阁序》

C.韩愈《原人》　　　　　　　　　　　D.司马迁《史记·项羽本纪》

【答案】D。

考点14　班固《汉书》《两都赋》

班固,字孟坚,东汉著名史学家、文学家,"汉赋四大家"之一。班固出身儒学世家,在其父班彪《史记后传》的基础上,撰写了《汉书》,前后历时20余年。代表作有《汉书》《两都赋》等。

1.《汉书》

《汉书》,又称《前汉书》,是我国第一部纪传体断代史,"二十四史"之一,与《史记》《后汉书》《三国志》合称"前四史"。《汉书》包括十二篇本纪,八篇表,十篇志,七十篇传,共100篇,主要记述了西汉汉高祖元年至新朝王莽地皇四年约230年的史事,开创了我国断代纪传表志体史书的先河。

2.《两都赋》

《两都赋》分为《西都赋》和《东都赋》上、下两篇。作品借"西都宾"和"东都主人"两个虚构人物之口,展开主客问答,结撰全篇。作者通过"西都宾"之口,极写西都的富庶繁华,实则是在批判其浅陋,与此同时,作者又借"东都主人"之口,盛赞了东都的文治武功和法度之美,极力宣扬了"崇文尚礼""法度为重"的思想。

《两都赋》奠定了班固在辞赋史上的地位,也确立了京都赋的创作风格,成为后世效仿的典范。其创作特色主要有以下两点。

①《两都赋》打破了散体大赋的"劝百讽一"的结构模式。《东都赋》中通篇运用讽喻、诱导的方法,形成了"劝"与"讽"的均衡布局,内容不再是单纯的铺夸溢美,而是融入了作者的治国主张和政治见解。

②行文详略有致,别具匠心。为了突出倡法度、反奢侈的主题,上篇《西都赋》详写了西都的物富人丰、苑囿池台之盛等,下篇《东都赋》则主要歌颂文治武功,宣扬修明法度,详写礼乐之乐。全篇详略得当,层次分明,主旨突出。此外,《两都赋》在按空间方位进行铺陈时,采用了往复回环式的笔法,既展现了事物的总体风貌,又有具体细致的描写。整篇作品井然有序,错落有致。

考点15　汉乐府

汉乐府是继《诗经》之后,古代民歌的又一次大汇集,开创了诗歌现实主义的新风。汉乐府民歌中女性题材作品占重要地位,它用通俗的语言构造贴近生活的作品,由杂言渐趋向五言,采用叙事写法,刻画人物细致入微,创造的人物性格鲜明,故事情节较为完整,而且能突出思想内涵,着重描绘典型细节,开拓了叙事诗发展成熟的新阶段,是中国诗史上五言诗体发展的一个重要阶段。汉乐府中的代表作品有《十五从军征》《战城南》《妇病行》《孤儿行》《饮马长城窟行》《上邪》《有所思》《上山采蘼芜》《陌上桑》《长歌行》《江南》《孔雀东南飞》等。

考题再现

> 【2020年·小学·单选】"江南可采莲,莲叶何田田"出自下列哪部作品?(　　)
> A.《西洲曲》　　　　　　　　　B.《忆江南》
> C.《江南》　　　　　　　　　　D.《绝句》
> 【答案】C。解析:题干诗句出自汉乐府诗《江南》,全诗为"江南可采莲,莲叶何田田。鱼戏莲叶间。鱼戏莲叶东,鱼戏莲叶西,鱼戏莲叶南,鱼戏莲叶北"。

汉乐府的特点包括以下几个方面。

①在艺术上,汉乐府最突出的特点是叙事性,诗中出现了较为完整的情节和有一定性格的人物形象。作者或以第三人称的方式铺陈叙事,或通过主人公的自述表现生活场面,或以人物对话的形式展开叙述,表现方式灵活多样。作者还善于在矛盾冲突中,通过人物的言行来表现其性情,注重从不同角度刻画人物形象。

②在语言上,汉乐府民歌质朴自然,生动活泼,富有生活气息。作者具有深切的生活体验,叙事抒情不假

文饰,情景逼真,真切感人。

③在形式上,汉乐府诗灵活自由,篇章句式变化多样,突破了《诗经》以四言为主的格局,创造了包括四言、五言和杂言的丰富的诗歌体裁,便于容纳更多的内容,抒情方式也更为自由。汉乐府诗实现了由四言诗向杂言诗和五言诗的过渡。从此以后,五言诗就在诗坛占据了重要地位,七言诗也逐渐走向成熟。

④汉乐府诗继承了《诗经》"饥者歌其食,劳者歌其事"的优良传统,它大胆反映现实的精神在诗歌史上产生了深远影响。汉乐府诗大大发展了我国的叙事诗,它的以事成篇、即事见义的表现方式和叙事写人的技巧都被后代作家继承和借鉴,成为乐府诗的共同特征。

考点16 《古诗十九首》

《古诗十九首》是中国汉代文人五言诗选辑,由南朝梁萧统从传世无名氏古诗中选录十九首编入《昭明文选》而成。《古诗十九首》代表了汉代文人五言诗的最高成就,是乐府古诗文人化的显著标志,深刻地再现了文人在汉末社会思想大转变时期,追求的幻灭与沉沦、心灵的觉醒与痛苦,抒发了人生最基本、最普遍的几种情感和思绪。诗歌语言朴素自然,描写生动真切,具有浑然天成的艺术风格,处处表现了道家与儒家的哲学意境。

《古诗十九首》除了游子之歌,便是思妇之词,抒发游子的羁旅情怀和思妇的闺愁是其基本内容。例如:《涉江采芙蓉》通过一系列的动作描写,表达了主人公对亲人的思念,进而引发"同心而离居"的忧伤。《明月何皎皎》中"客行虽云乐,不如早旋归",写出了他乡明月激发的主人公难以遏制的思乡之情。《行行重行行》中"思君令人老,岁月忽已晚。弃捐勿复道,努力加餐饭",用妻子的口吻诉说对远行丈夫的思念,表现妻子的孤凄哀怨,抒发离愁别恨。《迢迢牵牛星》中"盈盈一水间,脉脉不得语",写出牛郎织女虽只是隔河相望,却咫尺天涯的愁苦心情,表现爱情受阻的痛苦感受。另外,《古诗十九首》中也有抒发世态炎凉之感的作品。例如:《明月皎夜光》中"昔我同门友,高举振六翮。不念携手好,弃我如遗迹",写同门好友飞黄腾达后不念旧交,表达了诗人对人情冷暖、世态炎凉的慨叹。

> **考题再现**
>
> 【2019年·小学·名词解释】《古诗十九首》
> 【参考答案】
> 《古诗十九首》由南朝萧统从传世无名氏古诗中选录十九首编入《昭明文选》而成,这些诗作均出自汉代文人之手。《古诗十九首》代表了汉代文人五言诗的最高成就,刘勰曾在《文心雕龙》中称之为"五言之冠冕"。作品以游子的羁旅情怀和思妇闺愁为基本内容,深刻地再现了文人在汉末社会思想大转变时期,追求的幻灭与沉沦、心灵的觉醒与痛苦,表现了人生最基本、最普遍的几种情感。语言朴素自然,描写生动真切,具有浑然天成的艺术风格。代表诗作有《行行重行行》《西北有高楼》《涉江采芙蓉》《迢迢牵牛星》等。

考点17 曹操《观沧海》《龟虽寿》《短歌行》

曹操,字孟德,东汉末年杰出的政治家、军事家、文学家,三国时期曹魏政权的奠基人。曹操采用乐府古题写时事,其诗于悲凉之中含跌宕慷慨之气,语言古朴率真,诗风古直悲凉。曹操的乐府诗有的采用代言的写法,对民歌的原题材进行新创作;有的用旧的题目写新的内容,反映了汉末战乱的现实和人民的苦难;有的则表达了他的政治主张和统一天下的雄心壮志。代表作有《观沧海》《龟虽寿》《短歌行》等。后人因其文学上的造诣而将他与其子曹丕、曹植合称"三曹"。

1.曹操诗歌的创作成就

①曹操的乐府诗,内容和写作方法继承了汉乐府"感于哀乐,缘事而发"的传统。就艺术形式而言,其四言诗为已经板滞僵化的四言体注入了新的活力。

②曹操采用乐府古题写时事,既反映现实,又饱含深沉的感慨。其中一部分诗歌反映了汉末战乱的现实和人民遭受的苦难,被后人称为"汉末实录"。

③曹操的诗歌语言古朴率真,情与景不断变化,悲凉之中含有跌宕慷慨之气,常给人以壮阔邈远之感。

2.《观沧海》

《观沧海》是曹操登临碣石山时所作。这首四言诗是我国现存的第一首较为完整的山水诗,诗人借登山观海所见自然景物,描绘了大好河山的雄伟壮丽,表达了豪迈乐观的进取精神。

3.《龟虽寿》

《龟虽寿》是一首抒发人生志向的咏志诗。诗人以神龟、腾蛇、老骥作比,表明宇宙万物有生必有死是自然的规律,人应该利用有限之年建功立业,始终保持昂扬乐观、积极进取的精神。

4.《短歌行》

《短歌行》是一首政治性很强的诗作,主题是"求贤"。诗歌主题明确,即通过宴会的歌唱来表达诗人求贤若渴的心情和统一天下的雄心壮志。诗歌充分发挥了诗歌创作的特长,准确而巧妙地运用了比兴手法,达到了寓理于情、以情感人的目的。

考题再现

【2021年·小学·单选】"青青子衿,悠悠我心"出自(　　)。
A.曹操《蒿里行》　　　　　　　　　　　B.陈琳《饮马长城窟行》
C.曹操《短歌行》　　　　　　　　　　　D.孟浩然《过故人庄》
【答案】C。解析:题干中的诗句出自曹操的《短歌行》。

考点18　曹植

曹植,字子建,建安文学的代表人物,代表作有《梁甫行》《赠白马王彪》《洛神赋》《白马篇》《七哀》等。钟嵘称曹植的诗"骨气奇高,辞采华茂,情兼雅怨,体被文质"。

曹植的诗歌创作可分为前后两期。前期诗歌主要是歌唱理想和抱负,志在"勠力上国,流惠下民",作品文笔华美流丽,代表作有《白马篇》;后期诗歌主要是表达理想与现实的矛盾所激起的悲愤,作品大都沉郁悲凉,代表作有《七哀》《远游篇》《赠白马王彪》等。曹植在诗歌方面的成就主要表现在以下几个方面。

①曹植是第一个大力创作五言诗的人,其五言诗脱胎于汉乐府,但在学习乐府的基础上又有很大的创新和发展。他把文人五言诗的发展推到了一个前所未有的高度。他继承了汉乐府反映现实的笔触,保留了《古诗十九首》温丽悲远的情调,还开拓了自己的风格,使诗歌完成了乐府诗向文人诗的转变。

②曹植的诗更注重艺术表现技巧,注重对称回环之美,注意语言的锤炼。曹植的诗歌在结构安排、辞藻修饰和各种艺术手法的调动上,都精心构思,改变了乐府古朴的语言风格,形成了"辞采华茂"的艺术特色。

考点19　陶渊明《归园田居》

陶渊明,又名潜,字元亮,号五柳先生,世称靖节先生,东晋诗人、文学家、辞赋家、散文家。田园生活是陶渊明诗的主要题材,陶渊明的代表作品有《饮酒》《归园田居》《桃花源记》《五柳先生传》《归去来兮辞(并序)》等。

1.陶渊明诗歌的艺术特征

陶渊明诗歌的总体艺术特征是"自然"。陶渊明将日常生活诗化,不再将社会政治题材作为诗歌的重点,而开始用家常话写普通人的生活,诗意盎然。具体来说,陶渊明诗歌的艺术特征表现在以下几个方面。

①情、景、事、理浑融一体。陶诗发乎事,源乎景,缘乎情,而统摄于理。陶诗中的田园风物,都是其生活中的不可或缺之物,陶渊明已与它们融为一体,陶诗无意模山范水,而是通过生活中平凡普通的事物表达超

乎世人之情,阐述世人难以参悟之理。

②平淡中见警策,朴素中见绮丽。一方面,陶诗中描绘的景象,都是最平常的,但经过陶渊明的笔触,诗歌往往于平淡中见警策;另一方面,陶诗于朴素之中可见绮丽,通常只运用白描等朴素的手法,语言不加雕饰,极尽纯净之美。

2.陶渊明散文的艺术特征

陶渊明现存散文不多,但几乎每一篇都是精品,如《桃花源记》《闲情赋》《归去来兮辞(并序)》等。总体来看,陶渊明文章的风格和当时文坛流行的骈俪繁缛的风格相反,处处以自然平和的语气、朴实无华的文字来表达自己真挚的情感,没有华丽的辞藻和刻意的雕饰,却能以平淡中蕴含的真情打动读者。他的文章往往有一种诗意美,他善于在叙述中提炼日常生活意象,营造浑融清新的意境,而这一切就像是信手拈来,没有刻意经营的痕迹。

3.《归园田居》

《归园田居》一共5首。诗篇生动地描写了诗人归隐后的生活和感受,抒发了作者辞官归隐后的愉快心情和乡居乐趣,从而表现了他对田园生活的热爱与劳动的喜悦。同时又隐含了对官场黑暗腐败生活的厌恶之感,表现了作者不愿同流合污,为保持完整独立的人格和高尚的情操而甘受田间艰辛生活的志向。

> **考题再现**
>
> 1.【2020年·小学·单选】下列作品属于陶渊明的一项是( )。
> A.《登池上楼》　　　　　　　　　　　　B.《游南亭》
> C.《归园田居》　　　　　　　　　　　　D.《登庐山望石门》
> 【答案】C。解析:A、B两项均是谢灵运的作品。C项是陶渊明的作品。D项是鲍照的作品。
>
> 2.【2020年·中学·单选】诗句"狗吠深巷中,鸡鸣桑树颠"的作者是( )。
> A.陶渊明　　　　　　　　　　　　　　B.王羲之
> C.左思　　　　　　　　　　　　　　　D.谢灵运
> 【答案】A。解析:题干诗句出自陶渊明的《归园田居(其一)》,全诗为"少无适俗韵,性本爱丘山。误落尘网中,一去三十年。羁鸟恋旧林,池鱼思故渊。开荒南野际,守拙归园田。方宅十余亩,草屋八九间。榆柳荫后檐,桃李罗堂前。暧暧远人村,依依墟里烟。狗吠深巷中,鸡鸣桑树颠。户庭无尘杂,虚室有余闲。久在樊笼里,复得返自然"。

考点20　刘义庆《世说新语》

刘义庆,字季伯,南朝宋文学家。他"为性简素,寡嗜欲,爱好文义",广招四方文学之士,聚于门下。刘义庆的代表作有志人小说集《世说新语》,志怪小说集《幽明录》。

《世说新语》由南朝宋刘义庆组织一批文人编写而成,又名《世说》。其内容主要是记载东汉后期到晋宋间一些名士的言行与逸事。鲁迅先生称其为"名士的教科书"。

1.艺术特色

《世说新语》具有以下几个方面的艺术特色。

①通过富有特征性的细节勾勒人物的性格和精神面貌,使之栩栩如生。例如:《忿狷》描写王蓝田性急时,说他"尝食鸡子,以箸刺之,不得,便大怒,举以掷地。鸡子于地圆转未止,仍下地以屐齿蹍之,又不得,瞋甚,复于地取内口中,啮破即吐之"。通过几个动作,绘声绘色地描写了王蓝田的性急。

②善于运用对比手法,突出人物性格。例如:《德行》中管宁割席的故事,"管宁、华歆共园中锄菜,见地有片金,管挥锄与瓦石不异,华捉而掷去之。又尝同席读书,有乘轩冕过门者,宁读书如故,歆废书出观。宁割席分坐,曰:'子非吾友也!'"通过描写管宁、华歆对金钱、权贵的不同态度,揭示了两人品格的优劣。

③善于把记言与记事结合。例如:《雅量》描写晋孝武帝见了彗星之后,深夜入园中对星空举杯祝酒说:

"长星,劝尔一杯酒,自古何时有万岁天子!"通过行动和语言描写,把晋孝武帝见到彗星后故作达观的心理完全表现了出来。

2.文学成就

《世说新语》的文学成就主要表现在以下几个方面。

①《世说新语》是我国古代第一部笔记体小说集,是最早的一部文言志人小说集,也是后世小品文的典范,对后世具有深远的影响。

②《世说新语》记录了诸多历史人物逸事、名士们奇特的事迹和玄妙的清谈,有助于我们了解士族文人的生活方式和精神面貌,是后代研究"魏晋风流"的重要资料。

③《世说新语》在艺术上成就很高,鲁迅先生概括为"记言则玄远冷隽,记行则高简瑰奇"。

④《世说新语》的语言简约含蓄,隽永传神,能够将口语熔铸为生动活泼的文学语言。其中许多生动的故事成了后世耳熟能详的成语,如难兄难弟、望梅止渴、一往情深、拾人牙慧等。

⑤《世说新语》中的故事为后世戏曲、小说的创作提供了丰富的素材。

考题再现

【2020年·中学·单选】《世说新语》的编纂者是(　　)。
A.刘安　　　　　　　　　　　　B.干宝
C.颜之推　　　　　　　　　　　D.刘义庆
【答案】D。

考点21　王勃《滕王阁序》

王勃,字子安,初唐诗人,与杨炯、卢照邻、骆宾王以诗文齐名,合称"初唐四杰",亦称"王杨卢骆"。著有诗文集《王子安集》,代表作品有《滕王阁序》《送杜少府之任蜀州》等。

《滕王阁序》原题为《秋日登洪府滕王阁饯别序》。全文共分四部分:第一部分历叙"洪都"雄伟的地势、游玩的时间、珍异的物产、杰出的人才及尊贵的宾客,紧扣题中"洪府"二字来写;第二部分展示了一幅流光溢彩的滕王阁秋景图,近观远眺,都是浓墨重彩,写出了滕王阁壮美而又秀丽的景色,紧扣题目"秋日""登""滕王阁"六字来写;第三部分由对宴会的描写转而引出对人生的感慨,紧扣题目中的"饯"字来写;最后一部分自叙遭际,表示当此临别之际,既遇知音,自当赋诗作文,以此留念,紧扣题目中的"别""序"二字来写。由此看来,全文层次井然,脉络清晰;由地及人,由人及景,由景及情,可谓丝丝入扣,层层扣题。

《滕王阁序》的写景颇有特色。作者精心勾画,细致经营,运用灵活多变的手法描写山水,体现了一定的美学特征。其特色主要表现在以下几个方面。

①色彩变化。文章不惜笔墨,浓墨重彩,极写景物的色彩变化。尤其是"潦水尽而寒潭清,烟光凝而暮山紫"一句,不囿于静止的画面色彩,着力表现水光山色之变化,上句朴素淡雅,下句设色凝重,被誉为"写尽九月之景"之句。

②远近变化。作者采用恰当的方法,犹如电影的拍摄技术,由近及远,构成一幅富有层次感和纵深感的全景图,体现了作者立体化的审美观,把读者带进了如诗如画的江南胜境。

③上下浑成。"层峦耸翠"四句,借视角变化,使上下相映成趣,天上地下,城里城外,相与为一,不可分离,体现了作者整齐划一的审美观。而"落霞与孤鹜齐飞,秋水共长天一色"更是写景名句,水天相接,浑然天成,构成一幅色彩明丽的美妙图画。

④虚实相衬。"渔舟唱晚"四句,凭借听觉联想,用虚实结合的手法描写远方的景观,使读者开阔眼界,视通万里。虚实结合,相互协调,相互映衬,极尽铺叙写景之能事。

> 考题再现

【2017年·小学·单选】下列句子中,出自王勃《滕王阁序》的一项是(　　)。

A.落花与芝盖齐飞,杨柳共春旗一色

B.无边落木萧萧下,不尽长江滚滚来

C.落霞与孤鹜齐飞,秋水共长天一色

D.青山隐隐水迢迢,秋尽江南草未凋

【答案】C。解析:A项,诗句出自庾信的《三月三日华林园马射赋》。B项,诗句出自杜甫的《登高》。C项,诗句出自王勃的《滕王阁序》。D项,诗句出自杜牧的《寄扬州韩绰判官》。

─── 知识拓展 ───

初唐四杰

"初唐四杰"指的是唐代初年的王勃、杨炯、卢照邻、骆宾王四位文学家。他们四人虽遭遇不幸,但才华横溢,各有所长,以诗文名誉天下。他们的主要贡献在于使唐诗摆脱了六朝沿袭下来的绮靡浮艳的文风,使诗歌的题材从狭隘的宫廷台阁扩展到市井生活。另外,他们对诗歌的格律也进行了探索,开创了唐诗新风。他们四人的文学作品对唐诗的发展具有不可忽视的作用。

考点22　王维

王维,字摩诘,盛唐诗人,有"诗佛"之称,曾任尚书右丞,世称"王右丞",与孟浩然同为山水田园诗派代表诗人,著有诗集《王右丞集》。王维的山水田园诗风格自然优美、清雅冲淡,具有浓厚的乡土气息和生活情趣。"味摩诘之诗,诗中有画;观摩诘之画,画中有诗"是苏轼对王维诗画的赞誉。王维送别友人、怀念亲人的代表作有《送元二使安西》《九月九日忆山东兄弟》等;描写山水田园的代表作有《山居秋暝》《渭川田家》《鹿柴》《终南别业》《竹里馆》等;以军旅和边塞生活为题材的代表作有《从军行》《使至塞上》等。

> 考题再现

【2020年·小学·单选】下列诗句与出处对应不正确的一项是(　　)。

A.日落江湖白,潮来天地青。——《送邢桂州》

B.空山新雨后,天气晚来秋。——《山居秋暝》

C.行到水穷处,坐看云起时。——《竹里馆》

D.返景入深林,复照青苔上。——《鹿柴》

【答案】C。解析:A、B、D三项诗句与出处对应均正确。C项,诗句出自王维的《终南别业》,全诗为"中岁颇好道,晚家南山陲。兴来每独往,胜事空自知。行到水穷处,坐看云起时。偶然值林叟,谈笑无还期"。王维的《竹里馆》全诗为"独坐幽篁里,弹琴复长啸。深林人不知,明月来相照"。

考点23　孟浩然

孟浩然,盛唐诗人,襄阳(今湖北襄阳)人,世称"孟襄阳"。孟浩然写诗以山水田园诗为主,与王维合称"王孟"。因他未曾入仕,又被称为"孟山人"。其诗风格"清""淡""幽""雅",包含着丰富的自然美、含蓄美,体现了隐士性情;语言多以平淡质朴取胜。代表作《过故人庄》《春晓》《望洞庭湖赠张丞相》《与诸子登岘山》等。

考点24　李白

李白,字太白,号青莲居士,有"诗仙"之称,唐代伟大的浪漫主义诗人。李白创造了古代积极浪漫主义的文学高峰,为唐诗的繁荣与发展打开了新局面;他批判继承前人传统并形成了独特的风格,歌行体和七绝达到后人难以企及的高度,开创了中国古典诗歌的黄金时代。李白诗歌在思想内容上最突出的特点是表现自我,塑造了自身飘逸潇洒、傲岸不屈的形象。这一形象揭示的社会意义有三点:一是表达自己建功立业、奋发向上的雄心和怀才不遇、备受压抑的苦闷;二是抒发对理想生活的憧憬、追求和歌颂;三是宣扬对崇高人性及人权的向往、奋斗与赞美。代表作有《蜀道难》《将进酒》《行路难》《长干行》《梦游天姥吟留别》等,有《李太白集》传世。

1. 李白诗歌的艺术个性

①感情饱满丰富、昂扬强烈,带有强烈的主观色彩。李白常在诗中表现洒脱不羁的性格、傲世独立的人格、豪迈无畏的气概和激昂热烈的情怀,其诗情感一泻千里,语调抑扬顿挫,节奏变换多样。

②想象丰富、奇特、瑰丽。李白诗歌中的想象变幻莫测,随意生发,跳跃性极大。他常把想象世界当作现实世界的对照物加以歌咏,而他对幻想的追求,正是对现实不满的一种曲折反映。

③意象丰富,既阔大壮观又清新明丽。李白常通过描写江、河、沧海、大鹏等壮观事物来营造雄奇壮美的意境,也常通过描写日、月、清溪、白露等清丽事物来表情达意,丰富诗歌内涵。

④语言风格清新、自然、明快。李白善于吸取乐府诗淳朴的格调和清新的表现手法,在抒情时,也毫无掩饰吞吐之语与矫揉造作之态。

2. 李白在文学史上的地位与影响

①李白的诗歌是继屈原的诗歌之后,我国古代积极浪漫主义文学的新高峰。在李白的诗中,理想主义、反抗精神和英雄性格得到了全面表现和进一步发展,并达到了高度成熟的水平。

②李白极大地开拓了诗歌的艺术境界,丰富了诗歌的艺术技巧。

③李白以其诗歌创作理论和实践完成了陈子昂诗歌革新的伟业,一扫六朝绮靡浮艳的诗风,为唐诗的繁荣和发展打开了新的局面。

④李白通过学习前人优秀的诗歌技巧,使古典诗歌的内容和形式都得到了创造性的发展,极大地丰富了唐诗的思想意义,提高了其艺术水平。

考题再现

【2019年·小学·简答】简述李白诗歌的艺术个性。

【参考答案】见正文。

考点 25　杜甫

杜甫,字子美,自号少陵野老,唐代现实主义诗人,曾任左拾遗、检校工部员外郎,因此后世称其为"杜拾遗""杜工部"。其祖父杜审言是初唐"文章四友"之一。杜甫的代表作有"三吏"(《新安吏》《石壕吏》《潼关吏》)、"三别"(《新婚别》《无家别》《垂老别》)、《兵车行》《秋兴八首》《闻官军收河南河北》《登岳阳楼》《登高》《春望》《蜀相》《茅屋为秋风所破歌》等。杜甫忧国忧民,人格高尚,诗艺精湛,被后世尊称为"诗圣",他的诗被后人称为"诗史"。

1. 杜诗的艺术风格

①杜诗的主要风格特征为沉郁顿挫。沉郁是指杜甫感情的悲慨深厚,顿挫既是指杜诗声调的抑扬起伏,又是指杜甫情感的跌宕起伏,反复低回。杜诗无论是写民生疾苦怀友思乡,还是写自己的穷困潦倒,都蕴含着深沉阔大的情感,悲慨是其诗歌主要风格的感情基调。

②萧散自然是杜诗的另一重要特征。这一风格的诗多作于诗人居于成都草堂期间,此时,他的诗歌情趣闲适,境界安静明秀,景物描写细腻,从而形成了萧散自然的风格特征,透露出诗人生活的安定与闲适。

2.杜诗的地位与影响

①杜甫的诗歌集六朝、盛唐诗歌之大成。他的诗里有与屈原相似的深沉忧思,有仁政思想的传统精神,也有司马迁的实录精神。

②杜甫继承了《诗经》和汉乐府的传统,同时也批判地吸取了六朝以来诗歌在音韵格律、遣词造句等方面的技巧,将现实主义诗歌推向高峰。杜甫的现实主义精神和"即事名篇"的新乐府诗,直接影响了中唐的新乐府运动。

③杜甫的诗歌在思想情操方面对后世影响深远。他心系国家安危、关注民生疾苦的高尚情操,为历代士人所崇仰,对士人人格的形成具有巨大的影响。

考题再现

【2020年·中学·单选】"沉郁顿挫"描述的是哪位诗人的艺术风格?(　　)
A.李白　　　　　　　　　　　　　　B.韩愈
C.杜甫　　　　　　　　　　　　　　D.柳宗元
【答案】C。

考点26　刘禹锡

刘禹锡,字梦得,有"诗豪"之称,与柳宗元合称"刘柳",与白居易合称"刘白"。他的诗歌善用典实而透脱不滞,辞采丰美而笔致流利,意境明丽清远而风神俊爽,又有一种恢宏的气度和骨力。代表作有《秋词》《酬乐天扬州初逢席上见赠》《乌衣巷》《竹枝词》《陋室铭》《浪淘沙》等。

刘禹锡的诗分为讽喻诗、感遇诗、咏史诗和民歌体诗四类。

①他的讽喻诗和感遇诗多作于被贬期间。讽喻诗词旨隐晦而寓意深刻,感遇诗寄慨遥深而正气凛然。

②他的咏史诗多为登临历史遗迹的怀古之作,一般采用五言或七言律绝的形式。通过对与前朝史实有关的古迹风景的描写,抒发千古兴亡之感,含有精辟的议论和卓识。

③他的民歌体诗清新质朴、真率自然,如《竹枝词》和《杨柳枝词》,注意吸收民间口语,并学习民歌悠扬婉转的情调,富有浓郁的生活气息和地方特色。

考点27　韩愈

韩愈,字退之,自谓"郡望昌黎",世称"韩昌黎",有"文章巨公"和"百代文宗"之称。韩愈与柳宗元共同倡导了唐代"古文运动",与柳宗元合称"韩柳",二人与欧阳修、苏轼合称"千古文章四大家",与宋代的欧阳修、王安石、曾巩、苏洵、苏轼、苏辙合称"唐宋八大家"。宋代苏轼评价他"文起八代之衰",明人推他为"唐宋八大家"之首。韩愈的文章备受后人推崇,常和杜甫的诗相提并论;他的诗歌想象奇特、气势宏伟,追求散文化的语言风格,吸收了杜甫诗歌中某些新的特点,把散文的篇章结构用于诗歌创作,把少量的议论引进诗歌中,创造出"以议论为诗""以赋为诗"的独特风格。代表作有《早春呈水部张十八员外》《左迁至蓝关示侄孙湘》《师说》《马说》等。

韩愈散文的艺术成就主要表现在以下几个方面。

①韩愈提出了"文以载道"和"文道结合"的主张,反对六朝以来的骈偶之风,提倡先秦、两汉的散文风格,文学上主张"辞必己出""惟陈言之务去"。

②韩愈的语言极富表现力。韩愈主张为文"气盛言宜",提倡"去陈言",又强调"文从字顺""体备""词足",善于将骈文的艺术融于散文中。他的文章言简意赅,句式丰富多变,笔力雄健,词锋震烁,语言准确、生动、凝练。

③韩愈基于改革现实的深刻愿望,主张儒道复兴,善于在文中感怀言志,重在反映现实,揭露矛盾,表达

对现实社会的种种感慨。

④韩愈行文构思巧妙，善于叙事描摹，在写法上能不拘格套，打破传统，善用变化多端的构思方法组织文章，善于通过比喻、排比、细节描写来丰富文章的形象性，增强文章的感染力，创立了一种与上古文截然不同的新的散文规范和秩序。

考点28　柳宗元

柳宗元，字子厚，世称"柳河东""河东先生"，因官至柳州刺史，又称"柳柳州"。柳宗元与刘禹锡合称"刘柳"，与王维、孟浩然、韦应物合称"王孟韦柳"，"唐宋八大家"之一，"千古文章四大家"之一。柳宗元在诗歌、辞赋、散文、杂文、游记、寓言及文学理论等方面，都有突出贡献，代表作有诗歌《江雪》等，散文"永州八记"、《捕蛇者说》等。

柳宗元重视文章的内容，主张文以明道，认为"道"应于国于民有利，切实可行。他注重文学的社会功能，强调文需有益于世。他提倡思想内容与艺术形式的完美结合，指出写作必须持认真严肃的态度，强调作家道德修养的重要性。其散文的艺术成就主要表现在以下几个方面。

①柳宗元的论说文涉及政治、社会、哲学等方面，见识高深，思想深刻，逻辑严密，极具思辨性，文风俊杰雄健、无可置辩。

②柳宗元的寓言结构精巧而富有哲理，细节刻画生动形象，表现了对人生及社会的反思，寄托了深厚的现实感。其寓言标志着我国古代寓言文学的完全成熟，对后世寓言文学具有深远的影响。

③柳宗元的山水游记善于选取深奥优美的景物，善于细致观察、刻画，艺术地表现自然，展现高于自然原型的艺术之美，赋予其"凄神寒骨"的幽微意境。其游记中常寄托高绝的意趣，语言清峻自然，造诣颇高。

④柳宗元的传记文和抒情文善于通过人物本身的活动与矛盾冲突刻画人物，带有一定的寓言和传奇色彩，有较高的文学价值和思想价值。

⑤柳宗元的杂文善于巧借形似之物，正话反说，多用问答体，语言辛辣，笔无藏锋，善于在嬉笑怒骂中抨击政敌和现实，抒发内心的感慨。

考点29　白居易

白居易，字乐天，号香山居士，中唐时期伟大的现实主义诗人，有"诗魔"和"诗王"之称，有《白氏长庆集》传世。白居易是新乐府运动的倡导者，主张"文章合为时而著，歌诗合为事而作"。其诗歌题材广泛，形式多样，语言平易通俗，写实性强。

白居易将自己的作品分为讽喻、闲适、感伤、杂律四类，体现了他"奉而始终之"的兼济、独善之道，其中讽喻类诗作成就最高。白居易的诗歌主张，也主要是就讽喻诗的创作而发。早在元和初年所作的《策林》中，白居易就表现出重写实、尚通俗、强调讽喻的倾向，认为诗的功能是惩恶劝善，补察时政，诗的手段是美刺褒贬，炯戒讽喻，他反对脱离内容单纯地追求"宫律高""文字奇"，更反对齐梁以来的艳丽诗风。他还在《新乐府序》中强调诗歌语言须质朴通俗，议论须直白显露，写事须绝假纯真，形式须流利畅达，具有歌谣色彩，即诗歌必须写得既真实可信，又浅显易懂，还便于入乐歌唱，才算达到了极致。

白居易讽喻类诗歌的代表作有《秦中吟》《新乐府》等；闲适类诗歌的代表作有《春眠》《忆江南》等；感伤类诗歌的代表作有《长恨歌》《琵琶行》等；杂律类诗歌的代表作有五律《偶眠》、七律《钱塘湖春行》等。

考点30　杜牧

杜牧，字牧之，号樊川居士，晚唐杰出诗人，与李商隐合称"小李杜"，著有《樊川文集》，代表作有《江南春》《泊秦淮》《过华清宫》《山行》《清明》《秋夕》等。杜牧擅长文赋，其《阿房宫赋》为后世传诵。杜牧的文学创作有多方面的成就，诗、赋、古文在中国文学史上都有一定的地位。晚唐诗人中，杜牧第一个大量用七绝写咏史诗,用史论笔法,寓褒贬议论于含蓄的诗味中,创作了许多有"二十八字史论"之誉的咏史作品。这些作品针对具体的史事抒发议论,寄托了深刻的现实关怀。杜牧还写过一些出色的伤别诗,纪行、写景诗也有颇多佳作。他善于选择清新明朗、能给人以快感的景物来抒写情怀,用色彩鲜明的语言,创造出情景交融的优美诗境。其作品风格可归结为"时政之作,感时伤世,忧国忧民;抒情小诗,风格清丽,画面鲜艳,意境深远"。

考题再现

【2021年·小学·单选】诗句"停车坐爱枫林晚,霜叶红于二月花"的作者是( )。
A. 孟浩然　　　　　　　　　　　B. 白居易
C. 柳宗元　　　　　　　　　　　D. 杜牧
【答案】D。解析:题干中的诗句出自唐代诗人杜牧的《山行》。

考点31　李商隐

李商隐,字义山,号玉溪生,又号樊南生。唐朝著名诗人,擅长诗歌写作,其创作的骈文文学价值也很高。他是晚唐最出色的诗人之一,和杜牧合称"小李杜",与李贺、李白合称唐代"三李",与温庭筠合称"温李"。其诗文因与同时期的段成式、温庭筠风格相近,且三人都在家族里排行第十六,故称"三十六体"。李商隐的代表作有《夜雨寄北》《锦瑟》《无题》(相见时难别亦难)等。

李商隐成就最大的是无题诗,他的无题诗以男女之情为中心,深入开掘人内心世界的丰富情感,表现出极大的艺术创造性。在艺术上,无题诗采用的诗体有五古、七古、五言六句小律、五律、七律等,但写得最成功的是七律。首先,这些诗典型地反映了李商隐的艺术追求,显现出表现心灵世界的特点。无题诗表现爱情体验,并不重视记述具体的爱情经历,而是具体表现心灵对爱情的最深刻的感受。其次,其无题诗将情感写得非常细腻,善于运用比兴象征手法,寄托内心情感,同时构造朦胧多义的诗境,表现内心的复杂体验。最后,李商隐的无题诗开创了一种新的诗歌体式。

李商隐的诗歌构思新奇,风格凄艳,文辞清丽,意韵深微,善于描写和表现细微的感情,尤其是一些爱情诗和无题诗写得缠绵悱恻,优美动人。但其诗好用典,导致有些诗可做多种解释,过于隐晦迷离,难于索解,以至有"诗家总爱西昆好,独恨无人作郑笺"之说。李商隐的格律诗继承了杜甫在技巧上的传统,也有部分作品风格与杜甫相似。

考题再现

【2021年·小学·单选】下列属于李商隐的作品的是( )。
A.《竹枝词》　　　　　　　　　　B.《锦瑟》
C.《江南曲》　　　　　　　　　　D.《游子吟》
【答案】B。解析:A项,《竹枝词》是唐代诗人刘禹锡的作品。B项,《锦瑟》是唐代诗人李商隐的作品。C项,《江南曲》是唐代诗人李益的作品。D项,《游子吟》是唐代诗人孟郊的作品。

考点32　柳永

柳永,北宋词人,原名三变,字景庄,后改名柳永,字耆卿,因排行第七,又称"柳七"。柳永是婉约词派最具代表性的人物,也是两宋词坛上创用词调最多的词人,史有"豪苏腻柳"之称。柳词清新婉约,细腻独到,又多用新腔、美腔,旖旎近情,富有音乐美。代表作有《望海潮》(东南形胜)、《雨霖铃》(寒蝉凄切)、《八声甘州》(对潇潇暮雨洒江天)等。柳永的词在词史上具有开创性的意义,主要表现在以下几个方面。

①对慢词的发展和对词调的丰富。柳永全力创作慢词,慢词篇幅大,词的容量空前扩展,展现社会生活

的能力也因此得到提高,为宋词的进一步繁荣奠定了基础。

②将词的审美格调由"雅"转向"俗"。柳永词的内容由士大夫的闲情逸致转向市民的世俗情调,人称"凡有井水饮处,即能歌柳词"。

③柳词多描绘北宋繁华的城市风光和歌妓生活,尤长于抒写羁旅行役之情。

考点33 范仲淹

范仲淹,字希文,谥号文正,世称"范文正公",北宋文学家、政治家,代表作有《岳阳楼记》《渔家傲·秋思》《苏幕遮·怀旧》《江上渔者》等。范仲淹崇尚的"先天下之忧而忧,后天下之乐而乐"的思想对后世影响深远。

范仲淹的四年军旅生活,拓宽了他的艺术视野,丰富了他的人生阅历及感受,其词风也逐渐从情柔语丽转向沉郁苍凉,成为豪放词之滥觞,也为贴近社会生活和现实人生的宋词创作提供了新的方向。

考点34 欧阳修

欧阳修,字永叔,号醉翁,晚年又号六一居士,以"庐陵欧阳修"自居,北宋文学家、宋代散文的奠基人。欧阳修与唐代的韩愈、柳宗元和宋代的苏洵、苏轼、苏辙、王安石、曾巩合称"唐宋八大家",与韩愈、柳宗元、苏轼合称"千古文章四大家"。代表作有宋词《踏莎行》(候馆梅残)、《蝶恋花》(庭院深深深几许),散文《醉翁亭记》《秋声赋》,史论《五代史伶官传序》等。

欧阳修在韩愈诗歌"资谈笑,助谐谑,叙人情,状物态,一寓于诗而曲尽其妙"的特点上,提出了"诗穷而后工"的诗歌理论。其诗歌特点主要表现为"以文为诗"和形式自由。

①内容上,诗歌作品主要表现个人的生活经历、抒发个人的情怀和对历史题材的吟咏,还有一些作品是以社会现实为题材的。

②创作上,受韩愈的影响较大,采用散文手法,以议论入诗,借鉴散文的叙事手段,将议论、叙事和抒情融为一体,既得韩诗畅尽之致,又无枯燥艰涩之失。

③语言上,吸收了李白清新流畅的语言风格,结合欧诗自身委婉平易的章法,形成了流丽婉转的风格。

考题再现

【2019年·小学·单选】"唐宋八大家"不包括(　　)。
A.韩愈　　　　　　　B.白居易　　　　　　　C.苏轼　　　　　　　D.曾巩
【答案】B。

考点35 王安石

王安石,字介甫,号半山,封荆国公,是北宋时期也是中国历史上杰出的政治家、文学家、思想家、改革家,"唐宋八大家"之一。著有《临川先生文集》。代表作有散文《伤仲永》《答司马谏议书》《游褒禅山记》《祭欧阳文忠公文》等,诗歌《明妃曲二首》《书湖阴先生壁》《泊船瓜洲》《登飞来峰》《梅花》《元日》等,词作《桂枝香·金陵怀古》、《清平乐》(云垂平野)等。

王安石既重视诗歌的实际功用,也不忽视诗歌抒情述志的功能,偏重于抒写个人的情怀,反映的生活内容也较为丰富。

王安石前期的诗歌注重反映社会现实,长于说理,倾向性十分鲜明,涉及许多重大而尖锐的社会问题,关注下层人民的痛苦,替他们发出不平之声。王安石后期的隐居生活,使他的诗歌创作发生了变化。他流连、陶醉于山水田园中,抒发闲适情趣,大量的写景诗、咏物诗取代了前期的政治诗,他的诗风也从直截刻露转变为深婉不迫。题材与前期相比较为狭窄,但在艺术表现上却臻于圆熟,雅丽精绝,脱去流俗。

考题再现

【2019年·小学·单选】"一水护田将绿绕,两山排闼送青来"的作者是( )。

A.王安石　　　　　　　　　　　B.杜牧

C.白居易　　　　　　　　　　　D.杜甫

【答案】A。解析:题干诗句出自王安石的《书湖阴先生壁二首(其一)》,全诗为"茅檐长扫净无苔,花木成畦手自栽。一水护田将绿绕,两山排闼送青来"。

考点36　苏轼

苏轼,字子瞻,号东坡居士,北宋文学家、书画家,与其父苏洵、其弟苏辙合称"三苏"。以儒学体系为根本而浸染释、道的思想是苏轼人生观的哲学基础。苏轼能够以平常心对待一切变故,贬谪生涯使苏轼更深刻地理解了社会和人生,也使他的创作更深刻地表现出内心的情感波澜。苏轼在文学艺术方面堪称全才:其文汪洋恣肆,明白畅达,与宋代欧阳修合称"欧苏",为"唐宋八大家"和"千古文章四大家"之一,与唐代韩愈有"韩潮苏海"之称;其诗清新豪健,善用夸张、比喻,在艺术表现方面独具风格,与黄庭坚合称"苏黄";其词开豪放一派,对后世影响深远,与辛弃疾合称"苏辛";擅长行书、楷书,能自创新意,用笔丰腴跌宕,有天真烂漫之趣,与黄庭坚、米芾、蔡襄合称"宋四家"。代表作有《水调歌头》(明月几时有)、《念奴娇·赤壁怀古》、《江城子·密州出猎》、《赤壁赋》、《石钟山记》、《饮湖上初晴后雨》、《记承天寺夜游》等。

1.苏轼散文的特点

苏轼的散文创作极为丰富,成就极高,叙事、抒情、记游文字富有趣味,结构细密而思理自在;笔记小品文意境超然,韵味无穷;议论文论说技巧高超,善于变化,展现出开阔的思路。苏轼还有许多杂说、书札、序跋,往往夹叙夹议,兼带抒情,引人入胜。其共同特点是长于议论和抒情,行文能做到随物赋形,触处生春,既自然流畅,又摇曳多姿、富有变化。

2.苏轼词的艺术成就

①就填词而言,苏轼突破了"词为艳科""词以婉约为宗"等传统词学观念。苏轼使词由音乐的附属品转变为独立的抒情诗体,将与婉约风格截然不同的豪放风格带进了词中,为词的创作开辟了新的路径,从根本上改变了词史的发展方向,为词的进一步发展、繁荣创造了条件。

②苏轼在理论上破除了"诗尊词卑"的观念,提出了词须"自是一家"的创作主张。即追求壮美的风格和阔大的意境,作词应像作诗一样抒发自我真实的性情和独特的感受。

③苏轼扩大了词的表现功能,丰富了词的情感内涵,开拓了词境。将传统的表现女性化、表现爱情的柔情之词变革为表现男性化、表现性情的豪放之词,使词像诗一样可以充分表现作者的性情抱负和人格个性。苏轼的词中常常表现对人生的思考,这种对人生命运的理性思考,增强了词境的哲理意蕴。

④苏轼将诗的表现手法移植到词中,"以诗为词",大量运用题序和典故,丰富了词的审美内涵,发展了词的表现手法,对后来词的发展产生了重大影响。苏轼的许多作品都表现出奔放豪迈、倾荡磊落如天风海雨般的新风格,创造了一种新的美学风范。

考题再现

【2020年·小学·单选】下列词句不是出自苏轼的作品的一项是( )。

A.料峭春风吹酒醒,微冷,山头斜照却相迎

B.想当年,金戈铁马,气吞万里如虎

C.故国神游,多情应笑我,早生华发

D.会挽雕弓如满月,西北望,射天狼

【答案】B。解析：A项，词句出自苏轼的《定风波》(莫听穿林打叶声)。B项，词句出自辛弃疾的《永遇乐·京口北固亭怀古》。C项，词句出自苏轼的《念奴娇·赤壁怀古》。D项，词句出自苏轼的《江城子·密州出猎》。

考点37　李清照

李清照，号易安居士，宋代(南北宋之交)女词人，婉约词派代表人物之一，有"千古第一才女"之称。她的词被誉为"词家一大宗"。她的词分前期和后期。前期词作真实地反映了她的闺中生活和思想感情，题材集中于自然风光和离别相思，代表作品有《一剪梅》(红藕香残玉簟秋)、《如梦令》(昨夜雨疏风骤)等；后期词作主要是抒发伤时念旧和怀乡悼亡的情感，表达了自己在孤独生活中的浓重哀愁，代表作品有《声声慢》(寻寻觅觅)、《武陵春·春晚》等。

李清照从词的本体论出发，在理论上确立了词体的独特地位，提出了词"别是一家"的主张。"别是一家"，即词是一种不同于诗的独立的抒情文体，词对音乐性和节奏感的要求更为独特，既要有平仄之分，又要"分五音，又分五声，又分六律，又分清浊轻重"，以便"协律""可歌"。只有这样，词才能不被诗所替代，保持自身独立的文体特性，才能在文学之林中占有独立的地位。

考点38　陆游

陆游，字务观，号放翁，有"小李白"之称，南宋诗人，与杨万里、尤袤、范成大合称南宋"中兴四大诗人"。陆游创作的诗歌作品今存9000余首。陆游的词兼有豪放与婉约之风，杨慎谓其词"纤丽处似淮海(秦观)，雄慨处似东坡"。陆游著有《剑南诗稿》《渭南文集》《老学庵笔记》等，代表作有《十一月四日风雨大作》《游山西村》《临安春雨初霁》《书愤》《示儿》等。

陆游诗歌的特点主要有以下几点。

①陆游的诗歌作品主要有两大类：一类是爱国主题，悲愤激昂，抒发政治抱负，渴望为国家报仇雪耻，收复丧失的疆土，拯救沦陷的人民；一类是日常生活主题，闲适细腻，吟咏日常生活的深永滋味，玩味当前景物的曲折情状。

②陆游抒写抗金杀敌的豪情和对外敌仇恨的诗歌，风格雄奇奔放，沉郁悲壮，洋溢着强烈的爱国主义激情，在思想和艺术上取得了卓越成就。

③陆游性格豪放，胸怀壮志，追求雄浑刚健的诗风，鄙弃纤巧细弱的诗风。其诗歌兼有李白的飘逸豪放和杜甫的沉郁顿挫。

④陆游善写七言诗，诗歌语言平易晓畅，章法整饬谨严。

考题再现

【2020年·中学·多选】下列诗人中，属于宋代"中兴四大诗人"的是(　　)。

A.吕本中　　　　　　　　B.陆游
C.杨万里　　　　　　　　D.范成大
E.尤袤

【答案】BCDE。

考点39　辛弃疾

辛弃疾，字幼安，号稼轩，南宋军事将领、词人，豪放词派代表人物之一，与苏轼合称"苏辛"，与李清照合称"济南二安"。辛弃疾现存词600余首，著有《稼轩长短句》，今人辑有《辛稼轩诗文钞存》，代表作有《青玉案·元夕》《水龙吟·登建康赏心亭》《永遇乐·京口北固亭怀古》《破阵子·为陈同甫赋壮词以寄之》等。

辛弃疾平生以气节自负，以功业自诩，既有词人的气质，又有军人的豪情。他渴望上阵杀敌，尽展雄才伟略，却无奈官场失意，身负闲职。他作词有明确的创作主张，即弘扬苏轼的传统，借词抒怀，表现自我的行藏出处和精神世界。其词或抒写力图恢复国家统一的爱国热情，或倾诉壮志难酬的悲愤，或吟咏祖国河山，或谴责执政者的屈辱求和。情怀的雄豪激烈，意象的雄奇飞动，境界的雄伟壮阔，语言的雄健刚劲，构成了辛词独特的艺术个性和主导风格。

辛弃疾词作的艺术成就表现在以下几个方面。

①辛弃疾词作最主要的艺术特点就是其豪放的风格。多年的征战经历及中年后的郁郁不得志，使得辛词的豪放既有恣肆雄大的气魄，又有沉着内潜的气质。

②辛弃疾词作多用象征的创作手法，既拓展了词境，又强化了词的现实批判精神。

③辛弃疾开创了"以文为词"的新技法，将散文、辞赋的创作方式用于词中来营造语境，章法独特绝妙。他将经史子集中的大量词汇融入词中，巧妙引用典故，丰富了词的历史文化内涵。

考题再现

【2020年·小学·简答】辛弃疾词作的艺术成就是什么？
【参考答案】见正文。

考点40　文天祥

文天祥，字履善、宋瑞，号文山，又号浮休道人，南宋诗人、著名将领，与陆秀夫、张世杰并称"宋末三杰"。代表作品有《过零丁洋》《正气歌》《〈指南录〉后序》等。文天祥的诗歌收录在《文山先生全集》中。他的诗首次将国家命运与个人命运结合在一起，是一部名副其实的爱国主义奋斗史，也是继杜甫的作品之后的又一部"诗史"。

文天祥诗歌的特点具体表现在以下几个方面。

从内容上看，受生活环境的影响，文天祥前期诗歌大部分都是酬唱赠答与抒怀言志之作；后期的作品大多收录在《指南录》《指南后录》《吟啸集》《集杜诗》中，这一时期文天祥被元兵囚禁，但他的忠贞之心并未改变，创作量也很大，这一时期他的诗风主要是效法杜甫，以诗记时事，以诗记遭遇。

从语言上看，文天祥的诗歌大多直抒胸臆，能够以通俗易懂、口语化的语言表达出深刻的感情，使诗歌极富表现力。同时，文天祥的诗歌也多使用文学典故。在宋代，当时的理学派倡导质直诗风，文天祥又从小受儒家思想的影响，所以文天祥在诗歌创作中多使用比兴的手法。

考点41　关汉卿《窦娥冤》

关汉卿，字汉卿，号已斋叟，元代杂剧作家，与马致远、郑光祖（一说王实甫）、白朴并称"元曲四大家"，被誉为"曲家圣人"。关汉卿著名的作品有《单刀会》《窦娥冤》《救风尘》《望江亭》《拜月亭》《鲁斋郎》《五侯宴》等。

关汉卿生性开朗通达，胸襟开阔，其作品既是对封建价值观念的挑战，也是狂傲倔强、疏放自尊的人生态度的自白。关汉卿的杂剧作品以完整的戏剧形态摆脱了宋金杂剧相对散漫的结构方式，是元杂剧走向文体成熟的重要标志。他借助杂剧，深刻揭露社会的腐败与黑暗，将受迫害者的痛苦经历和他们的悲惨命运描述出来；赞扬了卑贱者奋起抗击邪恶、善用智慧、见义勇为的非凡气概和坚毅品格。其创作思想蕴含着热切的人道主义情怀。

1. 关汉卿杂剧的艺术特点

①关汉卿的杂剧内容具有高度的现实性和强烈的反抗精神，弥漫着昂扬的战斗精神。其作品题材广泛，形式多样，杂剧作品中有悲剧，有喜剧，有英雄事迹，有爱情故事，有家庭妇女问题，有官场公案，大多反映丰

富广阔且真实具体的社会生活，深刻地揭示出社会各方面的矛盾，充溢着浓郁的时代气息，既揭露了官场的黑暗，又热情讴歌了人民的反抗斗争精神，对不幸者寄予了深厚同情，具有高度的思想性与艺术性。慷慨悲歌，乐观奋争，构成了关汉卿剧作的基调。

②关汉卿杂剧剧本能根据主题需要而剪裁取舍，情节安排紧凑，布局引人入胜，主线清晰，节奏紧凑，不全采用大团圆结局的惯例。

③关汉卿塑造的人物个性鲜明，有血有肉。他笔下的窦娥、赵盼儿等人物形象均栩栩如生。

④关汉卿善于驾驭语言，语言风格与题材互相配合，吸收了民间文学的土语方言及古典诗词的鲜活字词，并加以提炼，恰如其分地反映出剧中人物的身份性格，也善于烘托渲染，充分展现元杂剧"本色"。

2.《窦娥冤》

《窦娥冤》全称《感天动地窦娥冤》，是我国古代悲剧的代表作，讲述了窦娥从幼时被父亲抵给蔡婆婆做童养媳到蒙冤被杀，再到沉冤昭雪的全过程。作品紧扣当时的社会现实，真实而深刻地反映了当时中国社会极端黑暗、残酷、混乱的现实，表现了平民坚强不屈的斗争精神和争取独立生存的强烈要求。该作品成功地塑造了"窦娥"这个悲剧形象，使其成为元代被压迫、被剥削的妇女的代表，成为元代社会底层善良、坚强、敢于反抗的妇女的典型。

窦娥是一位具有悲剧性格的人物。在与张驴儿对簿公堂时，为了使蔡婆婆免受毒打，窦娥忍受着屈辱和不公，含冤招认，无辜受罪。她的悲剧是孝顺与抗争对立统一的结果，是张驴儿的蛮横行径与官府的颠倒黑白造成的。她的悲剧性格是在与张驴儿等恶势力的斗争中逐渐显现出来的。窦娥的遭遇，是典型的善良的弱者被推向深渊的过程。

《窦娥冤》中造成主人公悲剧命运的原因有以下几点。

①封建礼教的束缚与毒害是造成窦娥悲剧的重要原因。

窦娥是封建礼教的牺牲品，她三岁丧母，七岁被卖作童养媳，十七岁丧夫，此后她也没有选择重新生活，而是固守"从一而终"的贞节观，成了"三从四德"的样板。她忠贞地为名义上的丈夫守节，替死去的丈夫尽孝道，为之后受侮辱、受冤屈等种种遭遇埋下伏笔。

②元代社会的黑暗现实是造成窦娥悲剧的根本原因。

关汉卿在作品中通过对典型环境的描写，让我们看到了一幅幅暗无天日的社会图景：元代法制极不公平，吏治也腐朽到了极致，"豺狼"横行、黑暗势力丝连线接，窦娥所追求的正义和光明在当时根本无法实现。这样极端的残害最终也会得到极端的报复。窦娥纵使冤死也要化作鬼魂来为普天下的受害者鸣冤叫屈，在被压迫者的心中播撒下抗争的火种。

因此，窦娥的悲剧不仅仅是个人的悲剧，更是一个时代的悲剧，一个社会的悲剧。究其悲剧的根源，封建官吏及黑暗社会是刽子手，封建礼教是杀害窦娥的无情帮凶。

考题再现

【2021年·小学·判断】关汉卿、马致远、郑光祖、王实甫被称为"元曲四大家"。（　　）

【答案】×。解析：关汉卿、马致远、白朴、王实甫（一说郑光祖）被称为"元曲四大家"。

考点42　王实甫《西厢记》

王实甫，名德信，元代著名杂剧作家，与关汉卿齐名。王实甫著有杂剧14种，现存《西厢记》《丽春堂》《破窑记》完本和《贩茶船》《芙蓉亭》曲文各一套。王实甫将唐诗宋词精美的语言和元代民间生动活泼的口头语言融合在一起，创造了文采璀璨的元曲词汇，成为中国戏曲史上"文采派"最杰出的代表。

《西厢记》讲述了书生张生在寺庙中遇见崔相国之女崔莺莺，两人产生爱情，历经坎坷，在婢女红娘的帮助下，最终冲破封建礼教束缚而结合的故事。《西厢记》结尾处"愿普天下有情的都成了眷属"的美好愿望，是中国文学史上首次对这一思想做出的正面表达,展现了作者反对封建礼教、封建婚姻制度、封建等级制度,鼓舞青年男女为争取爱情自由、婚姻自主而抗争的进步主张。

《西厢记》代表元代戏曲创作的最高水平,是元杂剧的"压轴之作",不仅表现了反对封建礼教和封建婚姻制度的进步思想,还在戏剧冲突、结构安排、人物塑造等方面都取得了极高的艺术成就。《西厢记》的结构规模在中国戏剧史上是空前的,它突破了元杂剧的一般惯例,用鸿篇巨制来表现一个曲折动人的完整的爱情故事。文辞优美,诗意浓厚,曲文感情色彩强烈,富有节奏美,历来为人们所传颂。《西厢记》最为突出的艺术成就是成功地塑造了栩栩如生、性格各异的人物形象。

①崔莺莺是一个性格深沉内向、内心热烈,表面幽静矜持,实则敢于大胆反抗封建传统的少女形象。她重情义而轻名利,热情而冷静,在追求爱情的过程中,因长期受到封建礼教的熏陶,加上对红娘有所顾忌,又显得聪明而狡狯。

②张生是一个对爱情专一的"志诚种"。他才华出众、风流潇洒,面对爱情时却鲁莽痴迂。他以自己的志诚和专一赢得了崔莺莺的爱慕,也赢得了爱情的最后胜利。张生的形象体现了作者"愿普天下有情的都成了眷属"的美好理想。

③红娘是一个淳朴善良、耿直机敏的侍女形象。红娘虽出身低贱,却非常有主见,她淳朴善良,聪明机智,勇敢泼辣,热情而富有正义感,不仅促成崔张二人的结合,而且勇敢地与老夫人进行斗争并取得了最后的胜利。

考题再现

【2020年·中学·单选】代表元代戏曲创作最高水平的作品是(　　)。
A.《梧桐雨》　　　　　　　　　　　B.《金线池》
C.《西厢记》　　　　　　　　　　　D.《汉宫秋》
【答案】C。解析:A项,《梧桐雨》是元代白朴创作的杂剧。B项,《金线池》是元代关汉卿创作的杂剧。C项,《西厢记》是元代王实甫创作的杂剧,表现出舞台艺术的完整性,代表了元代戏曲创作的最高水平。D项,《汉宫秋》是元代马致远创作的杂剧。

考点43 《三国演义》

《三国演义》是《三国志通俗演义》的简称,是中国第一部长篇章回体历史演义小说,我国古典文学"四大名著"之一,约成书于明初,作者罗贯中。小说以战争为主,描写了从东汉末年到西晋初年近百年的历史,大致分为黄巾之乱、董卓之乱、群雄逐鹿、三国鼎立、三分归晋五个部分。该作品在广阔的背景中,描绘了一幕幕波澜起伏、气势磅礴的战争场面。

1.《三国演义》的思想内容

①《三国演义》以儒家的政治道德观念为核心,政治上向往"仁政",人格上重道德,才能上尚智勇,具有明显的"拥刘反曹"倾向。这在一定程度上表现了对导致天下大乱的昏君贼臣的痛恨和对创造清平世界的明君良臣的渴慕。

②《三国演义》在人格构建上的价值取向,是恪守以"忠义"为核心的伦理道德规范。全书写人论事,善恶分明,不分派别,不问出身,均以"忠义"为标准区分善恶,评定高下。

③《三国演义》在悲怆和迷惘中追寻传统文化精神,具有悲剧美。作者从儒家的政治道德观念出发,融合了千百年来人民大众对于明君贤臣的渴望心理,把刘备、诸葛亮等人作为美好理想的寄托。但事与愿违,历史的最终结果是暴政战胜了仁政,奸邪压倒了忠义。

2.《三国演义》的艺术成就

①特征化性格的艺术典型。《三国演义》善于抓住人物的主要特征,突出其某一方面,运用对比、衬托的

方法,使人物个性鲜明生动,形象丰富饱满,性格具有特征化。

②虚与实的结合。《三国演义》利用虚实结合的手法进行创作。作品基于三国史实的基干和框架,按照一定的政治道德观念重塑历史,根据一定的美学理想进行艺术的创造,使实服从于虚,描绘了一幅波澜壮阔、气势恢宏的历史画卷。

③非凡的叙事才能。《三国演义》在叙事时,将各个空间分头展开的故事化成以时间为序的线性流程,以汉亡为引,以晋国一统天下为结局,以魏、蜀、吴三方的兴亡为主线,以魏、蜀的矛盾斗争为主干来组织全书的故事情节,形成了宏伟壮阔、严密精巧、脉络分明的结构。

④全景式的战争描写。《三国演义》长于描述战争,描写战争时间长、次数多、形式多,充分表现了战争的复杂性和多样性;既写出了战争的激烈、紧张、惊险,又不显得凄惨,具有昂扬的格调,堪称"全景性军事文学作品"。

⑤历史演义体语言。《三国演义》所用的语言是"文不甚深,言不甚俗"的浅近文言,作品偏叙述而少描写,叙述语言以粗笔勾勒为主,简洁明快,生动有力,形成了一种适用于历史演义的独特的语体风格。

考点44 《水浒传》

《水浒传》又名《忠义水浒传》,作于元末明初,是我国古典文学"四大名著"之一,是中国历史上最早用白话文写成的章回体小说,一般被认为是施耐庵作,罗贯中编次。小说以宋江领导的起义为主要内容,通过一系列梁山英雄反抗压迫、英勇斗争的生动故事,塑造了108位个性鲜明的梁山英雄形象,批判了北宋末年统治阶级的腐朽和残暴,揭露了当时尖锐对立的社会矛盾和"官逼民反"的残酷现实。按120回本计,前70回分别讲述众多好汉上梁山的前因后果,后50回主要讲述以宋江为首的梁山众人接受招安为朝廷效力,最终却被奸臣所害的过程。

1.《水浒传》的主题思想

①《水浒传》广泛而深刻地描绘了封建统治阶级中贪官污吏的种种恶行,揭示了"官逼民反"和"替天行道"的主题思想,是一曲以"忠义"为主旋律的悲歌。

②作为一部英雄传奇小说,《水浒传》歌颂了反抗压迫和黑暗势力的英雄的智慧与真诚,肯定了他们反抗贪官污吏斗争的正义性及合理性。小说中的鲁智深、李逵等人物不拘礼法,不计名利,"任性而行,率性而动",他们的精神中带有一定的市民意识,小说也带有一种特殊的江湖豪侠气息。

③《水浒传》客观上展示了我国封建社会中的一场农民起义运动,是一部悲壮的农民起义的史诗。作者站在起义英雄的立场上,揭示了封建社会的基本矛盾,希望封建统治者面对现实,吸取教训。

2.《水浒传》的人物塑造

①《水浒传》采用在民间口语的基础上加以提炼、净化的文学语言,塑造了一大批传奇英雄,标志着我国古代运用白话语体创作小说已经成熟,对整个白话文学的发展具有深远的意义。

②《水浒传》注意多层次地刻画人物性格,能够将性格类似的人物写得不相同,善于运用对比、夸张、细节描写等手法,塑造个性鲜明、有血有肉的典型人物形象。

③在塑造人物时,作者既植根于现实,又把自己的爱憎感情熔铸在人物身上,使他们具有叱咤风云的英雄气概和不畏艰险的乐观精神,结合了现实主义和浪漫主义的写作手法。这样就使得传奇性与现实性结合了起来,增强了作品的生活气息和真实感。

④《水浒传》善于把人物置身于真实环境中,紧扣人物的身份、经历、遭遇,成功地塑造了李逵、鲁智深、林冲、武松等众多鲜明的英雄形象。而在英雄人物的塑造上,总是把人物置于生死存亡的紧要关头,以其行为和语言表现其性格特点。

知识拓展

表1-4-1 《水浒传》主要人物及其绰号

人物	绰号	人物	绰号	人物	绰号	人物	绰号
宋江	及时雨	朱仝	美髯公	阮小二	立地太岁	王英	矮脚虎
卢俊义	玉麒麟	杨志	青面兽	阮小五	短命二郎	扈三娘	一丈青
吴用	智多星	鲁智深	花和尚	阮小七	活阎罗	鲍旭	丧门神
公孙胜	入云龙	武松	行者	张顺	浪里白条	穆春	小遮拦
关胜	大刀	刘唐	赤发鬼	杨雄	病关索	周通	小霸王
林冲	豹子头	李逵	黑旋风	石秀	拼命三郎	施恩	金眼彪
秦明	霹雳火	史进	九纹龙	解珍	两头蛇	白胜	白日鼠
呼延灼	双鞭	穆弘	没遮拦	解宝	双尾蝎	时迁	鼓上蚤
花荣	小李广	雷横	插翅虎	燕顺	锦毛虎	顾大嫂	母大虫
柴进	小旋风	燕青	浪子	吕方	小温侯	孙二娘	母夜叉

考点45 汤显祖《牡丹亭》

汤显祖，江西临川人。中国明代戏曲家、文学家。其在戏曲创作方面，反对拟古和拘泥于格律。代表作《牡丹亭》（又名《还魂记》）、《邯郸记》、《南柯记》、《紫钗记》，合称"玉茗堂四梦"，又称"临川四梦"。四部作品中，以《牡丹亭》最为著名。在戏曲史上，汤显祖和关汉卿、王实甫齐名，在中国乃至世界文学史上有着重要的地位，被誉为"东方的莎士比亚"。

《牡丹亭》是汤显祖艺术成就最高的一部剧作。该剧通过描写杜丽娘为情而死，又因情而复生，最终与柳梦梅永结同心的故事，表现了青年男女对爱情的大胆追求和坚决反对封建礼教的精神，揭露、批判了程朱理学"存天理、灭人欲"的虚伪和残酷，对封建社会没落时期思想文化专制造成了强烈的冲击。

《牡丹亭》是一部具有浪漫主义风格的传奇作品，其浪漫主义情调主要表现在以下几个方面。

①奇幻与现实的紧密结合。《牡丹亭》中的天上地下、虚实奇正达到了一种从心所欲的境界。理想与现实的融合，提醒人们要做现实中的浪漫主义者和理想中的现实主义者。

②强烈的主观精神追求和浓郁的抒情色彩。《牡丹亭》中的《惊梦》《寻梦》《写真》《闹殇》等场次都是杜丽娘情感抒发的展现，表达了杜丽娘对自由和个性解放的追求，具有强烈的主观性。

③《牡丹亭》又是一部兼悲剧、喜剧、趣剧和闹剧因素于一体的复合戏。这种悲喜交融、彼此映衬的戏曲风格，正是富有中国戏曲特色的浪漫精神的具体呈现。

《牡丹亭》塑造了杜丽娘和柳梦梅两个典型的人物形象。

杜丽娘——《牡丹亭》中描写得最成功的人物形象。在她身上有着强烈的叛逆情绪，这不仅表现在她为寻求美满爱情所做的不屈不挠的斗争，也表现在她对封建礼教给妇女安排的生活道路进行的反抗。作者细致地描写了她的反抗性格的成长过程。

柳梦梅——一个满腹才华但又存在着较浓厚的功名富贵庸俗思想的青年。在爱情上，他始终如一，具有不畏强暴、刚强坚毅的反抗性格。

考题再现

【2020年·中学·单选】"杜丽娘"是哪部作品中的人物形象？（ ）

A.《连环记》　　B.《牡丹亭》　　C.《琵琶记》　　D.《西厢记》

【答案】B。

考点46 《西游记》

《西游记》是我国古典文学"四大名著"之一，作者是明代的吴承恩。小说主要描写了唐僧师徒西天取经，途中历经九九八十一难，最终取得真经的故事。《西游记》不仅内容极其丰富，故事情节完整严谨，而且人物塑造鲜活丰满，想象多姿多彩，语言也朴实通达。更为重要的是，《西游记》在思想境界、艺术境界上都达到了前所未有的高度。

1.《西游记》的哲理意蕴

《西游记》这部神魔小说，没有直接地抒写现实生活，与史前的原始神话也不同。这部小说在神幻奇异的故事之中，诙谐滑稽的笔墨之外，蕴含着某种深意和主旨。

①《西游记》借孙悟空的形象宣扬了"三教合一"的心学思想，也就是使受外物迷惑而放纵不羁的心，回归到良知的自觉境界，表达了对人性自由的向往和对自我价值的肯定。

②孙悟空大智大勇的英雄精神及其为理想而奋斗到底的献身精神和强烈的个性精神，是有个性、有理想、有能力的人性美的象征。《西游记》在游戏中呼唤这样的英雄出现，实际上也折射出了作者渴望建立"君贤臣明"的王道之国的政治理想。

③《西游记》整体的内涵是十分丰富的，它既有总体性的寓意，也有局部性的象征。《西游记》借唐僧师徒在取经路上经历的八十一难，折射出人间现实社会的种种情况，表达了对现实的不满和改变现实的愿望。

2.《西游记》的艺术特色

《西游记》是用浪漫主义创作方法创作的一部长篇章回体神魔小说，代表着浪漫主义文学的高峰。《西游记》的艺术特色主要表现在以下几个方面。

①《西游记》以丰富的想象、极度的夸张，突破时空与生死，突破神、人、魔的界限，创造了一个光怪陆离、神异奇幻的境界，构筑了一个统一和谐的艺术整体，展现出奇幻美。而小说在展现"极幻"的同时，又充满极真之情，寓有极真之理。

②《西游记》在尖锐的矛盾冲突中，巧妙结合故事情节，将人物置于日常的平民社会中，多角度、多色调地表现人物复杂的内心世界，突出刻画人物的性格，使其有血有肉，栩栩如生，做到了物性、神性与人性的统一。

③《西游记》"以戏言寓诸幻笔"，中间穿插大量的游戏笔墨，使全书充满着喜剧色彩和诙谐气氛。

考点47 《金瓶梅》

《金瓶梅》是中国文学史上第一部文人独立创作的白话长篇小说，与《三国演义》《水浒传》《西游记》合称明代"四大奇书"。一般认为《金瓶梅》成书于明万历前中期，作者是兰陵笑笑生（《金瓶梅词话》）。小说以《水浒传》中武松杀嫂的故事为引，通过描述兼有官僚、恶霸、富商三种身份的封建时代市侩势力的代表人物西门庆及其家庭的罪恶生活，记叙他巧取豪夺、横行乡里、荒淫无耻的种种恶行，揭露了明代中叶社会的黑暗和腐败。

《金瓶梅》的艺术创新主要表现在以下几个方面。

①在创作题材上，将我国古典小说的描述对象从英雄豪杰、神仙妖魔转向家庭生活、平凡人物。它是中国古代第一部以家庭生活和世态人情为题材的长篇小说，主要通过普通人物的人生际遇来表现社会的变迁，具有强烈的现实性、明确的时代性。这标志着我国古代小说艺术的渐趋成熟和现实主义创作方法的重大发展，为此后的世情小说开辟了广阔的道路，并使之成为此后小说的主流。

②在创作主旨上，从立意歌颂理想变为着重暴露黑暗，从表现美转为表现丑。《金瓶梅》之前的长篇小说，在批评社会黑暗的同时，更多的是着力讴歌美好的理想，表现出浓厚的浪漫主义色彩。而《金瓶梅》则实现了中国古代小说审美观念的大转变，极写世情之恶、生活之丑，是一部彻底的暴露文学。它在表现丑的时

候,常常用白描手法,揭示人物言行之间的矛盾,达到强烈的讽刺效果,这种写法对此后的讽刺文学有极大的影响。

③在人物塑造上,从单色调变为多色调,从平面化转向立体化。《金瓶梅》的叙事重心从以往的以组织安排故事为主转向以描写人物为主,并且克服了先前小说人物性格单一化、凝固化的倾向,注重多方面、多层次地刻画人物性格,能细致入微地揭示人物复杂的内心世界。在一些人物形象中出现了美丑并存的矛盾组合,写出了人物性格的丰富性、流动性。

④在叙事结构上,从线性发展转向网状交织。《金瓶梅》从生活的复杂性出发,发展为网状结构。全书围绕西门庆一家的盛衰史展开,并以之为中心辐射到整个社会,使全书组成一个一脉相连、情节相通的生活之网,既千头万绪,又浑然一体。

⑤在语言艺术上,从说书体语言发展为市井口语。《金瓶梅》运用鲜活生动的市民口语,充满着浓郁淋漓的市井气息,尤其擅长用个性化的语言来刻画人物,神情口吻无不毕肖。

考点48 《聊斋志异》

《聊斋志异》共收录短篇小说近500篇,是清代蒲松龄(世称"聊斋先生")创作的文言短篇小说集。《聊斋志异》中的多数作品通过谈狐说鬼,对当时社会的腐败、黑暗进行了有力批判,在一定程度上揭露了社会矛盾,表达了人民的愿望,但其中也夹杂着一些封建伦理观念和因果报应的宿命论思想。作品成功地塑造了众多的艺术典型,人物形象鲜明生动,故事情节曲折离奇,结构布局严谨巧妙,文笔简练,描写细腻,堪称中国古典文言短篇小说之巅峰。鲁迅在《中国小说史略》中评价此书是"专集之最有名者";郭沫若为蒲氏故居题联,赞蒲氏著作"写鬼写妖高人一等,刺贪刺虐入骨三分";老舍评价蒲氏"鬼狐有性格,笑骂成文章"。

考点49 《儒林外史》

《儒林外史》是由清代吴敬梓创作的一部长篇章回体小说,也是我国文学史上一部杰出的现实主义长篇讽刺小说,奠定了我国古典讽刺小说的基础。小说取材于现实士林,主要描写了封建社会后期知识分子及官绅的生活和精神面貌,批评讽刺了封建科举制度对士人灵魂的腐蚀和毒害,对封建科举制度下知识分子的命运进行了深刻的思考和探索。

《儒林外史》的叙事艺术主要表现在以下几个方面。

①《儒林外史》突破了传统通俗小说靠紧张的情节互相勾连、前后推进的通常模式,采取了编年和纪传相结合的方法,以时间为序,结合作者自己的经历、经验和思考,把"片段的叙述"贯穿在一起,写出了一代二三十个人物的情状,创造了一种长篇小说的独特结构。鲁迅先生概括说:"惟全书无主干,仅驱使各种人物,行列而来,事与其来俱起,亦与其去俱讫,虽云长篇,颇同短制;但如集诸碎锦,合为帖子,虽非巨幅,而时见珍异,因亦娱心,使人刮目矣。"

②《儒林外史》摆脱了传统小说的传奇性,淡化了故事情节,主要通过精细的白描再现客观生活,塑造人物。《儒林外史》所写的人物更贴近人的真实面貌,人物性格摆脱了类型化,被赋予丰富的个性,写出了人物内心世界的复杂性。在有限的情节里,体现出人物性格的非固定性,即性格的发展变化。

③《儒林外史》中对自然景物的描写舍弃了章回小说长期沿袭的模式化、骈俪化的韵语,运用口语化的散文,对客观景物做了精确的、不落俗套的描写。

④《儒林外史》改变了传统小说中说书人的评述模式,以第三人称隐身人客观观察的叙事方式,给读者提供一个观察角度,大大缩短了小说人物形象与读者之间的距离。

⑤《儒林外史》将讽刺艺术发展到了一个新的境界。吴敬梓在《儒林外史》中能针对不同人物做不同程度、不同方式的讽刺,反映了严格的现实主义精神,他的讽刺艺术是从生活的实际出发,而不是从概念和公式出发的。吴敬梓能够真实地展现出讽刺对象中悲喜交织的二重结构,显示出滑稽的现实背后隐藏着的悲

剧性内蕴。

考点50 《红楼梦》

《红楼梦》又名《石头记》，共120回，前80回为曹雪芹所作，后40回一般认为是高鹗续作。小说以贾、王、史、薛四大家族的兴衰为背景，以贾府的家庭琐事、闺阁闲情为中心，以贾宝玉、林黛玉、薛宝钗的爱情婚姻故事为主线，描写了"金陵十二钗"的人性美和悲剧美，歌颂追求光明的叛逆者，通过叛逆者的悲剧命运预见封建社会必然走向灭亡，揭示出封建社会末期的危机。《红楼梦》是一部具有世界影响力的人情小说，举世公认的中国古典小说巅峰之作，中国封建社会的百科全书，传统文化的集大成者。

1.《红楼梦》的叙事艺术

①《红楼梦》将写实与诗化完美融合。作者用诗人的敏感去感受生活，将自己的人生体验诗化，使作品婉约含蓄。他笔下的生活既现实又充满了诗意朦胧的甜美感，既写实又理想，既悲凉慷慨又充满激情和深刻的思考。作品借景抒情，移情于景，从而创造出诗画一体的优美意境，使得作品的叙事具有一种空灵、高雅、优美的风格。而象征手法的运用，给读者留下了更多想象的空间，也让作品充满诗意。

②结构上，比较彻底地突破了中国古代小说单线结构的方式，采用多条线索齐头并进、交相联结又互相制约的网状结构。全书通过僧道携石的神话世界、大观园内的理想世界、贾府及封建社会的现实世界这样三个世界的立体交叉重叠构成了宏大的布局结构。

③《红楼梦》改变了说书人全知角度的叙述，以多角度复合叙述，将作者与叙述者分离，第一次自觉采用了颇有现代意味的叙述人叙事方式，有利于体现作家的个人风格，展示人物的真实面貌，从而达到人物个性化的目的。

④《红楼梦》在语言上，采用接近口语、通俗浅显的北方官话，用词准确生动，新鲜传神，简洁纯净，自然流畅，准确精美，具有浓厚的生活气息和强烈的感染力。

2.主要人物形象

（1）贾宝玉

贾宝玉是一个极为复杂的形象，他不满贵族阶级的出身和生活，却又不知道什么是更有意义的生活，因而常常陷入矛盾和苦闷当中。这也刺激了他在思想和行动上对一系列封建制度的怀疑和否定。他对八股文深恶痛绝，不肯入仕，不愿同官场人物交际，却对封建社会最底层的艺人和奴婢怀有深深的同情。他追求自由的爱情生活，却又多少夹杂了些纨绔习气。

（2）林黛玉

林黛玉同封建社会的矛盾斗争集中表现在她同贾宝玉的恋爱上。她热烈追求爱情自由，但她的内心又因封建礼教的束缚而不断地受到煎熬。她既渴望贾宝玉向她诉衷肠，却又在贾宝玉真的向她袒露爱意时，"气得说不出话来"，认为那是"说胡话"。林黛玉的爱情具有极大的悲剧性。

（3）王熙凤

王熙凤是全书刻画得最为成功的形象之一。她精明能干，威重令行，又巧于应酬。她辛苦支撑贾府的目的是满足自己的权力欲望，让这个家庭供其支配和剥削。"机关算尽太聪明，反误了卿卿性命"，最终她也在这个大家庭的没落中走向了毁灭。

考点51 李汝珍《镜花缘》

李汝珍，字松石，号松石道人，清代小说家。他博学多才，精通文学、音韵等，现存最著名的作品是《镜花缘》。

《镜花缘》前半部分描写了唐敖、多九公等人乘船在女儿国、君子国、无肠国等国游历的故事。后半部分写了武则天科举选才女，由百花仙子托生的唐小山及其他各花仙子托生的一百位才女考中，并在朝中有所作为的故事。小说表现出了对妇女的地位、境遇的关注与思考，表现了男女平等的思想，以及对不人道的封建恶俗的抗议。

> **考题再现**
>
> 【2020年·中学·单选】《镜花缘》的作者是（　　）。
> A.李汝珍　　　　　　　　　　　　B.蒋士铨
> C.吴敬梓　　　　　　　　　　　　D.龚自珍
> 【答案】A。

第二节　中国现当代文学

一、中国现当代文学流派

考点1　文学研究会

文学研究会是中国现代文学史上最早出现的新文学社团。它于1921年1月在北京成立，由周作人、朱希祖、蒋百里、郑振铎、耿济之、瞿世英、郭绍虞、孙伏园、沈雁冰（茅盾）、叶绍钧、许地山、王统照等12人发起，包括朱自清、冰心、老舍、鲁彦、庐隐、丰子恺等170余名会员。文学研究会创办的刊物有《小说月报》和《诗》（月刊）等。该会以"研究介绍世界文学，整理中国旧文学，创造新文学"为宗旨，提倡"为人生"的现实主义文学，反对"将文艺当作高兴时的游戏或失意时的消遣"。文学研究会在理论批评上也取得了很大的成就，特别是沈雁冰和郑振铎的一些相关文章对中国新文学的创作、现代文学批评的构建和现实主义理论的传播都有重要影响。

> **考题再现**
>
> 【2019年·小学·名词解释】文学研究会
> 【参考答案】见正文。

考点2　创造社

创造社于1921年6月在日本东京正式成立，最早的成员有郭沫若、张资平、郁达夫、成仿吾等。创造社的文学活动以五卅运动为界，分为前后两期。前期的文学作家们受欧洲启蒙主义与浪漫主义、新浪漫主义文学思潮的影响，主张"为艺术而艺术"，强调文学应该忠实地表现作者"内心的自然的要求"，追求文学的"全"与"美"，推崇文学创作的灵感、直觉与天才，强调文学应担负起"时代的使命"。这一时期的创造社创办了《创造》季刊、《创造周报》、《创造日》、《洪水》等刊物。后期增加了李初梨、冯乃超、彭康、阳翰笙等成员，他们提倡"表同情于无产阶级"的革命文学，出版了《创造月刊》《文化批判》《流沙》等刊物。

考点3　语丝派

语丝派是五四文学革命后出现的文学流派。它因1924年11月在北京创办的《语丝》周刊而得名，代表作家有鲁迅、周作人、林语堂、钱玄同、孙伏园等。《语丝》周刊多发表短小犀利的杂感、短评与随笔，开展社会批评和文化批评。其特色如鲁迅所说"任意而谈，无所顾忌，要催促新的产生，对于有害于新的旧物，则竭力加以排击",因而形成了风格泼辣幽默的"语丝体"。

考点4　新月诗派

新月社正式成立于1924年,是五四运动后一个重要的文化团体,主要成员包括胡适、梁实秋、徐志摩、闻一多、陈源(陈西滢)、朱湘等。1925年10月,徐志摩主编《晨报副刊》,1926年4月,编辑出版新月诗派代表性刊物《诗镌》,新月诗派开始形成。新月诗派中有闻一多、徐志摩等一大批有才华、有成就的诗人,以提倡新格律诗而独树一帜,因此又称其为"新格律诗派"。闻一多提出了著名的"三美"主张,即"音乐美"(音节)、"绘画美"(辞藻)、"建筑美"(节的匀称和句的整齐)。

考点5　象征诗派

作为一个诗歌流派,初期象征诗派并没有发表过共同的理论主张。但从这一流派诗人所发表的艺术见解来看,其的确表现出了不同于初期白话诗的美学原则。他们强调艺术必须表现自我,以个人的内心世界为美的最高追求,主张诗是"个人灵感的记录表,是个人陶醉后引吭的高歌"。此外,他们强调诗歌的象征和暗示的方法,强调诗歌语言的音乐美和色彩美。他们针对五四初期新诗过分散文化而缺少艺术锤炼的问题,提出了诗歌语言"音"与"色"结合的美学主张。他们追求"音"与"色"的交错,认为这是"最高的艺术"。象征诗派的代表诗人有李金发、王独清、穆木天、冯乃超等。

考点6　七月诗派

七月诗派是抗日战争时期和解放战争时期国统区重要的现实主义诗歌流派。七月诗派受艾青、田间创作的影响,以理论家兼诗人胡风为中心,以知识分子为主体,代表诗人有绿原、阿垅、鲁藜、孙钿等,基本阵地是《七月》和《希望》等刊物。七月诗派的共同特征:提倡革命现实主义传统,把诗中所体现的美学上的斗争与人的社会职责和战斗任务联系起来;强调发扬主观战斗精神去能动地影响、改造现实;采用自由体诗的形式,追求诗的散文美。代表作品有阿垅的《纤夫》、绿原的《给天真的乐观主义者们》、鲁藜的《泥土》、曾卓的《铁栏与火》、牛汉的《鄂尔多斯草原》等。七月诗派是抗日战争时期和解放战争时期影响广大的诗歌流派,其诗风质朴、雄浑,把自由体新诗推向了一个新的高峰。

> **考题再现**
>
> 【2021年·小学·单选】七月诗派的形成,受(　　)和艾青诗歌创作的影响。
> A.穆旦诗歌　　　　　　　　　　　B.路翎创作
> C.胡风理论　　　　　　　　　　　D.殷夫理论
> 【答案】C。

考点7　论语派

论语派因《论语》半月刊而得名,代表人物为林语堂,主要刊物有《论语》《人间世》《宇宙风》。论语派提倡幽默、闲适、性灵;主张"以自我为中心,以闲适为格调",采取与政治保持距离的自由主义立场,其刊物以刊登小品文为主。

考点8　东北作家群

东北作家群是指"九一八"事变以后,一群从东北流亡到关内的文学青年自发地开始文学创作的群体。他们的作品反映了东北人民故土沦陷、山河破碎的悲惨遭遇,表达了对侵略者的仇恨、对父老乡亲的怀念及早日收回国土的强烈愿望,具有激昂、悲愤的感情色彩。他们的作品写出了东北的风俗民情,显示了浓郁的乡土气息。东北作家群的主要作家有萧军、萧红、舒群、端木蕻良等,代表作有萧红的《呼兰河传》《生死场》,萧军的《八月的乡村》等。

考点9　中国左翼作家联盟

中国左翼作家联盟,简称左联,是第二次国内革命战争时期中国共产党领导的革命文学界的组织,它于1930年3月2日在上海成立。领导成员有鲁迅、夏衍、冯乃超、田汉、钱杏邨、郑伯奇、洪灵菲等。左联创办的刊物有《拓荒者》《萌芽》《北斗》《文学月报》等。左联提倡文艺大众化,宣传无产阶级文艺思想,同反动文学团体坚决斗争。左联的成立,标志着革命文学发展到一个新阶段。1936年,左联宣布自动解散。

考点10　现代评论派

现代评论派因1924年创办的《现代评论》周刊得名。其成员多是欧美留学归国的自由主义知识分子,主要代表人物有胡适、陈西滢、徐志摩等。他们以《现代评论》为主要阵地,支持北洋军阀当局,诬蔑群众革命运动。1927年7月,《现代评论》迁至上海,遂由依附于北洋政府转而投靠国民党政权。

考点11　京派

文学史上原本不存在一个以"京派"命名的文学团体,"京派"也不是严格意义上的流派。"京派"一词,源于1933年文坛上关于"海派"与"京派"的论争。1930年前后,新文学中心南移上海,继续在北平活动的一批自由主义作家便被称为"京派"作家,代表人物除沈从文外,还有周作人、杨振声、俞平伯、废名、叶公超、林徽因等。他们标举健康与纯正,反对文学政治化、商业化,关注乡村世界,善于表现人性的美好。他们讲求"情感的节制与艺术技巧的恰当",追求题材的新鲜,作品表现出自然、平和、质朴的风格。

考点12　新感觉派

新感觉派是20世纪20年代末至30年代前半期产生的一个现代主义小说流派,主要作家有施蛰存、刘呐鸥、穆时英、黑婴等。新感觉派创办的刊物有《无轨列车》《现代》等。新感觉派小说受日本新感觉派小说的影响,属于海派小说的一支。新感觉派小说运用通感,借鉴了来自西方的意识流的小说结构和人物塑造的方法,创造出独特的心理型的小说流行用语。新感觉派小说是中国现代小说史上第一个独立的现代主义文学流派,也是中国第一个现代主义的都市小说流派。

考点13　中国诗歌会

中国诗歌会是左联领导下的一个诗歌团体。该会于1932年9月在上海成立,发起人有穆木天、杨骚、蒲风、任钧等,创办的机关刊物是《新诗歌》,其基本目标是创造大众化的诗歌,推进新诗歌运动的发展。他们坚持革命现实主义的创作方法,以无产阶级的意识"捉住现实",反映时代的阶级斗争和工农大众的生活。在艺术形式上,中国诗歌会提倡和实践诗歌大众化,主张诗的"歌谣化"。

考点14　九叶诗派

九叶诗派,过去被称为现代诗派或新现代诗派,后因1981年江苏人民出版社出版的《九叶集》而称九叶诗派。九叶诗派以《诗创造》《中国新诗》等作为主要刊物,代表诗人有辛笛、陈敬容、杜运燮、曹辛之、郑敏、唐祈、袁可嘉、穆旦等。九叶诗人具有强烈的社会责任感和历史使命感,反对"唯艺术论"和"唯功利论",主张在"人的文学""人民的文学"和"生命的文学"之间取得平衡。另外,九叶诗派的诗歌拥有丰富的感觉意象,体现了鲜明的智性特征;语言清晰准确,诗意朦胧含蓄。

考题再现

【2021年·小学·单选】下列不属于九叶诗人的是（　　）。

A.穆旦　　　　　　　　　　　　B.陈敬容

C.辛笛　　　　　　　　　　　　D.艾青

【答案】D。解析：A、B、C三项均为九叶诗人。D项，艾青是七月诗派的先驱。

考点15　朦胧诗派

朦胧诗派是20世纪70年代末80年代初出现的诗派，其代表人物有北岛、舒婷、顾城、江河、杨炼等。他们受西方现代主义诗歌影响，借鉴一些西方现代派的表现手法，表达自己的感受、情绪与思考。他们创作出来的诗歌，与当时诗坛盛行的现实主义或浪漫主义诗歌风格呈现截然不同的面貌。"朦胧诗派"的精神内涵有三个层面：一是揭露黑暗和批判社会；二是在黑暗中寻找光明、反思与探求意识及浓厚的英雄主义色彩；三是在人道主义基础上建立起来的对"人"的特别关注。

考点16　先锋派

20世纪80年代中后期，马原、洪峰、余华、苏童、叶兆言等青年作家纷纷登上文坛，他们以独特的话语方式进行小说文体形式的试验，被评论界冠以"先锋派"的称号。先锋文学的本质特征就在于它的独创性、反叛性与不可重复性，因此，真正的先锋是精神的先锋，是体现在作家审美理想中的自由、反抗、探索和创新的艺术表现，是作家与世俗潮流逆向而行的个人操守，是对人类命运和生命存在的可能性前景的不断发现。

二、中国现当代文学作家、作品

考点1　鲁迅

鲁迅，原名周树人，字豫才，伟大的文学家、思想家、革命家，中国现代文学的奠基人，著有小说集《呐喊》《彷徨》《故事新编》，散文集《朝花夕拾》，散文诗集《野草》等。

1.《呐喊》

《呐喊》是鲁迅的第一部小说集，收录了鲁迅于1918年至1922年所作的《狂人日记》《药》《明天》《阿Q正传》等14篇小说。作品主要涉及农民和知识分子两类人物，真实地描绘了从辛亥革命到五四运动时期的社会生活，揭示了种种深层次的社会矛盾，对旧中国的制度及部分陈腐的传统观念进行了深刻的剖析和比较彻底的否定，表现出对民族生存浓重的忧患意识和对社会变革的强烈愿望。作品通过写实主义、象征主义、浪漫主义等多种手法，以传神的笔触和"画眼睛""写灵魂"的艺术技巧，塑造了孔乙己、阿Q等一批不朽的艺术形象，既批判了封建主义，揭露了国民本性，也探索了知识分子的道路。

2.《彷徨》

《彷徨》是鲁迅的一部短篇小说集，收录了鲁迅于1924年至1925年所作的《祝福》《在酒楼上》《伤逝》等11篇小说。整部小说集贯穿着对生活在封建势力重压下的农民及知识分子"哀其不幸，怒其不争"的关怀，在深广的历史图景中，准确地记录、描述了辛亥革命到新文化运动这一新旧交替的历史时期中国社会各阶层的生活和思想，表达了作者彻底地、不妥协地反对封建主义的精神。同时，不同于《呐喊》的强烈的自我色彩，《彷徨》还表达了作者在绝望中寻找不到道路的苦闷状态。

3.《故事新编》

《故事新编》是鲁迅以远古神话和历史传说为题材创作的短篇小说集，收录了鲁迅在1922年至1935年间创作的8篇短篇小说，包括《补天》(原名《不周山》)、《铸剑》、《奔月》、《非攻》、《理水》、《采薇》、《出关》《起死》。

《故事新编》具有独创性，其主要特征是古今贯通，打破了客观的时空关系，大大增强了历史题材小说的现实感，也增加了小说的荒诞色彩和喜剧色彩。在它的很多篇目中，都或隐或现、或浓或淡地存在"庄严"与"荒诞"两种色彩和语调，互相补充、渗透和消解。

4.《野草》

《野草》是鲁迅唯一的一本散文诗集。这些散文诗语言俏奇瑰丽，意象玄妙奇美，把深刻的人生哲理、独特的人生体验和丰富奇幻的主观想象结合起来，具有极高的思想价值和艺术价值。它以曲折幽晦的象征，表达了20世纪20年代中期作者内心世界的苦闷和对现实社会的抗争。《这样的战士》《淡淡的血痕中》《一觉》等表达了作者对现实的失望与愤懑；《影的告别》《死火》《墓碣文》等描绘了作者对自我深刻解剖之后的迷茫心境；《希望》《死后》等写出了作者对未来的疑惧，深刻地表现了作者的人生哲学。

5.《朝花夕拾》

《朝花夕拾》是鲁迅于1926年所作的回忆性散文的结集，共10篇。这10篇散文是"回忆的记事"，记述了作者童年时期的生活和青年时期求学的历程，追忆了那些难以忘怀的人和事，抒发了对往日亲友和师长的怀念之情。这些篇章在夹叙夹议中，生动地描绘了清末民初的社会生活画面，对反动、守旧势力进行了抨击和嘲讽，是中国现代散文中的经典作品。

6.《阿Q正传》

（1）主题思想

《阿Q正传》收录于小说集《呐喊》中，是鲁迅唯一的一部中篇小说。《阿Q正传》通过对阿Q和他周围人的冷漠进行描写，形象地揭示了旧时国民的麻木和不觉悟，既揭示了国民性的弱点，也折射出中国资产阶级革命的致命弱点，对整个旧社会和旧的意识形态进行了批判，体现了鲁迅深刻的启蒙主义思想。

（2）艺术特色

①小说塑造了典型环境中的典型性格。鲁迅娴熟地运用典型化的创作方法，采用熔现实与历史于一炉的手法，"杂取种种人，合成一个"，创造典型形象，勾勒出沉默的国民灵魂，从而使典型具有极大的艺术概括力。

②小说采用了悲喜交融的表现手法。作品虽能引起人们的阵阵笑声，但却是一出写得异常沉重的悲剧，寓庄于谐，亦庄亦谐，在笑声里隐含着深沉的忧郁与哀痛。

③小说用"传记"式结构，塑造了一个圆满的典型形象。小说继承了我国传统小说以叙述为主，把情景和场面描写融入叙述的表现手法，以此来表现人物的复杂命运和性格。

④小说将小说笔法与杂文笔法相结合，使生动的场面描写与辛辣的议论分析熔于一炉。

（3）阿Q的形象

阿Q是辛亥革命时期一个落后的、不觉悟的流浪雇农，他在政治上受压迫，在经济上受剥削，处在赤贫的地位，甚至连姓氏都模糊不清。他身上有封建思想的余毒，存在不少封建落后意识。阿Q性格中最突出的特征是"精神胜利法"。"精神胜利法"是一种病态心理，主要症状是妄自尊大、欺弱怕强、自轻自贱、麻木健忘等。

7.《狂人日记》

《狂人日记》是中国现代文学史上第一篇现代白话小说，主要描写了一个患"迫害狂"的精神病人的心理活动和精神状态，小说有意识地把对社会生活的清醒描写和对狂人特有的内心感受的刻画杂糅在一起，通过写实与象征相结合的手法，揭露了封建宗族制度和封建礼教对人的迫害，指出中国封建社会的历史是"人吃人"的历史。"救救孩子！"这是鲁迅作为反封建斗士发出的第一声"呐喊"。

8.《药》

《药》通过讲述华老栓夫妇为儿子华小栓买人血馒头治病的故事，反映了民众的愚昧和迷信，揭露了封建社会的黑暗，赞扬了革命者夏瑜英勇不屈的精神。作品善于运用白描手法表现人物的心理和性格，人物形象生动。小说以华老栓夫妇给儿子治病为明线,以革命者夏瑜被军阀杀害为暗线,双线交织,构思精巧,用"药"来隐喻革命者与一般群众精神上的极大隔膜。

考题再现

【2021年·小学·判断】鲁迅作品《药》中的"药"隐喻革命者与一般群众精神上的极大隔膜。（　　）

【答案】√。

9.鲁迅杂文的特点

鲁迅的杂文具有以下特点。

①鲁迅的杂文尖锐、泼辣、战斗性强,具有很强的说服力。长篇杂文论证严密,短篇杂文一针见血。

②鲁迅的杂文擅长分析,论辩精辟深刻,揭露矛盾的方法也多种多样。

③鲁迅的杂文所描写的对象是具体的、个别的,但具体与个别背后,是全社会、全人性的表现,即采取了"杂取种种人,合成一个"的写法。

④鲁迅的杂文常加入作者自身的议论和抒情,把形象的刻画、理性的启迪和情感的感染熔于一炉,自由奔放,不拘一格。

⑤鲁迅杂文的感情力量集中表现在讽刺上。他认为,"'讽刺'的生命是真实;不必是曾有的实事,但必须是会有的实情"。

总而言之,鲁迅的杂文,形式丰富多彩,手法不拘一格,无一不是清新独创,总能带给读者深刻隽永的艺术体验。

知识拓展

鲁迅作品体裁分类

小说集：

《呐喊》（共14篇）包括《狂人日记》《孔乙己》《药》《明天》《一件小事》《头发的故事》《风波》《故乡》《阿Q正传》《端午节》《白光》《兔和猫》《鸭的喜剧》《社戏》。

《彷徨》（共11篇）包括《祝福》《在酒楼上》《幸福的家庭》《肥皂》《长明灯》《示众》《高老夫子》《孤独者》《伤逝》《弟兄》《离婚》。

《故事新编》（共8篇）中属于神话题材的有《补天》《奔月》,属于传说题材的有《理水》《铸剑》《起死》,属于历史题材的有《采薇》《出关》《非攻》。

散文诗集：《野草》（共23篇）包括《秋夜》《影的告别》《求乞者》《我的失恋》《复仇》《复仇》（其二）、《希望》《雪》《风筝》《好的故事》《过客》《死火》《狗的驳诘》《失掉的好地狱》《墓碣文》《颓败线的颤动》《立论》《死后》《这样的战士》《聪明人和傻子和奴才》《腊叶》《淡淡的血痕中》《一觉》。

散文集：《朝花夕拾》（共10篇）包括《狗·猫·鼠》《阿长与〈山海经〉》《二十四孝图》《五猖会》《无常》《从百草园到三味书屋》《父亲的病》《琐记》《藤野先生》《范爱农》。

杂文集：《热风》《华盖集》《华盖集续编》《而已集》《三闲集》《二心集》《南腔北调集》《伪自由书》《准风月谈》《花边文学》《且介亭杂文》《且介亭杂文二集》《且介亭杂文末编》《坟》《集外集》《集外集拾遗》。

考题再现

【2019年·小学·单选】下列选项中,不属于鲁迅的作品的一项是（　　）。

A.《狂人日记》　　　　　　　　　　B.《月牙儿》

C.《祝福》　　　　　　　　　　　　D.《伤逝》

【答案】B。解析：《月牙儿》是现代文学家老舍创作的一部中篇小说，讲述了旧社会母女二人先后被迫堕落为娼的故事，展示了女性面对强加于自身的不公命运时，从惊恐、困惑、抗拒到最终屈服的全过程。《狂人日记》出自鲁迅的小说集《呐喊》，《祝福》《伤逝》均出自鲁迅的小说集《彷徨》。

考点2　郭沫若《女神》

郭沫若，现代著名诗人、剧作家，中国新诗的奠基人，继鲁迅之后革命文化界公认的领袖，著有诗集《女神》，诗文集《星空》等。郭沫若的历史剧以历史人物及事实为依据，但不拘泥于历史，往往会在"失事求似"（不追求历史的具体真实，而追求历史精神的真实）的创作原则下，根据剧情和主题的需要，虚构人物和事件，具有一定的浪漫主义色彩。郭沫若的浪漫主义历史剧均是英雄悲剧，悲剧人物均是杀身成仁、舍生取义的英雄和仁人志士。剧作冲突庄重严肃，格调高昂悲壮，富有崇高感。其历史剧代表作有抗日战争时期创作的《屈原》《虎符》《棠棣之花》《孔雀胆》等，以及中华人民共和国成立之后创作的《蔡文姬》等。

《女神》在诗歌形式上突破了旧格套的束缚，创造了雄浑奔放的自由诗体，为五四运动之后自由诗的发展开辟了新天地，堪称中国现代新诗的奠基之作。

（1）《女神》的思想内容

《女神》是五四狂飙突进精神的典型体现，它的思想内容集中在以下几个方面。

①个性解放、争取圆满人格的强烈要求

《女神》要求张扬自我，尊崇个性，以自我内心表现为本位。个性解放的呼声通过对"自我"的发现和自我价值的肯定表现出来。例如：《天狗》中的"天狗"，这种冲破一切罗网、破坏一切旧事物的强悍形象，正是那个时代个性解放要求的极度夸张；《浴海》的自我形象，同样是实现自我个性解放的诗的宣泄。诗人不仅着眼于自我本身，还着眼于整个社会的改造，将个体的解放作为社会、民族、国家解放的前提。

②反抗、叛逆与创造精神的歌唱

《女神》诞生之时，整个中国是一个黑暗的大牢笼，这激发了诗人反抗、叛逆的精神。例如：《凤凰涅槃》集中体现旧我的毁灭和新生的欢欣，诗中凤凰双双自焚前的歌唱，是对朽败的旧世界做的极真切而沉痛的描绘。凤凰的自焚，乃是与旧世界彻底决绝的反抗行动，是叛逆精神的强烈爆发与燃烧。《女神》的创造精神表现在三个方面：一是相信不断的毁坏和不断的创造是万事万物发展的法则，如《立在地球边上放号》；二是对20世纪科学文明的讴歌，如《笔立山头展望》；三是对大自然神奇力量的歌唱，诗人笔下的大自然被充分地人格化，如《晨安》《光海》。

③爱国情思的抒发

《女神》所创造的现代自我形象，是将自我与祖国联系在一起的，体现了中国知识分子忧国忧民的精神。《炉中煤》中的年轻郎君、《凤凰涅槃》中更生的凤凰等形象，都体现出诗人对祖国的深沉眷恋与无限热爱。

（2）《女神》的艺术特色

《女神》的艺术特色主要体现在以下几个方面。

①浪漫主义精神。浪漫主义注重主观，强调自我表现。《女神》是"自我表现"的诗作，诗中的凤凰、天狗等都是诗人的"自我表现"。诗中的"自我"主观精神，是强烈的反抗、叛逆精神，是追求光明的理想主义精神。

②喷发式宣泄的表达方式。直抒胸臆是浪漫主义诗歌的主要表达方式，诗中的直抒胸臆表现为喷发式的宣泄，《凤凰涅槃》等诗最典型地体现了这一表达特点。

③奇特的想象和夸张。如把民间天狗吞月的传说，想象为天狗把全宇宙都吞了，"如大海一样地狂叫"等。这种极度夸张的奇特想象最能表现诗人强烈的个性解放要求和反抗旧世界的精神。

④在形象描绘的方式上，具有英雄主义的格调。

⑤诗歌语言带有强烈的主观性色彩。

考题再现

【2021年·小学·判断】《蔡文姬》是郭沫若在抗日战争时期创作的历史剧。（　　）

【答案】×。

考点3　穆旦《赞美》

穆旦，原名查良铮，与金庸（原名查良镛）属于同一家族，著名诗人和翻译家，九叶诗派成员之一。20世纪80年代之后，许多现代文学专家推其为现代诗歌第一人。穆旦的代表作品有《赞美》《探险队》《穆旦诗集》《旗》等。

穆旦的诗风基本承袭了雪莱式的抒情格调，又夹杂了某些现代派诗歌的因子。他的诗风"徐缓、整饬、押韵"，情调是哀歌式的，遵循了英国古典诗歌的特点。《赞美》一诗鲜明地体现了他的风格和情调。诗中的意象横越时空，缤纷多彩，内蕴深远，气势宏大，再加上哀歌式情调，使诗歌具有雄浑美和沉郁美。诗中广泛运用排比、反复、拟人、比喻等修辞手法，增强了意象的表现力。

考题再现

【2020年·中学·单选】中国第一个现代主义诗人是（　　）。

A.李金发　　　　　　　　　　　　B.穆旦

C.闻一多　　　　　　　　　　　　D.卞之琳

【答案】B。解析：A项，李金发是中国第一个象征主义诗人。B项，穆旦是中国现代主义诗歌的最早开拓者。C项，闻一多是新月派代表诗人。D项，卞之琳是新月派和现代派的代表诗人。

考点4　闻一多

闻一多，原名闻家骅，新月派代表诗人之一，其作品主要收录在《闻一多全集》中。他创作的诗集主要有《红烛》《死水》两部。这两部诗集虽然是闻一多思想和艺术风格发展不同阶段的产物，但它们都贯穿着一条爱国主义主线。

在创建格律体时，闻一多提出了具体的主张，即著名的"三美"："诗的实力不独包括音乐的美，绘画的美，并且还有建筑的美。"他的新格律诗理论被后人称为现代诗学的奠基石。音乐美是指诗歌借助于平仄、重音、押韵、停顿等各方面的因素获取某种节奏，在听觉上给人一种音乐感，这要求诗歌符合诗人的情绪，流畅而不拗口——这一点不包括为特殊效果而运用的声音。绘画美是指诗歌借助富丽的辞藻所达到的形象、画面上的美观，诗歌的词汇应该尽力去表现颜色，展现一幅幅色彩浓郁的画面。建筑美是针对自由体提出来的，指诗歌因"节的匀称和句的均齐"而在视觉上给人营造的一种建筑的立体美感，并不以某一种诗形样式为最佳，而是根据情感抒写的需要而变化。

考点5　冰心《寄小读者》

冰心，原名谢婉莹，笔名冰心，取自诗句"一片冰心在玉壶"。"母爱""童真""自然"是其作品的主旋律，构成了其思想内核——"爱的哲学"。她的作品中充满了对大自然的热爱，对母爱与童真的歌颂与赞美，以及对生命的赞颂。代表作有诗集《繁星》《春水》，短篇小说《空巢》《超人》，儿童文学作品选集《小桔灯》，散文集《归来以后》《我们把春天吵醒了》，等等。冰心的《寄小读者》《再寄小读者》《三寄小读者》表现了她对儿童的爱及对儿童们能够拥有美好心灵的期许。

《寄小读者》是冰心在1923—1926年间写给小读者的通讯，共29篇，其中有21篇是她赴美留学期间写成的，主要记述了海外的风光和奇闻逸事，同时也抒发了她对祖国、对故乡的热爱和思念之情。《寄小读者》是中国近现代较早的儿童文学作品，冰心也因此成为中国儿童文学的奠基人之一。

知识拓展

冰心体

　　冰心的散文语言清丽典雅，她善于提炼口语，使之成为文学语言，她能把古典文学中的辞章、语汇融化吸收，注入现代语言中。在五四初期，冰心就以白话文语体从事创作。在引诗援典或遣词造句中，冰心有时也会使用某些文言词汇。然而，冰心的作品并非简单的文白相加，而是通过精心提炼、加工，使之相互融合，浑然一体，形成的独特的语言艺术：凝练明快、清新婉丽。冰心的散文或色彩鲜明，或素描淡雅，但都带有浓重的抒情性，给人以如诗似画的美感，错落有致、长短相间的句式及排比、对句等的恰当穿插，更增强了语言的音乐性。她还非常善于运用重叠形容词的方式，使语言活泼而意味深长。广大读者对这种语言交口称赞，于是把后来的既表现出白话文的流畅、明晰，又有文言文的洗练、华美的语言统称为"冰心体"。

考点6　郁达夫《沉沦》

　　郁达夫，原名郁文，字达夫，中国现代著名小说家、散文家、诗人，代表作有短篇小说集《沉沦》，短篇小说《春风沉醉的晚上》《沉沦》《迟桂花》等。郁达夫在中国现代抒情小说史上具有重要地位。其短篇小说集《沉沦》是中国现代文学史上第一部白话短篇小说集。其抒情小说的特点主要体现在三个方面：强烈的自我情绪表现、感伤浓郁的抒情格调、不重情节的散文形式。

　　《沉沦》采用第三人称，以"自叙传"式的写法进行创作，注重心理分析，无所顾忌地抒发了主观感情，大胆地暴露了主人公的心理状态。《沉沦》中的主人公"他"是一个在日本留学的学生，因为追求自由和个性解放，反抗封建专制，曾被学校开除，为社会所不容。他以青年人所特有的热情追求真挚的友谊和纯洁的爱情，但受到"弱国子民"身份的拖累，这种热情受到侮辱和嘲弄。在异国他乡，他倍感孤独和空虚，成了"忧郁症"患者。他不甘沉沦，但又不可自拔地沉沦下去，在彷徨失措中，来到酒馆妓院，毁掉了自己纯洁的情操。事情过后，他自悔自伤，感到前途迷惘，最终在绝望中投海自杀。他在异国的遭遇，与祖国民族的命运密切相连。小说强烈地表达了青年一代要求自由解放、渴望祖国富强的心声。

考题再现

【2021年·小学·单选】中国现代文学史上第一部白话短篇小说集是（　　）。

A.《女神》　　　　　　　　　　　　B.《沉沦》
C.《隔膜》　　　　　　　　　　　　D.《呐喊》

【答案】B。

考点7　茅盾《子夜》

　　茅盾，原名沈德鸿，字雁冰，文学研究会重要成员，著名的作家和理论家，被誉为"20世纪的巴尔扎克"和"20世纪的别林斯基"。代表作有中篇小说《蚀》三部曲（《幻灭》《动摇》《追求》），长篇小说《子夜》《腐蚀》《虹》，短篇小说"农村三部曲"（《春蚕》《秋收》《残冬》）、《林家铺子》等。

　　《子夜》标志着中国现代长篇小说创作走向成熟。小说通过吴荪甫与买办资产阶级既联合又斗争的这条主线，反映了在帝国主义列强的经济侵略下、国民党军阀间的大规模内战中，民族工业破产、农村经济凋敝、民不聊生的状况。通过吴荪甫与工人的矛盾，揭露了民族资产阶级为了自保，加紧剥削工人阶级的罪行，讴歌了工人阶级的革命精神。通过吴荪甫与双桥镇农民的冲突，揭露了民族资产阶级与封建地主阶级共同压迫农民的罪行，表现了农民运动的波澜壮阔，揭示了当时中国社会的主要矛盾，说明在帝国主义压迫和国民党政府统治下,资本主义道路是行不通的,形象地驳斥了中国托洛茨基派的"谬论"。

《子夜》塑造了吴荪甫这一典型的民族资本家形象。吴荪甫的性格具有鲜明的悲剧性。从吴荪甫的社会身份、阶级地位来看,他的性格具有二重性和矛盾性。吴荪甫与帝国主义及买办资产阶级之间存在矛盾,他的诸多行动都体现了一定的反抗精神。他积极兴办工业,也在一定程度上反映了他的爱国精神和强烈的民族自信心。但吴荪甫对工人残酷的剥削和压榨,以及他与官僚资本家赵伯韬的对抗与勾结,都说明了他的反动性。吴荪甫性格的二重性和矛盾性是中国民族资本家阶级属性的体现。他的失败,是中国民族资产阶级在帝国主义、封建主义的双重夹击中的必然结局。

考题再现

【2020年·小学·单选】下列作品不属于茅盾创作的一项是(　　)。
　　A.《子夜》　　　　B.《蚀》　　　　C.《迟桂花》　　　　D.《虹》
【答案】C。

考点8　老舍《四世同堂》《骆驼祥子》《茶馆》

老舍,原名舒庆春,字舍予,现代著名小说家、戏剧家,杰出的语言大师,中华人民共和国成立后第一位获得"人民艺术家"称号的作家。代表作品有小说《二马》《骆驼祥子》《四世同堂》,话剧《茶馆》《龙须沟》等。

1.《四世同堂》

《四世同堂》是一部长篇小说,分为"惶惑""偷生""饥荒"三部分。小说在卢沟桥事变爆发、北平沦陷的时代背景下,以北平一个普通的小羊圈胡同作为故事展开的具体环境,以几个家庭众多小人物屈辱、悲惨的经历来反映北平市民在抗日战争中惶惑、偷生、苟安的社会心态,再现他们在国破家亡之际缓慢、痛苦而又艰难的觉醒历程。

2.《骆驼祥子》

《骆驼祥子》是老舍的代表作,描写的是20世纪20年代末和30年代初北平城内人力车夫的生活。小说通过描写人力车夫祥子买车丢车,三起三落,劳苦终生,一无所获的悲惨遭遇,表现了在中国半殖民地化过程中,城市底层劳动者由"人"蜕化为"兽"的过程,深刻揭露了当时社会的黑暗,控诉了统治阶级对劳动者的剥削、压迫,表达了作者对劳动人民的深切同情。

作品通过对祥子一生遭遇的描写,揭示了祥子悲剧产生的原因。首先,祥子的悲剧是半殖民地半封建的中国社会的悲剧。其次,祥子的悲剧也是旧社会中小生产者个人奋斗思想与性格的悲剧,这是其悲剧产生的主观原因。最后,祥子悲剧的产生也和虎妞有关,祥子与虎妞的结合是畸形社会的一种反映,是不平等的阶级关系和经济关系在两性关系中的一种体现。

3.《茶馆》

《茶馆》是一部三幕话剧。话剧的主要内容:茶馆老板王利发一心想让父亲的茶馆兴旺起来,为此他八方应酬,然而他常被严酷的现实嘲弄,最终被冷酷无情的社会吞没;经常出入茶馆的民族资本家秦仲义雄心勃勃搞实业救国却最终破产;豪爽的八旗子弟常四爷在清朝灭亡以后走上了自食其力的道路。故事还揭示了刘麻子等一些小人物的生存状态。全剧以老北京一家大茶馆的兴衰变迁为背景,向人们展示了从清末到抗日战争胜利后的50年间,北京的社会风貌及各阶层人物的命运。

知识拓展

荣获"人民艺术家"称号的人物

至今有六人被授予"人民艺术家"称号,其中作家有两人。

①老舍：1951年北京市人民政府授其"人民艺术家"称号。
②齐白石：1953年文化部（2018年与国家旅游局合并，成立文化和旅游部）授其"人民艺术家"称号。
③常香玉：2004年国务院追授其"人民艺术家"称号。
④王蒙、秦怡、郭兰英：2019年习近平总书记授予三人"人民艺术家"称号。

考点9　巴金《家》《随想录》

巴金，原名李尧棠，现代著名作家、出版家、翻译家。代表作品有长篇小说"爱情三部曲"（《雾》《雨》《电》）、"激流三部曲"（《家》《春》《秋》）、《寒夜》，短篇小说集《神·鬼·人》，散文集《随想录》等。

1.《家》

《家》以觉慧与鸣凤，觉新与钱梅芬、李瑞珏，觉民与琴等青年爱情上的不同遭遇，以及他们所选择的不同生活道路为主干，揭露了封建家庭的败落，其矛头不仅指向旧礼教，而且更集中地指向作为封建统治核心的专制主义。同时，小说还着力表现了青年一代在五四新思潮影响下的觉醒和与封建势力的斗争，热情地歌颂了他们反抗封建家庭和封建制度的革命行动。

《家》以五四时期的四川成都为背景，写了大家族高公馆三代中的四类人物：一类是封建大家庭的维护者，例如：老一代的高老太爷；一类是封建大家庭的维持者，例如：高克明、高觉新；一类是封建大家庭的反抗者，例如：高觉慧、高觉民；再一类是那些封建大家庭的受害者，例如：钱梅芬、李瑞珏和鸣凤等女性。巴金在谈到《家》的创作时曾说过，他写作这部长篇小说的目的是"控诉"。

2.《随想录》

《随想录》分为《随想录》《探索集》《真话集》《病中集》《无题集》5集，共收录150篇文章，统称《随想录》。巴金在《随想录》中以罕见的勇气"说真话"，真实地记录了"文革"给他和他的家人及朋友带来的身心摧残，揭示了"文革"的恶劣影响并未随着它的结束而消失的事实。他以噩梦中与鬼怪搏斗的场景不断警醒自己，反复呼吁"建立一个'文革'博物馆"，为世人留下这一民族灾难的见证。

《随想录》的独特与深入之处，是其中对"文革"的反省从一开始就与巴金向内心追问的"忏悔意识"结合在一起，而不是像很多"文革"的受害者那样，简单地把一切责任都推给"四人帮"，认为粉碎"四人帮"就解决了所有问题。巴金的反思包含了对历史和未来更大的忧虑，是人性意识和人道主义精神的深刻体现。

> **考题再现**
>
> 1.【2017年·中学·单选】中国现代文学史上"激流三部曲"的作者是（　　）。
> A.李劼人　　　B.丁玲　　　C.巴金　　　D.沈从文
> 【答案】C。
>
> 2.【2017年·小学·简答】简析巴金《家》中觉慧的形象。
> 【参考答案】
> ①大胆叛逆的形象
> 觉慧大胆叛逆的反抗精神表现为，他因受五四思想的影响，以改造天下为己任，积极参加社会活动。在学校里，他参加反对军阀的学潮，和同学一起创办反封建的刊物；在家里，他和鸣凤恋爱，支持觉民抗婚，怒斥"捉鬼"闹剧。他极端憎恨这个家庭，第一个冲出封建家庭的牢笼，成为封建家庭大胆的叛逆者，代表着追求真理的青年人。
> ②单纯幼稚的形象
> 觉慧的单纯幼稚表现为，他缺乏面对激烈的反封建斗争的思想准备，一有点儿胜利便沾沾自喜、得意忘形，导致其反封建斗争呈现出狂热性；在婚姻和思想这两者的问题上，觉慧始终不够坚定，导致他与鸣凤最终没有一个圆满的结局；觉慧同情被压迫者，但找不到正确的方法去解救他们，这些都表现了他的幼稚和天真。
> 觉慧是五四时期具有民主主义觉悟的知识青年形象，也是旧式家庭礼教叛逆者的形象。

考点10　沈从文《边城》《湘行散记》

沈从文,现代作家、历史文物研究家,京派小说的代表作家。其代表作品有短篇小说集《如蕤集》《八骏图》,中篇小说《一个母亲》《边城》,长篇小说《旧梦》《长河》,散文集《从文自传》《湘行散记》《湘西》等。

1. 沈从文小说的独特风格

①注重意境创造。沈从文常在抒情笔致中把自然景观、乡土风俗和特定的地方民族生命形式融为一体,使其作品带有诗的意境、旋律和情怀,给人以美的享受。

②出色的心理描写。沈从文结合西方的心理分析与古典小说从行动和语言表现人物的特点,向人的下意识领域推进,呈现出一种微妙、细腻的艺术气象,或以行动披露心理信息,或通过下意识状态表现人物的心情、心境。

③文体形式具有独创性。沈从文的小说一般结构单纯,善于在小说结尾处陡然收笔,令人回味无穷。

④语言格调古朴,句式简峭。

2.《边城》

《边城》展现了沈从文浓郁的乡愁情结和情爱体验,是支撑他所构筑的湘西世界的心灵支柱。小说以20世纪30年代川湘交界的边城小镇茶峒为背景,以兼具抒情诗和小品文特征的优美笔触,描绘了湘西地区特有的风土人情;借船家少女翠翠的纯爱故事,展现了人性的善良美好与心灵的澄澈纯净,反映了湘西人民在"自然""人事"面前不能把握自己命运的惨痛事实。

3.《湘行散记》

《湘行散记》收录散文11篇,是1934年沈从文回故乡湘西时所作的游记,展现了湘西迷人的自然风光和独特的风土人情,以及劳动人民的悲惨生活和自发的抗争精神。散文语言清丽,风格隽永,具有浓厚的乡土色彩。

考点11　废名

废名,原名冯文炳,现代作家,京派小说的代表作家。废名的小说淡化故事情节,不追求结构完整,着重构建诗境和画境,讲求炼字炼句,文字古奥简练,富有韵味,充满禅趣。其代表作有小说《桥》《桃园》《竹林的故事》《莫须有先生传》等。

考题再现

1.【2021年·小学·单选】下列不属于废名的作品的是(　　)。

A.《桥》　　　　　　　　　　B.《桃园》

C.《异秉》　　　　　　　　　D.《竹林的故事》

【答案】C。解析:A、B、D三项均为废名的作品。C项,《异秉》是汪曾祺的作品。

2.【2021年·小学·判断】废名的小说创作充满禅趣,带有玄学意味。　　　　　　　　　　(　　)

【答案】√。

考点12　丁玲

丁玲,原名蒋伟,字冰之,现代作家、社会活动家。丁玲是五四以后第二代善写女性并始终持女性立场的作家,她以第一个革命女作家的姿态,打破了冰心、庐隐等因思想创作上的某种停滞而带来的沉寂。代表作有长篇小说《莎菲女士的日记》《太阳照在桑干河上》,短篇小说集《在黑暗中》《自杀日记》《一个女人》等。1951年,其作品《太阳照在桑干河上》获得斯大林文学奖。

> **考题再现**
>
> 【2021年·小学·单选】丁玲的作品（　　）于1951年获得斯大林文学奖。
> A.《太阳照在桑干河上》　　　　　　　　B.《暴风骤雨》
> C.《三里湾》　　　　　　　　　　　　　D.《新儿女英雄传》
> 【答案】A。解析：丁玲的《太阳照在桑干河上》，周立波的《暴风骤雨》，贺敬之和丁毅的歌剧《白毛女》，于1951年获得斯大林文学奖。《三里湾》是赵树理创作的一部长篇小说。《新儿女英雄传》是袁静、孔厥共同创作的一部长篇小说。

考点13　曹禺《雷雨》

曹禺，原名万家宝，中国现代杰出的剧作家，著有"四大名剧"（《雷雨》《日出》《原野》《北京人》）等作品。

四幕话剧《雷雨》是一部杰出的现实主义家庭悲剧，是"中国话剧现实主义的基石"，标志着中国话剧艺术开始走向成熟。欧洲古典主义戏剧创作规定了"三一律"创作原则：剧本的情节、地点、时间三者必须保持"整一"，即要求一幕戏中所叙述的故事应发生在一天之内，地点应在一个场景之内，情节应服从于一个主题。《雷雨》基本遵循这一创作原则，在一天的时间（上午到午夜两点钟）、两个场景（周家客厅和鲁家住房）内集中展开了周（周朴园、繁漪、周萍等）、鲁（鲁侍萍、四凤、鲁大海等）两家前后30年的复杂矛盾，以封建家庭的毁灭预示了不合理的社会制度必然崩溃的历史趋势，既揭示了封建专制制度造成的人生悲剧，又从关注人类自身命运和复杂人性的角度出发，深入人物内心，以细腻的笔触描摹人物的灵魂，使这部经典剧作的意义超越了社会政治，超越了时代历史，上升到对人性与命运的双重思考的高度。

> **考题再现**
>
> 【2019年·小学·简答】简述《雷雨》剧本的风格和艺术特色。
> 【参考答案】
> 《雷雨》剧本结构严谨，戏剧冲突尖锐，人物性格鲜明，具有明暗双线，主题深刻。
> ①结构严谨。结构严谨表现在时间、地点、人物的集中，情节曲折，戏剧冲突尖锐等方面。《雷雨》在24小时内讲述了两个家庭的悲剧，时间跨度长达30年。剧中，周朴园与繁漪矛盾冲突的主干线索十分突出，由此牵连出的其他线索将全剧8个人都卷入了紧张的矛盾冲突之中，形成了"牵一发而动全身"的集中严密的结构。而周、鲁两家复杂的矛盾冲突和情感纠葛又互相交叉在一起，使剧本充满戏剧性和传奇色彩，悬念迭起，扣人心弦。
> ②人物性格鲜明。作品中的人物性格十分鲜明，具有典型性。其中，繁漪是现代文学史上塑造最成功、最具叛逆个性的女性形象之一。
> ③明暗双线，纵横交错，引人入胜。作品中周朴园和繁漪的冲突是一条明线，周朴园和侍萍的关系则是一条暗线。这两条线索并存，彼此交织，互为影响，交相钳制，使剧情紧张曲折，引人入胜。
> ④揭示了深刻的主题。作品在30年前旧景重现的基础上，将戏剧矛盾推向高潮，引发了一连串的惨剧。结局具有很强的逻辑性，具有不可抗拒的说服力，它既揭示了封建家长专制制度造成的人生悲剧，以封建家庭的毁灭预示了不合理的社会制度必然崩溃的历史趋势，又从关注人类自身命运和复杂人性的角度出发，深入人物内心，以细腻的笔触描摹人物的灵魂。

考点14　艾青《大堰河——我的保姆》《我爱这土地》

艾青，现代诗人，被称为"吹芦笛的诗人"，著有诗集《大堰河》《北方》《他死在第二次》《旷野》，诗歌《大堰河——我的保姆》《我爱这土地》《雪落在中国的土地上》等。艾青的诗歌标志着五四运动以后自由体诗的发展进入一个重要阶段，对以后的新诗创作产生了很大影响。

1. 艾青诗歌的艺术成就

①艾青汲取了新月派、象征派和现代派诗人之长，摒弃其短，将现实的内容与艺术的技巧相结合，被人们誉为"中国诗坛泰斗"。

②艾青的诗歌一方面植根于民族的深厚土壤，既有革命现实主义的特色，又有五四革命时期情感炽烈的浪漫主义精神；另一方面，又吸取了世界诗艺的优点，将现实主义、浪漫主义和现代主义相融合，具有无比的丰富性。

③艾青的诗歌以"土地""太阳"为中心意象，反映了民族和人民的苦难和命运，反映了现实生活的斗争，鲜明地传达了时代的呼唤和人民的心声。

④艾青以实际创作提倡自由体诗，创作不受诗歌形式的拘泥，通过有规律的排比、复沓使诗歌在变化中现统一，在层次中现和谐，用排比和长句实现诗歌感情的尽情抒发及意象的完整描摹。

2.《大堰河——我的保姆》

《大堰河——我的保姆》是一首带有自传性的抒情诗。诗人以幼年生活为背景，集中描述了自己的保姆——大堰河一生的悲苦经历。诗人通过对自己乳母的回忆与追思，抒发了对贫苦农妇大堰河的怀念、感激和赞美之情，表达了对旧中国广大劳动妇女悲惨命运的同情和对这"不公道的世界"的强烈控诉。

全诗不押韵，各段的句数也不尽相同，但每段首尾呼应，各段之间有着紧密的内在联系。诗歌不刻意追求诗的韵脚和行数，但排比的恰当运用，使诸多意象繁而不乱，统一和谐。这使得诗歌流畅浅易，并且意蕴丰富。诗人善于从平凡的生活中提炼典型的意象，以散文化的诗句谱写强烈的节奏。诗歌以一种奔放的气势、优美流畅的节奏，表达了诗人来不可遏、去不可止的感情，完美体现了自由诗体风格。

3.《我爱这土地》

《我爱这土地》是现代诗歌史上的抒情名篇。诗歌以一只鸟生死眷恋土地作比，形象地抒发了作者深沉而真挚的爱国情感。诗人用"嘶哑"来形容鸟儿鸣唱的歌喉，更能表达为祖国前途、命运担忧，心力交瘁的情状。这首诗的显著特点是篇幅短小，构思精巧。"土地"是个博大的意象，诗人选择它作为寄情、倾诉的对象，其境界极其广阔。诗人的情思是多角度、多层次的，其想象和诗思的回旋天地也是无限自由、广阔的，但他没有把诗的篇幅拉长，没有让诗的情思散漫开去，只把对土地广阔而深厚的爱浓缩在10行诗中，取得了最佳的艺术效果。

考点15　钱锺书《围城》

钱锺书，现代作家、文学研究家，代表作有散文集《写在人生边上》，短篇小说集《人·兽·鬼》，长篇小说《围城》等。

《围城》是现代杰出的讽刺小说。小说在广阔的社会背景下，精细入微地描绘了抗日战争时期中国知识分子的众生相，揭示了人性的弱点和人生、社会的荒凉。小说通过主人公方鸿渐的命运变迁，艺术地概括了20世纪30年代末至40年代半殖民地半封建社会的中国一代欧化知识分子的特征和命运，被誉为"新儒林外史"。

《围城》的艺术特色主要表现在以下几个方面。

①刻画了人物群像且人物性格鲜明。小说塑造了众多人物，无论是主要人物还是次要人物，都有其独特的情态和性格特征。

②"儒林外史"式的结构样式。作品没有贯穿始终的故事情节，而是写了众多小故事，通过方鸿渐这一人物将这些故事串联起来。

③出色的肖像描写和细腻的心理刻画。作者善于捕捉人物的外貌特征，以传神的笔法描绘具有鲜明个性特征的人物肖像。细腻而深刻的心理描写，在揭示人物内心世界、人物性格方面起了重要作用。

④绝妙的讽刺。作者采用比喻、讽刺、反语、夸张等艺术手法,形成了夹叙夹议、取喻设譬、犀利隽永、旁逸斜出的语言风格,使这部小说形成了绝妙的讽刺艺术风格。

考点16　张爱玲《金锁记》《倾城之恋》

张爱玲,原名张煐,现代作家,"民国四大才女"之一。代表作有小说集《传奇》,散文集《流言》等。其大部分中短篇小说,如《沉香屑·第一炉香》《倾城之恋》《金锁记》《红玫瑰与白玫瑰》等,均收入在《传奇》中。

1.《金锁记》

《金锁记》描写了一个小商人家庭出身的女子曹七巧嫁做残疾人的妻子,欲爱而不能爱,几乎像疯子一样在姜家过了30年的故事。在财欲与情欲的压迫下,曹七巧的性格被扭曲,行为变得乖戾,她不但破坏儿子的婚姻,使儿媳被折磨致死,还破坏女儿的爱情。"30年来她戴着黄金的枷。她用那沉重的枷角劈杀了几个人,没死的也送了半条命。"小说通过描写曹七巧的悲剧人生,既揭示了她的悲剧不仅仅是金钱的悲剧,更是人性的悲剧,又揭示了女性自身的弱点,显示出都市女性的精神病态及欲望的膨胀,还写出了在长期封建统治背景下,在受奴役、被压抑、遭虐杀的处境中女性的麻木、愚昧及精神畸变。

2.《倾城之恋》

《倾城之恋》是一部短篇小说。故事发生在香港,从上海来的白家小姐白流苏,经历了一次失败的婚姻,身无分文,在亲戚间备受冷嘲热讽,看尽世态炎凉。偶然认识了潇洒多金的单身汉范柳原,便拿自己当作赌注,远赴香港,博取范柳原的爱,要争取一个合法的婚姻地位。最后,两人得以真心相见,许下天长地久的诺言。

考题再现

1.【2019年·小学·单选】白流苏是下列哪部作品中的人物?(　　)

A.《沉沦》　　　　　　　　　　B.《小城三月》

C.《倾城之恋》　　　　　　　　D.《超人》

【答案】C。

2.【2018年·小学·单选】七巧是下列哪部作品中的主人公?(　　)

A.《金锁记》　　　　　　　　　B.《小城三月》

C.《柳家大院》　　　　　　　　D.《海滨故人》

【答案】A。

考点17　周作人《自己的园地》

周作人是鲁迅的弟弟,是中国现代著名散文家、文学理论家、诗人、翻译家,新文化运动的杰出代表。周作人的代表作品有散文集《自己的园地》《雨天的书》,诗集《过去的生命》,回忆录《知堂回想录》等。周作人以温和、冲淡之笔书写个人的闲适、寂寞与不平,把玩人生的苦趣,把散文写成可细细玩味的"小品",开拓了中国现代散文的创作视野。

《自己的园地》共分三部分,第一辑《自己的园地》收散文18篇;第二辑《绿洲》收散文15篇;第三辑《茶话》收散文23篇。所收散文作品多为山水小品和随笔,风格冲淡;少数议论散文表达了作者对文艺问题的独到见解。

考点18　丰子恺

丰子恺,原名丰润,中国现代画家、散文家、漫画家和翻译家,是一位在多方面卓有成就的文艺大师。他的主要作品有散文集《缘缘堂随笔》《缘缘堂再笔》《随笔二十篇》《艺术趣味》《率真集》等。

第一部分　汉语言文学专业基础知识　151

丰子恺的散文处处洋溢着浓郁的生活气息，充满人文关怀，表现出亲切幽默、平易近人的文风，具有如下特色。

①纯情率真，童心洋溢

儿童的天真是丰子恺在散文中始终赞美的主题。"率真"贯穿了丰子恺的一生。

②素朴亲切，处处含情

丰子恺散文语言质朴自然，处处含情，情感率真淳朴，不虚伪不做作。

③琐屑平凡，以小见大

丰子恺散文善于从平凡琐屑的小事中挖掘独特的视角，睹微知著，以小见大，引发读者对人生、对社会的思考。

④浓郁禅意，启发人生

丰子恺散文蕴含着浓郁的禅意，在佛理的观照下追寻人生的意义，表达作者强烈的出世情怀。

⑤探求生命，关怀现世

丰子恺的散文有着严肃的社会、人生命题和与之相应的严肃庄重的表达。对人生及人生价值的关注、对人性的反思、对民族危亡的担忧，都是其散文中常见的主题。

考点19　赵树理《小二黑结婚》

赵树理，原名赵树礼，现代小说家，"山药蛋派"创始人。赵树理创作了许多脍炙人口的农村题材作品，反映农村社会的变迁和其间存在的矛盾斗争，故事情节饶有趣味，语言清新活泼、真诚质朴，乡土气息浓厚。他善于刻画农村中那些具有浓厚小生产者狭隘意识的个性鲜明的人物，被人们称为描写中国乡土文化的"铁笔圣手"。代表作有短篇小说《小二黑结婚》，中篇小说《李有才板话》及长篇小说《李家庄的变迁》《三里湾》等。

《小二黑结婚》通过讲述解放区青年小二黑和小芹争取恋爱自由、婚姻自主的故事，描写了农村中新生的进步力量同落后愚昧的迷信思想及封建反动势力之间的尖锐斗争，以小二黑和小芹在新政权的支持下突破阻碍结为夫妻的结局，显示出民主政权的力量和新思想的胜利。

《小二黑结婚》的艺术特点主要表现在以下几个方面。

①在结构上，采用单线发展的手法。情节连贯，故事性强，结构严谨，首尾照应。作者按照民间习俗、老百姓爱听故事的习惯，把矛盾斗争一环扣一环地集中起来，发展下去。

②在人物塑造上，以人物自身的行动和语言来显示性格；在情节开展中，运用白描手法和细节描写来刻画人物。

③通过人物的语言和行动展现人物的心理。"不宜栽种""恩典恩典"——二诸葛的迷信、迂腐；"米烂了""看看仙姑"——三仙姑的泼、赖。这部小说在语言运用方面真正做到了大众化（群众化、口语化）。除了人物对话，一般叙述的描写也具有口语化的特点。

④人物的类型化。将主要人物分成三类，分别灌注了三种具有抽象理论特性的观念。

⑤山西的地方特色。山西风味的语言——对三仙姑"下了霜的驴粪蛋"的比喻，给人物起诨号的手法，具有浓厚的淳朴的地方风味，幽默风趣。

考点20　孙犁《荷花淀》

孙犁，当代著名文学家，被誉为"荷花淀派"的创始人。代表作品有短篇小说《荷花淀》，中篇小说《铁木前传》，长篇小说《风云初记》，诗集《白洋淀之曲》等。

1.孙犁小说的艺术特点

孙犁小说的艺术特点主要表现在以下几个方面。

①以小见大——采取侧面入手、以小见大的方法,将笔触伸向后方人民的日常生活,截取日常生活片段,加以细致描绘,从不同的侧面表现时代的风云变幻。

②诗情画意——这不仅表现在作品中一组组美丽的画面上,还表现在写景和抒情的结合上,更表现在作品中富有人性美、人情美的鲜活动人的人物形象上。

③人物塑造——追求、表现人性及真善美,着重表现农村劳动妇女的灵魂美是孙犁小说的显著特色。

④散文笔法——孙犁的小说不囿于结构,不埋伏线,自然平易、蕴藉淡远,宛如行云流水,颇具散文的优美意蕴。

⑤作品集生活与艺术于一身,将通俗与优美、直率与含蓄、清淡与浓烈完美和谐地融合在了一起,语言清新明快,感情浓郁。

2.《荷花淀》

《荷花淀》是孙犁的代表作。在激烈残酷的抗日战争的大背景下,小说选取小小的白洋淀一隅,展现了农村妇女温柔多情、坚贞勇敢的性格和精神。

《荷花淀》的艺术特点主要体现在以下几个方面。

①通过日常生活画面展示时代和人物风貌。在充溢着"家务事、儿女情"的日常生活中表现时代和社会的变化,表现人物的人性美和人情美。

②深入细腻地表现人物的内心世界和心灵美。

③善于凭借细节和对话来描写人物。《荷花淀》中,水生嫂的语言虽然简洁含蓄,却包含了丰富复杂的情感内容,体现出人物丰富的心灵世界。

④小说塑造了一系列光彩照人的农村劳动妇女形象。

⑤小说具有散文化、诗化的特征,语言清新,宁静优美。

考点21 舒婷《致橡树》《祖国啊,我亲爱的祖国》

舒婷,原名龚佩瑜,代表作品有诗歌《致橡树》《双桅船》《会唱歌的鸢尾花》《祖国啊,我亲爱的祖国》《始祖鸟》,散文集《心烟》等。舒婷崛起于20世纪70年代末的中国诗坛,她和北岛、顾城、梁小斌等以异于前人的诗风,在中国诗坛上掀起了一股"朦胧诗"热潮。

1.《致橡树》

《致橡树》热情而坦诚地歌唱了诗人的人格理想。"橡树"象征着刚硬的男性之美,而有着"红硕的花朵"的木棉显然体现着具有新的审美气质的女性人格。"木棉"象征的女性人格脱弃了旧式女性人格中纤柔、妩媚的秉性,充溢着丰盈、刚健的生命气息,这正与诗人所歌咏的女性独立自重的人格理想互为表里。

《致橡树》采用了内心独白的抒情方式,坦诚、开朗地直抒诗人的心灵世界;同时,以整体象征的手法构造意象("橡树""木棉"象征着爱情双方的独立人格和真挚感情),使得哲理性很强的思想、意念得以在亲切可感的形象中生发、诗化。

2.《祖国啊,我亲爱的祖国》

《祖国啊,我亲爱的祖国》旨在表达诗人对祖国的一种深情。与以往的同类诗作相比,它具有鲜明的时代特征与个性特色——既有当代青年迷惘的痛苦与欢欣的希望,又有女儿对祖国母亲的不满与愿意为其献身的真情。全诗立意新颖,感情真挚,一反过去某些诗歌浮泛与"神话"式的歌颂,从一个别致的角度来吟唱祖国母亲。

考点22 顾城《一代人》《我是一个任性的孩子》

顾城被称为当代的唯灵浪漫主义诗人,朦胧诗派代表人物之一,留下了大量诗、文、书法、绘画等作品。其早期诗歌有孩子般的稚纯风格、梦幻情绪,用直觉和印象式的语句来咏唱童话般的少年生活。其代表作有

《一代人》《我是一个任性的孩子》《弧线》等。

1.《一代人》

《一代人》(黑夜给了我黑色的眼睛/我却用它寻找光明)冠以博大的题目,揭示了庞大的主题,在对立统一中,充分显示了象征的魅力。《一代人》既是这一代人的自我阐释,也是这一代人不屈精神的写照。黑暗要扼杀一个人明亮的眼睛,却没有达到目的,反而创造了它的对立物。"黑色的眼睛"指黑暗使一代人觉醒,使这一代人产生更强烈的寻找光明的愿望与毅力。

2.《我是一个任性的孩子》

《我是一个任性的孩子》集中体现了顾城的审美理想——追求一个纯净、和谐,没有矛盾,使人心情愉快的世界。孩童时的遭遇,使顾城理想的梦破灭了,但他仍然执着地追求幻想,希望在另一世界中重新实现。诗人以一个孩子的眼光和心灵去观察和感受世界,希望用彩色蜡笔在幻想的世界里勾画出一幅幅色彩斑斓的人生蓝图,画下"笨拙的自由""永远不会流泪的眼睛""没有痛苦的爱情"。

考点23 王蒙《组织部来了个年轻人》

王蒙,当代作家、学者。代表作有短篇小说《组织部来了个年轻人》《春之声》,中篇小说《蝴蝶》《相见时难》,长篇小说《活动变人形》《青春万岁》,"季节"系列长篇小说《恋爱的季节》《失态的季节》《踌躇的季节》《狂欢的季节》等。王蒙在国内首开新时期创作先河,倡导作家学者化、学者作家化,掀起人文精神大讨论,是中国当代文学走向现代写作技巧的开拓者。其作品反映了中国人民在前进道路上的坎坷历程。2019年王蒙被授予"人民艺术家"称号。

王蒙的主要文学成就以改革开放后的伤痕文学作品为代表。王蒙小说的主要艺术特色:①自传色彩;②意识流(东方意识流)手法的应用;③多主题而有核心的主题;④花样翻新的小说文体;⑤幽默、反讽、隐喻等手法的运用;⑥排比句式的大量使用。

《组织部来了个年轻人》从组织部新来的年轻人林震的角度,叙述了林震在区委组织部工作期间所面临的麻袋厂党支部的问题,刘世吾、韩常新等人的处世态度,以及由事业的信仰与实际工作环境之间的矛盾引起的精神困惑。小说通过多重对比,塑造了王清泉、刘世吾、韩常新等官僚主义形象,揭露了当时社会中存在的官僚主义现象和高度僵化的体制生活对人的灵魂、生命的禁锢与锈蚀,反映了社会主义制度下人民内部的矛盾,历史性地揭示了一种人生存在的困局。

考题再现

【2021年·小学·判断】林震出自《组织部来了个年轻人》这部作品。 (　　)

【答案】√。

考点24 贾平凹《高老庄》

贾平凹,当代著名作家,著有长篇小说《高老庄》《浮躁》《商州》《白夜》《秦腔》《废都》,中篇小说《腊月·正月》《天狗》,散文集《月迹》《爱的踪迹》《心迹》等。2008年,小说《秦腔》获第七届茅盾文学奖。

贾平凹善于挖掘人物灵魂深处的意识,表现人物对现实的态度和对理想的终极追求。他的作品以独特的视角深刻准确地表现了中国在改革开放以来的现代化进程中痛苦而悲壮的社会现实,完整再现了现实生活中当代中国人的心灵世界;以中国传统文化为主要内容,大量运用引用和象征手法,真实地描述了现代中国人的生活和情感。

《高老庄》是贾平凹的第七部长篇小说。小说中,教授高子路携妻西夏回故里高老庄给父亲吊丧,于是与离婚未离家的前妻菊娃、地板厂厂长王文龙、葡萄园主蔡老黑及苏红等人发生了错综复杂的感情纠葛。小说描写了大生命、大社会、大文化三个空间,又融入最底层、最日常,甚至有些琐碎的生活流程。

考点25　汪曾祺《受戒》《异秉》

汪曾祺,现当代著名小说家、散文家,京派小说的传人,被称为"中国最后一个士大夫",代表作有《受戒》《异秉》《昆明的雨》《大淖记事》等。

1.《受戒》

《受戒》是一部饱含诗情的小说,描写的内容包括和尚们的宗教生活和民间的世俗生活两部分。"受戒"本来是和尚表明接受佛门戒律的仪式,而就在明海受戒的同时,他与另一个主人公小英子的爱情也走向成熟。受完戒后,明海与小英子划船回家,两人表明爱意,把船划进了芦苇荡。小说结尾处以景物描写暗示了性的成熟。《受戒》采用了民间叙事方式,表现的是纯朴健康的人性之美。

2.《异秉》

《异秉》是汪曾祺于20世纪40年代创作而在新时期又重新修改发表的短篇小说。作者以简洁恬静的笔调描绘了苏北小镇的风土人情、世事云烟,刻画了王二等勤俭谦恭的凡俗人物矜持猥琐以至自虐般的生存状态。虽然此作一如汪氏其他小说一样有着仿佛和谐温存的情致,但却包含了作家对人物生命形式的审视,是对苦涩人生的悲悯与忧伤。

考点26　莫言《红高粱》

莫言,当代作家,代表作有《红高粱》《蛙》《透明的红萝卜》《生死疲劳》等。2012年10月11日,莫言获得诺贝尔文学奖,成为首位获得此殊荣的中国籍作家。

莫言受美国作家福克纳、哥伦比亚作家加西亚·马尔克斯的影响和启发,取外域文学之精华,同时植根于本土文化进行创作,其作品具有鲜明的民族特色。莫言的小说超越了现实的局限,表现出对自由的渴望和对强有力的生命形态的呼唤,其作品中显示出的先锋意识对当代文学的写作和阅读产生了重要影响。

《红高粱》取材于作者故乡山东高密东北乡祖辈们的传奇生活,表现了高密东北乡这块土地上世代繁衍的生灵的生命本性与精神。小说主要描写的是"我爷爷"余占鳌率领的武装伏击日本汽车队,以及这次战争开始之前发生在"我爷爷"余占鳌与"我奶奶"戴凤莲之间的爱情故事。小说采用第一人称全知视角的叙事方式,以追忆的姿态来讲述发生在高密东北乡的故事,成功地塑造了两位新农民的形象。"红高粱"象征着伟大的民族精神,作者以当代人的心灵与意识让我们直面民族的过去,呼唤"红高粱"精神,寻找我们遗失的家园。《红高粱》"标志着历史战争题材的新的战线的开辟,直接引诱了一批没有战争经历的青年军旅作家写出自己'心中的战争'"。

考点27　王安忆《长恨歌》

王安忆,当代作家,女性小说的代表作家。王安忆的文学作品摒弃现实功利性杂质,将人置于广袤的时空背景中,在人类意义层面展示人的价值内涵,使价值求索具有了终极追寻的意蕴。其文笔酣畅绵密,细腻圆转,风格独特。代表作有长篇小说《长恨歌》《纪实和虚构》《桃之夭夭》《富萍》《69届初中生》,中篇小说《小鲍庄》,中短篇小说集《雨,沙沙沙》《流逝》等。

《长恨歌》被誉为"现代上海史诗",获第五届茅盾文学奖。小说以委婉、从容、细致的笔调,虚构了一个美丽、善良而又柔弱的女性不幸的一生。主人公王琦瑶虚荣而又务实、精致而又凄凉的生活,是整个城市命运的写照,作者在其中寄寓了沧桑嬗变的哀伤。同时,小说中也包含着作者对于上海"弄堂文化"的思考与开掘。这种上海特有的"弄堂文化"是由历史和传统造就的,同时也是每一个上海的平民所参与形成的。作者在思考"弄堂文化"与"城市命运"的同时,也对那些远离时代主潮,不能把握自己命运的女性寄予了深深的同情。

考点28　余华《活着》《许三观卖血记》

余华,当代作家,先锋派小说的代表人物,代表作品有小说《十八岁出门远行》《鲜血梅花》《世事如烟》《活着》《许三观卖血记》《兄弟》等。

1.《活着》

《活着》从一个作家下乡采风写起,写到一个老农与一头老牛的对话,慢慢地引出人类生生死死的无穷悲剧:拥有年轻力壮的身体、善良美好的心灵的人们,本该幸福地活着,却被命运之神无情地扼杀了;而本来最不该活着的福贵和那头牛,却像化石一样活着,作为这个不义世界的见证者。小说叙事超越了具体时空,把对一个时代的反省上升到抽象的人类命运的普遍意义上,具有强烈的民间色彩。

2.《许三观卖血记》

《许三观卖血记》讲述了许三观靠卖血渡过了人生的一个个难关,战胜了命运强加给他的惊涛骇浪,而当他老了,知道自己的血再也没有人要时,精神崩溃的故事。小说以温情的方式描绘了许三观的艰难人生,以激烈的故事形式表达了人在面对厄运时求生的欲望。全篇语言平白质朴,采用对话、重复的叙述模式,以敏捷的思维和丰富的情感使"客观的叙述""单纯的对话""简单的重复"达到"心动"的效果。

考点29　阿城《棋王》

阿城,当代作家,代表作品有《棋王》《树王》《孩子王》《威尼斯日记》《闲话闲说》等。他的作品以白描的手法渲染民俗文化的氛围,表达了浓厚隽永的人生逸趣,寄寓了关于宇宙、生命、自然和人的哲学玄思,对人类的生存方式的关心,表现了传统文化的现实积淀。

《棋王》以"知青"生活为题材,着重表现了对传统文化中理想精神的寻找,一直被视为寻根文学的代表作。小说以远赴云南边境"上山下乡"的一群"知青"为主人公,描写了他们在特殊环境里的人生经历。在作品中,政治事件和社会矛盾被淡化,"知青"生活和"文革"背景或许并不是小说中人物生存和活动的全部环境和依据,中国传统文化中的道家思想才真正影响到了王一生等人的为人处世乃至精神世界。老庄哲学中的淡泊宁静,无为而为,身处俗世、不耻世俗的"超脱境界",或许正是他们梦寐以求的人生理想,也是小说所要建立的文化立场。

考点30　韩少功《爸爸爸》

韩少功,当代作家,著有短篇小说《七月洪峰》《西望茅草地》《飞过蓝天》,随笔《文学的"根"》,中篇小说《爸爸爸》,长篇小说《马桥词典》,长篇笔记小说《暗示》,散文集《山南水北》等。他是1985年文学界倡导寻根文学的主将,发表《文学的"根"》,提出"寻根"的口号,并以自己的创作实践了这一主张。代表作《爸爸爸》《女女女》等,表现了向民族历史文化深层汲取力量的趋向,饱含深邃的哲学意蕴。

《爸爸爸》以一种象征、寓言的方式,通过刻画主人公丙崽的形象,以及描写原始部落鸡头寨的历史变迁,勾勒出人们某种畸形病态的思维方式,展示了一种封闭、凝滞、愚昧落后的民族文化形态,借此批判了我们这个民族常常将自身的命运交付给某种荒诞而抽象的异己物,导致自身常常陷入一种无理性的盲动之中的现象,表达了作者对传统文化的深刻反思与批判。在神灵观念的作用下,这部作品体现出原始思维的神秘性、互渗性、象征性等,其语言具有简洁性、直感性、形象性等原始语言的特征。

考题再现

【2021年·小学·单选】韩少功《爸爸爸》的主人公是(　　)。

A.林震　　　　B.杨天宽　　　　C.缺　　　　D.丙崽

【答案】D。解析:A项,林震是王蒙的小说《组织部来了个年轻人》中的主人公。B项,杨天宽是刘恒的小说《狗日的粮食》中的主人公。D项,"丙崽"是韩少功的小说《爸爸爸》中的主人公。

考点31　何其芳《画梦录》

何其芳,现代诗人、散文家、文艺评论家,原名何永芳,代表作有《画梦录》《预言》《汉园集》(与卞之琳、李广田合著)等。何其芳早期作品文采绚丽,富有诗意,创造了独特的抒情散文体;后期作品质朴、明朗、乐观,展现了一个曾在梦中寻路的知识者思想情感发生转变的诗性历程。他的作品及追求因具有深刻的文化蕴涵而被称为"何其芳现象"。

散文集《画梦录》因"独立的艺术制作"和"超达深渊的情趣"而获得《大公报》文艺奖。《画梦录》营造了一个个纯粹的、柔和的、美丽的意境,投射出进步的思想意义。

①真实表现孤独者的内心生活,抒写人生的苦闷、孤独和彷徨。
②描写幻想和现实的矛盾,作品蕴含美好的幻想和对理想的追求。
③积极思索人的命运,表达对人生的热情和对生活的热爱。

考题再现

【2018年·中学·单选】下列作品中不属于戏剧的一项是(　　)。
A.《雷雨》　　　　　　　　　　　　B.《上海屋檐下》
C.《一个女人和一条狗》　　　　　　D.《画梦录》
【答案】D。解析:A项,《雷雨》是曹禺的话剧代表作。B项,《上海屋檐下》是夏衍的三幕悲喜剧作品。C项,《一个女人和一条狗》是袁牧之的戏剧作品。D项,《画梦录》是何其芳创作的散文集。

考点32　林清玄《心灵上的百合花》

林清玄,中国台湾高雄人,当代著名作家、散文家、诗人、学者。他是中国台湾作家中最高产的一位,也是获得各类文学奖最多的一位,被誉为"当代散文八大作家"之一。林清玄的散文创作大体上可以划分为三个阶段:第一个阶段是在20世纪70年代他初登文坛的七八年间,散文集有《莲花开落》《冷月钟笛》等;第二个阶段是从1980年他结集《温一壶月光下酒》起,相继出版了《白雪少年》《鸳鸯香炉》《迷路的云》《金色印象》《玫瑰海岸》等;从20世纪80年代后期开始,林清玄散文写作进入最辛苦和产量最多的第三阶段,在这个阶段里他以10本"菩提系列"震撼了文学界内外。

《心灵上的百合花》通篇运用拟人的手法,通过层层衬托,塑造了一个充满灵性、大智大慧的野百合的形象。百合谷其实就是一个充满艰辛世事的大社会的缩影,野百合的遭遇具有人生奋斗的典型意义:一个人社会价值的实现,只有一种方式,那就是"以花来证明"。《心灵上的百合花》巧妙地将趣味与辛酸结合起来,以趣味抒写辛酸,使人从中"得到安慰,得到启发,得到提升"。他认为人的富有即是人心灵中某些高贵物质的展现。野百合的形象,正是林清玄心中的"富人"的形象。林清玄企图用文学的语言,表达一些开启时空智慧的概念,表达一个人应该如何舍弃和实践,才能走上智慧的道路这一生活哲理。

考点33　余光中《乡愁》

余光中,当代著名诗人、散文家。他不仅创作文学作品,还以理论批评和组织活动,有力地推动了现代诗歌的发展和分化。代表作有诗集《舟子的悲歌》《蓝色的羽毛》《天国的夜市》《钟乳石》《白玉苦瓜》《天狼星》,散文集《逍遥游》《望乡的牧神》《焚鹤人》《听听那冷雨》《青青边愁》《记忆像铁轨一样长》《凭一张地图》等。其著名诗歌《乡愁》收录在诗集《白玉苦瓜》中。

余光中的文学语言繁复善变,力求"在中国文字的风火炉中,炼出一颗丹来"。从诗歌艺术上看,余光中是个"多妻主义"者。他的作品风格极不统一,形式善拓多变,题材浩阔丰沛,诗风因题材而异。其表达意志和理想的作品,一般都显得壮阔铿锵;描写乡愁和爱情的作品,一般都显得细腻而绵柔。

《乡愁》这首诗借邮票、船票、坟墓、海峡这些具体的实物,把抽象的"乡愁"具体化,从而使"乡愁"变成具体可感的东西,表达了作者渴望与亲人团聚,渴望祖国早日统一的强烈愿望。本诗分为四个小节,前三个小节为最后一个小节做铺垫。作者按照时间顺序将乡愁依次比喻为邮票、船票、坟墓和海峡,结构严谨,构思巧妙,生动地表达了本诗的中心思想。

第三节　外国文学

一、外国文学流派

考点1　古典主义

古典主义是17世纪兴起于法国,后流传到欧洲其他国家的一种文学思潮。它反映了新兴资产阶级与封建贵族在文学上的妥协,是政治妥协的产物。

古典主义文学在政治上拥护中央集权,主张国家统一,歌颂贤明君主;在思想上崇尚理性,强调人的行为应受理智和意志的支配,批判贵族的奢侈腐化及资产阶级的愚顽、附庸风雅;在艺术上侧重表现荣誉、责任观念战胜感情的过程,提倡模仿古代,遵守"三一律"("三一律"是古典主义戏剧的创作法则,要求时间、地点、情节保持"整一",即情节服从于一个主题,在同一地点完成,时间不能超过一天)。

17世纪三四十年代是古典主义的成长时期,六七十年代达到鼎盛。古典主义在诗歌和散文等各种体裁上都有成就,以戏剧方面的成就最为突出,出现了以高乃依、拉辛为代表的悲剧作家和以莫里哀为代表的喜剧作家。

古典主义文学的艺术特征包括以下几个方面。
①从古希腊、古罗马文学中汲取艺术形式和题材。
②有严格的艺术规范和标准。如戏剧创作要遵循"三一律"原则。
③主张语言准确、精练、华丽、典雅,表现出较多的宫廷趣味。
④人物塑造类型化。只追求"普遍人性",人物性格单一。

考题再现

【2020年·中学·多选】古典主义文学的艺术特征是(　　　)。
A.抒发强烈的主观情感
B.从古希腊、古罗马文学中汲取艺术形式和题材
C.有严格的艺术规范和标准
D.主张语言准确、精练、华丽、典雅,表现出较多的宫廷趣味
E.人物塑造类型化
【答案】BCDE。

考点2　浪漫主义

19世纪初,欧洲文学的最大变化是新的文学思潮——浪漫主义脱颖而出,并大放异彩,成为文学的主流。浪漫主义的兴起与法国大革命有着密切的关系。法国大革命和"自由、平等、博爱"的响亮口号,激发了人们对个性解放和精神文化自由的追求,对浪漫主义的兴起起了推动作用。

浪漫主义是与古典主义针锋相对的文学思潮,是古典主义的逆反。浪漫主义作家对现状强烈地不满,渴望摆脱丑陋的现实,强调主观精神与才能的自由发展,主张文学表现自己的主观思想和个人情感,对一切非凡的、鲜明的、奇异的事物都有强烈的兴趣,因而浪漫主义文学的想象性和幻想性都十分突出。大自然是浪漫主义者寄托理想之所。浪漫主义的代表作家有歌德、席勒、华兹华斯、骚塞、拜伦、雨果等。

浪漫主义文学的基本特点主要表现在以下几个方面。

1.思想特点

①浪漫主义文学强调创作的绝对自由,反对遵循古典主义的"三一律",反对对民间文学的排斥,要求突破文学描绘现实的范围,追求个性解放,反对社会对人的精神束缚和压迫,宣扬时代新精神。

②浪漫主义文学从民主主义的立场出发,或者从留恋旧制度的立场出发,抨击封建制度和资本主义的罪恶现象,具有民主主义精神。浪漫派作家一般都同情下层人民的苦难生活,试图构筑理想的社会图景。

③浪漫主义文学多描写中世纪和以往的历史。浪漫派作家重新挖掘中世纪和文艺复兴时期的文化,并在此基础上进行创作。

④浪漫主义文学厌恶资本主义文明和现实,标举卢梭"返归自然"的主张,侧重于描写自然风光。浪漫派作家把自然视为一种神秘力量或某种精神世界的象征。

2.艺术特点

①强调个人情感的自由抒发,有强烈的主观性。浪漫派作家重视表现主观理想,抒发强烈的个人情感,因此浪漫主义又叫作理想主义或抒情主义或自由主义。

②重视民间文学,酷爱中世纪和历史题材,还创造了诗体长篇小说这一体裁。

③惯用对比和夸张的手法,追求强烈的艺术效果,重视"丑"的美学价值。

④作品普遍具有忧郁感伤的情调,塑造了众多"世纪病"的典型。

> **考题再现**
>
> 【2020年·小学·简答】19世纪西方浪漫主义文学的艺术特点有哪些?
> 【参考答案】见正文。

考点3 现实主义

19世纪前期,欧洲社会状况和人们思想的巨大变化,直接引起了文艺思想的变化。人们对那种沉溺于主观幻想、抽象抗议和空洞追求的浪漫主义文学,已经不能感到满足,而要求另一种能如实地反映生活现状的文学,于是现实主义作为一种新的文学思潮登上历史舞台。现实主义的代表作家有福楼拜、司汤达、巴尔扎克、狄更斯、果戈理等。

现实主义文学的基本特点主要表现在以下几个方面。

1.思想特征

①现实主义文学把文学作为分析与研究社会的手段,为人们展现了特定时代丰富多彩的社会历史画卷,具有很高的认识价值。

②现实主义文学以人道主义为思想武器,揭露与批判社会的黑暗,同情下层人民的苦难,提倡社会改良。

③现实主义文学普遍关心社会文明发展进程中的人的生存处境问题,表现出作家对人的命运与前途的深切关怀。

2.艺术特征

①现实主义文学追求艺术的真实模式,强调客观真实地反映生活。

②现实主义文学重视描写人与社会环境的关系,强调塑造典型环境中的典型性格。由于这种坚持典型化原则的态度及对一切偶然性和随心所欲的摒弃,现实主义作家的创作在真实反映社会现实方面达到了前

所未有的高度。

③现实主义文学具有内倾性与外倾性两种倾向,将内部心灵世界与外部社会形态相结合。

④现实主义文学以叙事文学为主,小说创作特别是长篇小说创作走向了成熟与繁荣。

考点4　湖畔派

湖畔派是英国早期浪漫主义运动中的一个诗歌流派,代表人物是华兹华斯、柯勒律治和骚塞。他们的诗作主要表达了对中世纪的缅怀,对资本主义工业文明与城市文明的厌恶,以及对现实社会的不满,极力讴歌乡村生活与大自然。因为他们三人曾一同隐居于英国北部昆布兰湖区,因而有"湖畔派"之称。

考点5　唯美主义

唯美主义追求建议性而非陈述性,追求感官享受,大量运用象征手法,追求事物之间的关联感应,即探求语汇、色彩和音乐之间内在的联系。它的口号是"为艺术而艺术"。唯美主义的出现在艺术上直接启迪了象征派。唯美主义文学的代表人物有戈蒂埃、王尔德等。

考点6　象征主义

象征主义产生于19世纪七八十年代的法国,代表人物是马拉美、魏尔伦和兰波,波德莱尔是象征主义的先驱。

象征主义追求内心的"最高的真实"。象征主义认为,人视力所及的外部世界并不是世界的全部,还存在"另一个世界"。"另一个世界"与外部世界的万物之间、人与自然之间、人的各种感觉之间,存在着一个隐秘的、相互感应的世界。诗人的任务就是用自己的诗歌去沟通和认识这个隐秘的世界。沟通的媒介便是象征性的物象,诗人用它来暗示主题或其他事物。象征性物象会使人发现内心隐秘之处和普通事物背后的真实,这就是通过象征、暗示表现人与自然、人与事物、事物与事物之间隐秘关系的过程。象征主义诗歌的意象恍惚不定,神秘性是其显著特点。象征主义作家在他们的诗歌中大量采用暗示、象征和联想等手法来隐喻和表现他们所追求的那个世界,他们通常强调诗歌的音乐性,讲究词句内在的节奏和韵律。

法国象征主义作为一个文学流派到19世纪90年代初就解体了,但它的思潮传到了比、奥、德、俄等国,对这些国家的文学创作产生了很大影响。

考题再现

【2020年·小学·判断】西方象征派前期代表诗人是波德莱尔。　　　　　　　　　　(　　)

【答案】√。

考点7　"迷惘的一代"

"迷惘的一代"是第一次世界大战后美国的一个文学流派。20世纪20年代,海明威将斯泰因的"你们全是迷惘的一代"这句话作为他第一部长篇小说《太阳照样升起》的题词,"迷惘的一代"从此成为这批虽无纲领和组织但有着相同创作倾向的作家的称谓。他们的共同点是厌恶帝国主义战争,在作品里揭露战争给人们带来的灾难,反映战后青年一代的悲剧,他们在艺术上都很讲究表现手法的新颖及独创性。所谓"迷惘",即厌恶战争,失去了生活的方向,内心感到失落、惆怅、空虚。这一流派的代表作品有海明威的《永别了,武器》《太阳照样升起》等。

"迷惘的一代"文学作品的特点表现在以下几个方面:第一,语言上的简约主义和口语化倾向;第二,形式上勇于创新;第三,传记文学和回忆录空前繁荣。虽然"迷惘的一代"的作家在作品中流露出浓厚的悲观情调,对战争抱以消极、厌恶的态度,缺乏积极的反对战争、争取和平的行动,但他们的作品无论在内容上还是艺术形式上都突破了传统的束缚。

考点8　现代主义

19世纪后期，第二次工业革命颠覆了人类千百年来的文化传统。现代工业的兴起，令人与人之间越来越疏远冷漠，社会变成了人的一种异己力量，作为个体的人感到无比的孤独。在20世纪的两次世界大战中，人类开始用枪支弹药大规模屠杀自己的同类，西方的自由、平等、博爱等人道主义理想被战争踩躏得体无完肤，西方文明被抛进了一场深刻的危机之中，现代主义应运而生。欧美现代主义文学流派包括后期象征主义、表现主义、意识流文学、未来主义、超现实主义等。

1. 后期象征主义

后期象征主义文学在创作思想和方法上继承了前期象征主义大师们的传统，在艺术上，坚持以象征暗示的方法表现内心"最高的真实"，主张情与理、主观与客观、有限与无限的统一，努力表现社会与时代的总体精神，反对过多强调主观精神的自由与无限，也反对过于强调客观事物的形象、具体。在创作方法上，后期象征主义文学从简单象征发展到意象象征，从个别象征发展到普遍象征，从情感象征发展到情感与理智并举，具有思辨性和哲理性。后期象征主义文学的代表作品有英国诗人艾略特的《荒原》、法国诗人瓦莱里的《海滨墓园》、爱尔兰诗人叶芝的《驶向拜占庭》等。

2. 表现主义

表现主义是20世纪初产生于德国的一场艺术运动。它产生于绘画，随后才延伸到文学、音乐等领域。表现主义文学反对现实主义与自然主义的创作思想，强调表现人的主观感受和复杂多变的精神状态；反对只忠实于事物表象和印象的倾向，主张挖掘事物内在的本质，从而展示抽象的永恒的真理。从表现方法上看，既然表现主义文学强调表现人的灵魂状态，表现抽象的永恒的真理，它就必然要寻求人的主观外化的恰当途径。表现主义剧作家重视的不是传统的戏剧冲突，而是如何使用一切戏剧手段，采用象征的表现手法创造一种特殊的情绪或气氛，来表现人物的心灵、直觉和下意识。表现主义文学的代表作品有美国剧作家尤金·奥尼尔的《琼斯皇》《毛猿》，德国剧作家托勒尔的《群众与人》，奥地利剧作家卡夫卡的《城堡》等。

3. 未来主义

未来主义于20世纪初产生于意大利，随后流行到欧洲各国。未来主义作家的创作宗旨是面向未来，探索未来，创造一种"新的、未来的艺术"，这就要求和过去、和传统彻底决裂。他们要求文学艺术反映现代生活的新内容，反映工业化的机器文明、高速度及都市生活的动乱，赞颂"速度美"和"力量"，因此作品多以表现人和物的运动为特色。在形式上，未来主义作家主张取消语言的规范，消灭形容词、副词和标点符号，仅靠字形的变化、图案的组合、数学符号和乐谱等在诗行中的夹杂来表达情绪。未来主义文学的代表作品有意大利菲利波·托马索·马里奈蒂的《未来主义宣言》、法国阿波利奈尔的《醇酒集》、俄国马雅可夫斯基的《穿裤子的云》等。其中，《未来主义宣言》的发表是这一流派诞生的标志。

4. 意识流文学

意识流文学是20世纪二三十年代流行于英、法、美等国家的一种文学流派。它在实践与理论两方面对西方现当代文学产生了深远影响。意识流作家反对传统小说对人物、环境、客观现实进行忠实描摹的现实主义和自然主义原则，要求深入发掘人物的内心世界，特别是无意识领域；反对作家像一个全知全能的神那样，无所不在地对作品不断做出说明、解释、评论，要求作家退出作品，把人物的内心世界和全部意识赤裸裸地展示在读者面前。

在形式和技巧上，意识流文学大致有以下特点：第一，以内心独白为主干，通过自由联想贯穿人物的全部意识；第二，大量使用象征手法；第三，电影化与音乐化；第四，语言和标点符号的创新。

意识流文学的代表作品有法国马塞尔·普鲁斯特的《追忆似水年华》、美国威廉·福克纳的《喧哗与骚动》、爱尔兰詹姆斯·乔伊斯的《尤利西斯》等。

5.超现实主义

超现实主义产生于第一次世界大战后的法国，它的领袖是布勒东。布勒东发表过两个"超现实主义"宣言：一是在哲学上相信人类的想象通过自由使用文字、图画及联想，挖掘梦幻与潜意识的瞬间感受，可以达到一种"超现实"；二是在形式上强调一种旨在将文艺创作从传统的理性模式解放出来的心理自动写作法。超现实主义文学一般具有以下特征：强调表现超理性、超现实的无意识世界和梦幻世界；主张用纯精神的自动反应进行文学创作，广泛使用"自动写作法"和"梦幻记录法"进行创作，写作风格晦涩艰深；追求离奇神秘的艺术效果。超现实主义文学的代表作品有法国安德烈·布勒东的《娜佳》及其与苏波合作创作的第一部超现实主义小说《磁场》等。

6.新感觉派

新感觉派产生于20世纪20年代初的日本，一般被认为是日本第一批现代主义文学流派。川端康成、横光利一等创办杂志《文艺时代》，以对抗自然主义文学的衰落与无产阶级文学的兴起，是这一思潮出现的标志。新感觉派主要通过主观感情和自我感受反映当时日本社会分崩离析的状况，以及人们在激变中的感情波折和颓废精神。新感觉派侧重使用象征、暗示等手法，通过人在刹那间的主观感受来揭示人与人之间的基本关系和人生价值，侧重通过新奇的文体和华丽的辞藻来表现主观感觉中的外部世界。

新感觉派在日本现代文学史上存在的时间很短，1927年《文艺时代》停刊后便宣告结束。

考点9 后现代主义

后现代主义文学不是一个具体的作家群体或文学流派，而是一种没有中心的多元文化。其广泛存在于第二次世界大战后的西方社会，重要流派包括存在主义文学、"垮掉的一代"、荒诞派戏剧、黑色幽默小说、魔幻现实主义等。

1.存在主义文学

存在主义文学产生于第二次世界大战前夕的法国，战后盛行于整个西方世界。在题材上，存在主义文学有现实的，也有神话的、虚构的；在思想内容方面，其侧重揭露世界和人存在的荒诞性，表现人在荒诞、绝望的境况中的精神自由和自由选择。存在主义文学有其积极意义，即以自我选择给在荒诞中挣扎的人们指出一条出路。存在主义文学的代表作品有法国作家让–保罗·萨特的《苍蝇》《禁闭》、阿尔贝·加缪的《局外人》《鼠疫》、德·波伏瓦的《女客》《他人的血》《第二性》等。

考题再现

【2021年·小学·判断】《禁闭》是萨特的作品。   （   ）

【答案】√。

2."垮掉的一代"

"垮掉的一代"产生于第二次世界大战之后的美国，由一群对社会公认的一切都抱背道而驰的态度的年轻人组成。"垮掉的一代"在思想上深受欧洲存在主义的某些观念影响，常与传统的价值和行为规范对抗，往往以颓废、堕落、犯罪来表现他们的"脱俗"，抗议社会对他们的压抑。在艺术上，他们标榜"以全盘否定高雅文化为特点"，追求无节制的自我放纵，作品结构毫无章法，语言粗糙甚至粗鄙。"垮掉的一代"的代表作品有杰克·凯鲁亚克的《在路上》、艾伦·金斯堡的《嚎叫》等。

3.荒诞派戏剧

荒诞派产生于第二次世界大战之后的法国，以戏剧为主，有时也被称为"荒诞文学"。这个流派深受存在主义思想的影响，在内容上着力描写世界和人生的荒诞、无意义，在形式上则往往采用离奇古怪、荒诞不经的手法。

荒诞派戏剧摒弃传统戏剧严密紧凑的情节结构、鲜明生动的人物形象、逻辑而有条理的戏剧语言和主题、巧妙有效的舞台手段,将荒诞本体化,使舞台上的一切都沦为荒诞,从而将戏剧变成了名副其实的"反戏剧"。荒诞派戏剧的代表作品有法国作家塞缪尔·贝克特的《等待戈多》、欧仁·尤内斯库的《秃头歌女》《犀牛》,英国作家哈洛尔德·品特的《生日晚会》,美国作家爱德华·阿尔比的《美国之梦》等。

4.黑色幽默小说

黑色幽默,即阴郁的幽默、绞刑下的幽默,表面轻松、调侃,实则无可奈何,是20世纪六七十年代流行于美国的文学流派。黑色幽默流派的作家受存在主义的影响,对现实的荒诞有一种深沉的痛苦和恼怒。黑色幽默小说既是一种带有悲剧色彩的喜剧,也是一种以喜剧形式叙述故事的悲剧,情节具有非逻辑性,整体上具有寓言性,其主人公往往是性格乖僻的"反英雄"。黑色幽默的代表作品有美国作家约瑟夫·海勒的《第二十二条军规》、小库尔特·冯尼格特的《第五号屠宰场》、托马斯·品钦的《万有引力之虹》等。

5.魔幻现实主义

魔幻现实主义文学是20世纪50年代前后在拉丁美洲兴盛起来的一种文学流派。它不是文学集团的产物,而是文学创作中的一种共同倾向,主要表现在小说领域。魔幻现实主义文学的作品运用典型的魔幻现实主义表现手法,揭露社会弊端,抨击黑暗现实,表现具有鲜明而浓厚的拉丁美洲特色的现实生活,从而使本来几乎还是一片空白的拉丁美洲文学得到了空前发展,出现了被人们称为"文学爆炸"和"文学地震"的繁荣景象,同时也使魔幻现实主义文学这样一个令世人耳目一新的崭新文学流派出现在世界文坛上。它创造了一个政治经济落后于文明的步伐而其文学成就却走在了世界前列的奇迹。魔幻现实主义的代表作品有哥伦比亚作家加西亚·马尔克斯的《百年孤独》、危地马拉作家米格尔·安赫尔·阿斯图里亚斯的《玉米人》等。

> **考题再现**
>
> 【2021年·小学·单选】下列属于20世纪魔幻现实主义代表作家的是(　　)。
> A.艾略特　　　　　　　　　　B.奥尼尔
> C.塞万提斯　　　　　　　　　D.加西亚·马尔克斯
> 【答案】D。解析:A项,艾略特是20世纪英国现代主义文学代表诗人。B项,奥尼尔是20世纪美国现代主义文学代表作家。C项,塞万提斯是文艺复兴时期西班牙人文主义代表作家。D项,加西亚·马尔克斯是20世纪魔幻现实主义代表作家。

二、外国文学作家、作品

考点1　古希腊神话

古希腊神话大约产生于公元前8世纪以前,是口头或文字上一切有关古希腊的神、英雄、自然和宇宙历史的神话,是原始氏族社会的精神产物、欧洲最早的文学形式。它在希腊原始初民长期口口相传的基础上形成基本规模,后来在《荷马史诗》和赫西俄德的《神谱》及古希腊的诗歌、戏剧、历史、哲学等著作中被记录下来,后人将它们整理成现在的古希腊神话故事,分为神的故事和英雄传说两部分。

古希腊神话的特点主要有以下几点。

①发展得最系统、最完美,受宗教影响较小,典型地反映了人类童年时代天真、烂漫、纯朴、可爱的特色,充满了积极进取的乐观主义精神和自由奔放的人生态度。

②神人同形同性是古希腊神话最大的特点。神和人同样具有七情六欲,懂得喜怒哀乐。古希腊神话中的神实际上是人化了的神,而人,尤其是英雄,则是神化了的人。这显示了古希腊神话的进步性、现实性。

③古希腊神话以艺术和哲理的方式反映古希腊氏族社会最本质的面貌。在艺术手法上既有浪漫主义的夸张和幻想,又有现实主义的真实描写。其哲理性显示了古希腊人征服自然、改造自然的理想和愿望,体现出一种高层次、高水平的神话思维。

考点2 《荷马史诗》

《荷马史诗》相传由古希腊盲诗人荷马创作,由《伊利亚特》和《奥德赛》两部长篇史诗组成。作为史料,它反映了公元前11世纪到公元前9世纪古希腊的社会状况,再现了古代希腊的社会图景,是研究古希腊早期社会的重要资料。《荷马史诗》是早期英雄时代的大幅全景,也是艺术上的绝妙之作。它以整个希腊及四周的汪洋大海为背景,展现了自由主义的自由情景,为日后希腊人甚至整个西方社会的道德观念确立了典范。《荷马史诗》被誉为"希腊的圣经"。

《荷马史诗》的艺术特征主要表现在以下几个方面。

①史诗中已经出现现实主义和浪漫主义这两种最基本的创作方法,将现实的因素和神话的因素相结合。

②结构的独创性。善于截取片段来反映事件的全貌,穿插众多的插曲和人物对白、独白,使作品具有戏剧性,主干与插曲相结合的手法,丰富了史诗的内容。

③采用客观的叙事方法。作者从旁观者的角度进行叙述,没有主观的抒情和直接的评论。

④把英雄放在特定的情境中,以夸张的手法和色彩浓重的诗句,具体描写人物的语言、行动和心理,凸显其性格特征。

⑤多用、善用比喻。这些比喻或来自大自然,或来自日常生活,被称为"荷马式比喻",对刻画人物形象、加强诗句的形象性、丰富诗篇的文学色彩有着不可忽视的作用。

1.《伊利亚特》

《伊利亚特》是《荷马史诗》中直接描写特洛伊战争的英雄史诗,它以希腊联军统帅阿伽门农和勇将阿喀琉斯的纷争为中心,集中地描写了战争结束前几十天发生的事件。希腊联军围攻特洛伊十年未克,而勇将阿喀琉斯愤恨统帅阿伽门农夺其女俘,不肯出战,后因其好友战死而重返战场。特洛伊王子赫克托尔英勇地与阿喀琉斯作战而亡,特洛伊国王哀求讨回赫克托尔的尸体,举行葬礼。

《伊利亚特》的主题是赞美古代英雄的刚强威武、机智勇敢,讴歌他们在同异族的战斗中所建立的丰功伟绩和表现出的英雄主义、集体主义精神。《伊利亚特》结构严谨,布局精巧。全书以"阿喀琉斯的愤怒"为主线,其他人物、事件都围绕这条主线展开。《荷马史诗》善于用动物的动作或自然景观、生活现象进行比喻,构成富有情趣的"荷马式比喻",节奏强烈,语调昂扬,既适于表现重大事件,又便于口头吟诵。

阿喀琉斯是《伊利亚特》的中心人物之一。他的性格是鲜明且多面的:一方面,他是一个英勇善战、忠于朋友、有同情心、热爱生活的人;另一方面,他也是一个任性、残忍、执拗的人。阿喀琉斯是古希腊氏族社会中英雄人物的典型。

2.《奥德赛》

《奥德赛》着重描写了奥德修斯十年海上漂泊中最后一段时间的事情。奥德修斯历尽艰险最后到达斯刻里亚岛,受到国王菲埃克斯的隆重接待,酒席间应邀讲述他遇风暴、遇独目巨人、遇风袋、遇女妖、遭雷击等海上经历。随后,他化装成乞丐返乡,设计比武,杀死了聚集在他宫中向他妻子逼婚的众多贵族,并与忠贞不渝的妻子佩涅洛佩、勇敢的儿子忒勒马科斯团圆。《奥德赛》以海上冒险和家庭生活为中心,描写了奥德修斯的不畏艰险和佩涅洛佩的坚贞,歌颂了英雄们在与大自然和社会的斗争中表现出的勇敢机智和坚强乐观的精神。

奥德修斯是《荷马史诗》中奴隶主特征最明显的一个人物。他足智多谋,能言善辩,具有百折不挠的勇毅,虽历尽磨难仍一心要返回家乡;他对爱情专一,抵制住了女神们的种种诱惑并最终回到了妻子身边;他关心下属,同情奴隶,受人爱戴。同时,他也有虚伪狡诈的一面,对不忠的家奴也极其残忍。

考点3 赫西俄德

赫西俄德,古希腊诗人,代表作有长篇叙事诗《工作与时日》《神谱》。《工作与时日》是诗人为规劝其弟弟而作的教诲诗。《神谱》则讲述了诸神的由来，是最早关于宇宙起源和神的谱系的系统描述。

考题再现

【2020年·中学·单选】《工作与时日》和《神谱》的作者是（　　）。
A.荷马
B.赫西俄德
C.萨福
D.希罗多德
【答案】B。

考点4 "古希腊三大悲剧"

"古希腊三大悲剧"是指《被缚的普罗米修斯》《俄狄浦斯王》《美狄亚》。

1.埃斯库罗斯《被缚的普罗米修斯》

埃斯库罗斯，古希腊悲剧诗人，与索福克勒斯、欧里庇得斯合称"古希腊三大悲剧作家"。埃斯库罗斯有"悲剧之父"的美誉，代表作有《被缚的普罗米修斯》《阿伽门农》《奠酒人》等。其最著名的悲剧《被缚的普罗米修斯》与他的另外两部现已失传的作品《被释放的普罗米修斯》《带火的普罗米修斯》构成"三部曲"。

埃斯库罗斯的悲剧风格崇高，语言优美，抒情气氛浓烈，具有完备的形式。埃斯库罗斯注重人物形象的塑造，笔下的人物都有坚强的意志和刚毅的性格。他的悲剧大部分取材于神话，用三联剧形式创作，衔接严谨。剧本情节不复杂，但矛盾冲突激烈，抒情色彩浓厚，风格庄严、崇高，人物形象雄伟、高大。埃斯库罗斯的创作属于希腊悲剧早期发展阶段，他把剧中演员由一个增加到两个，开始了真正的戏剧对话，因而被誉为"希腊悲剧的创始人"。

《被缚的普罗米修斯》塑造了一个高大的、敢于为人类幸福而反抗众神之主宙斯的英雄形象——普罗米修斯。作品情节虽简单，却有尖锐的戏剧冲突。剧中场面宏大，气氛庄严，风格夸饰，洋溢着浓郁的抒情气氛，具有早期希腊悲剧恢宏庄严的特征。

2.索福克勒斯《俄狄浦斯王》

索福克勒斯是雅典奴隶制民主国家全盛时期的悲剧诗人，代表作有《安提戈涅》《俄狄浦斯王》。其中，《俄狄浦斯王》被亚里士多德称为"悲剧艺术的典范"。

《俄狄浦斯王》取材于希腊神话传说中俄狄浦斯杀父娶母的故事，展现了富有典型意义的悲剧冲突——人与命运的冲突，被认为是命运悲剧的代表作品。全剧共有两条线索。一条线索是忒拜牧人曾说拉伊俄斯死在三岔口，其妻子伊俄卡斯特曾提到拉伊俄斯的相貌、年龄、侍从人数及被杀的时间。这一切都证明俄狄浦斯是杀死拉伊俄斯的凶手，但俄狄浦斯仍未想到那人是他的父亲。另一条线索是科任托斯牧人告诉俄狄浦斯，他并非波吕波斯的儿子。当这两个牧人相遇时，两条线索交织在一起，真相也就大白了。该剧通过倒叙的手法，环环相扣，一步步把戏剧冲突推向高潮，悲剧气氛也随之趋于顶点：伊俄卡斯特自杀，俄狄浦斯自刺双目后离开忒拜城，行乞涤罪。

3.欧里庇得斯《美狄亚》

欧里庇得斯一生共创作了90多部作品，保留至今的有18部，包括《美狄亚》《希波吕托斯》《特洛伊妇女》《酒神的伴侣》等17部悲剧和1部羊人剧《独目巨怪》。他喜欢在剧中谈论哲学问题，因而被称为"舞台上的哲学家"。欧里庇得斯的悲剧不再围绕着旧式的英雄主题，而是取材于日常生活，剧中出现了平民、奴隶、农民等人物形象。剧中所采用的语言也更加平民化，通俗易懂。他的悲剧标志着传统英雄悲剧的终结及传统戏剧向世态戏剧的过渡。

《美狄亚》是欧里庇得斯最著名的悲剧之一。美狄亚是个异国女子，她曾背叛自己的家庭，帮助伊阿宋取得金羊毛，同他一起前往希腊的伊奥尔科斯。她在那里为伊阿宋报了杀父之仇，但伊阿宋未能恢复王权，二人被赶出家乡，流亡到了科林托斯，并生下了两个儿子。不久，伊阿宋变了心，他要做科林托斯国王的女婚，并要把妻儿赶走。美狄亚愤怒不已。她先设计毒杀了国王和公主，又为了绝伊阿宋的后嗣而杀害了自己的两个儿子，最后独自乘龙车飞往雅典。《美狄亚》旨在批判不合理的婚姻制度和男女地位的不平等，斥责男子的不道德和自私自利。

考点5　但丁《神曲》

但丁，意大利中世纪诗人，人文主义的先驱。其代表作品《神曲》是文艺复兴时期的先声之作，被誉为"中世纪文学的巅峰之作"。但丁与莎士比亚、歌德并称"世界三大文学巨匠"。

《神曲》是欧洲古典四大名著之一，全诗分《地狱》《炼狱》《天堂》三部，每部33歌，加上序曲，共100歌。这部作品通过描写作者与地狱、炼狱及天堂中各种著名人物的对话，反映了中世纪文化领域的成就和一些重大的问题，带有"百科全书"性质，也暗含着文艺复兴时期人文主义思想的曙光。在这部长达14000余行的史诗中，但丁坚决反对中世纪的蒙昧主义的精神，执着追求真理的思想，对欧洲后世的诗歌创作有极其深远的影响。

（1）《神曲》的艺术特色

《神曲》的艺术特色主要表现在以下几个方面。

①《神曲》采用中世纪文学特有的幻游形式。但丁以自己为主人公，假想自己以一名活人的身份在冥府——死人的王国进行了一次游历。

②《神曲》人物形象鲜活。作为这部史诗的主人公，但丁本人苦苦求索的品格和丰富复杂的精神世界被刻画得最为细微、饱满。维吉尔和贝娅特丽丝这两位向导，既有象征性和寓意性，也有鲜明的个性。在哀怨欲绝的悲剧性氛围中，诗人描写了保罗与弗兰采斯加这对恋人对爱情忠贞不渝的品格；在阴暗、愤懑的情境中，诗人勾画出了教皇普尼腓斯八世贪婪、欺诈的性格。

③《神曲》采用来源于日常生活和自然界的极其通俗的比喻写人绘景，产生了极不寻常的艺术效果。例如：地狱里的幽灵遇见陌生来客维吉尔和但丁，惊奇地盯着他们，好像老眼昏花的裁缝凝视针眼一样，形容枯瘦的幽灵两眼深陷无神，好像一对宝石脱落的戒指；在魔鬼卡隆的鞭打下，幽灵从岸边跳进地狱界河的小船，好像秋天的树叶一片一片落下。

④《神曲》的韵律形式是意大利民间诗歌中流行的一种格律严谨的三韵句形式，隔行押韵，连锁循环，贯穿全诗始终。但丁摒弃中世纪文学作品惯用的拉丁语，采用俗语写作，这对促进意大利民族语言的统一、丰富意大利文学语言有重要的作用。

（2）《神曲》中新旧思想的矛盾

《神曲》中新旧思想的矛盾主要表现在以下几个方面。

①《神曲》的构思和内容都受到基督教观点的支配，诗中包含不少神学的烦琐知识、难解的象征和隐喻，神秘色彩浓厚，是对中世纪文化的艺术总结。但丁在设想民族出路时，认为信仰和神学高于一切，强调了节欲、苦修和道德净化。不过，他所追求的理想的内容是现世的、进步的，并不是来世的、虚幻的。他积极关心现实，在《神曲》中展现了中世纪晚期意大利的现实生活，批判了教会和僧侣的罪行，表达了对干涉世俗政治的教皇的痛恨。

②《神曲》在思想上的两重性，还表现在他的宗教思想体系和人文主义思想萌芽之间的矛盾。《神曲》中表现的道德观属于中世纪唯心的宗教思想，但是但丁主张的苦修是一种靠着理性指引的个人自身的修炼，这已经接近于近代资产阶级的宗教观。

③但丁对待人与事物的态度也是矛盾的。他把现世看作是来世的准备，也歌颂现世生活的意义，肯定现世生活的价值。他认为人应该在现世生活中积极活动，追求知识、爱情和美德，让人生变得有意义。

④《神曲》在艺术方法上也体现了两重性。它既具备中世纪文学的一般特色，又表现出一些近代文学的新的艺术方法的特征；既采用中世纪文学流行的梦幻故事的形式和象征寓意的手法，又表现出新的文学因素。

> **考题再现**
>
> 【2020年·小学·判断】但丁《神曲》的主题是映照现实,让世人经历考验,臻于善和真,使意大利走出苦难,走上复兴的道路。 ( )
> 【答案】√。

考点6 塞万提斯《堂吉诃德》

1.作者简介

塞万提斯是人文主义者与现实主义者,文艺复兴时期西班牙最重要的作家,主要作品有长篇小说《堂吉诃德》,短篇小说集《警世典范小说集》。

2.《堂吉诃德》

（1）主题思想

《堂吉诃德》模仿骑士小说的写法,主要讲述了堂吉诃德与桑丘·潘沙主仆二人三次游侠的故事。作品反映的是16—17世纪西班牙的社会现实,涉及政治、经济、宗教、道德、风俗等多个方面,反映了封建制度的黑暗和广大人民备受剥削压迫的现实,揭露了西班牙王国表面强大,实际已经开始衰落的本质。小说中贯穿着理想与现实的冲突,充满了美好理想遭到嘲弄和践踏的悲剧色彩。

（2）艺术特色

《堂吉诃德》的艺术特色主要表现在以下几个方面。

①小说采用对比、讽刺和夸张的艺术手法,把现实与幻想结合起来,表达塞万提斯对时代的见解。现实主义的描写在《堂吉诃德》中占主导地位。

②小说在结构上,融合了以往各种类型的长篇叙事文学的结构特点,包括英雄史诗、故事传奇、田园小说等,尤其是流浪汉小说和骑士小说的艺术形式和方法,形成了现代小说最基本的结构模式。

③小说在人物塑造上,大量运用夸张和反复的手法,善于将人物放在不同场景中,在重复中强调人物性格;同时善于运用虚实结合的方法,否定中有歌颂,荒诞中有寓意,具有强烈的艺术性。

④小说着重写主观动机与客观后果之间的矛盾,在喜剧性情节中展现悲剧内涵。

⑤小说在语言风格上,汲取了古典艺术和民间艺术的养分,寓庄严于谐趣,潇洒幽默、生动机智、妙趣横生。

（3）人物形象

①堂吉诃德

堂吉诃德的形象具有复杂性。他耽于幻想,行动盲目,是一个喜剧型的人物。同时他又是理想与现实脱节,动机高尚而行动错误的悲剧型人物。他是可笑的、可悲的,又是可爱的、可敬的。他性格中的矛盾正是社会现实和他本人世界观之间矛盾的反映。堂吉诃德形象的高度概括性,使他成为世界文学中不朽的典型之一。

②桑丘·潘沙

桑丘·潘沙是一个普通的农民,既勤劳善良、机智幽默,又目光短浅、贪图小利。他游侠的最初目的是升官发财,但在与主人相处的过程中,受主人宽厚胸襟这一特点的影响,变得正直无私,在海岛当"总督"时,切实为百姓做了很多好事。桑丘·潘沙这一形象的务实精神与堂吉诃德人文精神的结合既体现了作者对民主精神的追求,又体现了作者推动人文主义社会理想实现的愿望。

考点7 莎士比亚

莎士比亚是文艺复兴时期英国的戏剧家和诗人,代表作有"四大悲剧"(《哈姆莱特》《奥赛罗》《李尔王》《麦克白》),"四大喜剧"(《仲夏夜之梦》《威尼斯商人》《第十二夜》《皆大欢喜》),历史剧《亨利四世》《亨利五世》《理查二世》,正剧《罗密欧与朱丽叶》等。本·琼森称他为"时代的灵魂",马克思称他和古希腊的埃斯库罗斯为"人类最伟大的戏剧天才"。

1.莎士比亚的喜剧

(1)《威尼斯商人》

《威尼斯商人》的主要内容:威尼斯富商安东尼奥为了成全好友巴萨尼奥的婚事,向高利贷者夏洛克借债。但由于安东尼奥贷款给别人时从不收取利息,并且曾经帮助夏洛克的女儿私奔,夏洛克始终对其怀恨在心。夏洛克趁此机会,设下圈套,伺机报复——先是佯装不收取安东尼奥的贷款利息,后又要求如果逾期未还贷款,就要从安东尼奥身上割下一磅肉。然而,双方定下合约后不久,就传来了安东尼奥的商船失事的消息。安东尼奥因资金无法周转,无力偿还贷款,顿时陷入困境。夏洛克到法庭控告安东尼奥,要求安东尼奥依照法律条文履行合约。为了救下安东尼奥,巴萨尼奥的未婚妻鲍西娅假扮律师,出庭为安东尼奥辩护,她假意应允夏洛克的要求,但同时指出安东尼奥被割的肉只能是一磅,不能多也不能少,更不能让安东尼奥流一滴血。夏洛克因无法按约执行而败诉,害人不成反而失去财产。

《威尼斯商人》以歌颂仁爱、友情、爱情为主题,通过描写男女主人公的思想与言行,传达出人文主义精神,展现了资本主义早期商业资产阶级与高利贷者之间的矛盾。该作品的一大重要文学成就是塑造了夏洛克这一典型的唯利是图、冷酷无情的"吝啬鬼"形象。

知识拓展

世界名著中的四大"吝啬鬼"形象

1.莎士比亚《威尼斯商人》中的夏洛克。

2.莫里哀《悭吝人》(又名《吝啬鬼》)中的阿巴贡。

3.巴尔扎克《欧也妮·葛朗台》中的葛朗台。

4.果戈理《死魂灵》中的泼留希金。

注:中国"吝啬鬼"形象的典型是吴敬梓《儒林外史》中的严监生。

---

(2)《仲夏夜之梦》

《仲夏夜之梦》是莎士比亚喜剧创作走向成熟的标志,具有强烈的幻想性和抒情性。《仲夏夜之梦》讲述了由"魔汁"引起的冲突及冲突被解决,有情人终成眷属的故事。整部戏剧情调轻松,总的来说就是一个"乱点鸳鸯谱"的故事。剧中穿插了小闹剧当作笑料,即众工匠为婚礼所排的"风马牛不相及"的喜剧及排戏经过。这部戏剧没有什么深远的社会意义与内涵,它所包含的只有纯净的快乐,仿佛是一部戏剧的狂欢,中间也有过一丝爱情的烦恼,但仍是欢乐化、喜剧化的。

2.莎士比亚的悲剧及正剧

莎士比亚的悲剧主要是写理想与现实的矛盾和理想的破灭。人文主义理想和现实社会恶势力之间的矛盾构成戏剧冲突。剧中塑造了一批具有人文主义理想的人物,描写他们与恶势力进行的悲剧斗争及毁灭的过程。

(1)《哈姆莱特》

《哈姆莱特》写的是丹麦王子哈姆莱特回国奔丧,父王的鬼魂向他诉冤,嘱其报仇的故事。哈姆莱特装疯,安排"戏中戏",证实了新王克劳狄斯杀兄的罪行。哈姆莱特错杀大臣后,被打发出国,后洞察新王阴谋,中途折回。新王备下毒酒毒剑,挑唆大臣之子雷欧提斯与哈姆莱特决斗,欲置哈姆莱特于死地,最后三人同归于尽,王后也误饮毒酒而死。

哈姆莱特作为一个人文主义者,有着复杂的性格和崇高的理想,对人类与世界有新颖的看法。他目光敏锐,思考深刻,又有高度的社会责任感。但过于内向和审慎的性格及势单力薄的处境,使得他行动延宕。他虽有行动的决心,并能不断督促自己,但最后只能与敌人同归于尽。哈姆莱特是欧洲近代文学史上一个比较完整的理想人物形象。整个剧本通过描写哈姆莱特与新王的宫廷斗争,反映了人文主义理想与英国现实之间的矛盾,反映了时代的先进力量与强大的社会恶势力之间的斗争,既揭示了社会矛盾,又歌颂了正义的理想。

（2）《罗密欧与朱丽叶》

《罗密欧与朱丽叶》讲述了罗密欧与朱丽叶二人于舞会一见钟情后方知对方身份,为了冲破双方家族的世仇走到一起,朱丽叶先服毒假死,醒来发现罗密欧自尽后,也随之自尽的故事。《罗密欧与朱丽叶》最大的艺术特色就是含有大量的抒情艺术形象。男女主人公用死亡这一极端的方式,让他们为尘世所不容的恋情得到了认可,并且化解了两个家族的仇恨。他们的死显示了爱情的巨大力量,向现实世界投射出无限光芒。

（3）莎士比亚刻画悲剧人物的特点

①莎士比亚不是孤立地描写一个事件,也不是单纯地描写主人公的个人命运,而是描写整个时代和社会的变化。他的戏剧往往囊括了上至宫廷、下至市井的广泛的社会生活画面,虽然上层人物的活动占主要地位,但是他们的背后也有劳动人民的积极活动。多重线索手法的运用体现了情节的生动性和丰富性。

②莎士比亚善于把人物放在内外两重的矛盾冲突之间,一方面是主人公与客观环境的冲突,另一方面是主人公的内心冲突。他善于在人物对比中突出主人公的性格,并充分利用人物的独白,深入人物的内心世界,展现人物思想性格发展的脉络。

③莎士比亚的戏剧语言既是丰富多彩的,又是高度形象化与个性化的。他特别善于运用比喻及隐喻等形象化语言,这些语言有的是一针见血的褒贬,有的是深刻的哲理,有的是粗俗的市井俚语。这样的个性化的语言是莎士比亚刻画人物性格极其重要的艺术手段。

④莎士比亚还善于渲染气氛,营造悲剧性的氛围,以突出人物的心理活动。

考题再现

【2020年·中学·单选】克劳狄斯是莎士比亚哪部剧中的人物？（　　）
A.《李尔王》　　　　　　　　　　　B.《奥赛罗》
C.《第十二夜》　　　　　　　　　　D.《哈姆莱特》
【答案】D。解析:A项,《李尔王》是莎士比亚的"四大悲剧"之一,主要人物有李尔王、考狄利娅、爱德加等。B项,《奥赛罗》是莎士比亚的"四大悲剧"之一,主要人物有奥赛罗、苔丝狄蒙娜、伊阿古等。C项,《第十二夜》是莎士比亚的"四大喜剧"之一,主要人物有塞巴斯蒂安、薇奥拉、奥西诺、奥丽维娅等。D项,《哈姆莱特》是莎士比亚的"四大悲剧"之一,主要人物有哈姆莱特、克劳狄斯、雷欧提斯、霍拉旭等。

考点8　卢梭《新爱洛依丝》

卢梭,法国启蒙思想家、文学家,其文学创作是浪漫主义文学的先声,代表作品有《新爱洛依丝》《社会契约论》《爱弥儿》《忏悔录》等。

1.《新爱洛依丝》

《新爱洛依丝》的书名取自12世纪少女爱洛依丝和她的老师阿贝拉尔的爱情悲剧,这是一部书信体小说,被誉为欧洲18世纪最重要的小说。全书分为六部分,由163封信组成,描写了贵族女学生朱丽与其家庭教师圣普乐的爱情悲剧,具有强烈的反封建意义。

贵族女学生朱丽与其家庭教师圣普乐相爱,但遭到了父亲的反对。朱丽在父亲的恳求下,不得不嫁给俄国贵族沃尔玛。六年后,二人在沃尔玛的理解下,再次相遇。圣普乐想与朱丽重温旧情,但朱丽却终未越雷池一步。最后,朱丽因跳入湖中救落水的儿子,染病不起,临死时她希望圣普乐照顾她的一家,并与一直爱慕他的克莱尔结婚。

2.《新爱洛依丝》的特点

①《新爱洛依丝》热情讴歌了爱情。卢梭赞扬激情,描绘了爱情的冲动、残酷的痛苦、欢乐和得不到爱情时的颓唐,在小说中,爱情是一种纯洁、崇高的感情。他认为爱情与道德是可以调和、相容的。

②对大自然的歌颂是《新爱洛依丝》的另一个重要特点。卢梭意识到了山峰的壮美,并将它们写进了作品中,同时也写出了大自然对人们心灵产生的影响。

③《新爱洛依丝》具有较强的哲理性。小说中包含了卢梭的主要思想,思想领域涉及教育、文艺、社会平等、农村经济等,丰富的小说内容使得其中的爱情描写获得了赖以生存的社会背景,从而更深刻地揭露了封建意识的根深蒂固及其对人们精神的毒害。

考点9　莫里哀《伪君子》《悭吝人》

莫里哀,法国喜剧作家、演员、戏剧活动家,法国芭蕾舞喜剧的创始人,法国17世纪古典主义文学最重要的作家之一,古典主义喜剧的创建者,代表作有《伪君子》《悭吝人》《无病呻吟》《多情的医生》《恨世者》等。

1.《伪君子》

《伪君子》主要讲述了伪装圣洁的教会骗子答尔丢夫混进商人奥尔贡家,图谋勾引其妻子并夺取其家财,最后阴谋败露,锒铛入狱的故事。该剧深刻揭露了教会的虚伪和丑恶,答尔丢夫也因此成为"伪君子"的代名词。《伪君子》结构严谨,人物性格和矛盾冲突鲜明突出,语言机智生动,手法夸张滑稽,风格泼辣尖锐,在许多方面都突破了古典主义的陈规旧套,对世界喜剧艺术的发展产生了深远的影响。其艺术特色主要表现在以下几个方面。

①《伪君子》是一部古典主义创作原则与民间喜剧手法相结合的杰作。《伪君子》的创作方法符合古典主义的"三一律"。全剧五幕,情节单一集中,地点单一(只在奥尔贡家),时间在一天之内。

②《伪君子》的情节结构精巧紧凑、层次分明。全剧五幕完全围绕着展现答尔丢夫的虚伪性格来安排。整个戏剧节奏急促,高潮迭起。

③《伪君子》打破了古典主义关于悲、喜剧的严格界限,在喜剧中插入了悲剧的因素,这些悲剧性因素足以显示伪善者的掠夺本性,增强了作品的批判力量。

④《伪君子》的语言生动灵活,富有个性化色彩。莫里哀在作品中向民间闹剧学习,吸收了许多生动活泼、富有生活气息的情节和技巧,增强了作品的艺术效果。

2.《悭吝人》

《悭吝人》(又译《吝啬鬼》)深刻地揭示了资产阶级的拜金主义本质,是莫里哀继《伪君子》之后的又一杰出剧作。剧本取材于古罗马喜剧家普劳图斯的《一坛黄金》。经过作者的再创造,古罗马的喜剧被赋予了新的社会意义。高利贷者阿巴贡悭吝贪婪,爱钱如命。他要儿子娶有钱的寡妇,要女儿嫁给不要陪嫁的半百老头,自己则看中年轻貌美的玛丽亚娜,想娶她为继室,还希望从中得到一笔丰厚的妆奁。但是,玛丽亚娜恰好是儿子的意中人。儿子的仆人为了成全少主人的婚姻,偷走了阿巴贡的钱,迫使阿巴贡放弃娶玛丽亚娜的念头,并使其同意了儿女的婚事。

莫里哀运用夸张、讽刺的手法,成功地塑造了阿巴贡这个贪婪吝啬的资产阶级守财奴形象,由于其巨大的艺术概括性,"阿巴贡"在法语中成了"守财奴"和"吝啬鬼"的代名词。剧中莫里哀还以独到的艺术眼光写出了金钱与贪欲对人性和亲情的泯灭,他敏锐地指出,在资本原始积累时期,金钱已经开始变成年轻人婚姻幸福的障碍,成为破坏"温情脉脉"的家庭关系的巨大力量。莫里哀在欧洲文学史上第一次以这样的高度揭示资产阶级的贪欲,对后来巴尔扎克等作家的创作产生了较大影响。

考题再现

【2021年·小学·单选】 下列不属于莫里哀的作品的是( )。

A.《孤独的收割者》　　　　　　　　　B.《多情的医生》

C.《伪君子》　　　　　　　　　　　　D.《恨世者》

【答案】 A。解析：A项，《孤独的收割者》是英国诗人威廉·华兹华斯的作品。B、C、D三项均为莫里哀的作品。

考点10　笛福《鲁滨孙漂流记》

笛福，英国小说家、新闻记者，被誉为"欧洲小说之父"。其代表作《鲁滨孙漂流记》一直闻名于世，鲁滨孙成为与困难抗争的典型，笛福也因此被视作英国现实主义小说的开创者之一。

《鲁滨孙漂流记》被认为是第一部用英文以日记形式写成的小说，也是英国第一部现实主义长篇小说。小说讲述了海难幸存者鲁滨孙在一个偏僻荒凉的热带小岛上度过了28年的故事，赞扬了新兴资产阶级的代表——鲁滨孙身上所表现出的勤劳、智慧、勇敢、顽强和坚韧的美好品德，也反映了处于资本原始积累时期，新兴资产阶级对个性自由的要求和发挥个人才智、勇于冒险、追求财富的进取精神。

鲁滨孙是一个劳动者，同时又是资产者和殖民者，具有剥削掠夺的本性。他几次出海的目的都是到非洲贩卖奴隶，他用火枪和《圣经》慑服土著人，使"星期五"心甘情愿地做了他的忠实奴仆。火枪和《圣经》就是欧洲殖民主义者对殖民地人民所惯用的两种武器。鲁滨孙顽强不息地与自然做斗争，既是为了生存，也是为了占有财富和土地。鲁滨孙是生活的创造者，又是新兴的剥削者，这个形象是资产阶级创业年代的产物，它反映了创业时期资产阶级的才干和进取精神，成为西方文学中第一个资产阶级的正面形象，这是欧洲小说史上的创举。鲁滨孙身上的双重性，充分体现了作者自身的时代与阶级的局限性。

考点11　歌德《浮士德》《少年维特之烦恼》

歌德，18世纪中叶到19世纪初德国乃至欧洲最重要的剧作家、诗人、思想家，代表作有诗剧《浮士德》，书信体小说《少年维特之烦恼》等。

1.《浮士德》

诗剧《浮士德》共两部。第一部除序曲外，共25场，不分幕；第二部分为五幕。《浮士德》是一部时代精神发展史，是从文艺复兴时期到19世纪初资产阶级上升期文化发展的生动缩影。全剧描写了主人公浮士德对人生理想的不断追求与探索，展示了他的思想发展历程和他的经历：学者生活、爱情生活、政治生活、追求古典美和改造大自然。浮士德为了寻求新生活，和魔鬼靡非斯特签订契约，把自己的灵魂抵押给魔鬼，而魔鬼要满足浮士德的一切要求。如果有一天浮士德认为自己得到了满足，那么他的灵魂将归魔鬼所有。于是靡非斯特使用魔法，让浮士德有了一番奇特的经历。浮士德返老还童，尝过了爱情的欢乐与辛酸，在治理国家中显过身手，在沙场上立过奇功，又想在一片沙滩上建立起人间乐园……就在他沉醉在对美好未来的憧憬中时，他不由自主地说："停一停吧，你真美丽！"随即倒地。最后，天使在魔鬼之前赶来，挽救了浮士德的灵魂。

《浮士德》的基本结构形式是戏中戏，大悲剧中套着许多小悲剧，其中有些小悲剧可以独立成篇，如葛丽卿悲剧。在艺术表现上，为了充分表现各种人物和场面，歌德采用了现实主义与浪漫主义结合的创作方法。在塑造人物时采取了直抒胸臆、对比烘托（不同时期、不同场合、不同事物）等方法。为了适应诗剧丰富多彩、变化万千的内容，歌德还采用了多种多样的诗歌形式和表现手段，恰当地描写环境、烘托气氛、塑造形象。诗中的语言风格也变化多端，有颂扬、有嘲讽、有诙谐、有庄严、有明喻，显示了作者高超的艺术才能。《浮士德》还善于运用矛盾对比的方法来安排场面，配置人物，以浮士德为中心，其他一些重要人物，都与他形成对比。在全诗的构思中，光明与黑暗、崇高与卑劣常常是交替出现的。此外，歌德还将神话、传说、幻想

第一部分　汉语言文学专业基础知识　171

等交织在一起,组成了作品多彩的色调。

2.《少年维特之烦恼》

《少年维特之烦恼》由维特与友人、绿蒂的通信,以及他的日记片段连缀而成,主要讲述了维特困于爱情与事业的双重烦恼中,感觉不到任何的人生价值,最终选择自杀的故事。在爱情上,维特爱上了已经订婚的绿蒂并全身心投入,试图在爱情中寻找慰藉,但他受封建婚姻制度和传统社会习俗的影响,以及金钱和门第的制约,始终不敢向绿蒂敞开心扉;在事业上,由于官场等级森严,维特受市民出身的限制,受到了排挤和歧视,他因此陷入了烦恼,变得孤独忧郁。维特的烦恼,充分体现了进步的启蒙思想和黑暗的社会现实之间的矛盾。

维特受卢梭思想的影响,追求自由与平等,痛恨等级制度和贵族特权,是18世纪德国进步知识青年的典型形象。但从根本上说,他缺乏积极的行动力,不能意识到只有反抗和争取的人生才会有价值,总是希望社会改变而从不积极地改变自己,是一个消极的反抗者的形象。黑格尔曾说他是"幽美的灵魂"。

> **考题再现**
>
> 【2021年·小学·判断】《少年维特之烦恼》是卢梭的代表作品。　　　　　　　　　(　　)
> 【答案】×。

考点12　雨果《巴黎圣母院》《悲惨世界》

1.作者简介

雨果,法国浪漫主义作家,法国文学史上卓越的资产阶级民主作家,被人们称为"法兰西的莎士比亚"。代表作有长篇小说《巴黎圣母院》《悲惨世界》《海上劳工》《笑面人》《九三年》,诗集《光与影集》和《秋叶集》,短篇小说《"诺曼底"号遇难记》等。

2.《巴黎圣母院》

(1)作品主题

《巴黎圣母院》是雨果第一部大型浪漫主义小说,它以离奇的想象和丰富的"美丑对照"原则描写了一个发生在15世纪法国的故事。小说揭露了宗教的虚伪,宣告了禁欲主义的破产,歌颂了下层劳动人民的善良、友爱、舍己为人,反映了雨果的人道主义思想。

(2)内容简介

长相丑陋的聋人卡西莫多被巴黎圣母院的副主教克洛德收养,在巴黎圣母院做敲钟人。外表正经的副主教克洛德自从遇见美丽的吉卜赛少女爱斯梅拉达后,被其美色吸引而神魂颠倒,并指使卡西莫多强行掳走爱斯梅拉达,途中爱斯梅拉达被骑兵上尉队长弗比斯所救,因而爱上了他。弗比斯生性风流,遭到怀恨在心的克洛德刺杀,但弗比斯没有死。克洛德却将此事嫁祸于爱斯梅拉达,使她被判死刑。行刑时,卡西莫多将爱斯梅拉达救走并藏于圣母院中,乞丐群众为救爱斯梅拉达而冲入教堂,误与卡西莫多大战,爱斯梅拉达被克洛德带领的军队绞杀在广场上,卡西莫多愤然将克洛德从教堂顶楼推了下去,最后卡西莫多抚着爱斯梅拉达的尸体殉情。

(3)人物形象

①爱斯梅拉达

爱斯梅拉达是雨果塑造的一个理想人物,是人性美与善的象征。她纯洁善良,酷爱自由,性格豪爽,品格坚贞。她善良地对待每一个人,挽救了误入乞丐王国的诗人甘果瓦的生命;她不计前嫌送水给受刑时的卡西莫多;她对爱情抱着坚贞不渝的信念,丝毫不怀疑心上人的忠诚,不相信他的背叛,也不允许别人说一句他的坏话;面对克洛德的淫威,她宁死不屈。她的毁灭,是对残酷的封建专制统治和教会邪恶势力的有力控诉,同时也唤起了人们对真善美的追求。

②卡西莫多

卡西莫多是雨果理想中"善"的化身,是雨果根据美丑对照原则创造的人物形象。他有着丑到极点的相貌:几何形的脸,四面体的鼻子,马蹄形的嘴,参差不齐的牙齿,独眼,耳聋,驼背……似乎上帝将所有的不幸都降临在了他的身上,但他内心崇高,是一个富有正义感、情感丰富的人。他对爱斯梅拉达的爱慕是一种混合着感激、同情和尊重的柔情,一种无私的、永恒的、高贵的、质朴的爱,完全不同于克洛德那种邪恶的占有欲,也不同于花花公子弗比斯的逢场作戏。雨果通过这一形象,树立起一个人类灵魂美的典型。这一形象还体现了善战胜恶、真诚战胜虚伪的真理。

③克洛德

克洛德是一个有着双重性格的人物。一方面,他是宗教恶势力的代表,道貌岸然,内心阴险毒辣,为满足自己的欲望不择手段。他出于淫欲指使卡西莫多劫走爱斯梅拉达,出于嫉妒刺伤弗比斯并嫁祸于爱斯梅拉达,又因得不到爱斯梅拉达的爱而将她置于死地。另一方面,他又是宗教禁欲主义的牺牲品,长久的禁欲扭曲了他的灵魂。他越是意识到自己失去了人间的欢乐,便越是仇恨世人,仇视世间一切美好的事物。克洛德是小说中塑造的最有深度的人物。

(4)艺术特色

《巴黎圣母院》是一幅瑰丽多姿的浪漫主义艺术画卷。首先,作者充分运用浪漫主义的美丑对照手法,把善与恶、美与丑、崇高与卑下对照起来描写,并在环境、事件、情节的安排及人物形象的塑造上,夸张地突出某些特性,形成强烈的对比。其次,小说还具有丰富的想象、怪诞的情节和奇特的结构。最后,作者运用拟人化的手法,把圣母院中人与兽的浮雕和帝王的神龛,当作目睹人间沧桑的见证者,增添了小说的浪漫主义色彩。

3.《悲惨世界》

《悲惨世界》讲述了冉·阿让因受到善良、正直的米利埃主教的感化,出狱后化名"马德兰"救助芳汀的孤女柯赛特,却因自己的身世遭到人们的误解而抑郁成疾,当误会解开时含笑离世的故事。

考点13 大仲马《基督山伯爵》

大仲马,小仲马(代表作《茶花女》)的父亲,19世纪法国浪漫主义作家,通俗小说的代表作家,代表作有剧作《亨利三世及其宫廷》,长篇小说《基督山伯爵》《三个火枪手》等。

《基督山伯爵》是优秀通俗小说的代表。其艺术特点主要表现在以下几个方面。

①情节曲折,安排合理。小说富有戏剧性的开场(唐泰斯在举行婚礼时被捕),"一石激起千层浪"。小说情节繁复而不散漫,无冗长拖沓之感。主次情节安排合理,大故事套小故事的写法运用得恰到好处。

②光怪陆离,熔于一炉。小说触及的生活面极其广阔,既描写了路易十八的宫廷、上流社会的灯红酒绿,也描写了监狱的阴森可怕和犯人的阴暗心理、强盗的仗义疏财,还描写了市民的清贫生活。五光十色的社会生活和斑斓夺目的地方色彩、异国情调有机地结合在一起,广阔的视野和浪漫主义的艺术趣味水乳交融,加强了小说的传奇性。全景式的描写以丰富多彩的色调作为点缀,能满足不同阶层读者的需求。

③结构完整,一气呵成。小说基本上分为两大部分:前四分之一写唐泰斯被陷害的经过,后四分之三写唐泰斯如何复仇。复仇部分共有三条线索,彼此交叉进行的同时又保持一定的独立性,环环相扣,层层深入,有条不紊。

④善写对话,戏剧性强。全书百分之八十的篇幅由对话组成,人物的思想和性格往往通过对话表现出来。对话近乎日常生活中的口语,通俗晓畅,而激烈动荡的感情和尖锐曲折的冲突是对现实生活的提炼和概括,使内容变得复杂而生动。

⑤形象鲜明,个性突出。大仲马能从时代变迁的角度去表现人物形象的变化:唐泰斯原本正直单纯,准备复仇后变得老谋深算,铁面无情,手段凶狠;唐格拉尔唯利是图,为达目的不择手段;费尔南背信弃义,卑鄙无耻。

考题再现

【2021年·小学·判断】大仲马是通俗小说的代表作家。（　　）

【答案】√。

考点14　司汤达《红与黑》

司汤达是19世纪法国杰出的批判现实主义作家。他以准确的人物心理分析和凝练的笔法而闻名，被认为是最重要和最早的现实主义的实践者之一。其最有名的作品是长篇小说《红与黑》和《帕尔马修道院》。

《红与黑》被称为19世纪现实主义的奠基之作。小说围绕主人公于连个人奋斗的经历，尤其是他的两次爱情进行描写，广泛地展现了19世纪初"压在法国人民头上的历届政府所带来的社会风气"，真实而准确地再现了法国当时的社会风貌和政治形势。于连的两次爱情都与时代紧密相连，这是当时阶级角逐的一种表现。他对德·雷纳尔夫人的感情，是出于小市民对权贵的报复心理；对玛蒂尔德小姐的爱情则纯属政治上的角逐。他认为只要与玛蒂尔德小姐结婚就可以爬上高位，青云直上，所以不惜去骗取她的爱情。作者强烈地抨击了复辟王朝时期贵族的反动、教会的黑暗和资产阶级新贵的卑鄙庸俗、利欲熏心。于连的两次爱情都以失败告终，这是因为在复辟时期，封建势力向市民阶层猖狂反扑。于连不属于统治阶级，而封建统治阶级也绝不会容忍于连这样的人实现宏愿。

在艺术上，小说以深刻细腻的笔调，广泛运用独白和自由联想等多种艺术手法，充分展示了主人公的内心世界，挖掘出了主人公的深层意识活动，开创了后世"意识流小说""心理小说"的先河。

《红与黑》成功塑造了于连这一典型形象。于连是波旁王朝复辟时期出现的小资产阶级青年的艺术典型，强烈的自我意识是他性格中核心的、深层的内容，这种自我意识在环境外力的作用下，又生出自由平等的观念、反抗意识和强烈的个人野心。于连一生奋斗，心中激荡着追求自由平等的政治热情，也充满了追求个人幸福的利己主义欲望。在他身上既体现了大革命过后英雄主义尚存的法国社会的时代精神，同时也映射出司汤达自身的人生体验和心理欲望。于连身上所表现出的反压迫、求自由，坚定地追寻自我生命价值的精神，体现了人的一种普遍的生存需求，具有深刻的象征意义。

考题再现

【2019年·小学·单选】于连是下列哪部小说的主人公？（　　）

A.《红与黑》　　　　　　　　　　　B.《白鲸》

C.《羊脂球》　　　　　　　　　　　D.《新爱洛依丝》

【答案】A。

考点15　凡尔纳《海底两万里》

凡尔纳，法国著名的科幻和探险小说家，被誉为"科学时代的预言家"和"现代科学幻想小说之父"。代表作有"海洋三部曲"（《格兰特船长的儿女》《海底两万里》《神秘岛》）和《八十天环游地球》《气球上的五星期》《地心游记》《蓓根的五亿法郎》等。

《海底两万里》讲述了一个神奇的故事：法国博物学家阿龙纳斯教授，跟随尼摩船长自己设计制造的潜水艇"诺第留斯号"，进行了历时近十个月的海底探险。事实上当时人类还没有发明如此先进的潜水艇，更没有人潜入过深海底部，这不过是凡尔纳的幻想。小说设想了潜水艇强大的功能，描绘了奇幻美妙的海底世界，体现了人类自古以来渴望上天下海、自由翱翔的梦想，也展示了作者非凡的想象力。

反对殖民压迫也是这部小说的重要主题。主人公尼摩船长不仅是献身科学的探索者，同时也是英勇顽强、反对一切压迫和殖民主义的战士。在他身上，体现了作者对科学、社会正义和人类平等的不懈追求。

考题再现

【2021年·小学·单选】下列不属于儒勒·凡尔纳的作品的是（　　）。
A.《蓓根的五亿法郎》　　　　　　　　B.《气球上的五星期》
C.《一罐黄金》　　　　　　　　　　　D.《海底两万里》
【答案】C。解析：A、B、D三项均为儒勒·凡尔纳的作品。C项，《一罐黄金》是古罗马剧作家普劳图斯的作品。

考点16　法布尔《昆虫记》

法布尔，法国博物学家、昆虫学家，现代昆虫学的先驱，被世人誉为"科学界的诗人"，雨果称他为"昆虫世界的荷马"，罗曼·罗兰称他为"掌握田野无数小虫子秘密的语言大师"。法布尔所著的《昆虫记》堪称科学与文学完美结合的典范，有"昆虫的史诗"之美誉。

《昆虫记》是法布尔用近30年的时间写就的十卷本科普巨著。其突出特点是用野外观察和实验的方法来研究昆虫的本能与习性，凭借第一手资料，将昆虫鲜为人知的生活习性生动地描写出来，揭开了昆虫世界一个又一个的奥秘。《昆虫记》散发着浓郁的文学气息，行文活泼，语言诙谐，还常常以拟人的手法表现昆虫的世界，使人读来兴趣盎然。

法布尔不仅记录昆虫的生活，还关注生命的过程，他对于昆虫的形态、习性、劳动、繁衍和死亡的描述，处处洋溢着对生命的尊重、对自然万物的赞美。另外，除了介绍自然科学知识以外，作者将昆虫的生活与人类社会巧妙地联系起来，把人类社会的道德和认识体系搬到了笔下的昆虫世界里。他透过被赋予了人性的昆虫反观社会，传达通过个人体验与思考得出的对人类社会的见解，无形中指引着读者在昆虫的"伦理"和"社会生活"中重新认识人类思想、道德与认知的准则。

考点17　巴尔扎克《人间喜剧》

巴尔扎克，19世纪法国伟大的批判现实主义作家，欧洲批判现实主义文学的奠基人和杰出代表，法国现实主义文学成就最高者之一。他创作的《人间喜剧》共包含91部小说、2400多个人物，充分展示了19世纪上半叶法国的社会生活，是人类文学史上罕见的丰碑，被称为"法国社会的百科全书"。

《人间喜剧》采用分类整理和人物再现的方法，将作品组合成一个有机的整体，反映的生活画面极其广阔，涉及社会各个阶层、各个领域、各个角落。巴尔扎克在创作时，力图找出"产生这些社会现象的多种原因或一种原因，寻出隐藏在广大的人物、热情和故事里面的意义"。《人间喜剧》还塑造了典型环境中的典型人物，为了更加真实地再现生活面貌、塑造典型人物，巴尔扎克对环境和人进行了真实、准确的描写。

《人间喜剧》中最有名的小说是《欧也妮·葛朗台》和《高老头》。这两部小说都表现了资产阶级唯利是图、自私自利的本性，揭露了资本主义社会人与人之间赤裸裸的金钱关系。

《欧也妮·葛朗台》主要讲述了一个贪婪、吝啬的老头毁掉自己女儿一生幸福的故事。老葛朗台原本是个木匠，在大革命期间，他靠着灵活的头脑，不择手段地攫取金钱，成了百万富翁。他虽然有钱，却从不舍得花，家里过着穷酸的日子，甚至连自家的楼梯坏了也不舍得花钱修。他把自己的女儿当作鱼饵，诱惑那些向女儿求婚的人，自己从中渔利。他的女儿欧也妮爱上了自己的堂兄查理，老葛朗台却将查理从家里赶走，还把欧也妮关在阁楼上惩罚她，每天只让她喝冷水，吃劣质面包，冬天也不生火。老葛朗台死后，给女儿留下了1800万法郎的遗产，可女儿已失去了青春、爱情和幸福。

《高老头》主要讲述了退休的面粉商人高里奥的故事。他有两个女儿，一个嫁给了大贵族，一个成了银行家的太太。高里奥为了满足两个女儿的奢侈生活，不惜耗尽财产，结果却被女儿遗弃，在孤独痛苦中死去，最终是一个名叫拉斯蒂涅的青年设法安葬了他。拉斯蒂涅是复辟时期青年野心家的典型，小说通过写他先后在鲍赛昂子爵夫人、伏脱冷、高老头那里受到的社会教育，表现了他作为政治野心家成长的过程，揭露了统治阶级的卑鄙丑恶,抨击了资产阶级的道德原则,揭示了物欲横流的社会现实。

考题再现

【2020年·中学·单选】巴尔扎克笔下的青年野心家的典型是(　　)。
A.鲍赛昂夫人　　　　　　　　　　B.拉斯蒂涅
C.伏脱冷　　　　　　　　　　　　D.纽沁根
【答案】B。

考点18　普希金《叶甫盖尼·奥涅金》

普希金,俄国伟大的诗人、小说家,现代俄国文学的创始人,19世纪俄国浪漫主义文学的主要代表,被誉为"俄罗斯文学之父""俄罗斯诗歌的太阳"。代表作有诗体长篇小说《叶甫盖尼·奥涅金》,童话诗《渔夫和金鱼的故事》,长篇小说《上尉的女儿》,中篇小说《杜勃罗夫斯基》,短篇小说集《别尔金小说集》等。《别尔金小说集》中的《驿站长》是俄罗斯短篇小说的典范,在俄国文学史上第一次提出"小人物"主题。

《叶甫盖尼·奥涅金》中,诗人以精湛的现实主义艺术手法塑造了典型环境中的典型人物,用奥涅金的冷漠、怀疑,连斯基的理想主义热情,达吉雅娜的纯洁、孤寂,突出反映了19世纪20年代俄国黑暗的社会现实和知识分子追求光明、自由时的困惑、迷惘的心理。这部诗体小说反映了19世纪20年代俄国的社会生活,真实地表现了当时俄国青年的苦闷、探求和觉醒,提出了许多重要的社会问题,因此别林斯基把它称为"俄罗斯生活的百科全书"。

作品生活场景广阔,人物形象鲜明,语言优美,体裁别具一格。它用诗体写成,兼有诗和小说的特点,客观的描写和主观的抒情有机交融。普希金独特的"奥涅金诗节"(每节十四行,根据固定排列的韵脚连接)语言流畅,富有节奏感。

普希金在奥涅金身上准确地概括了当时一部分受到进步思想影响但最终又未能跳出其狭小圈子的贵族青年的思想面貌和悲剧命运,从而成功地塑造出了俄国文学中的第一个"多余人"形象。"多余人"是19世纪俄国文学中描绘的贵族知识分子的一种典型形象。他们出身贵族,生活在优裕的环境中,受过良好的文化教育。他们虽有高尚的理想,却远离人民;虽对现实不满,却缺少行动。他们是"思想上的巨人,行动上的矮子",只能在愤世嫉俗中白白地浪费自己的才华。他们既不愿站在政府那边与上流社会同流合污,又不能和人民站在一起反对专制制度和农奴制度。他们向往自由思想,不满俄国的现状,然而他们又是大贵族和权势者的代表人物,不可能与底层人民达成合作以改变俄国的现状。普希金的《叶甫盖尼·奥涅金》里的主人公奥涅金是"多余人"的鼻祖,但这一形象在屠格涅夫1850年发表中篇小说《多余人日记》之后才更加深入人心。之后,"多余人"形象的代表人物又有赫尔岑《谁之罪》中的别尔托夫,莱蒙托夫《当代英雄》中的毕巧林,屠格涅夫《罗亭》中的罗亭,冈察洛夫《奥勃洛摩夫》中的奥勃洛摩夫等。

考点19　陀思妥耶夫斯基《罪与罚》

陀思妥耶夫斯基,19世纪俄国文学的卓越代表,与列夫·托尔斯泰、屠格涅夫等人齐名,正如有人所说,"托尔斯泰代表了俄罗斯文学的广度,陀思妥耶夫斯基则代表了俄罗斯文学的深度"。代表作品有长篇小说《罪与罚》,中篇小说《白夜》等。

《罪与罚》以主人公拉斯柯尔尼科夫犯罪及犯罪后受到良心和道德惩罚的故事为主线,广泛地描写了俄国城市贫民走投无路的悲惨境遇和日趋尖锐的社会矛盾。作者笔下的彼得堡暗无天日:眼睛被打得发青的妓女在市场上聚集,投河自尽的女工在污浊的河水中挣扎,穷困潦倒的小公务员在街上被马车撞倒,发疯的女人带着孩子沿街乞讨……与此同时,高利贷老太婆瞪大凶狠的眼睛,要榨干穷人的最后一滴血汗,满身铜臭的市侩不惜用诱骗、陷害的手段残害"小人物",以达到利己的目的,荒淫无耻的贵族地主为满足自己的兽欲，不断做出令人发指的勾当……作者怀着真切的同情和满腔的激愤，将19世纪60年代俄国社会的黑暗、赤贫、绝望和污浊无情地展现了出来。

《罪与罚》的艺术特色主要表现在以下几个方面。

①人物性格的塑造不是通过作者对人物由外入内的描写来表述的，而是通过人物意识由内向外表述的。

②在人物独立于作者的基础上，人物的思想及他们对话中表达的不同观点和作家的声音处于平等地位，构成小说的复调。

③运用象征、典故、暗示等艺术手法，扩大作品的思想容量。

考题再现

【2020年·中学·单选】拉斯柯尔尼科夫出自陀思妥耶夫斯基的哪部作品？（　　）

A.《罪与罚》　　　　　　　　　　　B.《地下室手记》

C.《群魔》　　　　　　　　　　　　D.《卡拉马佐夫兄弟》

【答案】A。解析：A项，《罪与罚》的主人公是拉斯柯尔尼科夫。B项，《地下室手记》的主人公"我"是一个40岁左右的退职小官吏。C项，《群魔》的主要人物有斯塔夫罗金、斯捷潘·韦尔霍文斯基、彼得·韦尔霍文斯基等。D项，《卡拉马佐夫兄弟》的主人公是老卡拉马佐夫和他的三个儿子。

考点20　契诃夫《变色龙》

契诃夫，19世纪俄国短篇小说艺术大师，伟大的批判现实主义作家，与法国莫泊桑、美国欧·亨利合称"世界三大短篇小说巨匠"。他一生创作了七八百篇短篇小说，还写了一些中篇小说和剧本。其作品大多取材于中等阶层的"小人物"的平凡生活，揭露了反动统治阶级的残暴，抨击了沙皇的专制制度。其代表作有短篇小说《变色龙》《胖子和瘦子》《凡卡》《套中人》《小公务员之死》，戏剧作品《万尼亚舅舅》《三姊妹》《海鸥》《樱桃园》等。

契诃夫的作品以语言精练、准确见长，善于透过生活的表层进行探索，将人物隐蔽的动机揭露得淋漓尽致。他的优秀剧本和短篇小说集中讲述一些看似平凡琐碎的故事，创造出一种特别的、甚至可以称为令人难以忘怀的或是抒情意味极浓的艺术氛围。契诃夫创造了一种风格独特、言简意赅、艺术精湛的抒情心理小说。他截取平凡的日常生活片段，以精巧的艺术细节对生活和人物做出真实的描绘和刻画，从中展示重要的社会内容。这类小说把褒扬和贬抑、欢悦和痛苦之情融化在作品的形象体系之中，抒情意味浓郁，表达了契诃夫对丑恶现实的不满和对美好未来的向往。契诃夫主张让读者自己从形象体系中琢磨作品的含义。

《变色龙》按照时间顺序，借助人物对话，讲述了警官奥楚蔑洛夫在街上巡视，恰逢首饰匠赫留金被狗咬伤的故事。作者运用夸张手法，描写了奥楚蔑洛夫态度的五次变化，淋漓尽致地刻画了一个溜须拍马、谄上欺下、见风使舵、趋炎附势的小人形象。作者对此没有一句主观的评判，而是将自己的好恶隐含在客观的描写里，通过人物自己的言行，通过他的前后矛盾、丑态百出，尖锐地讽刺了这种奴性人格。

考点21　列夫·托尔斯泰《复活》《战争与和平》《安娜·卡列尼娜》

列夫·托尔斯泰，19世纪俄国伟大的批判现实主义作家，被誉为具有"最清醒的现实主义"的"天才艺术家"。主要作品有长篇小说《复活》《战争与和平》《安娜·卡列尼娜》等。他的作品描写了俄国革命时期人民的顽强抗争，因此他被称为"俄国革命的镜子"。列宁曾称赞他创作了"世界文学中第一流"的作品。

1.《复活》

《复活》一方面表现了精神觉醒的主题，另一方面则借聂赫留朵夫的经历和见闻，展示了从城市到农村的社会阴暗面，对政府、法庭、监狱、教会、土地私有制和资本主义制度做了深刻的批判。作品平铺直叙，单线发展，直接地、不加修饰地描写聂赫留朵夫和玛丝洛娃的遭遇，增强了故事的真实性，客观地展现了生活画面,同时运用讽刺手法刻画人物形象,用对比手法和内心独白来突出人物性格。

男主人公聂赫留朵夫是一个为自己和本阶级的罪恶而忏悔的形象,玛丝洛娃的不幸遭遇深深触动了他,他决心用自己的行动来赎罪。聂赫留朵夫对人民苦难的同情,对本阶级罪恶的忏悔,以及在忏悔过程中的矛盾、彷徨,既代表了当时一部分进步的贵族知识分子的精神状态,也反映了作家本人的思想矛盾。

女主人公玛丝洛娃是一个从受欺凌的处境中逐步觉醒并走向新生的下层妇女形象。如果说与聂赫留朵夫的重逢震颤了她麻木的灵魂,那么与政治犯的接触则使她开始了对新生活的探索。玛丝洛娃的形象已经突破了当时一般作家用同情的笔调描写下层人民不幸遭遇的格局,深刻地表现了下层人民不可摧毁的坚强意志。

2.《战争与和平》

《战争与和平》通过对俄国社会史诗般的描写,表现出积极、乐观、热爱人生和自然的进取精神,反映了农奴制改革后国家前途和人民作用的问题。

《战争与和平》的艺术特色主要表现在以下几个方面。

①线索清晰、结构完整。作者以"战争"与"和平"为中心,对当时的重大历史事件和人们的社会生活进行了精心安排。

②作品中的景色描绘与人物内心世界紧密相连。

③语言如行云流水,挥洒自如。作者在优美的散文中插入大段具有雄辩力的议论,直接表达历史、哲学观点。

3.《安娜·卡列尼娜》

《安娜·卡列尼娜》通过女主人公安娜·卡列尼娜追求爱情的悲剧和列文在农村面临危机而进行的改革与探索这两条线索,描绘了俄国从城市到乡村广阔而丰富多彩的图景。作品先后描写了150多个人物,是一部社会百科全书式的作品。

安娜·卡列尼娜是列夫·托尔斯泰笔下最富有魅力的女性形象之一。安娜出身高贵,但命运却很不幸,她以感情为第一生命,勇敢叛逆,不屈追求,有着极其崇高的人格追求,是一个内心世界十分丰富的女性。

考点22　艾略特《荒原》

艾略特,英国著名现代派诗人和文艺评论家,代表作为长诗《荒原》。《荒原》表现了西方一代人精神上的幻灭,被认为是西方现代文学中一部具有划时代意义的杰作,是西方现代派诗歌的里程碑。1948年艾略特因"革新现代诗,功绩卓著的先驱",获得了诺贝尔文学奖。

《荒原》全诗分五章。第一章《死者的葬仪》,诗人以荒原象征战后的欧洲文明,它需要水的滋润,需要春天,需要生命,而现实则充满了庸俗和低级的欲念,既不生也不死。第二章《对弈》对照上层社会妇女和小酒馆里下层市民的生活,显示出上层社会的生活也是同样低级和毫无意义。第三章《火诫》写情欲之火造成的庸俗猥亵、空虚且虚假的爱。第四章《水里的死亡》只有10行,暗示死是不可避免的,人们渴望的生命之水也拯救不了人类。第五章《雷霆的话》回到"欧洲是一片干旱的荒原"这一主题,对革命浪潮感到恐惧,宣扬宗教的"给予、同情、克制"。

《荒原》的主题思想:"枯萎的荒原—庸俗丑恶、虽生犹死的人们—复活的希望"作为一条主线贯穿了全诗阴冷朦胧的画面,深刻地表现了人欲横流、精神堕落、道德沦丧、生活卑劣猥琐的西方社会的本来面貌,传达出第一次世界大战后西方人对世界与现实的厌恶、失望和幻灭感,表现了一代西方人的精神病态和精神危机,否定了现代西方文明。

《荒原》的艺术特色:风格多样,表现手法不拘一格,融合了象征主义、意象主义和玄学派的特点。诗中的陈述与咏叹、抒情与讽刺、描绘与警句、庄严典雅的诗句、滑稽可哂的市井俗语,交织穿插为五彩缤纷的景象。大量的典故(涉及35个作家、56部作品和6种语言)、比喻、暗示、联想、对应等手法及意象叠加,时空交错等现代诗歌表现手段，诗人用来得心应手。他甚至大胆采用了象征里套象征、神话里套神话、神话和现实交错、古与今杂糅、虚与实融汇的手法，将诗歌的抽象化、哲理化有机地统一起来，极大地丰富了诗歌的表现手段，拓展了诗歌的思想内容。

> **考题再现**
>
> 【2020年·中学·单选】被认为是西方现代派诗歌里程碑的作品是（　　）。
> A.《恶之花》　　　　　　　　　　　B.《海滨墓园》
> C.《牧神的午后》　　　　　　　　　D.《荒原》
> 【答案】D。解析：A项，《恶之花》是法国现代派诗人波德莱尔创作的一部诗集。B项，《海滨墓园》是法国作家瓦莱里创作的长诗。C项，《牧神的午后》是法国象征派诗人马拉美创作的诗歌。D项，《荒原》是英国诗人艾略特的代表作，被认为是西方现代派诗歌的里程碑。

考点23　罗曼·罗兰《约翰·克利斯朵夫》

罗曼·罗兰，法国小说家、戏剧家、思想家，20世纪"长河小说"的开创者，善于"用音乐写小说"，代表作有《约翰·克利斯朵夫》《名人传》等。其中，《约翰·克利斯朵夫》被高尔基称为"长篇叙事诗"，被誉为"20世纪最伟大的小说"。1915年，罗曼·罗兰获得了诺贝尔文学奖。

《约翰·克利斯朵夫》以主人公约翰·克利斯朵夫的生平为主线，描述了这位音乐天才成长、奋斗和失败的经历，同时对德国、法国、瑞士、意大利等国家的社会现实展开了不同程度的真实描写，控诉了资本主义社会对艺术的摧残。

约翰·克利斯朵夫是一个为追求真诚的艺术和健全的文明而顽强奋斗的平民艺术家的形象，他身上最突出的特点是强烈的反抗精神和为实现理想而不懈奋斗的英雄气概。他拥有坚强的意志，但小资产阶级的经济地位、资本主义相对稳定的发展和欧洲无产阶级革命相对沉寂的历史条件，又导致他对统治者抱有一定的幻想，对人民的力量表现出一定的轻蔑态度。这种矛盾性带有明显的时代和阶级的烙印。

> **考题再现**
>
> 【2021年·小学·简答】为什么说《约翰·克利斯朵夫》是一部"音乐小说"？
> 【参考答案】
> ①《约翰·克利斯朵夫》主要讲的是音乐天才约翰·克利斯朵夫成长、奋斗、失败，最终变成"世故老人"的故事，独立自主的音乐精神贯穿全文。
> ②《约翰·克利斯朵夫》的结构如交响乐般宏伟壮阔，序曲、发展、高潮和结尾浑然一体，描述了堕落病态的艺术现实，控诉了资本主义社会对艺术的摧残。
> ③作者罗曼·罗兰通过自己深厚的音乐素养，在小说中穿插对音乐作品和音乐家的评点，使得小说极具音乐性。

考点24　马克·吐温

马克·吐温，美国现实主义文学的杰出代表，被福克纳称为"美国文学之父"。他的作品融幽默、讽刺于一体，既富有独特的个人机智与妙语，又不乏深刻的社会洞察与剖析；既有幽默辛辣的俏皮，又有悲天悯人的严肃。他站在人道主义立场上，揭露了美国民主与自由掩盖下的虚伪，批判了美国作为发达资本主义国家固有的社会弊端，如种族歧视、拜金主义、教会伪善、扩张侵略等，表现了他对真正意义上的民主、自由生活的向往。代表作有《汤姆·索亚历险记》《哈克贝利·芬历险记》《竞选州长》等。

考题再现

【2021年·小学·单选】被福克纳称为"美国文学之父"的是（   ）。
A.杰克·伦敦　　　　　　　　　　B.亨利·詹姆斯
C.马克·吐温　　　　　　　　　　D.缺
【答案】C。

考点25　海明威《老人与海》

海明威，美国作家，代表作有《太阳照样升起》《永别了，武器》《丧钟为谁而鸣》《乞力马扎罗山上的雪》《老人与海》等。海明威凭借《老人与海》获得了1953年普利策奖和1954年诺贝尔文学奖。海明威的作品以战场生活、打猎、钓鱼、拳击为主要内容，表现战争、暴力、死亡、痛苦的主题，既揭示了暴力给人造成的肉体与精神创伤，又不断展示人的勇气和不屈的性格，从而深入探讨现代社会人类的生存状况和出路。其作品中的主要人物往往有强悍的臂力、坚韧不拔的斗志和不怕牺牲的精神。

《老人与海》是一部命运悲剧，桑地亚哥的遭遇是人类注定要失败的命运的写照；同时该作品又是一曲英雄主义的赞歌，桑地亚哥是一个精神上的强者，不向注定的命运屈服。作者借桑地亚哥这一形象讴歌了即使一无所获仍旧不屈不挠的奋斗精神，歌颂了人类勇敢坚毅的精神力量。

小说散发出了浓郁的象征意味。大海象征变幻无常的社会生活，马林鱼象征人生的理想，鲨鱼象征无法摆脱的悲剧命运，狮子象征勇气和力量。老人是现代社会人类的象征，他在斗争中失败，却没有屈服。作者以这种象征说明在面对强大凶残的社会力量时，在面对死亡、厄运时，无所畏惧，保持精神上的自强与自信，才是人的唯一价值和出路。

《老人与海》的艺术特色主要表现在以下几个方面。
①《老人与海》将富有艺术魅力的形象同抽象深远的寓意融合在一起，形成了独特的风格。
②作品成功地采用寓意、象征和现实主义相结合的手法，将作品的深意隐藏在情节背后，留给读者充分的想象空间和发掘的余地。
③语言干净朴素、简练直白，日常生活中最常用的词语被作者赋予了极强的表现力。

考点26　奥斯特洛夫斯基《钢铁是怎样炼成的》

奥斯特洛夫斯基，苏联作家，代表作品是《钢铁是怎样炼成的》。该作品由奥斯特洛夫斯基口述、其妻整理而成。此外，他还写了大量有战斗性的政论和演说文章。

《钢铁是怎样炼成的》是一部自传性小说，主要围绕主人公保尔·柯察金的成长经历展开。小说通过揭示保尔为了党和人民的事业，敢于战胜任何艰难困苦的刚毅性格，形象地告诉了青年一代，什么是共产主义理想，如何为共产主义理想去努力奋斗，革命战士应当有一个什么样的人生。保尔·柯察金是一个无产阶级的英雄形象，他身上凝聚着那个时代最美好的精神品质——为理想而献身的精神、钢铁般的意志和顽强奋斗的高贵品质。

这部小说在艺术上取得了很高的成就。它写人物以叙事和描写为主，同时穿插内心独白、格言警句、书信和日记等，使人物形象有血有肉。小说中的环境描写也相当出色，语言简洁优美，富有表现力。

《钢铁是怎样炼成的》中有一段话激励着无数人为理想而奋斗："人最宝贵的是生命。生命每个人只有一次。人的一生应当这样度过：当回忆往事的时候，他不会因为虚度年华而悔恨，也不会因为碌碌无为而羞愧；在临死的时候，他能够说：'我的整个生命和全部精力，都已经献给了世界上最壮丽的事业——为人类的解放而斗争。'"

考点27　高尔基"自传体三部曲"

高尔基，苏联作家，社会主义现实主义文学的奠基人，20世纪苏联文学的奠基人，列宁称他为"无产阶级艺术最杰出的代表"。高尔基的早期作品杂存着现实主义与浪漫主义两种风格，这是他无产阶级世界观形成前必然经历的阶段。浪漫主义作品《马卡尔·楚德拉》《伊则吉尔老婆子》《鹰之歌》等，赞美了热爱自由、向往光明与英雄业绩的坚强个性，表现了渴望战斗的激情；现实主义作品《切尔卡什》《游街》等，揭露了资产阶级的残暴和伪善，描写了人民的苦难生活及他们的崇高品德，表达了他们的激愤与抗争。这些作品的主人公大多是努力探求新的生活道路、思考生活的意义、内心充满激烈冲突的人物。

1901年他创作了著名的散文诗《海燕》，塑造了象征大智大勇的革命者的海燕形象，预告革命风暴即将到来，鼓舞人们去迎接伟大的战斗。这是一篇无产阶级革命战斗的檄文与颂歌，受到列宁的热情称赞。1906年高尔基写成长篇小说《母亲》和剧本《敌人》，这两部作品标志着其创作达到了新的高峰。《母亲》塑造了世界文学史上自觉为社会主义斗争的无产阶级革命者的英雄形象，是无产阶级文学的奠基之作。

"自传体三部曲"(《童年》《在人间》《我的大学》)写于1913年至1923年间，是高尔基以自己童年、少年和青年时代的亲身经历为素材创作而成。《童年》描写了小主人公阿廖沙的童年生活，《在人间》描写了阿廖沙少年时代的生活，《我的大学》描写了阿廖沙青年时代在喀山的生活。高尔基在自传体小说中不仅描绘了过去，而且提出并力图解决"人为什么活着""应该怎样活着"等重大问题；不仅再现了自己的生活史，还写出了对生活的感受和思考，把个人的成长同时代潮流紧密地联系起来。从个人的命运与人民命运紧密联系的角度来塑造新型英雄人物的形象，是贯穿"自传体三部曲"的指导思想，也是作者最可贵的革新之处。

"自传体三部曲"的突出成就还在于高尔基运用现实主义心理分析手法，描绘了俄国社会各阶层形形色色的人物。作品刻画了很多善良而勤劳的俄国劳动人民的形象。

考点28　卡夫卡《变形记》

卡夫卡，奥地利小说家，表现主义作家，西方现代主义文学奠基者之一。其作品大都通过变形、荒诞的形象和象征的手法，表现被充满敌意的社会环境所包围的孤立、绝望的个人。代表作有长篇小说《审判》《城堡》《失踪者》，中篇小说《变形记》，短篇小说《万里长城建造时》《判决》《饥饿艺术家》等。

《变形记》描述了一个真实而荒诞的故事。人变成甲虫是人类精神世界扭曲、异化的象征，是人与人之间的隔膜状态及由隔膜所引起的孤独、绝望情感的折射。"变形"在这里有三层含义。第一，格里高尔由人到虫的生理"变形"。它象征性地说明了社会环境对人造成的挤压，以及人因承受不了超负荷的社会重压而丧失人的特征，并异化为动物的现象。第二，由格里高尔的身体"变形"而引起的家庭经济状况和生活状态的"变形"，即经济"变形"。第三，由格里高尔生理"变形"和家中的经济"变形"所引起的格里高尔家人的心理"变形"。它集中反映了西方社会环境的浊化、人际关系的恶化及亲情关系的异化。

作品情节的发展由两条线索交互展开。一是格里高尔：变成甲虫—成为累赘—绝望而死。二是家中亲人：惊慌、同情—逐渐憎恨—"把他弄走"。格里高尔自始至终关心家庭、怀恋亲人，可是亲人最终抛弃了他，对他的死无动于衷，甚至决定去郊游。作者描写的这种人情与人性的反差，揭示了当时社会生活导致的亲情淡薄和人性扭曲。

考点29　华兹华斯《抒情歌谣集》

华兹华斯是"湖畔派"三诗人中成就最大的一位，一生创作颇丰，1843年被授予"桂冠诗人"的称号。华兹华斯善于描写大自然。他对大自然怀有深厚的感情，认为大自然能够启迪人性中的博爱和善良的情感，能够使人得到真正的幸福，而对实现工业化之后的城市却颇感厌恶。华兹华斯也善于描写那些同大自然息息相关的平凡人的生活，他认为，世上的一切生灵都曾受到大自然的孕育，是自然整体中不可分割的部分，因而他怜爱世上一切的动物和花草。

总的来说,华兹华斯的诗风为不崇尚奇幻,以其宁静的沉思和富于想象力的风格将诗写得真挚自然、亲切质朴,既注重自然的可感性,着意捕捉细节,又从人们的日常生活中开掘感情宝藏,以取得新鲜感和奇特的效果。

《抒情歌谣集》是华兹华斯与柯勒律治的诗歌合集,其中,柯勒律治的诗歌有三首,其余诗歌皆为华兹华斯所作。诗集中的著名诗歌有华兹华斯的《坎伯兰的老乞丐》《我们共七个》《艾丽丝·菲尔》《写于早春的诗句》《丁登寺赋》等。

考题再现

【2020年·中学·单选】与华兹华斯合作出版了《抒情歌谣集》的诗人是( )。
A.骚塞 B.柯勒律治
C.雪莱 D.拜伦
【答案】B。

考点30 拜伦《唐璜》

拜伦,英国19世纪初期伟大的浪漫主义诗人,其代表作品有《恰尔德·哈洛尔德游记》《唐璜》等。拜伦不仅是一位伟大的诗人,还是一个为理想战斗一生的勇士,积极而勇敢地投身革命——参加了希腊民族解放运动,并成为领导人之一。拜伦在他的诗歌里塑造了一批"拜伦式英雄",他们高傲倔强,既不满现实,要求奋起反抗,具有叛逆的性格;但同时又显得忧郁、孤独、悲观,我行我素,始终找不到正确的出路。

《唐璜》是拜伦的长篇诗体小说。该小说通过描写主人公唐璜在西班牙、希腊、土耳其、俄国和英国等不同国家的生活经历,展现了19世纪初欧洲的现实生活,讽刺批判了"神圣同盟"和欧洲反动势力。

考点31 雪莱《西风颂》

雪莱,英国浪漫主义作家,恩格斯称他是"天才预言家",代表作有《西风颂》。他在读牛津大学期间,因发表论文《无神论的必然性》而被开除。《麦布女王》是雪莱的第一首长诗,主要表达了他的政治、哲学观点。

《西风颂》是雪莱的代表诗作之一。全诗气势雄浑,极具浪漫主义色彩,采用了象征、寓意的手法,表达了诗人对反动腐朽势力的憎恨,对革命终将胜利的坚定信念和对光明未来的热切期盼,揭示了新事物必将战胜旧事物的客观规律。

考点32 泰戈尔《新月集》《飞鸟集》

泰戈尔,印度诗人、哲学家和戏剧家,代表作有《新月集》《飞鸟集》等。1913年他凭借诗集《吉檀迦利》获得诺贝尔文学奖,成为第一位获此殊荣的亚洲人。他的诗中含有深刻的宗教和哲学见解。他善于通过拟人的修辞手法和形象化的艺术手段表达自己的思想意图,还善于运用象征手法,借助具体物象来表现抽象的意念和内心世界的变化。

1.《新月集》
《新月集》生动地描绘了儿童的游戏,巧妙地表现了孩子们的心理及他们丰富的想象。作品语言朴素,简洁明快,谱写了一篇母爱与童真的不朽乐章,描绘出一幅梦想与现实交织的绚丽画卷,营造了一个纯洁的儿童世界。

2.《飞鸟集》
《飞鸟集》是一部富有哲理的英文格言诗集,共收录325首诗歌。白昼和黑夜、溪流和海洋、自由和背叛,都在泰戈尔的笔下合而为一。《飞鸟集》中的作品往往用短小的语句道出深刻的人生哲理,是引领世人探寻真理和智慧的源泉。

考点33 《一千零一夜》

《一千零一夜》旧译《天方夜谭》,是著名的古代阿拉伯民间故事集,被高尔基称为民间文学史上"最壮丽的一座丰碑"。书中的故事来源主要包括三个方面:一是波斯和印度的民间故事,二是以巴格达为中心的阿拔斯王朝(750—1258年)时期流行的故事,三是埃及麦马立克王朝(1250—1517年)统治时期流传的故事。

《一千零一夜》在内容上有以下几大主题。

①深刻地反映了当时社会中尖锐的阶级对立,揭露了统治者的残暴与罪恶。例如:《死神的故事》《驼背的故事》等,都表现了劳动人民对封建专制统治和剥削的反抗精神。

②描绘劳动人民的生活,赞美他们的优秀品德、聪明才智和斗争精神。例如:《渔翁的故事》《白侯图的故事》《巴格达窃贼》《阿里巴巴和四十大盗》等,都从不同角度表现了正面主人公的善良、机敏、智慧,体现了劳动人民丰富的想象力和创造力。

③表现劳动人民追求美好生活的强烈愿望,尤其是对忠贞不渝的爱情的向往。例如:《乌木马的故事》《努伦丁和迪伦丁的故事》《巴索拉银匠哈桑的故事》等,都不同程度地谴责了社会的邪恶势力,歌颂了忠贞专一的爱情,表现了深刻的反封建意义。

④表现商人的冒险生活和思想感情。例如:《辛巴德航海故事》叙述了辛巴德在7次冒险远航中惊险、曲折的经历,歌颂了他积极进取的精神。

《一千零一夜》在艺术特色上有以下几个特征。

①瑰丽多彩,想象丰富,具有浓郁的浪漫主义色彩。
②情节曲折离奇,结构灵活简单。
③塑造的人物形象形成鲜明的对比。
④语言丰富优美、流畅自然、生动活泼、诗文并茂,很好地体现了民间文学的本色。

考题再现

【2021年·小学·单选】下列被高尔基称为民间文学史上"最壮丽的一座丰碑"的是(　　)。
A.《沙恭达罗》　　　　　　　　　　B.《一千零一夜》
C.《变形记》　　　　　　　　　　　D.《解释者》
【答案】B。

第四节　文学理论

一、文学概述

考点1　文学的含义、特点及要素

1.文学的含义

文学有广义的文化含义和狭义的审美含义。文学的文化含义是指一切口头或书面的语言行为和作品,包括今天的文学及政治、哲学、历史、宗教等一般文化形态。文学的审美含义是指具有审美属性的语言行为及其作品。这是从文学广义的文化含义中分离、独立出来的狭义文学观念，是与政治、哲学、历史、宗教等一般文学形态不同的特殊审美形态。目前，我们所说的文学实际上是指文学的审美含义，即文学是艺术门类之一，是主要表现人类审美属性的语言艺术，包括诗、小说、剧本、散文与报告文学等体裁。

2. 文学的特点

相对于非文学来讲，文学具有以下几个特点。

①文学的语言富有独特的表现力。
②文学总是要呈现审美形象的世界，这种审美形象具有想象、虚构和情感等特性。
③文学传达完整的意义，本身构成一个整体。
④文学蕴含着近乎特殊而无限的意味。

3. 文学活动四要素及其关系

美国当代文艺学家M.H.艾布拉姆斯在《镜与灯——浪漫主义文论及批评传统》中提出，文学作为一种活动，包含世界、作者、作品、读者四个要素，四者构成一个有机的活动系统。世界是文学活动的基础和文学表现的对象，作者和读者是文学活动的主体，作品是文学活动的产物。

这四个要素在文学活动中是相互渗透、相互依存和相互作用的关系。

①世界是指文学活动所反映的客观世界、主观世界。但不论是客观世界还是主观世界，世界都是文学活动产生、形成和发展的客观基础，它不仅是作品的反映对象，更是作者与读者的基本生活环境，是他们通过作品进行对话的物质基础。

②作者是文学生产的主体，他不单是创作作品的人，更是将自己最独特的审美体验通过作品传达给读者的主体，文学活动也是作者的一种情感表现的活动。

③读者作为文学接受的主体，不只是阅读作品的人，更是与作者共同生活在世界上的活生生的人，他们通过作品进行潜在的精神沟通，只有通过读者的阅读鉴赏，作者创作的作品才能实现其价值。

④作品作为显示客观世界的"镜"和表现主观世界的"灯"，作为作者的创作物和读者的阅读对象，是使上述一切关联成为可能的中介，作品既是作家本质力量对象化的显现，又是读者接受的对象。

⑤"文学四要素"所形成的流动的过程，其中必然包含人的本质力量的对象化，才能成为文学活动。换句话说，我们所说的文学活动，不仅指"文学四要素"所形成的流程，更重要的是能与对象建立的关系，是人的本质力量的全部展开。在文学活动中，主体和对象的关系始终处于变化和发展之中，一方面是主体的对象化，另一方面是对象的主体化，正是在这个双向互动的过程中，才生动地显示出文学所特有的社会和审美的本质属性。

⑥简言之，文学活动系统是由世界、作者、作品、读者构成的交往结构。文学活动作为一种话语活动，它的四个要素不是彼此孤立或静止存在的，而是相互依存、相互渗透、相互作用的，它们共同构成一个有机的活动系统。围绕着作品这个中心，作者与世界、读者之间建立起来的是一种话语伙伴关系。

考题再现

【2017年·中学·论述】试论"文学四要素"及其关系。

【参考答案】见正文。

4. 文学本体论

本体论是一个哲学用语，它是探讨一切存在，即现实对象的基本特征的学说。该术语因德国哲学家沃尔弗的使用而知名，其含义与古希腊"形而上学"理论哲学相近，但不涉及精神、宇宙等范畴。

文学本体论是对文学的基本属性做出界定的学说，由美国新批评理论家兰塞姆提出。文学本体论认为，文学活动的本体在于文学作品本身，而非外在的世界或作者。作为本体的作品，并不是指传统理论中的内容或内容和形式的统一,而是指作品形式,即"隐喻""反讽""含混"等语言学或修辞学因素。文学本体论在20世纪西方文学批评中,用于指关注文艺形式的理论。

考点2　文学的属性

1.文学的审美意识形态属性

文学是意识形态的形式。作为意识形态形式,文学具有普遍的属性,也具有特殊的属性。文学是一般意识形态的形式,这属于文学的普遍性。文学是审美意识形态的形式,这属于文学的特殊性。

文学的审美意识形态属性是指文学的审美表现过程与意识形态相互浸染、彼此渗透的状况,审美中浸透了意识形态、意识形态巧借审美传达出来。具体地说,文学的审美意识形态属性表现在以下几个方面。

①从目的看,文学的审美意识形态属性表现为文学不带有直接功利目的,是无功利的,但这种无功利本身也隐含着某种功利意图。

②从方式看,文学的审美意识形态属性表现为文学处处以形象感人,但也含有某种理性。

③从态度看,文学的审美意识形态属性表现为文学富有情感性,但也带有某种认识性。

文学作为审美意识形态,在无功利、形象和情感中隐含功利、理性和认识。这实际上告诉我们,文学的属性不是单一的而是双重的,审美与意识形态复杂地缠绕在一起,因而文学既是审美的又是社会的。这种双重属性中,审美属性总是直接的和突出的,而社会属性则是间接的和隐蔽的。

2.文学的话语蕴藉属性

(1)话语

文学是一种话语。话语是特定社会语境中人与人之间从事沟通的具体语言行为,是一定的说话人与受话人之间在特定社会语境中通过文本而展开的沟通活动,包括说话人、受话人、文本、沟通、语境等要素。

(2)话语蕴藉

话语蕴藉是指文学活动的蕴藉深厚而又余味深长的言语与意义状况,表明文学作为社会话语实践蕴含着丰富的意义生成可能性。文学作为话语蕴藉,包含两层意思。一是整个文学活动带有话语蕴藉属性。正如"有一千个读者就有一千个哈姆莱特",处于不同社会语境中的人会对同一种文学创作或文学消费活动挖掘出不同的意义来。二是被创造出来的以供阅读的特定文本带有话语蕴藉属性。文本作为话语蕴藉,其内部由于话语的特殊组合,仿佛含有意义生成的无限可能性。

(3)话语蕴藉的典范形态

文学是一种语言艺术,是话语蕴藉中的审美意识形态。文学的话语蕴藉的特点具体体现在两种较为典范的文本修辞形态中:含蓄和含混。

含蓄指在有限的话语中仿佛隐含无限的意味,使读者在有限中体味无限,即以少寓多、小中蓄大,让读者品味再三。

含混指看似单义而确定的话语蕴藏多重不确定含义,令读者回味无穷,即读者可以在文本中找到多重不同意义,有多种"读法"。

含蓄侧重表达上的"小"中蓄"大",含混突出阐释上的"一"中生"多"。二者共同揭示出文学文本话语系统的话语蕴藉特性。

考点3　文学的起源及作用

1.文学的起源

文学起源就是文学发生,其内涵包括文学的原型、文学发生的动因和文学发生的条件。关于文学的起源主要有以下几种不同的主张。

①泰勒和弗雷泽主张文学起源于原始巫术——文学的原型。

②席勒和斯宾塞主张文学起源于游戏冲动。
③弗洛伊德和荣格主张文学起源于无意识欲望——文学发生的心理动因。
④普列汉诺夫主张文学起源于劳动——文学发生的社会动因。

2.文学的作用

文学作为一种精神活动,必然会对人和社会产生作用,这就是文学的社会作用。与文学的审美层面相对应,文学具有审美超越作用,它突出地体现于纯文学;与文学的现实层面相对应,文学具有现实作用,它突出地体现于严肃文学;与文学的原型层面相对应,文学具有消遣娱乐作用,它突出地体现于通俗文学。因此,我们需要从不同的层面来对它的作用进行分析。

(1)文学的审美超越作用

从总体上说,审美作用就是精神的超越作用,它使人从现实存在进入自由存在,由现实体验进入超越的体验,从而满足人的自由和超越现实的需要。审美超越作用的内涵包括审美批判功能、审美关怀功能、审美教育功能等,这类文学以纯文学为主。

①文学的审美批判功能

在现实生活中,人常常被现实蒙蔽。流行的观念、世俗的价值成为人对社会人生的有限把握,容易使人的自由本性沉沦。文学作为一种审美体验活动,是对社会人生的超越性把握,它可以打破现实的局限,达到生存的自觉;它作为一种超越的体验,可以在自由的高度批判现实。

文学审美意识的批判,不同于意识形态的批判。意识形态的批判以现实观念来对某一种现实进行批判,同时又肯定另一种现实。文学的审美批判以自由的意识来对现实总体进行批判,深入到生存层次,达到哲学的高度。

②文学的审美关怀功能

人是精神性的存在,除了有现实生存的需要外,还有超越的要求,渴望实现自己的最高价值,获得终极关怀。在这个方面,文学和宗教具有相同的功能。宗教设立一个彼岸世界和一个全能的上帝,通过对天堂的向往和对上帝的信仰来获得终极关怀。文学则通过审美理想的创造,建立一个审美乌托邦,在审美体验中获得终极关怀。

③文学的审美教育功能

文学的审美教育功能是文学对现实的人的完善和提高。文学通过审美体验,使人片面的现实个性升华为全面的审美个性。文学的审美活动与"善"是联系在一起的,可以使人的个性得到全面改善,思想境界得以提升。文学的审美活动与"真"也是相通的,可以使人的想象力、直觉能力加强,促进创造力的发展。

文学的审美教育是一种形象教育,它不像意识教育那样用抽象的道理进行灌输,而是以利害关系来进行开导,如意识形态课。因此,文学审美教育更形象、生动,以情感人,更容易被接受,也更有效力。

(2)文学的现实作用

现实作用是指文学因其现实性而发挥的认识功能、教化功能、干预现实的功能。这类文学以严肃文学为主。

①文学的认识功能

文学具有知识性,具有传播知识的作用。孔子认为读《诗经》可以"多识于鸟兽草木之名"。阅读文学作品,可以增加知识含量。

文学可以帮助我们认识现实生活的本质。文学作品多描写以人为中心的生活,通过对人的命运的展示,帮助读者认识社会人生。例如:巴尔扎克的文学作品可以帮助我们认识资本主义的弊病。

文学可以帮助我们认识自我。文学全面展示文学形象的社会活动和心理活动,而读者通过艺术同情,使文学形象化为自身,并把对象认识变成自我认识,把外在认知变为内在体验,在充分地理解文学形象的同时,也充分地理解自己。例如:马尔克斯的《百年孤独》对人的命运和人性的展示,可以帮助我们更好地认识自己。

②文学的教化功能

教化功能是指以道德、政治、法律等观念来教育、培养人的世界观,使人成为符合社会需要的人。人是社会的人,作家的情感和世界观都是在社会意识形态的影响中形成的,这种意识形态必然会体现在文学作品中。同时,读者也是带着意识形态来鉴赏作品的,这就使得文学形象也带有社会意识形态。人们在接受文学形象的过程中,也在接受它所附带的社会意识形态。

③文学的干预现实功能

文学的认识作用和教化作用是对人而言的,这些作用又必然通过人而及于社会,发挥干预现实的作用。例如:歌德的《少年维特之烦恼》产生了巨大的社会影响,许多人效仿维特的服装,甚至以同样的方式自杀;斯托夫人的《汤姆叔叔的小屋》对美国南北战争起到了巨大的推动作用,林肯称斯托夫人为"发动了南北战争的小妇人"。但文学干预现实的作用是间接的,必须以人的心灵为中介。

(3)文学的消遣娱乐作用

文学有泄导原始欲望的作用,但前提是必须把原始欲望升华到审美的境界。原始欲望的泄导和升华使人产生消除心理压力的愉悦感,这就是文学的消遣娱乐作用。这类文学以通俗文学为主。

①感性娱乐功能

无意识聚集着原始欲望,主要是性欲、攻击欲和对死亡的恐惧,这些欲望与人的理智相冲突,造成心理压抑,这就需要用合理的方式来泄导。在现实生活中,人与社会的冲突也使人产生空虚、无聊、苦闷等情绪,尤其是闲暇时,也需要某种方式来消遣。文学是一种感性化的体验,感性化的文学描写往往能突破理想规范,直接表达人的生命欲求,使无意识中的原始欲望得以宣泄。

②审美娱乐功能

文学中的审美意象是原始欲望的升华。在文学活动中,原始欲望转化为审美冲动,人的生命欲求以升华的方式得到实现,内心世界的冲突得到解决。这就使人产生了身心和谐的愉悦感,它是心灵的净化,富有精神性。例如:《梁山伯与祝英台》中对爱情的描写,不涉及欲念,一切杂念都被净化,使人摆脱了心理压力,开始憧憬爱情。文学的审美娱乐功能是"寓教于乐",使人在娱乐中得到教育,丰富人的精神生活,使生活更有情趣。

当然,文学也有一定的消极作用,文学的感性描写一方面可以泄导人的原始欲望,另一方面也可以煽动人的情欲,尤其是一些色情、暴力的作品,这也是柏拉图把诗人赶出"理想国"的原因。因此,文学创作需要把握两个标准:一是道德标准,二是美的标准。

考点4 社会主义时期的文学活动

1.人民性

人民性是文学实际存在的一种社会属性。文学的人民性揭示了文学与人民群众的关系。当文学作品反映了一定时期人民的思想情绪、要求和理想、愿望和利益,提出了人民所关切的重大问题,并为人民群众所喜爱时,就具有了人民性。

2."双百"方针

"双百"方针指"百花齐放,百家争鸣",是毛泽东于1956年在最高国务会议上正式提出的繁荣文化事业的基本方针。具体来说,就是在文艺创作上,允许不同风格、不同流派、不同题材、不同手法的作品同时存在,自由发展;在学术理论上,提倡不同学派、不同观点互相争鸣,自由讨论。

3.大众文学和高雅文学的统一

高雅文学一般指典雅、正统、思想艺术水平高或较高的文学类型,主要服务于社会上文化修养较高的阶层。其特点是内容题材充实、深广,主题意蕴具有深度,艺术形式具有探索性、独创性和鲜明的个性风格,能让读者产生严肃的思考、深刻的体验和丰富的想象,具有较强的艺术感染力。在不同的语境下,高雅文学又被称为"精英文学""纯文学""严肃文学"等。

大众文学是相对"高雅文学"而言的一种浅易、通俗、流行,具有广泛群众性的文学类型。其主要特点是思想内容浅易甚至浅俗,艺术形式简明,富于消遣娱乐功能。在商业活动中,大众文学又称"消费文学",往往具有明显的营利性和较高的商业价值。

高雅文学与大众文学是两个相对的概念,从本质上讲,二者属于同一个历史范畴。高雅文学与大众文学往往是相互渗透的,并且随着时间的推移和接受者的不同而有所变化,有时还可能发生转化。如宋词,在当时与诗相比是"俗"文学,所谓"诗庄词媚",而在今天看来,许多优秀的词作已属高雅文学作品了。

社会主义文学,需要正确看待,积极引导,从满足人民群众的审美需要出发,在大力发展高雅文学的同时,还要重视引导大众文学的健康发展,将我国社会主义文艺推向一个更高的水平。

4.处理好民族文学与世界文学的关系

民族文学与世界文学是既相互区别又相互联系的一对范畴。

民族文学是指世界各民族在其历史发展过程中,创造和发展起来的具有本民族特征和民族传统,并以民族语言为表现形式的文学。各民族的文学都有自己的特点和长处,不能故步自封、夜郎自大,应通过各民族文学之间的相互交流、对话和学习,促使世界文学发展。

世界文学是与民族文学相对而言的,它是随着世界市场的形成而发展起来的。马克思、恩格斯在《共产党宣言》中对此作出深刻论述,"资产阶级,由于开拓了世界市场,使一切国家的生产和消费都成为世界性的了。……过去那种地方和民族的自给自足和闭关自守状态,被各民族的各方面的互相往来和各方面的互相依赖所代替了。物质的生产是如此,精神的生产也是如此。各民族的精神产品成了公共财产。民族的片面性和局限性日益成为不可能,于是由许多民族的和地方的文学形成了一种世界的文学"。世界文学是在世界市场形成过程中由世界各民族的和地方的文学共同构成的一种世界性文学的总称。它具有鲜明的时代性和全人类性,同时又保留了各民族文学自己的特色。在世界文学形成的过程中,各民族文学之间在相互吸收的基础上,进一步发扬本民族文学的优秀传统,才能使世界文学这个百花园更加五彩缤纷、绚丽夺目。

社会主义文学,需要在对话与交流中实现民族文学与世界文学的沟通,推动文学艺术的创新与发展。

5.弘扬优秀民族文化传统对建设社会主义新文学的意义

文学的发展有自身的规律,其规律之一就是继承与创新的辩证统一。文学的发展有自己的历史继承性。文学活动的历史继承性不仅表现在优秀的文学传统直接影响作家的审美理想和审美方式方面,还表现在文学作品的内容与形式的发展方面。批判地继承古代优秀文化遗产,弘扬中华民族的优秀文化传统,是发展和繁荣中华民族的社会主义新文学的重要条件。文学工作者一方面要在批判中继承,另一方面也要解放思想,与时俱进,打破束缚,推陈出新,创造出无愧于时代,也无愧于传统的优秀文学。

二、文学创造

考点1 文学创造作为特殊的生产

1.精神生产

精神生产是人类为取得精神生活所需要的精神资料(科学、政治、哲学、艺术等)而进行的对于自然、社会的观念活动。精神生产是一种"特殊的生产",其特征主要为精神生产观念地创造对象世界;精神生产以符号活动来创造观念世界;精神生产是富于个性的自由创造活动。

2.艺术生产

"艺术生产"是马克思、恩格斯在考察社会生产活动的客观过程时提出的,最初在《德意志意识形态》中称艺术活动为"艺术劳动",后来在《〈政治经济学批判〉导言》中称之为"艺术生产"。

艺术生产是人类创造艺术产品的活动。作为一种特殊的精神生产,它是人对世界的一种审美掌握方式,即主要通过情感体验和直观的方式掌握世界,形成对世界的审美意识并运用艺术符号将其物化、创造出一个独特的具有审美价值的形象世界的活动。人通过艺术生产实践和对艺术产品的鉴赏,提高审美创造能力,从而产生能够创造美、欣赏美的人的自身,既为艺术生产提供了富有创造力的主体,又使人从物质的自然的人变成社会的审美的人。

3. 文学创造的独特性

从精神生产领域看,文学创造与科学、道德、宗教及其他各种艺术创造等精神生产活动一样,都是人对于世界的意识活动。文学创造作为特殊的生产,其独特性在于它是人对世界的审美活动,是一种具有话语蕴藉的审美意识形态的生产。它建立在对现实世界的真实感受的基础上,以审美情感去体验和发现世界的美,并创造出美的精神世界,让人从中感受到美,使人发现世界、认识世界、回归世界。它关心人,热爱人,总是力图揭示人的丰富性,弘扬人的价值,将人导向能充分地体现其本质力量的现实世界。

4. 文学创造的基本规律

①特殊的审美创造。文学创造作为一种特殊的审美创造,不能只是简单地记录事实,而是需要把日常的生活现象典型化,这就是孕育作品时的艺术构思过程。所谓典型化,就是化生活素材为具有典型意义的艺术形象,这是文学创造的基本规律之一。

②语言表达与艺术构思的统一。文学创造在艺术构思的基础上,还有一个语言表达的过程,既要力求做到主观与客观的统一,又要寻找形式与内容的完美结合。

③形象思维与艺术思维。在文学创造过程中,作家掌握世界的方式有其自身的特点,人们把作家形象地认识和反映生活的过程称为"形象思维或艺术思维"。

考点2 文学创造的主体和客体

1. 文学创造的主体

文学创造的主体是作家、诗人,是特殊的艺术生产者。

①文学创造的主体是存于艺术生产活动中的艺术生产者。在文学创造活动中,只有具备主体性力量并创造文学产品的创造者,才是真正的文学创造的主体。

②文学创造的主体是美的体验者、评价者和创造者。在文学活动中,主体对客体的活动是一种观念活动,主体通过对具有审美价值的客体进行直观感受、情感体验,做出审美判断和评价,并创造出具有审美价值的艺术世界。优秀的作家、诗人也可能同时成为"理论家"和"思想家"。

③文学创造的主体是具体的社会人。文学作品的产生既会受到个体独特感受和创作个性的影响,也会受到特定时代精神、社会意识、民族特性、阶级意识等因素的影响。

2. 文学创造的客体

文学创造的客体即文学反映的对象,不同的人对文学创造的客体有不同的认识,主要可以分为以下几种。

(1)"客体即自然"说

"客体即自然"说观点认为,文学创造的客体是独立于人之外的自然。这里的"自然"最初指的是客观存在的自然界,后来泛指社会生活。

(2)"客体即情感"说

"客体即情感"说是与"客体即自然"说相对立的一种观点,它们把情感作为文学艺术的表现对象,认为文学创造的客体不是独立于人之外的自然,而是人的心灵和情感。

（3）文学创造的客体是特殊的社会生活

社会生活是文学创造的客体和唯一源泉，作为文学创造客体的社会生活具有特殊性。第一，文学创造的客体是整体的社会生活；第二，文学创造的客体是具有审美价值或审丑价值的社会生活；第三，文学创造的客体是作家体验过的社会生活。

3.文学创造中主客体的双向运动

文学创造作为一种生产，其主客体建立的过程就是创作主体和创作客体双向运动的过程。

①主体能动地、审美地反映客体。主体主动地选择客体和加工处理客体的相关信息，通过情感体验把自我的意识、情感对象化，即将客体的"主体化"，在观念中创造出源于客体又超越客体的审美形象。如沈从文笔下美丽的湘西世界，一方面源于边地秀美、宁静的自然风光，淳朴的风土民情，另一方面也浸染了作者的主体情感，作者对现代文明加速发展的思考赋予了人情美和人性美，从而形成了源于湘西本土而又高于现实的田园牧歌式的意境。

②在文学创造的主客体关系中，主体从选择具体客体开始到对具体客体进行重塑的整个过程，都要受到客体的规定和制约，都要从生活实际出发，即主体的"客体化"。如鲁迅将"病态社会"中的"病态人生"作为文学反映的对象，他选择阿Q这样的人物，就与当时辛亥革命的失败和国民心灵普遍麻木的社会现状有着密切的联系。在创造过程中，客体有时还会改变主体原有的构思，如列夫·托尔斯泰创作《安娜·卡列尼娜》时，曾把安娜设定为一个轻浮浪荡的女性形象，但越写越被安娜的悲剧命运所感动，最终改变原有构思，把安娜塑造成了一位美丽的、追求自由的、令人同情的女性形象。

总之，文学创造是一种主客体的双向运动，一方面是客体的"主体化"，另一方面是主体的"客体化"，二者的统一就实现了主客体的统一，文学作品就是创作主体与创作客体的统一并对主客体双重超越的产品。

考点3 文学创造过程

1.创作动机

创作动机是作家投入文学创作活动的内在动力，具有自发性与自觉性的双重心理特征。创作动机的心理准备包括创作力、创作空间、原型经验三个部分。

一切文学作品都是在程度不同的动机冲突中完成的。不同的文学创造过程存在着不同样式和不同程度的动机冲突。文学创作动机可以分为远景动机与近景动机、主导动机与非主导动机、高尚动机与卑下动机、有意识动机和无意识动机等多种类型。

2.艺术构思

（1）艺术构思的含义

艺术构思就是作家在材料积累和艺术发现的基础上，在某种创作动机的驱动下，通过回忆、想象、情感等心理活动，以各种创造方式，孕育出完整的、呼之欲出的形象序列和中心意念的艺术思维过程。艺术构思在本质上仍是一种思维，但不是普通的思维，而是交织着各种复杂心理活动的思维。艺术构思的内容十分广泛。对叙事性作品来说，体裁的选定、形象的熔铸、情节的提炼与安排、结构的设计与剪裁、表现角度的选择与切入、意念的渗透等，都需要考虑；对抒情性作品来说，借什么景抒什么情，情与景如何交融，意境如何呈现，哪里直抒胸臆，哪里传达言外之意，节奏如何张弛，音韵如何协调等，也都需要构思。因此，艺术构思是文学创造过程中最实际、最紧张，也是最重要的阶段。

（2）艺术构思中的灵感与直觉

①灵感

灵感是艺术构思阶段最重要的思维方式之一。灵感是创造性思维过程中认识发生飞跃的心理现象。它的外在形态是围绕某一主题线索（意念或形象）的思考获得的顿悟。它来临时的突出特征是非预期性和转瞬即逝性，不及时捕捉就难以再现。从思维角度说，灵感大体上是作家在内心长期积累、比较、分析材料，艰苦地思索以至达到寝食俱忘的程度之后，在无意之间获得的一种可能的结果。

②直觉

直觉指的是直接的、瞬间的、未经意识思维和判断而发生的一种正在领会或知道的方式。在艺术构思中，直觉就是省略了推理过程而对事物的底蕴或本质做出的直接了解和揭示。

直觉虽然是一种省略了推理过程而直奔事物本质的思维方式，但实际上也内隐着更深厚的生活积累和更严谨的推理训练。直觉在艺术思维中主要有两大作用：第一，作家对某一独特事物（或现象）的瞬间把握，往往是由直觉得来的；第二，作家第一次听到某故事（或观察某社会现象）时，能发觉其背后某种异乎寻常的使人深省的内蕴，而这一内蕴就好像是为他准备、仅为他所见而别人毫无察觉的。

（3）理智和感情在艺术构思中的作用

理智是指作家心理中有意识的、理性的认知（思维）。感情分为情绪和情感，前者指由有机体的需要是否获得满足而产生的生理与心理反应，后者指作家对外在事物或现象的态度、评价及体验。情绪与情感相互纠缠，亦相互影响，主体的态度、评价可能导致某种特殊的情绪，而先在的情绪体验也可能带来不同的情感态度、评价。在文学创造过程中，理智与感情两者缺一不可：没有感情徒有理智，理智便有束缚想象力的副作用；失去理智而徒有感情，感情也有将作家推向不知所往的可能。

3. 艺术真实与艺术形式

艺术真实是艺术家以生活真实为基础，按照生活发展的必然逻辑和自己的美学理想，对生活进行提炼和集中概括，以反映生活本质的真实。它是艺术家主观思想和客观生活真实辩证统一的结晶。艺术真实来源于社会生活，是对生活真实的净化、深化和美化，它比生活真实更集中，也更能深刻地显示出社会生活的本质。艺术真实并不要求照搬生活现象，并不排斥艺术想象和艺术虚构。能否从生活真实达到艺术真实，取决于艺术家是否具有进步的思想、丰富的生活阅历和娴熟的艺术技巧。

艺术形式是指艺术作品内部的组织构造和外在的表现形态及种种艺术手段的综合。艺术形式包括两个层次：一是内形式，即内容的内部结构和联系；二是外形式，即由艺术形象所借以传达的物质手段构成的外在形态。在任何艺术作品中，内形式和外形式都是结合在一起的，只有通过一定的艺术形式，艺术作品的内容才能够得到表现。艺术形式具有意味性、民族性、时代性、变异性等特点。构成艺术形式的要素有结构、体裁、语言、表现手法等。

艺术形式是文学作品的存在方式与形态，是语言材料及各种艺术手段的有机结合。艺术形式创造应遵循的基本原则：从内容出发去选择与创造形式；发挥形式对艺术表现的能动作用；重视形式自身独立的审美价值。

4. 情感

（1）情感评价

情感评价是文学的本质属性和文学创造的必然要求，它作为一定的价值取向，包含着人的政治、经济、文化、伦理、宗教和审美等社会性需要和态度，以及由诸多因素形成的对社会生活的心理体验和判断。

（2）情感的表现

情感在文学中表现为诚挚的情态与外在的艺术呈现。文学作品需要以真情来打动人，在潜移默化中为读者所认同，进而使作品尚"善"的价值取向为读者所接受。如果作品无病呻吟、情感矫揉造作，读者就会无动于衷，甚至产生反感等情绪。真情与假意有不同的艺术效应，"强哭者虽悲不哀，强怒者虽严不威，强亲者虽笑不和"，而"真悲无声而哀，真怒未发而威，真亲未笑而和"。文学作品中，情感的表达需要用艺术的方式呈现，把情感寄寓于具体形象的创造中，通过"境"（典型、意境、意象）的创造来表达情感，并与理性的思索和反省相交融。

三、文学作品

考点1　文学作品的类型及体裁

1.文学作品的类型

根据文学创造的主客体关系和文学作为意识形态形式对现实的不同反映方式，文学作品可以分为现实型、理想型和象征型三种。

(1)现实型文学

现实型文学是一种侧重以写实的方式再现客观现实的文学形态。现实型文学的基本特征是再现性和逼真性。再现性是现实型文学的最基本特征。现实型文学立足于客观现实，再现现实矛盾和本质规律，其在艺术表现手段上的基本特点是逼真性。

(2)理想型文学

理想型文学是一种侧重以直接抒情的方式表现主观理想的文学形态。理想型文学的基本特征是表现性和虚幻性。

(3)象征型文学

象征型文学是一种侧重以暗示的方式寄寓审美意蕴的文学形态。象征型文学的基本特征是暗示性和朦胧性。现实型文学重在再现现实，理想型文学重在表现情感，象征型文学则重在寄寓某种意念、意蕴。暗示是象征型文学寄寓意蕴的方式，这一间接表现方式，使象征型文学具有一定的朦胧性。

总而言之，现实型文学着重描写生活中的事物，以写实的方式达到细节的真实，追求如实地再现现实；理想型文学侧重于塑造生活中不存在的虚幻的形象，以夸张、虚构的方式表现超越现实的主观理想；象征型文学则或取材于现实事物，对其进行变形、拟人化的处理，或凭借想象虚构出非现实的事物，从而塑造出具象与抽象、个别与一般、现实与超现实相统一的寓意性形象。

2.文学作品的体裁

话语系统的不同结构形式决定了文学作品的基本体裁有诗、小说、剧本、散文与报告文学等。

(1)诗

诗是一种语词凝练、结构跳跃，富有节奏和韵律，高度集中地反映生活，抒发思想感情的文学体裁。按照不同的分类标准，诗可以分为抒情诗与叙事诗，格律诗与自由诗等。诗歌的基本特征是凝练性、跳跃性和音乐性。

(2)小说

小说是一种侧重刻画人物形象、叙述故事情节的文学体裁。按照不同的分类标准，小说可以分为长篇小说、中篇小说与短篇小说，文言小说和白话小说等。小说的基本特征表现为深入细致的人物刻画、完整复杂的情节叙述、具体充分的环境描写。着重刻画人物形象是小说走向成熟的标志。

(3)剧本

剧本是一种侧重以人物台词为手段、集中反映矛盾冲突的文学体裁。按矛盾冲突的性质划分，剧本可以分为悲剧、喜剧和正剧；按场次划分，剧本可以分为独幕剧与多幕剧等。剧本的基本特征是浓缩地反映现实生活，集中地表现矛盾冲突，以人物台词推进戏剧动作。

(4)散文与报告文学

散文有广义和狭义之分。广义的散文既包括除诗歌以外的一切文学作品，也包括一般科学著作、论文、应用文章。狭义的散文即文学意义上的散文，是指与诗歌、小说、剧本等并列的一种文学体裁，包括抒情散文、叙事散文、杂文、游记等。文学散文是一种题材广泛，结构灵活，注重抒写真实感受、境遇的文学体裁。它的基本特征是题材广泛多样，结构自由灵活，抒写真实感受。

报告文学是一种在真人真事的基础上塑造艺术形象,及时反映现实生活的文学体裁。它的基本特征是及时性、纪实性、文学性。

考点2　文学作品的内容

1.文学言语的独特性

文学创造是以文学言语为原料的生产活动。文学言语不同于一般的科学言语和日常言语。科学言语作为科学领域使用的言语,强调严谨的逻辑和语法结构,要求说理清楚、概念明确,不注重感情色彩和个人风格,显得朴素单纯、"千篇一律"。日常言语由于发生在具体交往中,受到现实人际关系和具体语境的影响,富有一定的感情色彩和个人风格,但总的来说还是服从于说理的需要。文学言语则往往突破了语法结构和逻辑的要求,强调个人的感情色彩和风格。它一般不作为说理的手段,而是作为描写、表现、象征的符号体系,与普通的言语有一定程度的背离,采用隐喻、暗喻、转喻、暗示、象征等形式来反映外部世界,表达主体的情思,甚至刻意追求使用阻拒性言语。因此,文学作品中言的指涉意义往往不是一眼就能看穿的。

2.文学典型

(1)文学典型的美学特征

文学典型是个别与一般相统一的艺术形象,是通过个别的艺术形象来反映生活的本质和规律的必要的文学手段。作为文学形象的高级形态之一,典型是文学言语系统中显出特征的富于魅力的性格。它在叙事性作品中,又称典型人物或典型性格。文学典型不同于一般的艺术形象,它通常具有以下美学特征。

①文学典型的特征性

文学典型的特征性包括两个层次。一是文学典型必须具有贯穿其全部活动的,统摄其整个生命的"总特征"。典型的品位越高,这个总特征越鲜明,如阿Q的"精神胜利法",林黛玉的"多愁善感"。二是文学典型必须通过局部"特征"反映和形成总特征。"特征性原则"是文学典型首要的和基本的特点。

②文学典型的艺术魅力

文学典型具有极大的艺术魅力,能满足读者的审美需求。首先,这种艺术魅力应是来自性格的一种生命的魅力,源于典型人物的生命所呈现的斑斓色彩,即性格侧面的丰富多彩。其次,这种艺术魅力更来自其所显示的灵魂的深度。

(2)典型人物与典型环境的关系

典型人物与典型环境是相互依存、辩证统一的关系,失去了一方,另一方也就不复存在。一方面,典型人物必须生活在典型环境中,典型环境对典型人物性格的形成有至关重要的影响;另一方面,典型环境也只有通过典型人物的活动才能呈现出来。同时,典型人物对其所处的环境并非永远无能为力,在一定条件下,典型人物可以对环境发生反作用。

3.意境

(1)意境的特征

意境是我国古典文论独创的一个概念,是华夏抒情文学和抒情理论高度发达的产物。意境是抒情性作品中呈现的那种情景交融、虚实相生的形象系统,及其所诱发和开拓的审美想象空间。作为文学形象的高级形态之一,文学意境的特征主要包含以下几个方面。

①情景交融

情景交融是意境创造的表现特征。情景交融有三种形式:景中藏情、情中见景和情景并茂。

②虚实相生

虚实相生是意境创造的结构特征。虚境是实境的升华,它体现着实境创造的意向和目的,体现着整个意境的艺术品位和审美效果,制约着意境的创造和描写,在意境结构中处于灵魂和统帅的地位。

③韵味无穷

韵味无穷是意境的审美特征。"韵味"是指意境中所蕴含的那种咀嚼不尽的美的因素和效果。

（2）意境的分类

关于意境的分类，中国古典文论中最为知名的是王国维在《人间词话》中的分类，他将意境分为"有我之境"和"无我之境"两类：

有有我之境，有无我之境。……有我之境，以我观物，故物皆著我之色彩。无我之境，以物观物，故不知何者为我，何者为物。

"有我之境"，指感情比较直露、倾向比较鲜明的意境；"无我之境"，指情感比较含蓄，不动声色的意境画面。

4.审美意象

（1）审美意象的含义

意象是中国首创的一个审美范畴，在文学作品中有两种存在状态：一种是表现审美理想不够充分的意象；一种是表现审美理想充分的意象，即审美意象。审美意象是指以表达哲理观念为目的，以象征性或荒诞性为基本特征的，在某些观念和抽象思维的制导下创造的具有求解性和多义性的达到人类审美理想境界的"表意之象"，属于文学形象的高级形态之一。审美意象有以下几个特征。

①审美意象的本质特征是哲理性。
②审美意象的表现特征是象征性。
③审美意象的形象特征是荒诞性。
④审美意象的思维特征是抽象思维的直接参与。
⑤审美意象的鉴赏特征是求解性和多义性。

（2）审美意象的分类

审美意象的分类是在观念意象的高级形态中进行的。从表意的方式这一角度着眼，可以把审美意象分为两种：寓言式意象和符号式意象。寓言式意象是指通过一则故事揭示一种哲理或观念，而这种哲理或观念正是这则故事的主旨。寓言式意象的显著特征在于有故事情节。这类意象常见于叙事性作品。符号式意象是指不具有情节性的整体意象或单个意象。这类意象以它整体的或单个的形象特征，直接暗示或象征某些观念或哲理，其作用从本质上看，是一种表意的符号。

考点3　文学叙事与抒情

1.叙事

（1）叙事学含义

叙事学又称叙述学，是一种研究叙事艺术的理论和批评方法。该词始见于法国文艺理论家托多罗夫《〈十日谈〉语法》一书。此后在文艺理论界谈论叙事学时，主要指以法国为中心、与结构主义关系密切的当代叙事研究理论。作为一门新兴的学科，法国当代叙事学是20世纪初俄国形式主义文学理论与法国结构主义思潮双重影响下的产物，它与传统叙事理论的不同之处在于，它立足于现代语言学结构主义文化理论，更加注重作品文本及其结构而不是作品的社会意义，注重叙事作品的共性而不是具体的艺术成就。叙事学是在传统叙事理论基础上进一步发展产生的系统的叙事研究学科。

（2）叙事结构分析

叙事作品是一种话语系统，它的内部结构可以从两个向度进行分析。首先是历时性向度，即根据叙述的前后顺序研究句子与句子、事件与事件之间的关系，一般文艺理论中所讲的结构主要是指这种历时性向度的结构关系。其次是共时性向度，研究内容各个要素与故事之外的文化背景之间的关系。我们把前者称为表层结构，把后者称为深层结构。

①表层结构

从叙述层面来分析作品的结构,首先应当确定最小叙述单位。从句法分析的角度可以把叙述内容化简为一系列基本句型,最小单位叫作叙述句。一个故事中可包含若干基本事件,这些事件必然是关于一些人物的行为或状态,因此,我们可以把这些人物当作主语,而把行为化简为谓语动词,或者把状态化简为表语。如《驿站长》中关于驿站长的主要故事内容可用这种办法化简为以下几个叙述句:

驿站长有个漂亮女儿都妮亚。

骠骑兵来到驿站装病。

骠骑兵劫走都妮亚。

驿站长寻找都妮亚失败。

驿站长在孤独中酗酒而死。

这里把故事的基本内容化简成了几个词:有、装病、劫走、寻找、失败、酗酒、死。每个基本事件的结构特征都能通过句法关系显示出来。

②深层结构

深层结构存在的根据,是相信具体的叙述话语同产生这些话语的整个文化背景之间存在着超出话语字面的深层意义关系。当代法国人类学家列维-斯特劳斯在研究神话叙事的意义时,采用一种打乱叙述顺序,将各个神话要素按照某种相似特征重新组合的方式进行译解,从中寻找支配具体话语的深层文化关系。他的译解方式对于分析叙述话语的深层结构有一定借鉴意义。

深层结构是作品潜含的文化意义,它植根于一定文化中的深层社会心理,往往呈现出多义的状态,造成译解的困难和歧义。因此,对同一部作品深层结构的分析常常会得出不同层次、不同角度的多种结果。

2.抒情

(1)抒情含义

抒情指以形式化的话语组织,象征性地表现个人内心情感的文学活动类型,它与叙事相对,具有主观性、个性化和诗意化等特征。抒情作为一种特殊的文学反映方式,主要反映社会生活的精神方面,并通过意识中对现实的审美改造,达到心灵的自由。抒情是个性与社会性的辩证统一,也是情感释放、情感构造和审美创造的辩证统一。抒情性作品是以表现作者个人主观情感为主、偏重审美价值的一类文学作品,其主要体裁是抒情诗、散文等。与叙事性作品相对,抒情性作品具有丰富的情感意味和审美特性,是由情感内涵和抒情话语直接融合而成的整体。

(2)抒情话语

抒情话语是一种表现性话语,具有象征性地表现情感的功能,通过类似音乐的声音组织和富有意蕴的画面组织来体现难以言传的主观感受过程。与普通话语相比,抒情话语突出了直接呈示情感运动形式的表现功能,强调话语声音层和画面层的象征功能,时常打破既有的语言规范,既经济、精练又具有复杂化、奇特化的特征。

3.文学叙事与抒情的主要区别

抒情与叙事在文学作品中往往是交织在一起的,抒情性作品中有叙事因素,叙事性作品中也有抒情成分,很难完全分开,只是各有侧重。但作为表达方式,叙事和抒情是有区别的,具体表现为以下几点。

①概念不同。抒情是与叙事相对的概念,是一种偏于表现个人内心感情的文学类型;叙事是用话语虚构艺术世界,其兴趣不在于静止的人或物,而在于动态的事件,即人的行为及结果,它的认识价值在于显示社会生活的发展变化过程及其意义。

②表现对象不同。抒情偏于表现作者自己的主观世界,更富于主体性的自我色彩;叙事偏于再现客观世界。

③表现方式不同。抒情偏于用话语的声音组织和画面组织来象征性地表现感情;叙事偏于用话语的意义

来讲故事。

④把握的角度不同。抒情文学所要把握的是社会现实的精神或情感意义，这是作者的主观感受、领悟与认识，因而其内容主要是对内在的思想感情的表现；叙事文学则是讲故事，即通过对外部事件的描述来把握社会现实本身。

⑤表达情感的灵活度不同。抒情文学虽然受到特定现实生活和社会观念的制约，却具有较高的心灵自由度；叙事文学的心灵自由度则相对较低。

考点4　文学风格

1.文学风格的含义

文学风格是指作家的创作个性在文学作品的有机整体中通过言语组织所显示出来的、能引起读者持久审美享受的艺术独创性。

2.文学风格与创作个性、日常个性

日常个性是人在日常生活中表现出来的人格结构方面的独特性。创作个性是作家的气质禀赋、思想水平、审美趣味、艺术才能等主观因素综合而成的习惯性行为方式，是在日常个性的基础上经过审美创造的升华而形成的独特的艺术品格。创作个性是文学风格的内在根据，支配着文学风格的形成和显现。

（1）文学风格和创作个性

创作个性属于文学风格的主观方面，在与客观方面结合之前，它潜在于作家的内心中，表现为独特的个性气质、人格精神、艺术情趣、审美追求和文学才能等。当它付诸实践并与客观方面相结合，便成为文学风格的有机组成部分。但创作个性不能单方面决定和构成文学风格，文学风格的形成也受题材、主题甚至体裁等的影响。

（2）创作个性和日常个性

日常个性是作家在俗世生活中表现出来的习性，世俗生活往往为俗世功利所困扰，而创作个性是作家在精神活动中体现出来的习性，精神的想象活动往往具有审美的超功利性。日常个性部分来自先天的遗传基因，部分源自后天环境中的习得；而创作个性则是在日常个性的基础上，进一步在创作实践中养成并体现在作品中的个性特征。

3.文学流派和文学风格

文学流派的形成有自觉和不自觉两种情况，前者是自然形成的，既无组织，也无纲领，甚至可能跨时代、跨国界。例如：豪放派和婉约派是跨时代的，写实派、浪漫派、现代派是跨国界的。后者是以结社的形式出现的，有组织，有纲领，甚至有刊物和出版社，这是严格意义上的文学流派。同一个流派的作家，既有个人的独立风格，又有流派的共同风格。所谓流派风格，是指一些在思想感情、文学观念、审美趣味、创作主张、取材范围、表现方法、语言格调方面相近的作家在创作上所形成的共同特色，是一种群体文化的表现。

四、文学消费与接受、文学鉴赏与批评

考点1　文学消费与接受

1.文学消费

（1）文学消费的含义

文学消费有广义和狭义之分。广义的文学消费是指人们用文学作品来满足自己的精神需求的过程，即文学阅读或文学欣赏。狭义的文学消费是近代以来出现的，指在商品经济充分发展、印刷出版等传播媒介得到广泛运用的条件下，在文学成为一种特殊的商品以来，人们对它的消费、欣赏和阅读。

（2）文学消费的二重性

在商品经济条件下，文学的生产、流通和消费要借助文化市场来实现，因而文学作品具有商品属性。文学的生产、流通和消费都必须遵循价值规律，文学消费具有商品消费的一般性质。同时，文学作品还具有意识形态属性，具有认识和审美等精神属性，所以文学消费又是一种特殊的精神产品消费，具有精神享受和意识形态再生产的性质。

文学消费既是一种一般的商品消费，又是一种特殊的精神产品消费，决定了文学产品及其消费具有商业（交换）价值和审美价值、价值规律和艺术规律、经济效益和社会效益等二重性。这种二重性既是互补的，又是冲突的。

（3）文学消费与文学生产

通常所说的文学生产主要指以作家内在心理意象形式存在的观念形式的文本创作和出版家通过一定的物质载体把作家的这种观念形式的文学文本变为文学读物的物态化生产。而文学消费主要指读者的阅读。

文学生产规定着文学消费，文学消费制约着文学生产。一方面，文学生产规定着文学消费，文学生产为文学消费提供消费的对象，即文学产品；文学生产规定着文学消费的方式；文学生产规定着文学消费的需要，即生产着新的消费者。没有文学生产就没有文学消费。另一方面，文学消费反作用于文学生产，对文学生产起着重大的制约作用，文学产品在消费中才能得到最后实现，文学作品要依靠作者和读者共同完成；文学消费制约着文学生产的方式和规模；文学消费体现了文学生产的目的和动力。文学是人学，满足人的情感需求是文学生产的不竭动力和源泉。

2.文学接受

（1）文学接受的含义

文学接受是一种以文学文本为对象、以读者为主体，力求把握文本深层意蕴的积极能动的阅读和再创造活动，是读者在特定审美经验基础上对文学作品的价值、属性和信息进行的主动选择、接纳或抛弃。

文学接受是整个文学活动系统中必不可少的环节，对于作品审美价值和社会功能的实现，激励作家的创作，推动文学事业的进一步繁荣发展，都具有重要意义。

文学接受的形式包括文学阅读、文学欣赏、文学批评、文学研究等。其中最主要和最基本的是文学阅读与文学欣赏。

（2）文学接受的文化属性

①文学接受是一种审美活动，具有审美价值属性。审美价值是文学最基本的价值属性。

②文学接受是一种认识活动，具有认识价值属性。文学接受具有一种为读者提供认识社会生活和人类自身本质的价值属性。

③文学接受是一种文化价值阐释活动。文学接受的阐释价值具有多向度、多样化、多层次的特点。

④文学接受是一种审美交流活动。主要表现在四个方面：读者与作者的交流、读者与作品中人物角色的交流、读者与其他读者的交流，以及读者与作品所描写的整个自然、社会和全人类的交流。

（3）文学接受过程

①期待视野

在文学阅读过程中或在文学阅读开始之前，读者作为接受主体，基于个人与社会的复杂原因，在心理上形成既成的思维指向与观念结构，对文学接受客体有估计和期盼。这种据以阅读文本的既定心理图式，叫作阅读经验期待视野，简称期待视野。

在具体阅读过程中，期待视野主要呈现为文体期待、形象期待和意蕴期待等层次。

A.文体期待

文体期待是由文学作品的某种类型或形式特征引发的，读者希望体味到某种文体所具有的特定艺术魅力和韵味。如读者阅读诗歌时，会期待节奏、韵律及某种意境。

B.形象期待

形象期待是由作品的某些特定形象引发的,读者希望从初次接触到的形象和情景中,看到符合某种人物性格特征或某种特定情绪的氛围。如读者在看到"寒梅""松柏""白莲"等形象时,会期待作者对高洁人格、坚韧性格的赞美。

C.意蕴期待

意蕴期待是读者对作品较为深层的审美意味、情感境界、人生态度、思想倾向等方面的期待。在阅读文学作品的过程中,读者总是自觉或不自觉地期待作品呈现出与自己契合的审美趣味和思想倾向。

期待视野的形成,主要源于以下几个方面。

第一,由生活实践和文化教养形成的世界观与人生观,读者在长期的社会生活中形成的审美趣味、人生追求、情感倾向、政治态度等。

第二,一定的文学艺术素养,即读者对各种文学体裁、文学发展史、文学发展现状、艺术表现手法、艺术特征等方面的了解和熟悉程度。

第三,特定的心理机制,包括读者的性别、年龄、气质等生理特征。

文学阅读活动中的期待视野,按照接受主体的状况,可以分为普通读者的期待视野与专业读者的期待视野两类。前者是一般读者在某一具体作品阅读过程中体现出的期待视野,往往略狭窄,包含个人兴趣和偏爱。后者主要指从事专门研究和批评的特殊读者所拥有的期待视野,往往是宏阔深广的,带有某种广泛的社会共通性。在实际阅读过程中,不论是普通读者的期待视野还是专业读者的期待视野,都不是一成不变的,都会随着生活阅历的增加、接受范围的扩大和文化艺术修养的提高而不断发展变化。

②隐含的读者

接受美学认为,文学作品是由作家和读者共同完成的,创作过程包括作家写作、文本出版发行和读者接受三个阶段。一部作品完成后,在读者接受之前,便已隐含着读者。"隐含的读者"是指作家本人设定的能够把文本加以具体化的预想读者,即作家预想其作品问世后,可能出现的或应该出现的读者。这种预想有时是自觉的,有时则是不自觉的。作者的创作动机、选材及文体特点和赋予文本的思想内涵都会决定隐含的读者的存在。

③共鸣

共鸣是文学接受进入高潮阶段的重要标志,通常有两种含义:一种是指在阅读文学作品时,读者被作品中的思想情感、理想愿望及人物的命运遭际所打动,从而形成一种强烈的心灵感应的状态;另一种是指不同的读者,包括不同时代、阶级和民族的读者,在阅读同一文学作品时可能产生的大致相同或相近的情绪激动和审美趣味趋同的现象。

④净化

净化是文学作品审美价值得以实现的重要标志,是文学接受进入高潮的又一表现。文学的净化是指读者在阅读文学作品时,产生共鸣后不由自主地达到调节精神、排遣情绪、去除杂念和提升人格的状态,即读者通过阅读作品达到的一种"杂念去除,趋向崇高"的自我教育效果。

净化的作用主要表现在以下几个方面。

第一,读者可以进入某种虚幻的艺术境界,暂时忘却世俗的困扰和人生的烦恼,使心灵维持平衡。

第二,读者受到作品中某种情感力量的震撼,可以宣泄某种情绪,使畸变的心态得以矫正,人格变得纯正。

从内在关联看,文学接受活动中的净化,实质上是共鸣的进一步发展,是读者被作品的情感打动后,获得的一种人格提升,也就是文学作品通过情感沟通发挥审美教育功能的过程。

（4）文学接受与文学消费

①文学接受与文学消费的区别

第一，文学消费具有物质消费和精神消费二重性，而文学接受则完全属于一种精神文化范围内的活动。

第二，文学消费既包括阅读行为，也包括未含阅读活动的消费行为；而文学接受则一定是一种阅读或欣赏的精神活动。

第三，文学消费与文学接受的主客观条件不同。文学消费除要求文学消费者具备必要的文学知识、阅读能力及消费心理等主观条件外，还要求文学消费者具备必要的经济能力、闲暇时间和适当的空间等客观条件。文学接受的主观条件除了前面所说的阅读能力等外，还包括接受者的个性、气质、性别、年龄、职业、经历、人生观、文化修养、审美趣味、美学理想、艺术经验、期待视野及阅读心境等；文学接受的客观条件则主要指接受的对象（文本）及接受者所处的历史时代背景等。

第四，文学消费研究具有综合的、多视角的特点，而文学接受研究则偏于审美经验或艺术心理这一独特视角。

②文学接受与文学消费的联系

文学消费是初级状态或低层次的文学接受，文学接受则是高级状态或高层次的文学消费，二者指向的核心均为文学欣赏或审美鉴赏这个文学阅读活动的最高层次。

考点2　文学鉴赏与批评

1. 文学鉴赏

（1）文学鉴赏的含义

文学鉴赏是读者在阅读文学作品过程中感受、体验、想象艺术形象的一种精神活动，是一种审美的认识活动。"鉴赏"包括两方面的意思：一是欣赏，也就是感受、体验；二是鉴别，也就是判断、评价。文学鉴赏主要是指感受、理解和评判作品的精神活动。

（2）文学鉴赏的基本特点

文学鉴赏是一种独特的精神活动，它的基本特点可以归纳为以下几点。

①文学鉴赏是审美享受的活动

人们欣赏文学艺术作品，主要是为了满足娱乐享受，在潜移默化中得到精神的陶冶，获得心灵的净化，从而理解生活的底蕴，受到思想教育。

②文学鉴赏是创造性的活动

文学鉴赏绝不是消极被动地接受，它有很大的主观能动性，是一种创造性的活动。这主要表现在以下几个方面。

第一，人们在鉴赏过程中，通过自身的思维想象，会主动去丰富、补充、扩大作品中的艺术形象，对艺术形象进行"再创造"。

第二，人们凭借作品中的艺术形象，通过联想、想象，可以发掘含蓄或富有象征意义的形象。例如：《行道树》一文中的行道树为城市制造清新，献出浓荫，自己却蒙受一身的烟尘。显然我们可以感觉到作者张晓风并不仅仅是为了写树而写树，而是通过写行道树这一艺术形象，赞颂现实生活中那些以苦为乐、甘愿牺牲自我的无私奉献者，以及他们的崇高精神。行道树的形象就是无私奉献者的形象。

第三，人们在鉴赏过程中往往掺进自己的感情，在某种程度上强化或改变作品的感情素质。例如：中国人唱《国际歌》和美国人唱《国际歌》表达出的感情就不同。美国的国运不像中国那样坎坷，美国人唱不出悲哀的感觉，而中国人会把这首歌唱得悲哀一些，这是因为我们在唱的时候融入了我们的感情体会，《国际歌》让我们想起了自己国家多灾多难的历史。

③文学鉴赏存在共鸣现象

共鸣是文学鉴赏中一种复杂而常见的现象,文学鉴赏中当读者和作品在思想感情上相似或一致时,就会产生共鸣。换句话说就是,在阅读过程中,作品能够强烈地打动读者,引起读者思想感情的激荡,使读者爱作者之所爱,恨作者之所恨,为作品中正面人物的胜利而欢乐,为反面人物的溃灭而称快,或者为正面人物的失败而悲痛,为反面人物的得势而愤慨。

(3)文学鉴赏的主要内容

鉴赏文学作品一般包括鉴赏文学作品的形象、文学作品的语言和文学作品的表达技巧。

①鉴赏文学作品的形象

鉴赏文学作品的形象,就是把握文学作品刻画的艺术形象的内涵。艺术形象不仅指人物形象,还包括作品中的意象。鉴赏这些艺术形象的内涵,就是要分析、判断作品中包含的作者的思想感情和社会意义。

②鉴赏文学作品的语言

鉴赏文学作品的语言主要包括三个方面:分析作品语言的形象性、抒情性、含蓄性、精练性,指出作品语言所表达的具体意义;分析作品所运用的修辞手法(比喻、拟人、夸张、互文、双关等)及其效果;分析作品语言的风格及其艺术魅力(清新自然、委婉含蓄、沉郁顿挫等)。

③鉴赏文学作品的表达技巧

鉴赏文学作品的表达技巧主要包括两个方面:分析作品在选择材料、安排情节、刻画人物等方面的特色;鉴赏作者运用表达技巧的灵活性、创造性。

(4)文学鉴赏的基本方法

文学鉴赏是对作品进行感知、理解和评判,包括对文学作品的鉴别和欣赏。它是建立在心理快感基础上的一项旨在满足审美要求的活动。提高文学鉴赏能力的方法主要有以下几种。

①"多读勤思"法

鉴赏文学作品需要具备多方面的知识,如语言文字知识、文学技巧知识、作家作品知识及必备的社会科学知识等。这些只有靠广泛阅读和学习才能获得。多读还应当体现为对好的文章再三吟诵,名篇佳作不妨背下来,只有反复阅读才能体会其绝妙之处。

提高文学鉴赏能力,只多读是不够的,还应该勤思,培养自己丰富的想象力。文学作品的一个主要特点是给人以遐想的空间。同一部作品,不同的人去阅读就会有不同的感受和结果。

②"咬文嚼字"法

文学是语言的艺术,语言在特定的语境中会被赋予一定的思想、感情和灵魂。要鉴赏文学,首先应鉴赏语言,推敲语言,即"咬文嚼字"。在阅读文学作品时,望文生义、对字词不求甚解是不利于提高文学鉴赏能力的。

"咬文嚼字"最基本的方法是正确理解词句的含义,深入体会词句在表情达意方面的作用。在文学作品中,往往是词显而意隐,言近而旨远,要联系具体的语言环境,去挖掘作品中隐含的深意,还要善于抓住文章的中心词句,就是我们常说的"文眼",即文章中最能显示作者写作意图的词语或句子。抓住了这类词句,就抓住了文章的"灵魂",找到了理解和把握全文的"钥匙"。

③"知人论世"法

鲁迅曾说"倘要论文,最好是顾及全篇,并且顾及作者的全人,以及他所处的社会状态,这才较为确凿"。知人论世,即"知其人""论其世",意思是说鉴赏作品要联系作者的思想、生平,以及作者所处的时代背景,当时的政治文化状况等,这样才能获得真实的审美价值。只有了解了作者所处的那个时代,了解了作者是在什么样的情境下写这篇文章的,才能够更好地理解作者在文章中所表达的思想感情。例如:

初读散文《紫藤萝瀑布》时,我们感觉到文章流露出一种淡淡的感伤和哀愁,作品为何会有这样的感情基调呢?当文章没有告诉我们太多时,我们就有必要去"知人论世"。通过了解,我们发现,文章写于

1982年,当时作者的弟弟身患绝症,生命垂危,将不久于人世,这件事使作者感到人生的大不幸,因此一时陷入痛苦之中难以解脱。

④"识景会意"法

"识景"就是体察环境,从环境入手来鉴赏文学作品,这主要是针对鉴赏人物形象而言的。作品中的环境大致可分为自然环境和社会环境两类。文学作品中的人物,是离不开特定的环境的,它对塑造人物形象有很大作用。例如:

《登上地球之巅》中有这样一处环境描写:"……夜色浓重,珠穆朗玛峰山岭间朦胧一片,只有顶峰还露出隐约的轮廓。王富洲、屈银华和贡布三人匍匐在地上,依靠着星光和反照的雪光辨认路途,每前进一步都要付出巨大努力……夜更深沉,山上山下到处是一片漆黑,只有点点星光在空中闪耀。珠穆朗玛顶峰的黑影在他们面前开始变得非常低矮了。"通过环境描写来渲染登山环境的恶劣,从而衬托登山队员不怕艰险、勇往直前的精神。

"会意"就是领悟意境。所谓"意境"是指作者的主观情思("意")与客观的自然景物或生活画面("境")相融合的艺术境界。"意"与"境"之间相互依存,相互渗透。由于作品中所描绘的生活图景多姿多彩,而所表现的思想感情又丰富繁杂,因此构成了各种各样的意境,有的雄浑阔大、宏伟壮丽,有的恬淡秀丽、委婉幽深。不同的意境给人不同的美感,领悟了这种意境便达到了鉴赏的最高境界。例如:

王之涣《登鹳雀楼》:"白日依山尽,黄河入海流。欲穷千里目,更上一层楼。"乍一看,这首诗写的是大自然的壮丽景色,但是如果对这首诗的理解只停留在景色描写这一层面,还算不上"会意"。如果除了感受到诗中描绘的壮丽景色,还认识到诗中注进的诗人昂扬向上的激情,这仍不算是"会意"。因为读者还没有品出这首诗的"诗味"与"意蕴"。只有透过壮丽的画面、开阔的意境,领悟这首诗蕴含的耐人寻味的哲理——登高才能望远,成功在于追求,事业永无止境,这才算是"会意"。

这说明,如果没有对作品的透彻领悟,便不可能有真正的鉴赏。所以,经验丰富的人读书用两只眼睛,一只眼睛看到纸面上的话,另一只眼睛看到纸的背面。这就是文学鉴赏的真谛。

⑤"练习评点"法

清代的唐彪曾说过:"读书而无评注,即偶能窥其微妙,日后终至茫然,故评注不可已也。"每次阅读文学作品时,若能坚持写点评语,对于训练思维、提高鉴赏能力是大有裨益的。

这几种方法,相互之间并非截然对立,鉴赏某一作品时,可综合使用多种鉴赏方法。

2.文学批评

(1)文学批评的含义

文学批评指批评主体按照一定的标准对作家、作品和文学现象(包括文学运动、文学思潮和文学流派等)所做的研究、分析、认识和评价,其中文学作品是文学批评的中心。

文学批评是一种科学活动,是社会批评和美学批评的辩证统一,具有倾向性和创造性。

(2)文学批评的意义

文学批评的意义主要有以下几点。

①总结创作经验,帮助作家正确认识自己的作品,提高文学创作能力。

②指导阅读欣赏,帮助读者正确理解作品的思想和艺术价值,提高读者的鉴赏能力和艺术品位。

③研究新的问题,推动文学理论本身的发展,促进文学和社会的发展。

(3)文学批评的标准

①美学标准和历史标准

美学的观点和历史的观点是马克思主义文学批评的最高标准,它反映了文学作为意识形态的普遍规律和作为特殊意识形态的审美意识形态的特殊规律。

美学标准是从美学的角度分析作品的成败得失;历史标准指作品反映的内容是否符合历史真实、批评的主体是否具有所处历史时代的先进的历史视野和科学的历史眼光。

②思想标准和艺术标准

思想标准是衡量文学作品思想性强弱正误的尺度，突出体现了文学批评的意识形态性质，主要包括以下几个方面。

第一，从作品与社会生活的关系角度考察其是否具有高度的真实性，即是否符合生活现象的真实或历史本质的真实。

第二，从作品与作家的关系角度考察其是否具有进步的倾向性。

第三，从作品对人的影响的角度看作品是否具有积极健康的情感性。

艺术标准是衡量文学作品艺术性高低优劣的准绳，其基本内涵是文体构成的完美性、形象创造的鲜明性和意蕴表现的深刻性，主要包括以下几个方面。

第一，作品中的形象或情景是否鲜明、生动、具有概括性。

第二，作品是否富有情感的表现力。

第三，作品的内容和形式是否统一、和谐。

第四，作品是否具有艺术的独创性。

由于各类文学作品内部构造的不同，它们自身还有一些特殊的艺术要求，例如：小说的典型人物塑造，诗歌的意境、音韵，戏剧的矛盾冲突等。

文学批评的思想标准和艺术标准是密切相关的。因此，在文学批评实践中，必须将思想标准和艺术标准很好地统一起来。

（4）文学批评的作用

文学批评能影响作家的创作，甚至影响文学的发展。文学批评的对象主要是具体的作家作品，任务是评价其优劣得失，因而，它对文学创作有巨大的作用。一方面，它通过理性的、有说服力的分析评价，肯定其成就，指出其不足，从而帮助作家提高创作水平；另一方面，当文学批评通过对具体作品的分析评价而涉及广泛的文学现象时，会影响一个时期甚至一代文学的发展动向。进步的、理性的文学批评能促成文学的繁荣兴旺。

文学批评是在文学鉴赏基础上的一种升华和提高，是读者和作家、作品之间的一道桥梁，它可以帮助读者进行正常的、有益的阅读和欣赏。

文学批评在促进文学繁荣、提高读者欣赏水平的同时，也在不断加强和完善自身的理论建设，使自身得到发展。

强化练习

一、单项选择题

1.下列作品中，代表了汉代文人五言诗的最高成就，被刘勰称为"直而不野，婉转附物，怊怅切情，实五言之冠冕也"的是（　　）。

A.班固的《咏史》　　　　　　　　　　B.《古诗十九首》

C.曹操的《短歌行》　　　　　　　　　D.曹植的《白马篇》

2.下列说法中，与《史记》有关的一项是（　　）。

A."史家之绝唱，无韵之《离骚》"　　　B.我国第一部纪传体断代史

C.我国最早的编年体历史著作　　　　　D."鉴于往事，有资于治道"

3.下列作品与其作者、体裁对应正确的一项是（　　）。
   A.《大堰河——我的保姆》——臧克家——诗歌
   B.《小狗包弟》——巴金——小说
   C.《十八岁出门远行》——余华——散文
   D.《屈原》——郭沫若——剧本

4.先秦经典中最具汪洋恣肆风格的著作是（　　）。
   A.《战国策》　　　　　　　　　　B.《孟子》
   C.《老子》　　　　　　　　　　　D.《庄子》

5.下列选项中，出自苏轼作品的一项是（　　）。
   A.乡村四月闲人少，才了蚕桑又插田
   B.春风又绿江南岸，明月何时照我还
   C.不识庐山真面目，只缘身在此山中
   D.渭城朝雨浥轻尘，客舍青青柳色新

6.《论语》文体的基本特征是（　　）。
   A.语录体　　　　　　　　　　　　B.对话体
   C.辩论体　　　　　　　　　　　　D.政论体

7.现代小说《春风沉醉的晚上》的作者是（　　）。
   A.鲁迅　　　　　　　　　　　　　B.叶圣陶
   C.许地山　　　　　　　　　　　　D.郁达夫

8.被列宁称为"俄国革命的一面镜子"的作家是（　　）。
   A.列夫·托尔斯泰　　　　　　　　B.契诃夫
   C.高尔基　　　　　　　　　　　　D.果戈理

9.拉美魔幻现实主义文学的代表作家是（　　）。
   A.海明威　　　　　　　　　　　　B.马尔克斯
   C.卡夫卡　　　　　　　　　　　　D.聂鲁达

10.古希腊文学以悲剧见长，下列属于古希腊悲剧作品的一项是（　　）。
   A.《骑士》　　　　　　　　　　　B.《伪君子》
   C.《被缚的普罗米修斯》　　　　　D.《悭吝人》

11.《救风尘》的作者是（　　）。
   A.关汉卿　　　　　　　　　　　　B.纪君祥
   C.白朴　　　　　　　　　　　　　D.马致远

12.袁宏道是哪个诗派的代表诗人？（　　）
   A.桐城派　　　　　　　　　　　　B.江西诗派
   C.竟陵派　　　　　　　　　　　　D.公安派

13.第一位获得诺贝尔文学奖的亚洲人是（　　）。
   A.夏目漱石　　　　　　　　　　　B.莫言
   C.泰戈尔　　　　　　　　　　　　D.纪伯伦

14.奠定中国讽刺小说基础的是（　　）。
   A.《三国演义》　　　　　　　　　B.《水浒传》
   C.《儒林外史》　　　　　　　　　D.《聊斋志异》

15.在《悭吝人》中,莫里哀塑造的一个典型的吝啬鬼形象是( )。
A.答尔丢夫
B.阿巴贡
C.泼留希金
D.葛朗台

16.下列作品中,出自《荀子》的一项是( )。
A.《五蠹》
B.《劝学》
C.《逍遥游》
D.《梁惠王上》

17."诗豪"指的是( )。
A.王勃
B.李白
C.刘禹锡
D.王维

18.玛丝洛娃是( )中的人物。
A.《复活》
B.《战争与和平》
C.《简·爱》
D.《巴黎圣母院》

19.由《水浒传》里人物的性格特点可知,下列话语出自宋江之口的一项是( )。
A."俺只指望痛打这厮一顿,不想三拳真个打死了他。"
B."今日也要招安,明日也要招安去,冷了弟兄们的心!"
C."我们都做大官,杀去东京,夺了鸟位子!"
D."宁可朝廷负我,我忠心不负朝廷。"

20.被誉为先秦散文"叙事之最",标志着我国叙事散文走向成熟的作品是( )。
A.《春秋》
B.《左传》
C.《国语》
D.《战国策》

21.下列作品中,属于老舍创作的小说是( )。
A.《四世同堂》
B.《林家铺子》
C.《家》
D.《围城》

22.我国最早保存下来的一首长篇叙事诗是( )。
A.《文心雕龙》
B.《木兰诗》
C.《诗经》
D.《孔雀东南飞》

23.下列是莎士比亚创作的戏剧中的人物,全是悲剧人物的一项是( )。
A.李尔王 罗密欧 赫米娅 麦克白
B.哈姆莱特 奥赛罗 李尔王 朱丽叶
C.哈姆莱特 夏洛克 罗密欧 奥赛罗
D.李尔王 麦克白 朱丽叶 赫米娅

24.下列作品都是出自卡夫卡之手的一项是( )。
A.《驴皮记》《饥饿艺术家》《墙》《变形记》
B.《审判》《判决》《琼斯皇》《地洞》
C.《判决》《饥饿艺术家》《地洞》《变形记》
D.《局外人》《驴皮记》《琼斯皇》《墙》

25.下列和《红楼梦》的人物有关的诗句中,最符合晴雯命运的一项是( )。
A.纵然是齐眉举案,到底意难平
B.质本洁来还洁去,强于污淖陷渠沟
C.机关算尽太聪明,反算了卿卿性命
D.心比天高,身为下贱,风流灵巧招人怨

26.小说《山本》的作者是(　　)。
A.贾平凹　　　　　　　　　　　B.陈忠实
C.路遥　　　　　　　　　　　　D.张贤亮

27."商女不知亡国恨,隔江犹唱后庭花"的作者是(　　)。
A.杜牧　　　　　　　　　　　　B.李商隐
C.杜甫　　　　　　　　　　　　D.陶渊明

28.下列诗句中,出自冰心笔下的一项是(　　)。
A.这是一沟绝望的死水,这里断不是美的所在
B.如果沉默是一种伤害,请选择离开
C.墙角的花!你孤芳自赏时,天地便小了
D.我为我心爱的人儿,燃到了这般模样

29.文学批评的对象是以(　　)为中心的各种文学现象。
A.作家　　　　　　　　　　　　B.文学作品
C.文学流派　　　　　　　　　　D.文学思潮

30."满纸荒唐言,一把辛酸泪。都云作者痴,谁解其中味!"该诗所指的是我国古典名著(　　)。
A.《水浒传》　　　　　　　　　B.《三国演义》
C.《西游记》　　　　　　　　　D.《红楼梦》

31.在文学研究中提出文学活动是由世界、作品、作家、读者四个要素构成的理论家是(　　)。
A.亚里士多德　　　　　　　　　B.M.H.艾布拉姆斯
C.苏珊·朗格　　　　　　　　　D.英加登

32.下列词句中,作者是李清照的一项是(　　)。
A.一川烟草,满城风絮,梅子黄时雨
B.凝眸处,从今又添,一段新愁
C.何处望神州?满眼风光北固楼。千古兴亡多少事?悠悠,不尽长江滚滚流
D.今宵酒醒何处?杨柳岸,晓风残月。此去经年,应是良辰好景虚设

33.《神曲》《源氏物语》《堂吉诃德》的作者分别是(　　)。
A.但丁　紫式部　塞万提斯
B.塞万提斯　但丁　紫式部
C.但丁　塞万提斯　紫式部
D.紫式部　塞万提斯　但丁

34.巴尔扎克的《人间喜剧》所属的文学流派是(　　)。
A.现代主义　　　　　　　　　　B.现实主义
C.浪漫主义　　　　　　　　　　D.印象主义

35.文学名著《雪国》是(　　)。
A.日本小说　　　　　　　　　　B.印度小说
C.伊朗小说　　　　　　　　　　D.中国小说

二、多项选择题

1.下列关于文学常识的表述正确的是(　　)。
A.《诗经》是我国最早的诗歌总集,收录了从西周到战国时期的诗歌305篇,这些诗歌按内容分为"风""雅""颂"三部分

第一部分　汉语言文学专业基础知识　205

B.我国第一部纪传体通史《史记》是西汉史学家、文学家司马迁所著,被鲁迅称为"史家之绝唱,无韵之《离骚》"

C.朱自清是现代著名的散文家、诗人、学者,著有诗集《春水》,诗文集《踪迹》,散文集《背影》《欧游杂记》等

D.《海燕》的作者是苏联作家高尔基,他以自身经历为基础创作了自传体小说三部曲——《童年》《在人间》《我的大学》

2.下列说法中,正确的是( )。

A.沈从文被誉为"乡土文学之父",他的代表作《边城》以湘西小山城茶峒及附近乡村为背景,生动再现了20世纪30年代边城淳朴的民风民情

B.乡试,是指明清两代每三年在各省省城(包括京城)举行的考试。因在秋八月举行,故又称"秋闱"

C.莎士比亚是英国文艺复兴时期伟大的剧作家、诗人,《罗密欧与朱丽叶》《哈姆莱特》《双城记》《李尔王》被合称为莎士比亚的"四大悲剧"

D.我国的旧体诗有古体、近体的区别。古体诗又称"古风",古体诗不讲求对仗,押韵较自由。近体诗也称今体诗,包括律诗和绝句

3.下列文学常识的表述中,正确的是( )。

A.狄更斯,19世纪英国批判现实主义文学的代表作家,主要作品为长篇小说《大卫·科波菲尔》《艰难时世》《双城记》《雾都孤儿》

B.莎士比亚,16—17世纪文艺复兴时期英国伟大的剧作家和诗人,主要作品有四大喜剧——《威尼斯商人》《仲夏夜之梦》《皆大欢喜》《第十二夜》。莎士比亚被马克思称为"人类最伟大的戏剧天才"

C.笛福,17—18世纪英国著名小说家,被誉为"英国和欧洲小说之父",主要作品《鲁滨孙漂流记》,是英国第一部浪漫主义长篇小说

D.拜伦,19世纪初期英国伟大的浪漫主义诗人,代表作为诗体小说《唐璜》,通过描写贵族青年唐璜的种种经历,抨击欧洲反动的封建势力

4.下列关于中国古代文学常识的说法,不正确的是( )。

A.我国文学史上第一部文人诗集是《楚辞》,第一部长篇叙事诗是最初收录于《玉台新咏》的《孔雀东南飞》

B.白居易是唐代伟大的现实主义诗人,他主张"文章合为时而著,歌诗合为事而作",其代表作是《长恨歌传》

C.明清两代,我国戏曲得到了迅速发展,著名的有关汉卿的《窦娥冤》、马致远的《汉宫秋》和白朴的《莺莺传》等

D.《诗经》中的"六义"指的是"风""雅""颂""赋""比""兴",其中"风""雅""颂"是表现形式,"赋""比""兴"是诗歌形式

5.下列成语典故与其出处对应正确的是( )。

A.始作俑者——《孟子》　　　　B.文质彬彬——《论语》

C.亡羊补牢——《列子》　　　　D.望洋兴叹——《庄子》

6.下列关于文学常识的表述,正确的是( )。

A."四书"是指《大学》《中庸》《论语》《孟子》

B.高适、岑参是盛唐边塞诗派的代表人物,他们的诗作以描述边塞风光、反映将士戍边生活为主,诗风雄浑、豪迈

C.《雨巷》是诗人戴望舒最著名的作品之一,他被誉为"雨巷诗人"

D.《呐喊》《彷徨》是鲁迅的散文集,《华盖集》是其杂文集

7.下列有关《三国演义》艺术成就和影响的说法,正确的有(　　)。

A.《三国演义》在基本忠实于历史事实的前提下,虚构了一些事件和人物活动,加强了文学性的描写,达到了历史性与艺术性的统一

B.作者善于抓住人物的性格特征加以突出描绘,使小说达到了描绘古人性格的极高水平

C.《三国演义》具有宏伟壮阔的艺术结构,作品在异常广阔的历史背景中展现了宏大的历史画卷

D.《三国演义》是中国历史演义小说的开山之作,也是其后历史演义类小说的写作范本

8.下列诗人中,属于唐代山水田园诗派诗人的是(　　)。

A.韦应物　　　　　　　　　　B.岑参

C.孟浩然　　　　　　　　　　D.王维

9.下列说法中,正确的是(　　)。

A.《双城记》以英国大革命为背景,从人道主义的思想出发,反映了封建贵族对农民的残酷迫害

B.《安娜·卡列尼娜》交织着安娜对爱情的追求和列文对社会问题的探索两条平行发展的情节线索

C.《叶甫盖尼·奥涅金》中的塔吉亚娜是19世纪俄罗斯文学史上第一个理想的俄罗斯妇女形象

D.泰戈尔创作中有一条红线贯穿始终,这条红线就是反帝爱国

10.下列说法中,不正确的是(　　)。

A.传说,开天辟地后,神通广大的女神——女娲,捏塑黄泥,挥洒泥浆创造了人

B."晴川历历汉阳树"中的"汉阳"位于汉水的北面,"衡阳雁去无留意"中的"衡阳"则位于衡山的南面

C."野火烧不尽,春风吹又生""夜来南风起,小麦覆陇黄""感时花溅泪,恨别鸟惊心"都出自白居易笔下

D.法国作家雨果是享誉世界的文豪,代表作品有《悲惨世界》《人间喜剧》等

11.下列作家中,是陕西籍的是(　　)。

A.铁凝　　　　　　　　　　B.路遥

C.陈忠实　　　　　　　　　D.贾平凹

三、名词解释题

1.韩孟诗派

2."初唐四杰"

参考答案及解析

一、单项选择题

1.【答案】B。解析:《古诗十九首》代表了汉代文人五言诗的最高成就,刘勰称赞其"直而不野,婉转附物,怊怅切情,实五言之冠冕也"。

2.【答案】A。解析:A项,鲁迅先生称赞《史记》是"史家之绝唱,无韵之《离骚》"。B项,《史记》是我国第一部纪传体通史。C项,我国最早的编年体历史著作是《春秋》,我国古代最早的一部叙事较为详尽的编年体史书是《左传》,我国第一部编年体通史是《资治通鉴》。D项是宋神宗对司马光编撰的《资治通鉴》的评价。

3.【答案】D。解析:A项,《大堰河——我的保姆》的作者是艾青;B项,《小狗包弟》的文体是散文;C项,《十八岁出门远行》的文体是小说。D项作品与其作者、体裁对应正确。

4.【答案】D。解析:A项,《战国策》是我国古代记载战国时期政治斗争的一部最完整的著作。它实际上是当时纵横家游说之辞的汇编,该书文辞优美,语言生动,富于雄辩与运筹的机智,描写人物绘声绘色。《战国策》长于议论和叙事,善于描写人物,文笔流畅,生动活泼,在我国散文史上具有重要的地位。B项,《孟子》的语言明白晓畅,平实浅近,

同时又精练准确。作为散文,《孟子》长于论辩,更具艺术的表现力,具有文学散文的性质。其中的论辩文,巧妙地运用了逻辑推理的方法,孟子得心应手地运用类比推理,往往是欲擒故纵,反复诘难,迂回曲折地把对方引入自己预设的结论中。气势浩然是《孟子》的主要风格特征。C项,《老子》采用的是散文诗的形式,其语言的文学性很强,注重骈句形式,上下句往往字数相等,词性相同,带有对偶的特征,语句明显深奥玄迷,内蕴莫测高深。D项,《庄子》故事异彩纷呈,想象奇幻谲诡,文风空灵飘忽,谐趣和讽刺横生,文笔汪洋恣肆。

5.【答案】C。解析:A项,诗句出自南宋诗人翁卷的《乡村四月》。B项,诗句出自北宋文学家王安石的《泊船瓜洲》。C项,诗句出自北宋文学家苏轼的《题西林壁》。D项,诗句出自唐代诗人王维的《送元二使安西》。

6.【答案】A。解析:《论语》是记录孔子及其弟子言论的语录体散文集。

7.【答案】D。解析:《春风沉醉的晚上》是郁达夫的小说,作品以下层劳动者为主要描写对象,记述他们的苦难,表现他们的抗争,歌颂他们的品德,揭示他们不幸遭遇的根源。

8.【答案】A。解析:列夫·托尔斯泰被称为具有"最清醒的现实主义"的"天才艺术家"。其主要作品有长篇小说《战争与和平》《安娜·卡列尼娜》《复活》等。他的作品描写了俄国革命时期人民的顽强抗争,因此被称为"俄国革命的镜子"。

9.【答案】B。解析:马尔克斯,哥伦比亚著名作家,拉丁美洲魔幻现实主义文学的代表人物。他将现实主义与幻想结合起来,创造了一部风云变幻的哥伦比亚和整个南美大陆的神话般的历史。马尔克斯的代表作有《百年孤独》《霍乱时期的爱情》。

10.【答案】C。解析:A项是阿里斯托芬的喜剧作品。B、D两项是莫里哀的喜剧作品。C项是埃斯库罗斯的悲剧作品。

11.【答案】A。解析:《救风尘》全名《赵盼儿风月救风尘》,是元代关汉卿创作的一部现实主义古典喜剧。该杂剧主要讲述了风尘女子宋引章被恶棍周舍骗娶并受到周舍的虐待,其结义姐妹赵盼儿巧设计谋将其救出的故事。

12.【答案】D。解析:袁宏道,荆州公安县人,他是明代反对文学复古运动的代表,提出了"独抒性灵,不拘格套"的"性灵说"。与其兄袁宗道、其弟袁中道合称为"公安三袁",其所属的文学流派世称"公安派"。

13.【答案】C。解析:泰戈尔是印度诗人、哲学家和印度民族主义者,1913年他成为第一位获得诺贝尔文学奖的亚洲人。泰戈尔的诗在印度享有史诗的地位,代表作有《吉檀迦利》《飞鸟集》等。

14.【答案】C。解析:《儒林外史》是清代小说家吴敬梓创作的长篇章回体小说,是中国文学史上一部伟大的现实主义长篇章回体讽刺小说,奠定了中国讽刺小说的基础。

15.【答案】B。解析:A项,答尔丢夫出自法国作家莫里哀《伪君子》,由于这一形象的典型概括性,"答尔丢夫"一词在法语中已经成了"伪君子"的同义词。B项,阿巴贡是莫里哀喜剧《悭吝人》(又名《吝啬鬼》)中的主人公,是欧洲文学"四大吝啬鬼"之一。C项,泼留希金是俄国著名作家果戈理在名著《死魂灵》里塑造的吝啬鬼形象。D项,葛朗台是法国批判现实主义文学大师巴尔扎克在他的作品《欧也妮·葛朗台》中塑造的一个典型吝啬鬼形象。

16.【答案】B。解析:A项出自《韩非子》。B项出自《荀子》。C项出自《庄子》。D项出自《孟子》。

17.【答案】C。解析:A项,王勃被誉为"初唐四杰"之首。B项,李白有"诗仙"之称。C项,刘禹锡有"诗豪"之称。D项,王维有"诗佛"之称。

18.【答案】A。

19.【答案】D。解析:A项出自鲁智深。B项出自武松。C项出自李逵。D项出自宋江。宋江是一个具有多重性格的人。首先,他仗义疏财、扶贫济弱、孝亲敬友,这是他性格中温柔敦厚的一面;其次,他效忠皇帝,讲义气,这是他性格中正统思想的一面;再次,他明处为大家办事,暗处却结交江湖大盗,这是他性格中虚伪狡诈的一面;最后,他聚众反国,题诗言志,这是他性格中反叛的一面。D项显示的是宋江效忠皇帝的一面。

20.【答案】B。解析:《左传》被誉为先秦散文"叙事之最",标志着我国叙事散文走向成熟。

21.【答案】A。解析:A项是老舍创作的小说。B项是茅盾的作品。C项是巴金的作品。D项是钱锺书的作品。

22.【答案】D。解析:《孔雀东南飞》是我国文学史上保存下来的最早的一首长篇叙事诗,沈归愚称其为"古今第一首长诗",因此它也被称为我国古代汉民族最长的一首叙事诗,是我国古代民间文学中的光辉诗篇之一。《孔雀东南飞》

与南北朝的《木兰诗》并称"乐府双璧"。A项,《文心雕龙》是文学理论著作。C项,《诗经》是我国第一部诗歌总集。

23.【答案】B。解析:哈姆莱特、奥赛罗、李尔王、麦克白分别是莎士比亚的四大悲剧作品《哈姆莱特》《奥赛罗》《李尔王》《麦克白》中的悲剧人物。《罗密欧与朱丽叶》虽然不属于悲剧,但主人公罗密欧与朱丽叶最后为彼此殉情,故罗密欧、朱丽叶也属于悲剧人物。赫米娅是莎士比亚喜剧作品《仲夏夜之梦》中的人物,有一个完美的结局。夏洛克是莎士比亚喜剧作品《威尼斯商人》中的一个唯利是图、冷酷无情的高利贷者,不是悲剧人物。故B项中全是悲剧人物。

24.【答案】C。解析:A项,《驴皮记》是巴尔扎克第一部长篇哲理小说。小说中用一张驴皮来象征人的欲望和生命的矛盾,并借此概括作者的生活经验和哲理思考。《墙》是萨特的作品,讲述了由于共和党人帕勃洛等人被长枪党徒判处死刑,每个人都因被迫处于死亡的临界状态而备受折磨的故事。B项,《琼斯皇》是尤金·奥尼尔代表作之一,这部剧作开创了美国表现主义戏剧创作的先河。D项,《局外人》是加缪的作品,小说通过塑造莫尔索这个"局外人"形象,充分揭示了这个世界的荒谬及人与社会的对立状况。B项中的《审判》《判决》和C项全部是卡夫卡的作品。《审判》讲述了无罪的主人公突然被捕,无处申诉,最后被杀死在采石场的故事。《判决》通过对"家长制"的抨击,表达了对奥匈帝国集权统治的不满。《饥饿艺术家》讲述了一个"痴迷"饥饿艺术的表演者从风靡全城到被人厌弃,最终无声死去的故事。《地洞》展现了一种与世俗化的外部世界生活方式相对抗的内在生活方式,还原了他心灵世界的图景。《变形记》借主人公变为甲虫这一荒诞故事展现了世人对金钱顶礼膜拜、对真情人性不屑一顾,最终被社会挤压变形的现实,反映了资本主义制度下真实的社会生活。

25.【答案】D。解析:A项诗句说的是宝玉和宝钗成婚后,虽则宝钗恪尽淑妇之职,但宝玉最爱的到底是黛玉而非宝钗,故而心有郁郁难平之慨。B项诗句出自林黛玉的《葬花吟》,符合黛玉的命运。C项诗句出自王熙凤的判词《聪明累》。D项诗句是晴雯的判词,写出了晴雯"心比天高,命比纸薄"的命运。

26.【答案】A。解析:《山本》是贾平凹创作的长篇小说,讲述了二十世纪二三十年代的战乱时期,在秦岭大山里一个叫涡镇的地方,发生的一个绝美爱情故事。《山本》既是一部秦岭志,也是一部现代启示录。

27.【答案】A。解析:题干诗句出自杜牧的《泊秦淮》。

28.【答案】C。解析:A项诗句出自闻一多的《死水》。B项诗句出自徐志摩的经典语录。C项诗句出自冰心的《春水》。D项诗句出自郭沫若的《炉中煤》。

29.【答案】B。解析:文学批评指按照一定的标准对作家作品和文学现象(包括文学运动、文学思潮和文学流派等)所进行的研究、分析、认识和评价。其中文学作品是文学批评的中心。

30.【答案】D。解析:"满纸荒唐言,一把辛酸泪。都云作者痴,谁解其中味!"出自《红楼梦》第一回,是作者的自评。

31.【答案】B。解析:美国当代文艺学家M.H.艾布拉姆斯在其著名作品《镜与灯——浪漫主义文论及批评传统》中提出了文学四要素:世界、作品、作家、读者。

32.【答案】B。解析:A项出自贺铸的《青玉案》(凌波不过横塘路)。B项出自李清照的《凤凰台上忆吹箫》(香冷金猊)。C项出自辛弃疾的《南乡子·登京口北固亭有怀》。D项出自柳永的《雨霖铃》(寒蝉凄切)。

33.【答案】A。解析:《神曲》是欧洲文艺复兴时期意大利诗人但丁的长篇叙事诗。日本女作家紫式部的《源氏物语》写于11世纪初,是世界文学史上最早的长篇小说。《堂吉诃德》是文艺复兴时期西班牙作家塞万提斯的长篇小说。

34.【答案】B。解析:巴尔扎克以毕生经历完成了《人间喜剧》,这部作品堪称人类精神文明的奇迹。在这里,巴尔扎克以清醒的现实主义笔触,"给我们提供了一部法国社会,特别是巴黎上流社会的卓越的现实主义历史。"《人间喜剧》再现了1816—1848年,也就是"王政复辟"到七月王朝期间广阔的社会图景,属于现实主义文学流派作品。

35.【答案】A。解析:《源氏物语》是日本平安时代女作家紫式部创作的一部长篇小说,作品以日本平安王朝全盛时期为背景,描写了主人公源氏的生活经历和爱情故事。

二、多项选择题

1.【答案】BD。解析:B、D两项表述均正确。A项,《诗经》是我国第一部诗歌总集,收录了西周初年至春秋中期的诗歌305篇。C项,诗集《春水》的作者是冰心。

第一部分 汉语言文学专业基础知识 209

2.【答案】ABD。解析：A、B、D三项说法均正确。C项，莎士比亚的"四大悲剧"分别是《哈姆莱特》《奥赛罗》《李尔王》和《麦克白》，《罗密欧与朱丽叶》是他的一部正剧，《双城记》是狄更斯的作品。

3.【答案】ABD。解析：A、B、D三项说法均正确。C项，笛福是17—18世纪英国著名小说家，被誉为"英国和欧洲小说之父"，主要作品《鲁滨孙漂流记》，是英国第一部现实主义长篇小说。笛福是英国启蒙时期现实主义小说的奠基人。

4.【答案】BCD。解析：A项说法正确。B项，白居易的代表作为《长恨歌》，《长恨歌传》是唐代作家陈鸿创作的历史题材的传奇小说。C项，我国戏曲在元代得到了迅速发展，这一时期的著名作品有关汉卿的《窦娥冤》、马致远的《汉宫秋》、郑光祖的《倩女离魂》、白朴的《墙头马上》等。《莺莺传》属于唐代传奇，其作者是唐代的元稹。D项，"风""雅""颂"是诗的分类；"赋""比""兴"是诗的表现手法。

5.【答案】ABD。解析：A项，"始作俑者"出自《孟子·梁惠王上》："仲尼曰：'始作俑者，其无后乎。'"后泛指恶劣风气的创始者。B项，"文质彬彬"出自《论语·雍也》："质胜文则野，文胜质则史，文质彬彬，然后君子。"原形容人既文雅又朴实，后用于形容人文雅有礼貌。C项，"亡羊补牢"出自《战国策》："见兔而顾犬，未为晚也；亡羊而补牢，未为迟也。"比喻在受到损失之后想办法补救，免得以后再受类似的损失。D项，"望洋兴叹"出自《庄子·秋水》："于是焉，河伯始旋其面目，望洋向若而叹。"本义指在伟大的事物面前感叹自己的渺小，今多指要做一件事但力量不够，感到无可奈何。

6.【答案】ABC。解析：A、B、C三项说法均正确。D项，《呐喊》《彷徨》是鲁迅创作的两部短篇小说集。

7.【答案】ABCD。解析：《三国演义》是中国古典四大名著之一，也是中国第一部长篇章回体历史演义小说，描写了从东汉末年到西晋初年近百年的历史风云，宏伟而壮阔，塑造了一群叱咤风云的三国英雄人物，人物性格鲜明，对事件和人物的描写"七实三虚"，达到了历史性与艺术性的统一，为后世历史演义类小说提供了写作范本。A、B、C、D四项关于《三国演义》的说法均正确。

8.【答案】ACD。解析：A项韦应物、C项孟浩然、D项王维都是唐代山水田园诗派诗人。B项，岑参是唐代边塞诗派诗人，代表作有《走马川行奉送封大夫出师西征》《白雪歌送武判官归京》。

9.【答案】BCD。解析：A项，狄更斯的《双城记》是以法国大革命为背景创作的小说，"双城"指巴黎和伦敦。B、C、D三项说法均正确。

10.【答案】CD。解析：A、B两项说法均正确。C项，"感时花溅泪，恨别鸟惊心"出自杜甫的《春望》。D项，《人间喜剧》的作者是法国作家巴尔扎克。

11.【答案】BCD。解析：A项铁凝是河北籍作家。B项路遥、C项陈忠实、D项贾平凹都是陕西籍作家。

三、名词解释题

1.【参考答案】

韩孟诗派是唐代中期的一个诗歌创作流派，代表诗人有韩愈、孟郊、李贺、卢仝、马异、刘叉等。他们主张"不平则鸣""笔补造化"，提倡以散文化的章法、句法入诗，将叙述、议论融为一体。他们崇尚雄奇怪异之美，表现出重主观心理、尚奇险怪异的创作倾向，在艺术上力求避熟就生，标新立异，力矫大历诗风的平弱纤巧，具有一种奇崛硬险的风格。韩孟诗派这种诗歌上新的追求与新的变化，积极推动了盛唐以后诗歌艺术境界的开拓。

2.【参考答案】

"初唐四杰"指的是初唐时期王勃、杨炯、卢照邻、骆宾王四位文学家。他们四人虽遭遇不幸，但才华横溢，各有所长，以诗文齐名天下。他们的主要贡献在于摆脱六朝沿袭下来的绮靡浮艳的文风。反对以上官仪为代表的宫廷诗风，扩大了诗歌的题材，从狭隘的宫廷台阁生活扩展到市井生活，对诗歌的格律也进行了探索，开创了唐诗新风，他们四人的作品对唐诗的发展具有不可忽视的作用。

第二部分 写作基础

本书第二部分严格按照云南省特岗教师招聘语文学科笔试考试大纲的知识结构编写,共分为三章。第一章为写作基础知识;第二章为常用写作体裁分析;第三章为常见作文题目基本类型。

本部分是历年云南省特岗教师招聘考试的必考内容。考试考查的主要类型为命题作文、话题作文和材料作文,题目较为浅显易懂。考生应在日常生活中积累素材,了解常用的写作文体,掌握具体的写作技能。

第一章 写作基础知识

第一节 写作能力及写作过程

一、写作能力

1. 观察能力

观察能力是指借助感觉器官感知生活、体验生活、认识生活并觉察事物特征的能力,是写作能力的基础。这就要求考生学会观察、分析、积累写作素材。在写作能力结构中,有了观察能力,就具备了写作的前提和条件;反之,就失去了写作的基础。

2. 阅读能力

阅读能力是指积极涉猎书海、不断接受文化熏陶、主动培养审美情趣,为作文储备知识的能力。阅读能力的培养和训练是作文成功的重要通道。一个人阅读能力不足,就很难对写作产生兴趣。而大量阅读古今中外文学名著与其他相关书籍,既可以丰富考生的词汇、语言、写作素材,使其掌握一些基本的写作规律,又可以开阔考生的视野,拓宽其知识面,还可以激发考生的写作欲望,提高其鉴赏能力。

3. 想象能力

想象能力是指在长期观察、广泛阅读的基础上,受灵感的驱动,运用形象思维,利用大脑中对各种有关事物的形象,根据时空上的联系及事物间的类似性、差异性联想到另外的事物,并加以改造,从而创造出新的形象的能力。想象能力的培养和训练十分重要。想象可以将阅读到的内容融入自己的生活经验中,使情感得以升华,思维方向得以改变,达到"听唱新翻杨柳枝"的境界。

4. 创造能力

创造能力是指发挥主观能动性,运用思维,创造出人们从未感受过,甚至现实生活中不存在的形象的能力。创造能力的培养与训练是作文成功的关键。有了创造精神,就会不断发现新信息,提出新见解,创作出新形象;没有创造精神,文章的构思就会雷同、千篇一律,文字就会缺乏特色,没有独特的创造思维。

5. 表达能力

表达能力是指根据对生活的观察体验,利用知识储备,采用各种手法,准确、形象而富有创造性地进行文本创作的能力。表达能力是作文能力结构中必备的"硬件"。有材料不会编排,有故事不会叙述,有道理不会议论,有感受不会抒发,运用表达手法和驾驭语言的能力较差,文章就难以写好。要想提高表达能力,就必须在写作实践上下功夫。

二、写作过程

1. 提炼、审定主题

写作,很关键的一步是提炼、审定主题。在动笔之前对所给材料或作文题目进行一番研究分析,准确理解题意,弄清题目要求。定对主题,文章才会切题,否则,文章就会偏题甚至跑题。

(1)提炼、审定主题的方法
①从对全部材料的分析研究中得出结论。
②从分析矛盾入手,抓住事物的本质。
③站在时代的高度,揭示主题的现实意义。
(2)提炼、审定主题的要求
①集中。文章只能有一个主题,只能表达一个中心思想或论述一个基本观点,切忌"多中心"。
②准确。文章反映客观事物和主观意识,要符合客观事物的本来面貌,没有偏颇,经得起实践的检验。
③深刻。主题应解释事物的本质,反映事物的内部规律,阐述有深度的思想观点。
④创新。好的主题必是新颖的,不步后尘,不落窠臼,不是"人人下笔皆有"的东西。

2.选取材料
影响一篇作文优劣的因素很多,其中"选材"是最不能忽视的因素。"选材"时需注意以下几点。
①材料要典型。要选取那些能反映事物本质的、有代表性的材料。
②材料要真实可信。"真实"包括生活真实和艺术真实。艺术真实即本质真实,是对生活真实的概括、集中和提高,能反映事物的本质和规律。
③材料要富含寓意。影响文章深度的因素有两个:一个是思想是否深刻独到,另一个是材料是否有深刻的寓意。写文章,就要选择那些带有深刻寓意的材料,让文章厚重而不臃肿,散发出耀眼的光芒。
④材料要紧扣文题。写作过程中使用的材料,既可以是古人古事,也可以是现代社会中的人和事,只要符合文章的主题思想即可。
⑤材料要新颖。写作过程中,要注重材料的新颖性、独特性,选取一些鲜为人知的素材,才能更好地吸引读者。

3.谋篇布局
(1)确定标题
一个好的作文标题不仅能吸引读者,更重要的是,它还与整个文章的立意、构思紧密相连。那么,该如何拟出比较出色的标题呢?
①借助辞格。例如:"人生需要掌声"(借代);"我需要一剂良药"(双关);"绿树又快活了"(比拟);"朋友最真,友情最贵"(对偶)。
②引用。例如:三毛的作品《蓦然回首》的文章名借用了宋代词人辛弃疾《青玉案·元夕》中"众里寻他千百度,蓦然回首,那人却在,灯火阑珊处"的词句;"生活,要说爱你不容易"套用歌名"想说爱你不容易"。
③借用符号。例如:"成绩≠素质""10-1=……"。
④反向思维。例如:"我渴望有个后妈""渴望停电"。

(2)开篇
俗话说:"好的开端就是成功的一半。"好的开头通常具有较强的感染力,不仅能为文章增色,也能引起读者的兴趣。读者在阅读文章时首先看的便是第一段,所以写作时一定要写好开头段,紧紧抓住读者的目光,让读者不由自主地随着你的思路走。那么,如何才能做到这一点呢?
①开门见山,观点鲜明。例如:爱,是风雨后的七色彩虹;爱,是香浓咖啡中甘苦的味道;爱,是大雪后的一缕温暖阳光。而母亲的脚步声,是她对我深深的关怀和爱。(《母亲的脚步声》)
②设计悬念,吸引读者。例如:王熙凤是谁?《红楼梦》里八面威风的铁腕人物——在两个国公府里掌握着财政大权的琏二奶奶——可惜终究"力诎失人心",只剩下跪诉流泪的份儿!(《当王熙凤遇上辛吉斯》)
③联想回忆,巧妙叙述。例如:每每站在窗前,目光总会定格在山脚下的小村庄,参差的树木,错落的房屋和那袅袅的炊烟,像极了我那隔山隔水的家。冥冥中,似有"喔喔"的鸡叫声、"汪汪"的犬吠声传来,一股甜蜜的亲情便会慢慢遍及全身。(《珍惜所拥有的亲情》)

④巧用修辞，展示文采。例如：盈盈月光，我掬一捧最清的；落落余晖，我拥一缕最暖的；灼灼红叶，我拾一片最热的；萋萋苇华，我摘一束最灿烂的。对人以和，待人用善，待人和善。(《待人和善》)

⑤描写环境，烘托背景。例如：晚风吹过河面最后一波涟漪，夕阳收起它最后一道余晖，秋霜目送去最后一只归雁。我们默默地站着，目光游离在那若即若离的记忆之门上。当时光都已流逝，当往事都已凋尽，我们起码还可以对自己说："别伤心，我已体验过那种感觉，虽然只是曾经拥有。"(《曾经拥有》)

⑥巧用引用，突出主题。例如："月朦胧，鸟朦胧，帘卷海棠红。"每当我吟诵这句话，心中便有说不出的陶醉。心也朦胧，眼也朦胧，眼前真个展现出一幅画来。(《陶醉》)

（3）过渡

过渡是指段与段之间的衔接。段与段之间的内容跳跃性很强时，就需要用一两句话过渡一下，这样文章的思路会更顺畅，但要注意过渡的内容不能太多，太多会显得烦琐累赘。过渡需要重点注意以下两个问题。

①文章哪些地方需要过渡？内容的转换，文章的内容由一层意思转入另一层意思，由一个部分转入另一个部分，需要过渡；表达方式的变换，如由叙转议、由议转叙、由叙议转抒情等，需要过渡；叙述方法的变换，如由倒叙转顺叙、由顺叙转插叙，也往往靠过渡来实现。例如：《祝福》中的"然而先前所见所闻的她的半生事迹的断片，至此也联成一片了"将文章由前文的顺叙过渡到倒叙祥林嫂的一生。

②怎样过渡？过渡的方法一般有三种：用段落过渡、用句子过渡、用词语过渡。另外，还可通过小标题或序数词来过渡。

（4）结尾

结尾是文章重要的组成部分，好的结尾对突出文章主题、增强文章艺术感染力具有重要作用。古人云："起句如爆竹，结句如撞钟。"撞钟者，余音袅袅，是"言有尽而意无穷"的意思。元代的文学家乔梦符也有"凤头、猪肚、豹尾"的精彩论述。现代著名教育家叶圣陶也说："若是找不到适当的结尾而勉强作结，就像行路的人歇脚在日晒风吹的路旁，总觉得不是个妥当的办法。"那么，怎样才能设计一个令人回味的结尾呢？

①画龙点睛法。这种结尾方式，就是在文章结束时，以全文的内容为依托，运用简洁的语言，把主题思想明确地表达出来，或者在全文即将收尾时，把写作意旨交代清楚。例如：我敢肯定，我就是未来的风景。(《你就是一道风景》)

②照应开头法。在结尾处使用既呼应开头，又不仅仅是对开头进行简单重复的语句，使结尾与开头相互照应。这种结尾方式能唤起读者心理上的美感，让文章产生一种首尾圆合、浑然一体的效果。

③抒发情感法。通过抒发情感的方式，直抒胸臆，从而激起读者内心的情感波澜，引起读者的共鸣，产生强烈的艺术感染力。例如：愿我们所有人都把这颗洁净之心携带在人生的道路上，让世界成为一片洁净、神圣的土地。(《我把洁净留在心灵深处》)

④设置悬念法。在文章的结尾不明确写出事情的结果，以达到引发读者思考和联想的目的，使文章产生无穷的意味。

4. 语言表达

语言表达是作文评价的重要内容。没有准确生动的语言，再深刻的立意，再丰富的内容，也会黯然失色。怎样才能使作文语言富有魅力和文采呢？

①语言准确生动。这是对作文写作语言表达最基础的要求。

②变记叙为描述，以鲜明的视觉形象取胜。

③变直接议论为带有激情与诗意的说理，以情深意浓、理趣悠长取胜。

④巧用名言警句、诗文辞章，变松散为凝练，以渊雅高洁取胜。

示例：

那天，我捡到了快乐的钥匙

上天对我不公！

你瞧，我没有倾国倾城的美丽容貌，没有富甲天下的厚实家底，也没有声名显赫的傲人家世。我长相平凡，大鼻子圆脸蛋，常有几颗痘痘在脸上耀武扬威；我家境一般，零花钱常常被"充公"，扒着精品店的橱窗却无法买下渴望已久的小玩意儿；我一介草民，没有后台没有靠山，升学得靠自己玩命奋斗……唉！你说说，我是不是特悲惨？（**巧用幽默的语言写"不公"**）

环顾四周，旁边不是"富二代"就是高官子弟，没钱没权的好歹还有副好皮囊。而我则敝衣缊袍处其中，悲哉！吾一脸苦瓜相，心中郁郁，来往"三点一线"，若行尸走肉，食之索然无味，卧而辗转哀叹，呜呼！此愁似一江春水向东流！（**借用诗词古文，引用、化用熟语，通过对比表达心中的不平；继续以幽默为主，哀而不伤。为下文做铺垫**）

今天又是无趣的一天。课间，我待在自己的座位上，脸上愁云密布，心中烦闷。座位旁同学们嬉戏打闹，我置若罔闻。正当我欲寻周公倾诉时，好友晴奔入了教室，兴奋地朝我挥手："嘿，雨，你的作文得奖啦！"我心中一惊，立马冲出了教室，心中小鹿乱撞：莫非真的到了出头之日？来到办公室，语文老师笑眯眯地递过鲜红的获奖证书，我的心里乐开了花，耷拉着的苦瓜脸立即绽成了一朵红花。（**以多个比喻生动地描绘了心理变化过程，动词运用也十分精准**）

回到教室，"富二代"——富家子弟们纷纷簇拥过来，艳美之情溢于言表，就连平时很少搭理人的"班花"，也热情地凑过来向我讨教。我心中的愁云一扫而空，快乐已像血一般，占据了我的心房。（**比喻新鲜贴切，文言词语用得十分巧妙**）

自从那天起，我不再哀叹上天的不公，因为我已经找到了快乐的钥匙——它的名字叫自信。相貌平平又如何？痘痘是青春的象征！家境不好又如何？勤俭才能成事！地位卑微又如何？我能靠自己的努力，登上人生的巅峰！（**照应开头所写的"不公"，表现了作者的心理变化，以三个设问连成排比，否定"不公"，突出"自信"的主题**）

赏析：幽默诙谐是这位平凡无奇的女孩的特点，她的内心在无奈中却闪耀着幽默的火花。想必看过这些文字的读者，都会忍不住会心一笑。作者驾轻就熟地引用、借用、化用古诗文和熟语，比喻的修辞手法也运用得十分新鲜贴切，令人耳目一新。可见作者的文字功底相当出色。这样诙谐动人的文字，是长期学习与性格影响的产物。我们可以欣赏，也可以学习，但抓住自己的语言特点，写适合自己的文章，这才是最聪明的做法。

第二节　写作中表达方式的运用

根据表达方式所反映客观事物和表现主观意识的方式不同，可以将其分为两大类：记"实"与写"虚"。根据所反映的客观事物的表现手法不同，表达方式可分为记叙、描写、说明。根据所表现的主观意识的形式不同，表达方式可分为议论和抒情。

记叙，主要在于陈述"过程"，把一件事情或一种现象的来龙去脉说清楚；描写，主要体现在"形象性"，描摹事物应有的"样子"；说明，主要在于"介绍与解说"，揭示事物的属性和功能；议论，主要在于发表"见解和评论"，阐述对一件事情或一种现象的看法；抒情，则主要体现在"主观感情的表露"，对一些事物或现象抒发出自己的情感。

一、记叙

运用记叙这种表达方式时，可以选用不同的人称：如果要使读者感到真实、亲切，可选用第一人称；如果要使视角更开阔灵活，可选用第三人称。在叙述方式上，如果写内容庄重的叙事文章或是为了使文章脉络清晰,可以选用顺叙;如果要使文章如高山坠石,气势夺人,制造悬念,抓住读者,可以选用倒叙。另外,在行文过程中,还可以制造一些巧合与悬念,以避免流水账似的平铺直叙。例如:罗燕如的微型小说《红灯》。小说中,一个计程车司机送一位小姐去医院探望处于弥留之际的丈夫,为了能够让她尽快赶到医院与丈夫见一面,司机甘冒被罚款的风险,闯了一个又一个红灯,很快就把小姐送到了目的地。当司机怀着无限的骄傲,等待着小姐致谢时,没料到小姐却狠狠地给了他一记耳光,然后恨恨地说:"都是你们这些没道德的司机,专抢红灯,否则我先生也不会被撞得奄奄一息,躺在医院里!"这一记耳光,既在司机意料之外,又在读者意料之外,使故事情节大起大落。当小姐道出原委后,才知道原来是一个巧合,读者这才恍然大悟。情节既突然又自然,这正是巧合的妙用。

二、描写

描写比叙述的难度大,要求也高。它要求写人,栩栩如生;写景,历历在目;写事,活灵活现;写情,淋漓尽致。要想写出富有文采的文学作品,不可不讲究描写的技法,譬如白描与渲染。白描就是不设喻、不比拟、不夸张,只用质朴的语言表现事物的特征,使读者感到真切可信的一种描写。例如:马致远的《天净沙·秋思》"枯藤老树昏鸦,小桥流水人家,古道西风瘦马。夕阳西下,断肠人在天涯",通过白描的手法将十一种不同的景物组合在一起,显得无比苍凉萧瑟,构成了一幅极其典型的游子流落在外、彷徨愁苦的生活剪影。渲染就是运用夸张、设喻、比拟等修辞手法,运用富于色彩的语言,以突出事物的特征,使读者易于感知其特征的一种描写。例如:《鲁提辖拳打镇关西》中对"三拳"的极力渲染,精彩无比。描写还包括正面描写和侧面烘托。

三、说明

说明是一种用简洁的语言解说客观事物和阐释抽象事理的表达方式,是说明类文体的主要表达方式,在记叙类文体和议论类文体中都有运用。常用的说明方法有举例子、分类别、列数字、作比较、画图表、下定义、作诠释、打比方、摹状貌等。

四、议论

议论时,论点必须正确、鲜明;论据要确凿、典型、充实;论证要严密、合理。常用的论证方法主要有三种。一是归纳论证。归纳论证是通过对若干事例的分析、综合,概括出一个反映普遍规律、共同属性的结论的论证方法。二是演绎论证。演绎论证是根据已知的一般原理推导出关于个别事物的新的结论的方法。三是比较论证。比较论证是把两类(或两个)某些属性相同、相似或相反的事物放在一起进行比较,从而得出有关结论的方法。

五、抒情

抒情是指作者或作品中的人物主观情感的表现和抒发,起着感染读者和推动故事情节发展的作用。在写作过程中可以直接抒情,不借助任何其他手段直接表现和抒发自己的思想感情;也可以间接抒情,把感情融于形象之中,借助具体的人、事、景、物,使抽象的主观感情客观化、形象化,使文章达到含蓄隽永、余味无穷的效果。但无论使用何种抒情方式,都要注意感情的真实自然。

第二章　常用写作体裁分析

第一节　记叙文

一、记叙文写作基础知识

1.记叙文文体知识

记叙文是考生日常接触得最多的文体。记叙文是一种以叙述表达方式为主,通过真实地记人、叙事、写景、状物来反映生活,表达作者思想情感的文体。

记叙文根据写作内容与写作对象的不同,可分为四类:①写人记叙文;②叙事记叙文;③写景记叙文;④状物记叙文。

2.记叙文写作六要素及顺序

记叙文写作的要素——时间、地点、人物、(事件的)起因、经过、结果。写好一篇记叙文,记叙文六要素不可或缺。

叙述要有顺序,这样读起来才会条理分明,有层次感。记叙的顺序一般可分为顺叙、倒叙、插叙、补叙、分叙五种。

①顺叙,即按照事情发展的时间先后顺序来叙述。顺叙是最基本、最常用的组织记叙材料的方法,也是最容易掌握的记叙顺序。

②倒叙,是先写事情的结果,再叙述事情发展的过程。倒叙运用得当,能够设置悬念,使文章引人入胜,富有变化,避免内容平铺直叙。

③插叙,是在叙述中心事件的过程中,为了展开情节或刻画人物,暂时中断叙述的线索,插入一段与主要情节相关的内容,然后再接着叙述原来的内容。插叙部分对主要情节起补充、解释或衬托的作用,运用得当能使人物形象更加丰满和立体,内容更加翔实。

④补叙,是在一件事情叙述完毕之后对其进行必要的补充交代。具体来说,就是在行文中用两三句话或一小段话对前边说的人或事做一些简单的补充交代。补叙可以给读者一种豁然开朗的感觉。

⑤分叙,即叙述两件或两件以上的同一时间内不同地点发生的事情,也叫平叙(平行叙述)。其作用是把错综复杂的事情写得清楚合理、有条不紊。

在具体的写作过程中,应该根据具体事件来选择恰当的叙述方式。当然,这些叙事方式可以组合使用,这样会增添文章的波澜感。

3.记叙文写作的基本要求

①要交代清楚写作的要素。无论是记人叙事,还是写景状物,一般都要交代清楚时间、地点、人物、起因、经过、结果,否则文章就不完整。

②线索要清楚。虽然观察的角度、记述的方式可能不同,但每一篇文章都应当有一条关联材料、统贯全篇的中心线索,否则文章结构就会显得松散。

③人称要一致。无论是用第一人称"我"记述,还是用第三人称"他"记述,都要通篇一致,不宜随意转换,否则容易造成混乱。

④运用多种写作手法。记叙文以记叙为主，但往往也间有描写、抒情和议论。它是一种形式灵活、写法多样的文体。

二、写人记叙文

写人记叙文以描写人物的经历为主。要写好一篇写人记叙文，可以从以下几方面进行练习。

1.选取典型事例

写人的文章离不开具体、典型的事例。例如：《我们家的男子汉》一文中，作者为写外甥要求独立，选取了他不让人搀他的手和要自己买东西两件事，表现了一个"男子汉"的性格特点。

2.采用不同的描写方法

（1）外貌描写

要善于选取人物外表中最鲜明的部分进行特写。例如：《童年的朋友》一文中，作者始终从"我"——一个孩子的视角来观察和描写人物。文章多次写了外祖母的眼神，"她的嘴唇歪扭着，黑眼珠儿闪耀着气愤的光芒，她的脸在大堆的头发里变得又小又可笑""黑得像黑樱桃的眼珠儿睁得圆圆的，闪出一种难以形容的愉快光芒"。这些句子形象地表现了外祖母丰富的情感世界。若在文中多次描写人物的外貌，还要注意抓住人物外貌之间的内在联系。例如：《一面》一文中对鲁迅进行了三次肖像描写，不避重复，由远到近，由粗到细，由略到详，由整体到部分，使人物形象随着"我"的观察和感受，逐渐丰满起来。

（2）心理描写

例如：魏巍的《我的老师》一文，借助对"我"的心理描写，或抒发"我"对老师的感情，或展现老师的品德，或显示人物情绪的转变，增强了作品的感染力。

（3）语言描写

"言为心声"，语言描写应努力做到使读者"闻其声，知其人"，要充分展示被描写者的个性。例如：《童年的朋友》一文中，外祖母虽然对生活并不满意，但只要是和"我"说话，她就表现出无限的温情。"你睡吧！还早着呢，——太阳睡了一夜刚起来……"这是长辈对孩子的关心，这种关心在地位上是平等的、语气上是轻松的、态度上是和蔼的。"太阳睡了一夜刚起来……"这本来就是孩子的语言，用孩子的语言和"我"说话，可见，外祖母的确是"我"的朋友。

（4）动作描写

动作描写一定要构想好几个关键过程，要善于抓住人物具体的、富有特征的动作。例如：《三颗枸杞豆》一文中的"将手向阳光里伸去""仔仔细细地望""凝神望着这朵花""把这朵花擎在我的眼前"，从这几处动作描写中，我们不难看出三叔对生活的留恋之情。

3.详略得当

在写人叙事的过程中要注意详略得当。例如：魏巍的《我的老师》一文，事例全面，详略得当，既写出了老师对学生的爱，也抒发了学生对老师的感激和怀念之情。

三、叙事记叙文

叙事记叙文是以事情的发生、发展和结果为主要内容，通过具体的事件来反映生活常态，表达作者思想感情的文体。叙事技巧有以下几点。

①写出条理。或以事物为主要线索，例如：萧乾的《枣核》以枣核为线索，表达了强烈的爱国之情。或以事件为主要线索，例如：鲁迅的《社戏》以社戏为线索，写出了小朋友之间纯真的友谊。或以思想感情为主要线索，例如：鲁迅的《藤野先生》以忧国忧民的爱国情怀为主线，也充溢着对藤野先生的怀念之情。或以时

间、空间为主要线索,例如:《海滨仲夏夜》以时间为主线;《雨中登泰山》以空间为主线。

②写出趣味。例如:鲁迅在《从百草园到三味书屋》中,采取由远及近、由高到低、从静到动、先夏后冬的顺序叙述自己在百草园的生活,对百草园的景物做了有层次的描述,写得有声有色,生动有趣。

③写出真情。例如:朱自清在《背影》中,写了父亲在车站送"我"的情形,重点描绘了父亲为"我"买橘子时爬上月台的背影,用朴素的文字,把父亲对"我"的爱细腻地表达出来,感情真挚,颇为动人。

④写出新意。例如:莫怀戚在《散步》中,写一家人散步的情景。祖孙三代人中包含着祖孙情、母子情、夫妻情、父子情,这四种亲情交织在一起,使"我"感受到了作为中年人责任的重大。

⑤写出曲折。第一,设置悬念。悬念即设置疑团,不解答,借以激发读者的阅读兴趣。例如:《三国演义》中的"孔明借箭",孔明要在三日内造十万支箭,这几乎不可能,可他却接连两天没有动静,第三日如何完成任务?这样富有悬念的情节便会激发读者的阅读兴趣。第二,制造误会。误会是对人或物的认识所产生的一种错觉。作者在行文中故布疑云、巧设误会,并随着情节的发展在文末揭开"谜底",使人恍然大悟。误会的形成、深化乃至揭开的过程,会使得情节扑朔迷离、摇曳多姿,产生强大的吸引力。例如:《驿路梨花》全文围绕"小茅屋的主人是谁"的疑问,环环设置误会,串联了一曲"助人为乐"的颂歌,达到了"曲径通幽"的效果。第三,设计巧合。俗话说:"无巧不成书。"在情节安排上,善于抓住生活中的一个个偶然事件,使之形成巧合,巧合的情节常常能显示出生活中的某些必然,小说在这方面表现得尤为突出。例如:莫泊桑的《我的叔叔于勒》的叙事就采用了这种技法——先前被家人咒骂的于勒,因为暴富而成了家人盼望重逢的对象,而当再一次遇到于勒时,家人却发现他已身无分文,于是大家又设法躲开这个穷亲戚。看似巧合的情节,却揭示出那个赤裸裸的金钱社会中人淡漠的亲情关系的必然性,使人觉得故事情节既在意料之外,又在情理之中。第四,抑扬得当。先抑后扬或先扬后抑,即一个由贬到褒或由褒到贬的情感波澜过程,随着作者情感的变化,文势也随之跌宕起伏,形成一种落差美,从而强烈地吸引和感染读者。例如:《琐忆》一文,文章刚开始回忆鲁迅,说鲁迅"多疑""世故""脾气大""不容易接近"等,后来又写鲁迅平易近人,对青年亲切热情,从不使用教训的口吻。这种先抑后扬的描写手法,使情感波澜起伏,使文章更具有感染力。第五,做好铺垫。例如:朱自清的《背影》,开头写家中光景惨淡,为下文写父亲为"我"送行奠定了感情基础。

第二节 议论文

一、议论文三要素

论点、论证、论据是议论文的三要素。

论点是作者在文章中提出的对某一个问题或某一类事件的看法、观点,一般出现在文章的题目或开头中。论点要正确、鲜明、有针对性。

论据是论证论点正确的证据。要想证明论点的正确,首先,论据必须让人觉得真实、可信,能够充分证明论点。其次,论据要具有典型性,具有"以一当十"的效果。最后,论据要新颖,尽可能用一些新鲜的、能给人以新的感受和启示的论据。

论证就是用论据来证明论点的过程,论证的目的在于揭示论点和论据之间的内在逻辑关系。常用的论证方法有举例论证、道理论证、对比论证、比喻论证、引用论证等。

写好议论文,应明白议论文的终极目的是"说服他人"。因此,写作时必须要增强文章的说理性,做到认识深刻、角度新颖、说理充分,也就是要抓得准、说得透、理得清。

二、议论文写作常用的论证方法

1.举例论证

举例论证是以事实材料来证明论点的方法。这些材料可以来源于史实文献，也可以是人们耳熟能详的故事，还可以是现实中的事例。总之，这些例子应该具有代表性，不能是道听途说的虚假材料。

举例论证在议论文中运用广泛。证明观点需要用到一些典型的事例，很多考生写议论文时往往把几个事例进行堆砌，使得事例内容冗杂不堪，而深入议论的文字太少，这样就会导致文章出现"议论的根基不深，论点不能枝繁叶茂"的问题。所以考生要注意对事实论据进行筛选、整合、提炼、分析、拓展、引申，要注意议论的切入点和角度，要把论点渗透到事例中。例如"勾践灭吴"这则材料：

公元前491年，越王勾践被吴王夫差赦免回国之后，就确立了兴越灭吴的奋斗目标，并坚信这个目标可以实现。于是，他卧薪尝胆，励精图治，坚持不懈，矢志不渝，富国强兵，苦心人，天不负，他终于在公元前473年一举灭掉吴国。

若用它来论证"树立明确远大的目标是走向成功的根本"这个观点，可以这样叙述："公元前491年，越王勾践被吴王夫差赦免回国之后，暗暗立下志向——兴越灭吴。目标就是他奋起的动力。他卧薪尝胆，虽苦其心志，劳其筋骨，空乏其身，但始终不懈怠，终于在公元前473年一举灭掉吴国，成为长江流域的霸主。"

若用它来论证"只有充满必胜的信念，才能实现自己的理想"这个观点，叙述的重心就要发生变化，可以这样叙述："公元前491年，越王勾践被吴王夫差赦免回国之后，虽仅剩残兵败将，但他坚定将来必胜的信念。有志者，事竟成，破釜沉舟，百二秦关终属楚；苦心人，天不负，卧薪尝胆，三千越甲可吞吴。正是因为有着顽强不屈的斗志和坚定不移的信念，他才能义无反顾地投身于越国的建设之中，富国强兵，最终灭掉吴国。"

因此，根据论题对材料进行合理的取舍，才能让材料紧扣论点和主题。

2.类比论证

类比论证就是把具有相同或相似道理的材料放在一起进行比较的方法。采用类比论证，找准相同点或相似点是关键，类比的材料一定要结合得自然、流畅，过渡衔接也要浑然一体。例如《邹忌讽齐王纳谏》中的类比论证：

暮寝而思之，曰："吾妻之美我者，私我也；妾之美我者，畏我也；客之美我者，欲有求于我也。"于是入朝见威王，曰："臣诚知不如徐公美。臣之妻私臣，臣之妾畏臣，臣之客欲有求于臣，皆以美于徐公。今齐地方千里，百二十城，宫妇左右莫不私王，朝廷之臣莫不畏王，四境之内莫不有求于王：由此观之，王之蔽甚矣。"

这是一篇典型的采用类比论证方法的文章。邹忌用妻宠、妾畏、客人有求而都说他"美于徐公"的事例，来论证作为国君，齐威王更是有人宠，有人畏，有人想利用，因而大家都称赞他的道理。进而得出齐威王应该广开言路、积极纳谏的结论。类比论证的目的在于"求同"，在类比论证中发现二者在本质上的共同点。

3.对比论证

对比论证是把两种事物加以对照、比较后，推导出它们之间的差异点，使结论映衬而出的论证方法。事物的特征和本质在对比中最容易显露出来，特别是正反相互对立的事物的比较，具有极大的鲜明性，能给人留下深刻的印象。经过对比，正确的论点更加稳固。例如荀子《劝学》一文中对坚持的重要性的论证：

骐骥一跃，不能十步；驽马十驾，功在不舍。锲而舍之，朽木不折；锲而不舍，金石可镂。

荀子在文中通过"锲而舍之"与"锲而不舍"的对比来论证总论点"学不可以已"。

4.比喻论证

比喻论证是运用比喻的方法来论证比较抽象、深奥，或者人们比较生疏、难以理解的道理的论证方法。

这种方法能把问题说得具体、形象,使读者易于理解和接受。在比喻论证中,论据是喻体,论点是本体,两者之间有某种共同特点。比喻论证和类比论证一样,在论说文中居于次要地位,是仅起辅助作用的论证方法,时常与别的论证方法结合使用,从而达到更好的论证效果。例如作文《缺陷与完美》中的比喻论证:

我被这个雕像吸引,女神恬静安详,她的脸上浮现着一种神圣的美的光辉,她仿佛正从古希腊走来,要将幸福普降人间。可能很多人要叹息:要是她有一双美臂,该是多么完美啊!可是维纳斯的创造者却藐视世俗对完美的追求,毅然决然地斩断了维纳斯女神像的双臂,让人们去注意缺陷,让人们为这缺陷而扼腕叹息,让人们为这个残缺的女神魂牵梦萦,让女神在人们的记忆里永不磨灭。人们总是觉得美要完整,才能达到极致,生活中人们总因美中不足而感到遗憾。殊不知,缺陷也是一种美。正是因为月有阴晴圆缺,人有悲欢离合,我们才会更加珍惜稍纵即逝的美景,才会更加感恩那可贵的亲情和友情。

本文从维纳斯残缺的双臂让人顿生美中不足之感说起,进而引出正是这些遗憾,才让人更加珍惜美景、感恩人生的道理。

三、议论文的结构

1. 开宗明义,亮出观点

写文章犹如抽丝剥茧,找对了"头","丝"就会源源而出,长抽不断;找不对"头",则会时时梗阻,纠缠错乱。开头写好了,作文就会顺畅。优秀的作文开头方法有以下几种。

①开门见山,直接入题。这种开头观点明确,统摄全篇,具有言简意赅的表达效果。

②运用题记,展示主题。题记一般语言优美,要么提示论点,要么富有哲理,能在一定程度上展示考生的写作水平,是一种使文章思路变得清晰的好方法。

③比兴开头,导入话题。在议论文的开头使用比兴手法,会达到引入自然、巧妙,观点明确,又富有文采的效果。

2. 逐层展开,论证观点

议论文中间部分是文章的主体,要做到文章思路清晰,就需要恰当设置与排列分论点。恰当地设置分论点,可紧紧围绕中心论点,从厘清逻辑关系入手,安排论证结构,使论点逐层展开。常见的设置分论点的方式有以下几种。

①并列法,即对中心论点进行横向分析,分解出几个分论点,以显示思维的全面性的方法。从各个方面把道理讲深、讲透,就会大大增加文章的深刻性。

②层进法,即对中心事理做纵向剖析,以显示思维的深刻性的方法。分论点在结构上要呈现出一种先后有序、环环相扣、层层深入的结构美;逻辑上要体现出由浅入深、由现象到本质的"台阶性"的思维过程。

③对比法,即将事理分解成正反两个方面,以显示出思维的鲜明性的方法。

3. 结尾扣题,重申观点

议论文开头写得观点明确、思路清晰、精彩亮丽,仅成功了一半。精彩有力的结尾能辉映全篇,对成就一篇佳作同样起着重要的作用。"好的结尾,犹如咀嚼干果,品尝香茗,令人回味再三。"优秀的作文结尾方法有以下几种。

①卒章显志,收束全文。议论文运用这种结尾方式,可以深化观点,起到卒章显志的作用,使作文的观点更加明确。

②照应开头,结构圆合。作文的优劣除了受语言和文字功底的影响外,还取决于文章的结构是否完整,而照应的"机智"则能彰显出结构的巧妙与严谨。在议论文结尾用一些恰当的话语与文章开头相照应,让中心论点贯穿始终,既能强调论点,使文章观点得以升华,又能使全文结构缜密,文章前后浑然一体,呈现出一种圆合美。

第三节　说明文

一、说明顺序

常见的说明顺序有时间顺序、空间顺序、逻辑顺序。

①事物演变类说明文常运用时间顺序,介绍某一事物的演变、进化等复杂的过程。例如:《从甲骨文到缩微图书》一文,作者以时间为序,清晰地介绍了书籍在"雏形阶段""古代阶段""近代阶段""现代阶段"等不同阶段的特点,使读者对书籍漫长的演变过程有了清楚的认识。

②建筑物类说明文常运用空间顺序,把建筑物的形状、结构、布局准确地介绍清楚,一般采用从南到北、由上而下等空间顺序,有时也会以作者的观察顺序为辅助。例如:《巍巍中山陵》一文,就是按由外到内、由总体到局部的空间顺序,有条不紊地介绍了中山陵园的方位、人文环境、设计特色、修建过程和规划特点,准确地说明了中山陵园的建筑特色。

③动植物类说明文常运用逻辑顺序,从形态、习性、品种、分布、功用等方面条理清晰地介绍动植物。例如:法国博物学家布封的科学小品文《松鼠》抓住了松鼠漂亮、驯良、乖巧的特点,从松鼠的外形特征入手,进而介绍松鼠的"不冬眠,十分警觉,跑跳轻快,叫声响亮"等习性,具体生动地阐释了松鼠的诸多特点。

二、说明方法

常用的说明方法主要有下定义、举例子、列数字、打比方、作比较、作诠释、分类别、画图表和摹状貌等。运用下定义的说明方法可以使读者在阅读时对抽象字词的理解更加明白、清楚;运用举例子的说明方法可以使文章表达的意思更明确、塑造的形象更生动,增强文章的说服力;运用列数字的说明方法,既能准确客观地反映事实情况,又能使文章具有较强的说服力;运用打比方的说明方法可以使抽象的事理变得具体、生动、形象;运用作比较的说明方法能突出强调说明对象的特点(地位、影响等);运用分类别和画图表的说明方法可以使文章条理清晰,一目了然。

①根据写作目的和说明对象的特征,灵活恰当地运用说明方法。例如:《菊花的观赏价值》的写作目的是说明菊花的观赏价值,势必要分条阐释,这就要用到分类别的说明方法;菊花的观赏价值可以分为菊花的颜色、菊花的姿态,也就是菊花的颜色有多少种、菊花是怎样的千姿百态。用打比方、列数字、举例子等说明方法逐一详加说明,才能把菊花的观赏价值解说得准确周密、层次分明,给读者留下具体、清晰的印象。

②要综合运用多种说明方法。只运用一种说明方法的说明文很少,一般情况下,一篇优秀的说明文往往综合运用了多种说明方法。例如:《中国石拱桥》一文在以赵州桥和卢沟桥为例,说明中国石拱桥"不但形式优美,而且结构坚固"的特征时,就综合运用了多种说明方法。有打比方,如"石拱桥的桥洞成弧形,就像虹";有摹状貌,如"这些石刻狮子,有的母子相抱,有的交头接耳,有的像倾听水声,有的像注视行人,千态万状,惟妙惟肖";有作比较,如"永定河发水时,来势很猛,以前两岸河堤常被冲毁,但是这座桥极少出事……"。

三、说明的角度

所谓说明的角度,就是指作者所要选择的立足点。在写作事物说明文之前,必须选好说明的角度。具体怎样选择,可以从以下几方面来考虑。

1. 根据写作目的来选择说明的角度

根据写作目的来选择说明的角度就是根据写作的目标或需要,有针对性地进行说明。例如:《苏州园林》一文就是叶圣陶先生根据一家出版社的要求,为他们即将出版的一本介绍苏州园林的摄影集写的序。"序"要求从整体上对事物进行介绍,所以叶圣陶先生就从整体介绍苏州园林这一角度来写作,最终得出苏州园林的任何一个景点都具有"图画美"这一特征的结论。

2. 根据作者来选择说明的角度

根据作者来选择说明的角度,主要是从作者喜爱的方面或作者对说明对象最为熟悉的某一方面来写作。例如:《桥之美》的作者吴冠中是现代画家,他就从画家欣赏美的角度来写桥,写出桥具有"个性美"这一特征。

3. 根据阅读对象来选择说明的角度

根据阅读对象来选择说明的角度是指作者在写作时,从读者的不同职业、年龄、学识等方面来思考、写作。例如:《故宫博物院》的作者黄传惕就是从读者未到过故宫的角度来写作,按由南到北的空间顺序依次介绍。又如:介绍马的文章,如果是写给饲养者,可以从马的生活习惯和特性的角度来写;如果是写给兽医,则可以从马的身体构造这一角度来介绍。

四、写作结构安排

说明文的写作目的就是解说清楚,让人获得某种知识。换句话说,就是让人看了文章之后对其中所解释或说明的对象有清晰的认识。这就要求考生在写作说明文时,做到条理分明、结构清晰。

那么如何安排结构,才能使说明文具有条理性呢?一般来说,安排说明文的结构可以从以下几个方面入手。

1. 按说明对象自身的条理性来安排结构

(1)确定中心思想

考生首先要明确说明对象,确定是写事物说明文还是事理说明文。明确说明对象可以从审题入手。明确说明对象之后,就要立意——确定中心思想。确定中心思想时,要注意以下三点。一是正确。解说事物的本质及规律性要有科学根据,经得起实践检验。二是深刻。深刻是指要透过现象揭示本质,反映事物内部的规律性。要使读者"知其然",也"知其所以然"。三是集中。集中就是重点突出,中心明确。我们对客观事物的认识是多方面的,感性材料是丰富的,但在确定中心时不能没有重点,不能要求在一篇文章里面面俱到。

(2)注意说明顺序

说明顺序主要包括时间顺序、空间顺序和逻辑顺序三种。

一般来说,运动、变化、发展的事物,它的条理性表现在时序上,不同时间有不同的形态,说明时可以按时间顺序安排结构。例如:《极光——神秘的精灵》一文在讲述人们探讨极光的过程时,就是按时间顺序来安排结构的,"从前……""13世纪时……""到了17世纪……""到了19世纪……""目前……"。

选择空间顺序进行写作时,要特别注意弄清空间的位置,注意事物的表里、大小、上下、前后、左右、东南西北等位置和方向。处于静止状态的事物,如建筑群、名胜古迹、物品等,常常从空间位置上体现文章的条理性。说明这类事物,可以按空间顺序安排结构,由表及里、由内向外进行说明。例如:贾祖璋的《南州六月荔枝丹》,文章按照空间顺序,先写荔枝的颜色、形状和大小,然后写荔枝的层膜和果肉,再写荔枝的核,由外到内,先表后里,使文章井然有序。

逻辑顺序则常以推理过程来表现。采用什么顺序,主要取决于文章所要说明的对象的特点。任何事物都有其自身的规律,掌握了这一规律并据此安排结构,便能使文章井然有序,条理分明。

2. 按人们对说明对象的认识规律来安排结构

对读者来说比较陌生或难以理解的说明对象,说明时要由具体到抽象,由表面现象到内在事理,由个别推及一般。在具体的说明过程中,可先写状态,再写功用或成因,最后揭示其本质特征。例如:《极光——神秘的精灵》是一篇事理性说明文,文章先描述极光的多彩美丽、变幻莫测,然后介绍极光产生的原因,进而谈到它的巨大能量可能给人类带来的危害,最后提出怎样利用极光为人类造福是当今科学界的一项重要使命的问题,层层推进,引人深思。

对读者来说并不陌生的事物或事理,说明时可先说一般现象,再说个别现象。这种写法宜先写性质特征,后写状态,这样人们就可先获得对事物或事理的总体认识,然后对其进行具体理解。例如:刘祥武的《鲨鱼不是"嗜血杀手"》,一般读者都知道鲨鱼凶狠,所以作者一开始就列举了一些人类遭到鲨鱼攻击的例子,然后揭示鲨鱼攻击人类并不都是鲨鱼的错,最后说明鲨鱼其实并不可怕。这种结构安排有利于读者尽快地认识事物。

五、抓住说明对象的特征

说明对象的特征,就是所要说明的事物与其他事物的本质区别。在写作中准确抓住说明对象的特征,需要在具体的写作中注意以下几点。

1. 仔细观察,善于"求异"

只有对所要说明的对象仔细观察才能写好文章,观察要准确、深刻、仔细。例如:著名的昆虫学家法布尔常常通过观察,仔细了解昆虫独有的生活习性。据说有一天,他趴在地上用放大镜观察蚂蚁搬死苍蝇,竟然一连看了三四个小时。正是因为他热爱科学真理,深入自然,用毕生精力去观察昆虫,探索昆虫世界,才积累了丰富的第一手写作素材,使睿智的哲思跃然纸上。

2. 认真研究,善于"求深"

如果说记叙文给人以体验,议论文给人以启迪,那么说明文,尤其是科技说明文,则给人以知识。知识从何而来?这就需要考生认真学习,认真查阅资料,认真研究资料,深入挖掘,不断反思和总结。孔子曾经说过:"吾尝终日不食,终夜不寝,以思,无益,不如学也。"如果不学习,就容易出现知识性差错。例如:某版电视剧《水浒传》第一集中,出现了一个宋江和公孙胜在玉米地中打斗的镜头。事实上,中国直到明朝才引种了玉米,宋朝是不可能出现玉米地的,这就是缺乏对历史的研究所造成的谬误。

3. 准确说明,善于"求简"

写说明文,常常需要用一两句话简要地把说明对象的特征准确地概括出来。例如:孙世恺在谈到《雄伟的人民大会堂》的写作时,用一句话概括了文章的主要内容,"通过人民大会堂雄伟、壮丽的建筑特点,反映我国工程技术人员和广大工人在党的领导下,迸发出的伟大的智慧和创造力"。又如:《苏州园林》中"务必使游览者无论站在哪个点上,眼前总是一幅完美的图画",就概括了苏州园林"图画美"的特征。另外,还需要正确使用打比方、下定义、举例子、列数字等说明方法。

第四节 书 信

一份完整的书信主要包括五个部分:称呼、正文、结尾、署名和日期。

一、称呼

称呼也称"起首语",是对收信人的称呼。称呼要在信纸第一行顶格写起,后加冒号,冒号后不再写字。称呼和署名要对应,明确自己和收信人的关系。这里简要说明几条细则。

①给长辈的信。若是近亲,就只写称谓,不写名字,例如:爸、妈、哥、嫂;若是亲戚关系,就写关系的称谓,例如:姨妈、姑妈。对非近亲的长辈,可在称谓前加名或姓,例如:赵阿姨、黄叔叔。

②给平辈的信。夫妻或恋人关系,可直接用对方名字、爱称加修饰语或直接用修饰语,例如:丽、敏华、亲爱的。同学、同乡、同事、朋友的信,可直接用名字、昵称或在其后加上"同学""同志",例如:瑞生、老纪、小邹同学、小王同志。

③给晚辈的信。一般直接写名字,例如:乐毅、君平、阿明;也可在名字后加上辈分称谓,例如:李花侄女;亦可直接写关系的称谓,例如:孙女、儿子。

④给师长的信。通常只写其姓或其名,再加称谓,例如:段老师、周师傅、宏海老师。对于十分熟悉的师长,也可单称"老师",假如连名带姓,在信首直称"孙××老师",就显得不自然且欠恭敬。对于学有专长、德高望重的师长,往往在姓后加一"老"字,以示尊重,例如:戴老、周老,亦可在姓名后加"先生"二字,为郑重起见,也有以职务相称的,例如:董教授、陈大夫、佟工程师。

⑤给几个人(未指定姓名)的信,可写"同志们""诸位先生""××等同志"等。给机关团体的信,可直接写机关团体名称,例如:××委员会、××公司。致机关团体领导人的信,可直接用姓名加上"同志""先生"或职务作称呼,亦可直接在机关团体称呼之后加上"领导同志""总经理""厂长"等。

⑥如果信是同时写给两个人的,两个称呼可上下并排,也可一前一后,有先后顺序时应注意尊长者在前。

在上述场合中,有时还可按特殊对象,视情况加上"尊敬的""敬爱的""亲爱的"等形容词,以表示敬重或亲密。当然,对这类词语的使用要适宜,如果对好友称"尊敬的",反而显得生疏;对无特殊关系的异性贸然称呼"亲爱的",则显得有些轻佻。

二、正文

正文通常以问候语开头。问候是一种文明礼貌行为,也是对收信人的一种礼节,体现写信人对收信人的关心。问候语要简洁、得体。最常见的问候语是"您好!""近好!"。依时令节气不同,也常有所变化,例如:"新年好!""春节愉快!"。问候语应写在称呼的下一行,前面空两格,常自成一段。

问候语之后,常有几句启始语。例如:"久未见面,别来无恙。""近来一切可好?""久未通信,甚念!"。

接下来便是正文的主要部分——主体文,即写信人要说的话。它可以是禀启、复答、劝谕、抒怀、辞谢、致贺、请托、慰唁,也可以是叙情说理、辩驳论证等。这一部分,动笔之前就应该成竹在胸,明白写信的主旨,做到有条有理、层次分明。若是信中同时要谈几件事,要注意主次分明,有头有尾,详略得当。最好是一件事一个段落,不要将多件事混为一谈。

三、结尾

正文写完后,还要写上表示敬意、祝愿或勉励的话,作为书信的结尾。习惯上,它被称作祝颂语或致敬语,这是对收信人的一种礼貌。祝愿的话可因人、因具体情况选用适当的词,不要乱用。结尾的习惯写法有以下两种。

①在正文写完之后,另起一行空两格写"此致",再换一行顶格写"敬礼"。

②不写"此致",只是另起一行空两格写"敬礼""安好""健康""平安"等词。

四、署名

写信人的姓名应写在祝颂语下方空一至二行的右侧,最好还要在写信人姓名之前写上与收信人的关系。如果是写给亲属、朋友,可加上自己的称呼,例如:儿××、父××、你的朋友××。如果是写给组织的信,

第二部分 写作基础 225

一定要把姓与名全部写上，有时还会在署名之后加上"恭呈""谨上""敬上"等，以示尊敬。上述自称，都要和信首的称谓相互吻合。

五、日期

日期一项，用以注明写完信的时间，应写在署名的后边或下边。有时写信人还加上自己所在的地点，尤其是在旅途中写的信，更应如此。

如果忘了写某事，则可以在日期下空一行，再空两格写上"又附"，再另起一行书写未尽之事。

第五节　演讲稿

演讲稿也叫演说辞，是在一定场合中口头发表的讲话文稿。它是演讲的书面依据，是人们在社会活动中常用的一种应用文体。演讲稿包括标题和正文两部分。标题多为形象性的、能够高度概括演讲主题的语句。正文包括开头、中间、结尾三个部分。

一、演讲稿的特点

1. 观点鲜明，内容具有鼓动性

演讲稿观点鲜明，显示着演讲者对一种理性认识的肯定，对客观事物见解的透辟程度，能给人以可信感和可靠感。演讲稿观点不鲜明，就会缺乏说服力，演讲就失去了作用。演讲之所以容易激发听众的情感，使听众的思想为之震动，精神为之振奋，情绪为之激昂，热血为之沸腾，是因为演讲的内容具有鼓动性。因此，写作时要注意语言表达的感情色彩，把说理和抒情结合起来，既有冷静的分析，又有热情的鼓动；既有所怒，又有所喜；既有所憎，又有所爱。

2. 结构清楚，层次简明

一般文稿主要是供人阅读的，为了给读者留有思考的余地，在层次结构上可以跌宕起伏，曲折多变；在内容上也可以盘根错节，错综复杂。而演讲稿则是为了口头表达，演讲语言稍纵即逝，听众几乎没有时间思考演讲中话语的深层含义，其结构特点是内容的内在联系与有声语言动态交流的统一。因此，演讲稿要特别注重结构合理，层次清晰。

3. 语言流畅，深刻风趣

要把演讲者在头脑里构思的一切都写出来或说出来，让人们看得见、听得到，就必须借助语言这个交流的工具。因此，语言的运用对演讲稿影响极大。演讲稿写作在语言运用上应注意以下三点。

①要口语化。"上口""入耳"是对演讲语言的基本要求，也就是说演讲的语言要口语化。演讲，说出来的是一连串的声音，听众听到的也是一连串的声音。听众能否听懂，要看演讲者能否说好，更要看演讲稿是否写得好。如果演讲稿不"上口"，那么演讲的内容再好，也不能使听众"入耳"、听懂。由于演讲稿的语言是作者写出来的，所以受书面语言的束缚较大，因而写作演讲稿时要冲破这种束缚，使演讲稿的语言更加口语化。

②要通俗易懂。演讲要让听众听懂。列宁说过，应当善于用简单明了、群众易懂的语言讲话，应当坚决抛弃晦涩难懂的术语和外来的字眼，抛弃记得烂熟的、现成的但是群众还不懂的、还不熟悉的口号、决定和结论。如果演讲的语言谁也听不懂，那么这篇演讲稿就失去了听众，失去了演讲的意义和价值。因此，演讲稿的语言要力求通俗易懂。

③要生动感人。好的演讲稿,语言一定要生动。如果只是思想内容好,而语言干巴巴的,那就算不上是一篇好的演讲稿。老舍先生曾说:"我们的最好的思想,最深厚的感情,只能被最美妙的语言表达出来。若是表达不出,谁能知道那思想与感情怎样的好呢?"由此可见,要写好演讲稿,只有语言通俗直白还不够,还要力求语言生动感人。要使语言生动感人,可采用以下几种方法。一是运用比喻、比拟、夸张等手法增强语言的形象色彩,把抽象化为具体,把深奥讲得浅显,把枯燥变成有趣。二是运用幽默、风趣的语言增强演讲稿的表现力。这样,既能深化主题,又能使演讲的气氛轻松和谐;既可把控演讲的节奏,又能使听众消除疲劳。三是发挥语言音乐性的特点,注意声调的和谐与节奏的变化。

二、演讲稿的结构

1. 开头

演讲稿的开头主要有两项任务:一是建立说者与听者的联系,引起共鸣;二是打开局面,引入正题。演讲稿常用的开头方法有以下几种。

①开门见山,直奔主题。这种开头一下子就把演讲的思想观点展示在听众面前,使听众一听就知道演讲的中心,马上集中注意力。

②提出问题,发人深思。这种开头根据听众的特点和演讲的内容,提出一些能够激发听众思考的问题,制造悬念,使听众迫切地想知道演讲者是怎么回答的,从而产生听的兴趣。

③设置情境,引人关注。这种开头设置了一种情境,烘托气氛,把听众引入演讲者所展示的天地之中,使听众不由自主地跟着演讲者往前走。

④逸闻趣事,导入正题。这种开头先讲述一些与演讲主旨有关的逸闻趣事,使听众觉得饶有趣味,从而轻松自然地导入正题。

总之,演讲稿讲究开场白的艺术。先声夺人,才能取得更好的艺术效果。

2. 中间

中间部分是演讲稿的关键所在,要求突出中心,层次清晰地展开主题,便于听众理解。中间部分在结构上要特别注意以下几个问题。

①在层次上,要根据演讲的时空特点,对演讲内容加以选取、剪辑和组合,使之形成条理清晰的结构层次;要以有声语言为标志诉诸听众听觉,显示结构层次。

②在节奏上,要根据听众的心理特点,确定演讲的节奏频率,既要鲜明,又要适度,做到张弛起伏、一波三折,始终吸引听众的注意力。

③在衔接上,由于演讲节奏要求适时变换具体内容,因此演讲内容结构容易松散,而衔接技巧正是对结构松散的一种补充。它能使内容层次变换得更为巧妙自然,使演讲稿具有浑然一体的整体感。衔接时要注意结构层次简单,行文波澜起伏。因为听众是依靠听觉来接收演讲内容的,内容太复杂会使听众越听越糊涂,太平淡则会使听众失去继续聆听的兴趣。结构层次简单并不等于平铺直叙,而是要采取各种技巧,使行文不断变化,做到波澜起伏、扣人心弦。另外需要注意的是,中间部分要紧扣一个中心,进行深入地阐述或论证。为了突出这个中心,可以反复强调,使之牢牢地印在听众的脑海中。

3. 结尾

演讲稿的结尾要言简意深,使听众不断思索,进而付诸行动。当然,也可以写得充满激情,给人以鼓舞;发出号召,给人以力量;指出目标,催人奋进。要注意把控演讲收束的时间点,适时结束演讲,从而给人以"言有尽而意无穷"的感觉,加深听众的印象。

第三章 常见作文题目基本类型

第一节 全命题与半命题作文

一、全命题作文写作要领

1. 审清题眼和限制词

全命题作文的限制性使得题目显得"封闭",审题稍有偏差,便可能全盘皆输。因此,写作全命题作文,审准题尤为重要。审清题意的关键是要审清题眼和限制词。具体来讲,应力争做到以下几点。

①挖掘题蕴。考生对题意的理解不能仅限于表层含义,应认真体会其深层的比喻义、引申义及语境义。例如:"我想握住你的手"是一个比喻型标题,除探究其表层含义外,还应探究其深层的比喻义和象征意义。

②研究题眼。题眼一般是对于短语式或单句式的文题而言的,考生应善于对文题中的关键词或限制词进行甄别。例如:"掌声又响起来"中的"又",在次数上予以限定;"十六岁的天空"中的"十六",意味着特定的年龄;"架起一座桥"中的"架起",隐含着原先缺失之意。只有抓住题眼进行巧妙构思,才能在文章中体现题目预设的内涵。

③抽象文题形象化,形象文题哲理化。全命题作文的题目大致可分为抽象型和形象型两大类。抽象型文题要将其形象化,就要围绕所给词语用形象具体的人和事来反映它,避免空洞说教。例如:以"谦让"为题,不能单写什么是谦让、谦让的作用等内容,而要通过对某人、某事的形象描绘使文章显得更加有血有肉。对于形象型文题,我们可以使之哲理化。例如:以"门"为题,在对"门"进行具体的描绘之后,要上升到哲理层面,力求体现出对其内涵更深层的认识。

2. 立体拓展

"文似看山不喜平。"文章的立体感来自变化,这种变化一般表现在两个方面:一是情感,二是时空。例如:《记承天寺夜游》全文不足百字,但意蕴深厚,感情跌宕起伏,别有情致。开头"元丰六年十月十二日夜,解衣欲睡",尽显孤独和寂寞,同时又写出作者遭受打击之后的抑郁和忧愤。"月色入户"是欣慰,当时,苏东坡是"罪人",人人唯恐避之不及,独有月亮多情似故人,殷勤探望。"欣然起行"写出作者内心的喜悦。"念无与为乐者"是失落。"遂至承天寺寻张怀民"写急切。"怀民亦未寝"是心有灵犀,写大喜。"相与步于中庭"写愉悦,写陶醉。"何夜无月?何处无竹柏?但少闲人如吾两人者耳"写乐观豁达。而读者与苏东坡相携步于中庭,感受到的除了月色之美,更多的是他那如波涛般起伏的情感变化。至于时空变化,就是今昔对比、地点转换,而情感尽在其中。

3. 对接独特的生活体验

考场成功之作,大多注重选择新颖的个性化的材料,即选择"独特的生活体验",以求不落窠臼,引人入胜。全命题作文的题目具有唯一性,因而容易出现选材千篇一律的现象。因此写作时,一定要尽力避免与其他考生"撞车"。例如:以"距离"为题,有考生写与邻居改善关系,楼上漏水,厨房发水灾,邻居帮助,于是消除距离,感慨"远亲不如近邻";还有的考生写与父母消除距离,题材老套,给人的第一印象便打了折扣。而有一位考生则避开同类题材,写自己的登山感悟:"人生便是一个跨越距离的过程。在乎的不是看到了多美的风景,而是看到了多少风景。距离总是漫长的,对所有人来说都一样。当你回首往事的时候,会想到自己痛苦过、失望过、坚强过,这是我们在距离上流下的汗水。而这正是你一直梦想得到的那种精彩。"显然,这位考生的立意使"距离"这一话题有了新的内涵,写出了自己的独特体验。

独特的生活体验还体现在对生活中小人物、小事件、小场景、精彩片段、难忘瞬间等的细节描写上。例如:"你那么安宁,静静地、默默地在窗台驻步,不发一语,却让人真切感受到你的存在。是的,有时一些小飞虫,从眼前滑过,在我的文字间从容不迫地踱步,也同样让我体验到生命的可爱。"其中,"在我的文字间从容不迫地踱步",就是一个很成功的细节描写。

考题再现

【2020年·小学·写作】"入则无法家拂士,出则无敌国外患者,国恒亡。然后知生于忧患而死于安乐也。"(《孟子·告子下》)

请以"生于忧患,死于安乐"为题,写一篇不少于600字的作文。除诗歌外,文体不限,文中不得出现真实的人名、地名、校名。

【参考范文】

生于忧患,死于安乐

孟子云:"入则无法家拂士,出则无敌国外患者,国恒亡。然后知生于忧患而死于安乐也。"如今,我们虽然暂时远离狼烟战火,但决不能沉溺于眼前的美好,而应时刻谨记"生于忧患,死于安乐"的道理,做到居安思危。

个人要有忧患意识。人生如逆水行舟,不进则退。一个人如果满足于自身所学,恃才自傲,思维就会被禁锢,难以在日新月异的社会中实现自身的价值。"生于忧患,死于安乐"这句话告诫我们,不论何时,常怀忧患之心会使人进步,而耽于安乐则会使人走向灭亡。多一丝忧患才会多一份前进的动力,少一丝安乐才会少一成失败的可能。不畏惧忧患,不耽于享乐,是个人不断发展进步的前提。只有这样,个人才会成长,才能逐渐实现自己的目标。

企业、团体要有忧患意识。在当今风云变幻的信息社会,随着商业模式的变化与发展,企业更要时时居安思危,将忧患意识融入企业文化之中。"李宁"作为国内知名运动服装品牌,曾经一度面临困境,由于互联网、海淘等产业的发展,国人的目光不再集中于国产运动品牌上,李宁品牌竞争压力增大,品牌效应不再发挥明显作用。李宁品牌将这些"内忧外患"牢记心中,不断改革设计,最终寻找到"国潮"新出路。假若"李宁"当初安于现状,可能产品早已沦落到商场打折区,无人问津了。正是"李宁"时刻将忧患意识牢记于心,才能跟上时代的潮流,顺利通过市场的考验。

国家要有忧患意识。一个国家如果满足于当前的成就,故步自封,就会停滞不前,最终被远远地甩在后面,陷于落后挨打的被动局面。入关之后的清兵历经二十多年的战争统一了全国,在纷乱之中建立起了清朝,并使其日渐强盛。但是清朝末年,在西方资本主义国家大力发展工业生产的时候,清朝政治腐败,对外闭关锁国,盲目自大,清朝皇帝也失去了早期君主锐意进取的精神。最终它从一个鼎盛的东方大国沦为西方国家的半殖民地。由此可见,国家的发展不能只崛起于战火之中,在盛世中更应有忧患意识,才能不落后于时代。

上至国家、民族,下至企业、个人,都应始终存有忧患意识,在忧患中奋发向上,积极进取;都应理性对待安逸享乐,决不能一味沉溺,不思进取。毕竟,于忧患处能"生",于安乐处易"亡"。

二、半命题作文写作要领

1.补题要便于展示自我特长

"巧妇难为无米之炊。"写作时,能否以感人的素材入文至关重要。半命题作文正是在调用生活储存方面,为考生提供了自由。考生在补题时一定要充分展示自身的特长。例如:作文题"＿＿＿＿让我陶醉",该如何补题呢?俗话说:"尺有所短,寸有所长。"如果你是一位音乐迷,对动听的歌词与优美的旋律自然会情

第二部分　写作基础　229

有独钟;如果你是一位文学迷,对诗词典故与文坛逸事或许可以信手拈来……结合自己的"音乐""文学"等特长下笔,能使半命题作文变得更好把握。

2. 补题要力求突出个性风采

半命题作文写作容易受到两方面的局限。一是受提示语的影响。例如:作文题"让_____走进心灵",试题中提示可填入"勇敢""宽容""善良""快乐""音乐""幸福""正直""感恩""明月""清风""奉献""阳光"等词语。不少考生便不假思索,随意挑个词便开始写作。二是受日常习惯的影响。例如:拟写作文题目"把_____带给_____"时,考生不是写"把幸福带给父母",就是写"把快乐带给同学",立意平平,千篇一律,毫无新意。

其实提示语起到的只是"引"或"导"的作用,我们要学会在这条看似普通的"横线"上做文章。第一,在内容的选择上尽量摆脱提示语的拘束,学会从提示语之外寻找更合适的内容。例如:有考生拟题为"让江南烟雨走进心灵"和"让历史走进心灵",前者充满诗情画意,后者彰显文化底蕴,这就使得立意与选材两方面都与众不同,胜出一筹。第二,在角度上力求出新。例如:有位考生从反面立意,拟题为"把失败带给同学",极具悬念感;还有一位考生拟题为"把欢乐带给自然",用童话故事展开写作,给人新颖脱俗之感。

3. 补题要做到紧扣题旨

半命题作文在提供中心词的同时,往往还有一个画龙点睛的题眼。因此,补好题目之后还须有一个仔细审题的过程,以便抓住题眼,紧扣题旨。例如:作文题"我多么想_____",所写的内容应该着重表现自己充满渴望的内心世界;作文题"寻找_____",所写内容应尽量突出"不平凡"的"寻找"过程。

第二节　话题作文

话题作文就是用话题限定写作范围的作文题型,它要求考生以所给的话题为中心,并围绕这个中心进行选材写作。话题作文只规定写作范围而不规定具体内容,考生写什么内容,表达什么思想,一般不受限制,只要符合话题即可。它的开放性把考生从一贯的命题作文和材料作文的限制中解放出来,使考生可以较自由地写作。仔细审题并准确把握话题作文的材料、导引语和注意事项,正确理解"话题"的含义,是写好话题作文的前提。

一、话题作文审题要素

1. 审定"话题"的内涵

话题作文总要给考生提供一个话题。一般说来,"话题"中总会出现一两个对理解题意有重要影响的字词,把握住这些关键字词,也就掌握了准确理解题意的钥匙,反之,就会造成审题上的失误。有时,话题是以一个概念的形式出现的,概念都具有特定的内涵,似是而非地理解概念的内涵就有跑题的可能。例如:以"坚强""脸"为话题。当年发生的汶川大地震让"坚强"有了特殊的背景和特定的内涵;而话题"脸",则必须由表及里,通过表面的脸推断出"脸"更深层的内涵。有时,话题是以一个短语或句子的形式出现的,这类话题要注意分析结构,厘清关系,抓住重点。例如:以"跑的体验"为话题。跑,就意味着竞争,这是个比喻性话题,可引发丰富的联想;跑,还重在体验,也可以写自身生理、心理的反应。

2. 审准"材料"的指向

多数话题作文在话题之前会有一段与之相关的背景材料,作为引出话题的由头,这往往是命题者着意营造的某种情境。不同材料的思维指向是不同的,只有审清背景材料的思维指向,才能保证写作中思维模式与文题内在文脉的贯通。例如，以"我说00后"为话题的背景材料：

当前，出生于21世纪初被称作"00后"的青少年，越来越多地受到社会的关注。有人对他们赞扬嘉许，有人对他们表示担忧，也有人认为他们是在以自己的方式诠释自己的青春……不管怎样，"00后"将担当起社会和历史赋予的重任。

审读以上材料，可以看出"00后"既是时代的骄子，又存在这样或那样的不足。因此，作文思想的指向应该是正视"00后"的长处与短处，认识这一代人应该肩负的历史责任，这样才有利于促进他们的健康成长，使他们将来更好地担当起社会和历史赋予的重任。

3.审出"导引"的暗示

话题作文一般都有一段提示性的"导引"文字，它往往在材料的后面、"话题"的前面。如果说话题作文在开放中又有所限制的话，那么这些限制多出现在导引语中。考生一定要注意这些导引语透露出来的信息，并加以巧妙地利用。利用好这些导引信息，一方面，可以帮助我们轻松地理解话题，从而更好地发散思维，产生联想；另一方面，可以帮助我们明确写作方向，写出切合题意的作文。例如：有一篇话题作文的导引语是"生活中，每个人的位置可能不同，但各有其价值"，实际上，这句导引语就是文章的主旨。

4.审清"要求"的事项

作文题在引出话题之后，都有一个"要求"（或"注意"），对写作做一些限制，如写作范围、角度、文体、篇幅等，这些内容我们不仅不能忽视，而且要好好理解和把握。如有"除诗歌外，文体不限"的要求，考生就不能写诗歌；同时更应注意的是"文体不限"，这是指不限于一种文体，考生有选择文体的自由，并不等于不要文体。当考生选定了一种文体，就应按照这种文体的特点来谋篇布局，力求文体特征鲜明。

二、话题作文写作要领

1.缩小话题，以小见大

话题作文为了给考生提供比较开放的构思空间，往往设立的话题较"大"，例如："我生活的世界""教育方式"等。这有利于考生最大限度地发挥想象力和创造力。但是，如果不能准确把握话题，有效缩小写作的范围，就会出现蜻蜓点水、泛泛而谈的问题。因此，不管所给的话题多么宽泛，我们都要善于缩小"包围圈"，选择一个小小的切入口，例如：一件事、一个人、一样物品、一种感受、一些看法。在写作中要集中笔墨加以突破，把你所选择的话题写细、写深、写透。外延缩小了，内涵就扩大了，这样才能更好地做到"以小见大"。

2.拟好标题，先声夺人

俗话说"题好文一半"。标题是文章整体的一个有机组成部分，是文章的"眼睛"。写作时，如果不重视拟题，而是直接把话题当作标题，或者仅稍微改动一两个字眼，这样实际上是放弃了拟题的机会，也丧失了让标题给作文加分的可能。因此，拟一个好的标题很重要。拟写标题要力求准确、凝练、含蓄、新奇，使阅卷老师"一见钟情"，从而达到先声夺人的效果。例如：针对"我说00后"的话题，就有考生拟出了"跃动的生命，不懈的追求——00后宣言""00后的诗意人生""00后的爱，00后的情"等好的标题。

3.发散思维，善于联想

话题作文是一种开放性的作文形式，要求考生发散思维，尽情地在想象的空间中驰骋，善于从多个角度展开联想。例如：话题"跑的体验"，就可以由"跑"产生联想——刘翔的跑，是追求百米跨栏的十几秒；篮球场上的跑，是为了争球得分；赛车场上的跑，不是靠腿，而是靠车轮、技术；而自然界中的跑，是适者生存，弱肉强食……这样，作文的思路就会一下子开阔起来。

4.独辟蹊径，推陈出新

话题作文既然是应试作文，就需要给阅卷老师留下一个好的印象，以便得到一个好的分数。因此，写出特色、写出新意是十分重要的。考生在写作时，要善于"独辟蹊径"，即在立意上要有独特的感悟，不人云亦云;在选材上要有独到的眼光,不选陈题旧话;在构思上要独具匠心,不千篇一律、老生常谈;在语言上要有独特的魅力,不平铺直叙、泛泛而谈。

考题再现

【2019年·小学·写作】创新是一个民族进步的灵魂,请以"创新"为话题写一篇文章,自选文体(诗歌除外),不少于800字。

【参考范文】

论创新的重要性

"创新是一个民族进步的灵魂,是一个国家兴旺发达的不竭动力,也是中华民族最深沉的民族禀赋。"我们需要创新,创新能够加快历史前进的脚步,创新能够促使人类不断接近真理,创新能够创造巨大的财富。

创新能够加快历史前进的脚步。从氏族社会到民主社会,从四分五裂到国家统一,时间不断推移,朝代不断更替,只有经济、政治、文化不断地革新,历史的车轮才能滚滚向前。秦国通过著名的商鞅变法,面貌焕然一新,从一个落后的国家,一跃成为"兵革大强,诸侯畏惧"的强国,出现了"家给人足,民勇于公战,怯于私斗,乡邑大治"的局面。正是秦国的大胆改革创新,为秦始皇吞并六国、一统天下打下了坚实的基础,才促使中国古代历史上第一个中央集权制国家出现。创新能够推动历史的进步,促进人类的发展。

创新能够促使人类不断接近真理。哥白尼勇于打破传统教会"地心说"的束缚,创造性地提出了"日心说",促成了天文学的历史性变革,不断推动人类接近真理。之后,伽利略通过望远镜观察天体有了新的发现,开普勒通过观察并分析资料,发现行星沿椭圆形轨道运行。正是这一次次的创新发现,才使得"日心说"成为让人信服的真理。可见,正是科学家一次次的创新发现,才使人类不断接近真理。

创新能够创造巨大的财富。一件事物,变换、更新一种方式往往就能产生与众不同的价值。美国的一家制糖公司发现,方糖在运往南美洲时会受潮,这会给公司造成巨大的损失。这时有人提出,既然方糖用蜡密封还会受潮,不如用小针戳一个小孔使之通风。该公司采取此种方法进行试验,取得了意想不到的效果,方糖不仅不再受潮,而且这项技术革新还为他们带来了高达100万美元的专利转让费。如果在一些小事上,能够转变思维,多一些想法,事物的价值也许就会发生惊天逆转。

创新能够推动历史进步,能够使人类不断接近真理,能够创造巨大的财富。创新精神之于个人、社会、国家都是如此重要,我们更应该努力培养创新精神,提高创新能力,为实现中华民族的伟大复兴而不断努力。

第三节　材料作文

材料作文,顾名思义,指的是提供文字材料的作文。这类作文的题型有四个特点:一是题目有文字材料;二是要求考生依据材料提炼观点,然后围绕观点或记叙或议论,多角度考查考生理解、分析和表达的能力;三是"题"的变化形式多样,可以是围绕材料直接命题,也可以是自主命题,还可以是半命题;四是一般而言,围绕材料提炼观点后进行作文,除文题有明确的文体要求外,其余情况下,最好选择写成议论文。

材料作文主要考查考生阅读、分析、写作的综合能力。考生要通过阅读、分析、提炼、联想、表达,完成试题规定的写作任务。从考试命题的角度看,由于它能极好地避开猜题、押题,又能让所有考生有据而述,有理而议,有感而发,故备受命题者的青睐。

分析材料作文,第一步是阅读文题,明确考试范围,了解写作要求。材料作文在引述材料后,都有明确的写作要求,一般有以下几点:①结合材料的内容和含义,选准角度,明确立意;②自拟标题,自选文体(诗歌除外),不少于×××字;③不得套作,不得抄袭。考生要仔细阅读写作要求,然后在将要求了然于胸的前提下再阅读材料。第二步便是阅读材料。通过对材料的阅读，初步理解材料所蕴含的意义，并在此基础上运用咀嚼、品味、联想、提炼等方法分析材料，提炼观点。这是明确材料作文立意的重要一环。

阅读材料时，要紧扣材料，切不可曲解材料的要旨，更不可置材料于不顾而"我写我素"。首先，要把握材料的中心句或关于主题的提示，找到立意的突破口。其次，要把握与材料合理衔接的情节或与材料合理衔接的论述，注意思维发散的合理性。再次，要把握多段型彼此并存的材料，从中撷取立意所需要的部分。最后，要把握比喻型、寓意型、象征型的材料，在反复体味、比较中品评出材料的主旨、哲理、观点等，然后据此形成自己的观点。通过这一系列的"把握"，归纳出材料的中心意思，进而提炼出文章的主要观点。而有了主要观点，文章的议论或叙述便有了依据，构思起来也就简单了。

考题再现

【2020年·中学·写作】"夫传言不可以不察。数传而白为黑，黑为白。故狗似玃，玃似母猴，母猴似人，人之与狗则远矣。此愚者之所以大过也。"

阅读以上文字，自拟题目，写一篇不少于800字的作文，除诗歌外，体裁不限。文中不得出现真实的人名、校名、地名。

【参考范文】

不盲从，真自我

智者多主见，愚者尽盲从。东施效颦、邯郸学步，"食用盐风波"、"板蓝根断货"……古往今来，盲目跟风的事例数不胜数。那些盲目听信他人言论，不去探索真相，没有自我意识的人，必定是愚蠢的人。真正有智慧的人，一定是有自己的主见和判断力，不会轻易被他人的言论所左右的人。在人生道路上，我们应树立根据客观事实判断是非的意识，拒绝盲从，做一个有主见、有自我意识的人。

没有主见的人会在纷繁的网络世界中失去方向。"2012年世界末日"的说法曾在网络上广为流传，闹得人心惶惶。更有许多"世界末日"言论的坚信者开始放纵自己，或浑浑噩噩度日，不再珍惜"剩下的日子"，或不顾法律原则，肆无忌惮地做坏事，以为"世界末日"来临时便可一笔勾销。无独有偶，2015年，网上传言"食盐马上要涨价"，于是，众人不问缘由，不辨真假，不听劝说，每天前往超市"抢盐"，导致超市的食盐一度断货，原本良好的市场秩序也一度受到冲击。事实证明，一个人如果没有主见，便容易在偏听偏信、人云亦云中迷失自我。互联网为谣言的快速传播提供了机会，这对网民辨别消息真假的能力提出了更高的要求。缺乏理性思维，没有主见，便容易随波逐流，人云亦云，从而失去自我。始终保持清醒的认识，遇事学会独立思考，尊重客观事实，不盲信，不盲从，才能做回真正的自己。

有主见的人才能获得真正的成功。哥白尼质疑世人深信不疑的"地心说"，并在反复研究和查证后，提出了"日心说"的理论，使自然科学从神学中解放出来。伽利略通过在比萨斜塔的重力实验，推翻了亚里士多德"重的物体会先到达地面"的理论，发现了自由落体定律。哥白尼和伽利略为世界天文学、物理学做出了重要的贡献，他们也因为各自的发现而青史留名。有主见、能独立思考、敢于打破传统的人，拥有明确的人生目标和行为标准，正因如此，他们才能取得伟大的成就。

要成功，一定要坚持独立思考，有自己的分辨能力，凡事三思而后行，不盲信，不盲从。只有这样，我们才能看清人生方向，不在前进的道路上迷失自己，才能真正做一个有自我、有智慧的人。

第四节　漫画作文

漫画就是用简单而夸张的手法来反映现实生活或时事的特殊艺术形式。漫画材料一般都是比喻型材料，在表达主旨的方式方法上与寓言相似。漫画一般运用变形、比拟、象征的方法来反映事实、表明道理。漫画

第二部分　写作基础　233

的主题,含贬斥意义的居多。写作时,应将其与现实生活相联系,而不应"就画论画"。与文字材料相比,漫画更直观形象,但由于漫画通常运用比喻、夸张等修辞以使讽刺意蕴更加强烈,因此,漫画所具有的含义也更复杂,更不容易把握。不过从总体上看,漫画作文与文字材料作文在写作思路、行文结构上基本一致。写漫画作文的关键是读懂漫画,审题立意。

一、读懂漫画

①阅读漫画的标题。漫画的标题是漫画的眼睛,透过这个"眼睛",可以洞察漫画的主题。

②看懂漫画的画面。漫画是一门绘画艺术,它常用简单而夸张的手法,勾画出幽默、诙谐的画面,说明某种观点。漫画画面上的每一个细节都对漫画表达的寓意有提示作用。

③品味漫画的语言文字。漫画为了表达其寓意,常常配有言简意赅的语言文字。考生要认真思考作者在这些语言文字中所隐含的观点。

④揣摩漫画的夸张之处。漫画为了说明某种观点,常常对人物行为或场景的描绘进行变形、夸张,以引起读者共鸣。夸张之处往往是漫画的弦外之音,是漫画所要表达的寓意所在。

二、审题立意

①联想引申。确定漫画主题必须运用联想,根据观察、分析的结果,进行由此及彼、由表及里的思考,进而结合漫画主旨和作者的用意,确立文章的观点或主题。

②定体明旨。结合实际,选择适合自己的内容和文体。漫画作文有着广阔的写作空间,更有利于考生发挥自身的特长。但由于自由度扩大了,考生的作文也更容易产生杂乱无章、中心不明、文体模糊的问题。因此,考生必须选择适合自己阅历和写作能力的内容和文体,扬长避短,做到内容集中,文体特点鲜明。

强化练习

写作题

1.以"说'悦读'"为题,结合实际,写一篇不少于800字的议论文,要求观点明确、字迹清晰、论述严谨。

2.根据以下材料,按要求作文。

最近十年来,互联网和移动技术飞速发展,给人们的生活、工作、学习带来了极大的便利。新闻时政、影视音乐、游戏娱乐、科学技术、购物交流、书籍阅读、资料查找、课程学习等,但凡生活所需,应有尽有。有些人认为我们越来越多地使用互联网,使人与人面对面交流的机会大大减少;另一些人则认为互联网为我们提供了更多、更好的方式来沟通和联系彼此。

请根据材料,联系生活实际,自定立意,自拟标题,自选文体(诗歌除外),写一篇不少于800字的文章。

3.根据以下材料,按要求作文。

观书有感
朱熹
半亩方塘一鉴开,天光云影共徘徊。
问渠那得清如许?为有源头活水来。

阅读以上诗作,自拟题目,写一篇不少于800字的作文,除诗歌外,题材不限。文中不得出现真实的人名、校名、地名。

参考答案

写作题

1.【参考范文】

说"悦读"

　　文字的创造是人类从蒙昧走向文明的标志。自文字出现开始,"能够看书识字"使人类有别于动物,能够施行教育,汲取前人的智慧,快速发展成"万物之灵长"。然而,近些年的调查数据显示了一个难以回避的事实——中国国民阅读率日趋下降,中国已经面临阅读危机。这不仅是对一个千年文明古国的有力讽刺,也给当代人敲响了警钟。

　　国民不读书,与教育有关,与教师有关,特别是与教师不愿读书有关。著名教育家朱永新老师说:"教师的读书不仅是学生读书的前提,而且是整个教育的前提。"教师要重视读书、乐于读书,不断提升自身素质,做学生的好榜样。

　　教师要乐于读书,读书能够促进教师的精神生长。"一个人的阅读史就是他的精神发育史",教师作为民族文化的传承者,必须通过读书发展自己,提升精神境界,进而超越自我。"读史使人明智",阅读具有历史积淀的《史记》《战国策》,可以使教师从历代仁人志士的经历中获取逆境中奋进的信念,从国家兴衰的过程中明了居安思危的道理。"读诗使人灵秀",朗读意境优美的唐诗、宋词、元曲,可以使教师的心灵沉浸在诗中有画的意境之中,从而更加灵通。正如苏霍姆林斯基所说:"无限相信书籍的力量,是我的教育信仰的真谛之一。"

　　教师要乐于读书,读书能够增长教师的职业智慧。新课程的实施对教师的素质提出了更高的要求。教师如果学习了心理学家加德纳的"多元智能"理论,就能更好地理解新课程中教学目标和结果的不确定性的意义所在;教师如果掌握了教育家陶行知的"生活教育"理论,就能更好地领悟生活化的教材内容就是教育的本质要求;教师如果品读了教育学者黄全愈的《素质教育在美国》一书,就能更好地明白新课程中开设研究性学习课程的重要价值。教育的多样性、灵活性和复杂性,决定了教师必须是优秀的教育教学设计者、决策者、支配者、专业知识的发展者和创造者,而这在极大程度上均有赖于多读书,读好书,读懂书。

　　当然,读书要讲究方式方法。教师应当学会将书读"活"。孔子曰:"学而不思则罔,思而不学则殆。"孟子云:"尽信书,不如无书。"教师在阅读的过程中,必须学会在思考的基础上,做到知行合一,将所读内容与教学实际相结合,从而将理论应用于实践,提高教学效率。

　　"腹有诗书气自华",有书卷气的教师,才能培养出喜爱读书的学生,才能引导学生形成良好的阅读习惯与学习习惯,才能为提高国民的文化素养贡献自己的一份力量。

2.【参考范文】

合理使用互联网

　　近年来,互联网的发展给人们的生活带来了很多积极的影响,也为人们彼此的沟通和联系提供了更多、更好的方式,但随着人们使用互联网频率的增加,人与人面对面交流的机会大大减少,"人情味"也变得越来越淡。面对这种情况,我们应该保持警惕,应在交际中合理使用互联网,不能让原本用来拉近人们彼此关系的互联网,成为人们面对面交流的障碍。

　　互联网在辅助人们的沟通交流方面具有积极的影响。互联网的出现使得人们之间的距离在一夕之间缩短,人们即使相距甚远,也可以利用视频通话,使人感觉仿佛近在咫尺,"车马很慢,书信很远"再也不是阻挡人与人之间的情感交流的因素。同时,互联网也为我们打开了人际交往的新世界,在这个虚拟世界里,我们不再局限于有限的小圈子,而是可以通过网络认识更多的人,了解到更多的信息,拓展眼界,使人即使足不出户,也能通过一部小小的手机,实现"家事国事天下事,事事关心"的梦想。互联网帮助我们充分汲取感兴趣的知识,丰富了我们的生活,也让我们的生活变得更有趣、更便捷。

　　但是我们在享受互联网所带来的交际便利的同时,也要警惕互联网带来的一些危害。互联网的发展改变了人们原有的交往方式,在不知不觉中,人们越来越依赖手机、电脑等电子产品,"低头族"群体也越来越壮大。因为长期脱离现实的交际情境,社交恐惧症、语言表达障碍等"现代病"越来越普遍。虚拟的网络空间越来越大,真实的交往范围却越来越小。冷冰冰的电子屏幕隔绝了人们之间真情流露的温暖,通过网络,人们既不能很好地表达情绪,也不能及时收到对方的情绪反馈。这样就少了面对面交流时的情感沟通,人们之间的情感表达也随着互联网而变得"敷衍"。

  人们应该认识到,互联网是一把"双刃剑",我们在享受其带来的便利的同时,也要理性地对待互联网,不能一味地依赖网络。要学会利用网络获取信息,实现快捷沟通,但同时也要避免一味地依赖网络而导致的人情冷漠。网上交流在一定程度上隔绝了亲情的温暖,子女对于老人的关怀总是隔着一方冰冷的屏幕,使老人的幸福感大打折扣。这些现象都在警示着我们,对人的关心不应该只是来自网络那头匆忙的问候,面对面的交流才能让情感的传递没有隔阂。因此,我们在使用网络进行沟通的同时,也不能忘记现实生活中的温暖,应在交际中合理使用互联网。互联网应当成为"美化"生活的工具,而不应被过度使用,逐渐变成破坏人与人之间情感的利剑。

3.【参考范文】

博学勤思,与时俱进

  教师是一个相对稳定的职业,很多人将它当作"铁饭碗",也因此出现了一些教师不再思考和学习,不再紧抓教育质量,不再对学生负起应承担的责任的情况。"问渠那得清如许?为有源头活水来。"若没有源源不断的"活水"来补充教师的知识,又怎么会有教育事业的蓬勃发展?时代在进步,教师也需要不断完善自己,来应对新时代的挑战,因此,新一代的教师必须要博学勤思,时刻保持求学的态度,也要与时俱进,紧紧把握时代的脉搏。

  教师需要博学勤思,保持求学的态度。时代的发展让教育行业面临新的挑战,新课程理念的贯彻和实施让"老"教师们感受到了压力,教育质量的提高和教学方法的创新已经成为行业发展的必然趋势,这意味着教师不能再满足于以往的知识,不能再躺在曾经的"功劳簿"上,而是要博学勤思,保持求学的态度,不断学习、终身学习。苏联教育家苏霍姆林斯基虽然学识渊博,仍旧孜孜不倦地坚持研究各国的教育理论并运用于教育实践,最终成为世界级的教育大家;我国著名教育家魏书生青年时期即获得"全国十大杰出青年"的称号,但依旧勤勤恳恳,丝毫不放松学习,坚持在教育方面的学习和研究,最终创造了奇迹般的教学业绩。可见,博学勤思是教育行业发展的"源头活水",教师只有不断努力、终身学习,才能实现自身的进步,培养出一代代的优秀人才。

  教师需要与时俱进,不断更新教育观念。时代的发展促使教育理论始终处于不断发展变化的过程之中。孔子顺应时代变化,打破"学在官府"的传统,开创私学,促进了中国古代教育的发展;夸美纽斯针对社会对大量人才的需求,提出"班级授课制",超越了中世纪以私人教育为主的贵族教育,满足了工业化时代来临时的教育需求;陶行知联系中国社会的实际,变杜威的教育思想为"生活教育"理论,极大地提高了中国的教育水平。韩愈说:"师者,所以传道受业解惑也。"现如今,我们正处于一个知识更新速度越来越快的信息时代,如果教师还是固守老课本,不能更新教育观念,就很难解答学生的诸多问题,也就很难达到"教书育人"的教师标准了。

  "问渠那得清如许?为有源头活水来。"作为新时代的教师,我们必须博学勤思,不断提高自身的素质;必须与时俱进,不断更新教育观念。只有这样,我们才能督促自己逐渐成长为一个专业知识水平不断提高的教师,一个紧跟时代步伐的教师,一个愈加受学生欢迎的教师,才能真正实现自我价值。

第三部分 语文课程与教学论

本书第三部分共分为四章。第一章为对课程标准相关内容的还原；第二章为对进行语文教学设计时所需掌握的基本理论与技能的讲解；第三章为对教学评价相关知识的讲解；第四章为对案例分析相关知识的讲解。

本部分内容在历年的案例评析题、教学设计题中均有涉及，主要有三大考查方向：①对《义务教育语文课程标准(2011年版)》的基本理念、教学目标、教学建议的考查；②对教学案例中教师教学所体现的教学理念、教学方法(优点、缺点)的考查；③对教学片段设计的考查。考生在复习过程中，不仅要准确识记《义务教育语文课程标准(2011年版)》的内容，理解教育教学的相关理论知识，还要能够熟练掌握教学技能，学会将所学理论与技能融会贯通于教学实践中，设计出符合实际要求的教学过程。

第一章 《义务教育语文课程标准(2011年版)》

第一节 前言

　　语言文字是人类最重要的交际工具和信息载体,是人类文化的重要组成部分。语言文字的运用,包括生活、工作和学习中的听说读写活动以及文学活动,存在于人类社会的各个领域。当今世界,经济全球化趋势日渐增强,现代科学和信息技术迅猛发展,新的交流媒介不断出现,给社会语言生活带来巨大变化,对中华民族优秀传统文化的继承,对语言文字运用的规范带来新的挑战。时代的进步要求人们具有开阔的视野、开放的心态、创新的思维,对人们的语言文字运用能力和文化选择能力提出了更高的要求,也给语文教育的发展提出了新的课题。

　　语文课程致力于培养学生的语言文字运用能力,提升学生的综合素养,为学好其他课程打下基础;为学生形成正确的世界观、人生观、价值观,形成良好个性和健全人格打下基础;为学生的全面发展和终身发展打下基础。语文课程对继承和弘扬中华民族优秀文化传统和革命传统,增强民族文化认同感,增强民族凝聚力和创造力,具有不可替代的优势。语文课程的多重功能和奠基作用,决定了它在九年义务教育中的重要地位。

考点1 课程性质

　　语文课程是一门学习语言文字运用的综合性、实践性课程。义务教育阶段的语文课程,应使学生初步学会运用祖国语言文字进行交流沟通,吸收古今中外优秀文化,提高思想文化修养,促进自身精神成长。工具性与人文性的统一,是语文课程的基本特点。

考点2 课程基本理念

1. 全面提高学生的语文素养

　　九年义务教育阶段的语文课程,必须面向全体学生,使学生获得基本的语文素养。

　　语文课程应激发和培育学生热爱祖国语文的思想感情,引导学生丰富语言积累,培养语感,发展思维,初步掌握学习语文的基本方法,养成良好的学习习惯,具有适应实际生活需要的识字写字能力、阅读能力、写作能力、口语交际能力,正确运用祖国语言文字。语文课程还应通过优秀文化的熏陶感染,促进学生和谐发展,使他们提高思想道德修养和审美情趣,逐步形成良好的个性和健全的人格。

2. 正确把握语文教育的特点

　　语文课程丰富的人文内涵对学生精神世界的影响是广泛而深刻的,学生对语文材料的感受和理解又往往是多元的。因此,应该重视语文课程对学生思想情感所起的熏陶感染作用,注意课程内容的价值取向,要继承和发扬中华优秀文化传统和革命传统,体现社会主义核心价值体系的引领作用,突出中国特色社会主义共同理想,弘扬以爱国主义为核心的民族精神和以改革创新为核心的时代精神,树立社会主义荣辱观,培养良好思想道德风尚,同时也要尊重学生在语文学习过程中的独特体验。

　　语文课程是实践性课程,应着重培养学生的语文实践能力,而培养这种能力的主要途径也应是语文实践。语文课程是学生学习运用祖国语言文字的课程,学习资源和实践机会无处不在,无时不有。因而,应该让学生多读多写,日积月累,在大量的语文实践中体会、把握运用语文的规律。

　　语文课程应特别关注汉语言文字的特点对学生识字写字、阅读、写作、口语交际和思维发展等方面的影响,在教学中尤其要重视培养良好的语感和整体把握的能力。

3. 积极倡导自主、合作、探究的学习方式

学生是学习的主体。语文课程必须根据学生身心发展和语文学习的特点,爱护学生的好奇心、求知欲,鼓励自主阅读、自由表达,充分激发他们的问题意识和进取精神,关注个体差异和不同的学习需求,积极倡导自主、合作、探究的学习方式。教学内容的确定,教学方法的选择,评价方式的设计,都应有助于这种学习方式的形成。

语文学习应注重听说读写的相互联系,注重语文与生活的联系,注重知识与能力、过程与方法、情感态度与价值观的整体发展。综合性学习既符合语文教育的传统,又具有现代社会的学习特征,有利于学生在感兴趣的自主活动中全面提高语文素养,有利于培养学生主动探究、团结合作、勇于创新的精神,应该积极提倡。

4. 努力建设开放而有活力的语文课程

语文课程的建设应继承我国语文教育的优良传统,注重读书、积累和感悟,注重整体把握和熏陶感染;同时应密切关注现代社会发展的需要,拓宽语文学习和运用的领域,注重跨学科的学习和现代科技手段的运用,使学生在不同内容和方法的相互交叉、渗透和整合中开阔视野,提高学习效率,初步养成现代社会所需要的语文素养。

语文课程应该是开放而富有创新活力的。要尽可能满足不同地区、不同学校、不同学生的需求,确立适应时代需要的课程目标,开发与之相适应的课程资源,形成相对稳定而又灵活的实施机制,不断地自我调节、更新发展。

考点3　课程设计思路

①九年义务教育语文课程,应以邓小平理论和"三个代表"重要思想为指导,深入贯彻落实科学发展观,坚持以人为本,继承我国语文教育的优良传统,汲取当代语文教育科学理论的精髓,借鉴国外母语教育改革的经验,遵循语文教育的规律,努力提高学生的语文素养,为弘扬民族精神、增强民族创造力和凝聚力、培养德智体美全面发展的社会主义建设者和接班人,发挥积极的作用,为学生的终身发展奠定基础。

②语文课程应注重引导学生多读书、多积累,重视语言文字运用的实践,在实践中领悟文化内涵和语文应用规律。

③课程目标九年一贯整体设计。课程标准在"总目标"之下,按1~2年级、3~4年级、5~6年级、7~9年级四个学段,分别提出"学段目标与内容",体现语文课程的整体性和阶段性。各个学段相互联系,螺旋上升,最终全面达成总目标。

④学段目标与内容从"识字与写字"、"阅读"、"写作"(第一学段为"写话",第二、第三学段为"习作")、"口语交际"四个方面提出要求。课程标准还提出了"综合性学习"的要求,以加强语文课程内部诸多方面的联系,加强与其他课程以及与生活的联系,促进学生语文素养全面协调地发展。

⑤课程标准的"实施建议"部分,对教学、评价、教材编写,以及课程资源的开发与利用等提出了实施的原则、方法和策略,也为具体实施留有创造的空间。

第二节　课程目标与内容

考点1　总体目标与内容

课程目标从知识与能力、过程与方法、情感态度与价值观三个方面设计。三者相互渗透,融为一体。目标的设计着眼于语文素养的整体提高。

①在语文学习过程中,培养爱国主义、集体主义、社会主义思想道德和健康的审美情趣,发展个性,培养创新精神和合作精神,逐步形成积极的人生态度和正确的世界观、价值观。

②认识中华文化的丰厚博大,汲取民族文化智慧。关心当代文化生活,尊重多样文化,吸收人类优秀文化的营养,提高文化品位。

③培育热爱祖国语言文字的情感,增强学习语文的自信心,养成良好的语文学习习惯,初步掌握学习语文的基本方法。

④在发展语言能力的同时,发展思维能力,学习科学的思想方法,逐步养成实事求是、崇尚真知的科学态度。

⑤能主动进行探究性学习,激发想象力和创造潜能,在实践中学习和运用语文。

⑥学会汉语拼音。能说普通话。认识3500个左右常用汉字。能正确工整地书写汉字,并有一定的速度。

⑦具有独立阅读的能力,学会运用多种阅读方法。有较为丰富的积累和良好的语感,注重情感体验,发展感受和理解的能力。能阅读日常的书报杂志,能初步鉴赏文学作品,丰富自己的精神世界。能借助工具书阅读浅易文言文。背诵优秀诗文240篇(段)。九年课外阅读总量应在400万字以上。

⑧能具体明确、文从字顺地表达自己的见闻、体验和想法。能根据需要,运用常见的表达方式写作,发展书面语言运用能力。

⑨具有日常口语交际的基本能力,学会倾听、表达与交流,初步学会运用口头语言文明地进行人际沟通和社会交往。

⑩学会使用常用的语文工具书。初步具备搜集和处理信息的能力,积极尝试运用新技术和多种媒体学习语文。

考点2　学段目标与内容

第一学段(1~2年级)

1. 识字与写字

①喜欢学习汉字,有主动识字、写字的愿望。

②认识常用汉字1600个左右,其中800个左右会写。

③掌握汉字的基本笔画和常用的偏旁部首,能按笔顺规则用硬笔写字,注意间架结构。初步感受汉字的形体美。

④努力养成良好的写字习惯,写字姿势正确,书写规范、端正、整洁。

⑤学会汉语拼音。能读准声母、韵母、声调和整体认读音节。能准确地拼读音节,正确书写声母、韵母和音节。认识大写字母,熟记《汉语拼音字母表》。

⑥学习独立识字。能借助汉语拼音认读汉字,学会用音序检字法和部首检字法查字典。

2. 阅读

①喜欢阅读,感受阅读的乐趣。养成爱护图书的习惯。

②学习用普通话正确、流利、有感情地朗读课文。学习默读。

③结合上下文和生活实际了解课文中词句的意思,在阅读中积累词语。借助读物中的图画阅读。

④阅读浅近的童话、寓言、故事,向往美好的情境,关心自然和生命,对感兴趣的人物和事件有自己的感受和想法,并乐于与人交流。

⑤诵读儿歌、儿童诗和浅近的古诗,展开想象,获得初步的情感体验,感受语言的优美。

⑥认识课文中出现的常用标点符号。在阅读中体会句号、问号、感叹号所表达的不同语气。

⑦积累自己喜欢的成语和格言警句。背诵优秀诗文50篇(段)。课外阅读总量不少于5万字。

3.写话

①对写话有兴趣,留心周围事物,写自己想说的话,写想象中的事物。
②在写话中乐于运用阅读和生活中学到的词语。
③根据表达的需要,学习使用逗号、句号、问号、感叹号。

考题再现

【2019年·小学·论述】综合教学实际,论述小学写话教学方法选用的策略。

【参考答案】

关于"写作"的目标,第一学段定位于"写话",第二学段开始"习作",这是为了降低学生写作起始阶段的难度,重在培养学生的写作兴趣和自信心。

①《义务教育语文课程标准(2011年版)》指出,小学低年段学生应"对写话有兴趣,留心周围事物,写自己想说的话,写想象中的事物"。根据这一要求,教师在教学实际中,应注重培养学生观察、思考、表达和创造的能力,要求学生说真话、实话、心里话,不说假话、空话、套话,并且抵制抄袭行为。由于低年级的学生年龄小,接触社会少,观察能力较弱,生活经验缺乏,并且识字量少,阅读面窄,容易对写话产生畏难情绪和害怕心理,教师可在日常教学中鼓励学生积累字词,学会查阅工具书,积累一定的词语、句子,并根据需要写出想要表达的话语。

②《义务教育语文课程标准(2011年版)》指出,小学低年段学生应"在写话中乐于运用阅读和生活中学到的词语"。要重视写作教学与阅读教学、口语交际教学之间的联系,善于将读与写、说与写有机结合,相互促进。教师在实际教学过程中,可以根据课文的特点插入仿写、续编、看图写话、补白等趣味训练,使学生在兴趣中学习写话。例如,在教学人教版二年级上《我要的是葫芦》一课中,可结合课文内容,引导学生思考"种葫芦的人看到小葫芦都落了,会想些什么呢"这一问题并将答案写下来,借此机会对学生进行写话训练,提高其表达能力。

③《义务教育语文课程标准(2011年版)》指出,小学低年段学生应"根据表达的需要,学习使用逗号、句号、问号、感叹号"。标点符号是帮助现代汉语书面语表达的一个重要环节,学生应掌握基本的标点符号的使用方法。教师在教学时应积极主动地帮助学生了解逗号、句号、问号、感叹号的意义及使用方法,促进学生在写话过程中正确运用标点符号,为日后的写作打好基础。

4.口语交际

①学说普通话,逐步养成说普通话的习惯。
②能认真听别人讲话,努力了解讲话的主要内容。
③听故事、看音像作品,能复述大意和自己感兴趣的情节。
④能较完整地讲述小故事,能简要讲述自己感兴趣的见闻。
⑤与别人交谈,态度自然大方,有礼貌。
⑥有表达的自信心。积极参加讨论,敢于发表自己的意见。

5.综合性学习

①对周围事物有好奇心,能就感兴趣的内容提出问题,结合课内外阅读共同讨论。
②结合语文学习,观察大自然,用口头或图文等方式表达自己的观察所得。
③热心参加校园、社区活动。结合活动,用口头或图文等方式表达自己的见闻和想法。

第二学段(3~4年级)

1.识字与写字

①对学习汉字有浓厚的兴趣,养成主动识字的习惯。
②累计认识常用汉字2500个左右,其中1600个左右会写。
③有初步的独立识字能力。会运用音序检字法和部首检字法查字典、词典。

④能使用硬笔熟练地书写正楷字,做到规范、端正、整洁。用毛笔临摹正楷字帖。
⑤写字姿势正确,有良好的书写习惯。

考题再现

【2020年·小学·判断】《义务教育语文课程标准(2011年版)》对第二学段识字与写字要求累计认识常用汉字1600个左右,其中800个左右会写。（　　）
【答案】×。

2.阅读

①用普通话正确、流利、有感情地朗读课文。
②初步学会默读,做到不出声,不指读。学习略读,粗知文章大意。
③能联系上下文,理解词句的意思,体会课文中关键词句表达情意的作用。能借助字典、词典和生活积累,理解生词的意义。
④能初步把握文章的主要内容,体会文章表达的思想感情。能对课文中不理解的地方提出疑问。
⑤能复述叙事性作品的大意,初步感受作品中生动的形象和优美的语言,关心作品中人物的命运和喜怒哀乐,与他人交流自己的阅读感受。
⑥诵读优秀诗文,注意在诵读过程中体验情感,展开想象,领悟诗文大意。
⑦在理解语句的过程中,体会句号与逗号的不同用法,了解冒号、引号的一般用法。
⑧积累课文中的优美词语、精彩句段,以及在课外阅读和生活中获得的语言材料。背诵优秀诗文50篇(段)。
⑨养成读书看报的习惯,收藏图书资料,乐于与同学交流。课外阅读总量不少于40万字。

3.习作

①乐于书面表达,增强习作的自信心。愿意与他人分享习作的快乐。
②观察周围世界,能不拘形式地写下自己的见闻、感受和想象,注意把自己觉得新奇有趣或印象最深、最受感动的内容写清楚。
③能用简短的书信、便条进行交流。
④尝试在习作中运用自己平时积累的语言材料,特别是有新鲜感的词句。
⑤学习修改习作中有明显错误的词句。根据表达的需要,正确使用冒号、引号等标点符号。
⑥课内习作每学年16次左右。

4.口语交际

①能用普通话交谈。学会认真倾听,能就不理解的地方向人请教,就不同的意见与人商讨。
②听人说话能把握主要内容,并能简要转述。
③能清楚明白地讲述见闻,说出自己的感受和想法。讲述故事力求具体生动。

5.综合性学习

①能提出学习和生活中的问题,有目的地搜集资料,共同讨论。
②结合语文学习,观察大自然,观察社会,用书面或口头方式表达自己的观察所得。
③能在教师指导下组织有趣味的语文活动,在活动中学习语文,学会合作。
④在家庭生活、学校生活中,尝试运用语文知识和能力解决简单问题。

第三学段(5~6年级)

1.识字与写字

①有较强的独立识字能力。累计认识常用汉字3000个左右,其中2500个会写。

②硬笔书写楷书,行款整齐,力求美观,有一定速度。
③能用毛笔书写楷书,在书写中体会汉字的优美。
④写字姿势正确,有良好的书写习惯。

2.阅读
①能用普通话正确、流利、有感情地朗读课文。
②默读有一定速度,默读一般读物每分钟不少于300字。学习浏览,扩大知识面,根据需要搜集信息。
③能联系上下文和自己的积累,推想课文中有关词句的意思,辨别词语的感情色彩,体会其表达效果。
④在阅读中了解文章的表达顺序,体会作者的思想感情,初步领悟文章的基本表达方法。在交流和讨论中,敢于提出看法,作出自己的判断。
⑤阅读叙事性作品,了解事件梗概,能简单描述自己印象最深的场景、人物、细节,说出自己的喜爱、憎恶、崇敬、向往、同情等感受。阅读诗歌,大体把握诗意,想象诗歌描述的情境,体会作品的情感。受到优秀作品的感染和激励,向往和追求美好的理想。阅读说明性文章,能抓住要点,了解文章的基本说明方法。阅读简单的非连续性文本,能从图文等组合材料中找出有价值的信息。
⑥在理解课文的过程中,体会顿号与逗号、分号与句号的不同用法。
⑦诵读优秀诗文,注意通过语调、韵律、节奏等体味作品的内容和情感。背诵优秀诗文60篇(段)。
⑧扩展阅读面。课外阅读总量不少于100万字。

考题再现

【2020年·小学·判断】《义务教育语文课程标准(2011年版)》要求第三学段的学生课外阅读总量不能少于40万字。（　　）
【答案】×。

3.习作
①懂得写作是为了自我表达和与人交流。
②养成留心观察周围事物的习惯,有意识地丰富自己的见闻,珍视个人的独特感受,积累习作素材。
③能写简单的记实作文和想象作文,内容具体,感情真实。能根据内容表达的需要,分段表述。学写读书笔记,学写常见应用文。
④修改自己的习作,并主动与他人交换修改,做到语句通顺,行款正确,书写规范、整洁。根据表达需要,正确使用常用的标点符号。
⑤习作要有一定速度。课内习作每学年16次左右。

4.口语交际
①与人交流能尊重和理解对方。
②乐于参与讨论,敢于发表自己的意见。
③听人说话认真、耐心,能抓住要点,并能简要转述。
④表达有条理,语气、语调适当。
⑤能根据对象和场合,稍作准备,作简单的发言。
⑥注意语言美,抵制不文明的语言。

5.综合性学习
①为解决与学习和生活相关的问题,利用图书馆、网络等信息渠道获取资料,尝试写简单的研究报告。
②策划简单的校园活动和社会活动,对所策划的主题进行讨论和分析,学写活动计划和活动总结。
③对自己身边的、大家共同关注的问题,或电视、电影中的故事和形象,组织讨论、专题演讲,学习辨别

是非、善恶、美丑。

④初步了解查找资料、运用资料的基本方法。

第四学段（7~9年级）

1.识字与写字

①能熟练地使用字典、词典独立识字，会用多种检字方法。累计认识常用汉字3500个左右。

②在使用硬笔熟练地书写正楷字的基础上，学写规范、通行的行楷字，提高书写的速度。

③临摹名家书法，体会书法的审美价值。

④写字姿势正确，有良好的书写习惯。

2.阅读

①能用普通话正确、流利、有感情地朗读。

②养成默读习惯，有一定速度，阅读一般的现代文，每分钟不少于500字。能较熟练地运用略读和浏览的方法，扩大阅读范围。

③在通读课文的基础上，理清思路，理解、分析主要内容，体味和推敲重要词句在语言环境中的意义和作用。

④对课文的内容和表达有自己的心得，能提出自己的看法，并能运用合作的方式，共同探讨、分析、解决疑难问题。

⑤在阅读中了解叙述、描写、说明、议论、抒情等表达方式。

⑥能够区分写实作品与虚构作品，了解诗歌、散文、小说、戏剧等文学样式。

⑦欣赏文学作品，有自己的情感体验，初步领悟作品的内涵，从中获得对自然、社会、人生的有益启示。对作品中感人的情境和形象，能说出自己的体验；品味作品中富于表现力的语言。

⑧阅读简单的议论文，区分观点与材料（道理、事实、数据、图表等），发现观点与材料之间的联系，并通过自己的思考，作出判断。阅读新闻和说明性文章，能把握文章的基本观点，获取主要信息。阅读科技作品，还应注意领会作品中所体现的科学精神和科学思想方法。阅读由多种材料组合、较为复杂的非连续性文本，能领会文本的意思，得出有意义的结论。

⑨诵读古代诗词，阅读浅易文言文，能借助注释和工具书理解基本内容。注重积累、感悟和运用，提高自己的欣赏品位。

⑩随文学习基本的词汇、语法知识，用来帮助理解课文中的语言难点；了解常用的修辞方法，体会它们在课文中的表达效果。了解课文涉及的重要作家作品知识和文化常识。

⑪能利用图书馆、网络搜集自己需要的信息和资料，帮助阅读。

⑫学会制订自己的阅读计划，广泛阅读各种类型的读物，课外阅读总量不少于260万字，每学年阅读两三部名著。背诵优秀诗文80篇（段）。

3.写作

①写作要有真情实感，力求表达自己对自然、社会、人生的感受、体验和思考。

②多角度观察生活，发现生活的丰富多彩，能抓住事物特征，有自己的感受和认识，表达力求有创意。

③注重写作过程中搜集素材、构思立意、列纲起草、修改加工等环节，提高独立写作能力。

④写作时考虑不同的目的和对象。根据表达的需要，围绕表达中心，选择恰当的表达方式。合理安排内容的先后和详略，条理清楚地表达自己的意思。运用联想和想象，丰富表达的内容。正确使用常用的标点符号。

⑤写记叙性文章，表达意图明确，内容具体充实；写简单的说明性文章，做到明白清楚；写简单的议论性文章，做到观点明确，有理有据；根据生活需要，写常见应用文。

⑥能从文章中提取主要信息,进行缩写;能根据文章的基本内容和自己的合理想象,进行扩写;能变换文章的文体或表达方式等,进行改写。

⑦根据表达的需要,借助语感和语文常识,修改自己的作文,做到文从字顺。能与他人交流写作心得,互相评改作文,以分享感受,沟通见解。

⑧作文每学年一般不少于14次,其他练笔不少于1万字,45分钟能完成不少于500字的习作。

4.口语交际
①注意对象和场合,学习文明得体地交流。

②耐心专注地倾听,能根据对方的话语、表情、手势等,理解对方的观点和意图。

③自信、负责地表达自己的观点,做到清楚、连贯、不偏离话题。

④注意表情和语气,根据需要调整自己的表达内容和方式,不断提高应对能力,增强感染力和说服力。

⑤讲述见闻,内容具体、语言生动。复述转述,完整准确、突出要点。能就适当的话题作即席讲话和有准备的主题演讲,有自己的观点,有一定说服力。

⑥讨论问题,能积极发表自己的看法,有中心、有根据、有条理。能听出讨论的焦点,并能有针对性地发表意见。

5.综合性学习
①自主组织文学活动,在办刊、演出、讨论等活动过程中,体验合作与成功的喜悦。

②能提出学习和生活中感兴趣的问题,共同讨论,选出研究主题,制订简单的研究计划。能从书刊或其他媒体中获取有关资料,讨论分析问题,独立或合作写出简单的研究报告。

③关心学校、本地区和国内外大事,就共同关注的热点问题,搜集资料,调查访问,相互讨论,能用文字、图表、图画、照片等展示学习成果。

④掌握查找资料、引用资料的基本方法,分清原始资料与间接资料的主要差别,学会注明所援引资料的出处。

第三节　实施建议

考点1　教学建议

1.充分发挥师生双方在教学中的主动性和创造性

学生是语文学习的主体,教师是学习活动的组织者和引导者。语文教学应在师生平等对话的过程中进行。

语文教学应激发学生的学习兴趣,培养学生自主学习的意识和习惯,引导学生掌握语文学习的方法,为学生创设有利于自主、合作、探究学习的环境。应尊重学生的个体差异,鼓励学生选择适合自己的学习方式。

教师应确立适应社会发展和学生需求的语文教育观念,注重吸收新知识,不断提高自身的综合素养。应认真钻研教材,正确理解、把握教材内容,创造性地使用教材;积极开发、合理利用课程资源,灵活运用多种教学策略和现代教育技术,努力探索网络环境下新的教学方式;精心设计和组织教学活动,重视启发式、讨论式教学,启迪学生智慧,提高语文教学质量。

2.教学中努力体现语文课程的实践性和综合性

教师应努力改进课堂教学,整体考虑知识与能力、过程与方法、情感态度与价值观的综合,注重听说读写之间的有机联系,加强教学内容的整合,统筹安排教学活动,促进学生语文素养的整体提高。

重视学生读书、写作、口语交际、搜集处理信息等语文实践，提倡多读多写，改变机械、粗糙、繁琐的作业方式，让学生在语文实践中学习语文，学会学习。善于通过专题学习等方式，沟通课堂内外，沟通听说读写，增加学生语文实践的机会。充分利用学校、家庭和社区等教育资源，开展综合性学习活动，拓宽学生的学习空间。

3. 重视情感、态度、价值观的正确导向

培养学生正确的思想观念、科学的思维方式、高尚的道德情操、健康的审美情趣和积极的人生态度，是与帮助他们掌握学习方法、提高语文能力的过程融为一体的，不应该当作外在的附加任务。应该根据语文学科的特点，注重熏陶感染，潜移默化，把这些内容渗透于日常的教学过程之中。

4. 重视培养学生的创新精神和实践能力

语文教学要注重语言的积累、感悟和运用，注重基本技能训练，让学生打好扎实的语文基础。尤其要注重激发学生的好奇心、求知欲，发展学生的思维，培养想象力，开发创造潜能，提高学生发现、分析和解决问题的能力，提高语文综合应用能力。

5. 具体建议

学生生理、心理以及语言能力的发展具有阶段性特征，不同内容的教学也有各自的规律，应该根据不同学段学生的特点和不同的教学内容，采取合适的教学策略。

（1）关于识字、写字与汉语拼音教学

识字、写字是阅读和写作的基础，是第一学段的教学重点，也是贯串整个义务教育阶段的重要教学内容。

低年级阶段学生"会认"与"会写"的字量要求有所不同。在教学过程中要"多认少写"，要求学生会认的字不一定同时要求会写。本标准附有"识字、写字教学基本字表"（**本教材未附录该字表**），建议先认先写"字表"中的300个字，逐步发展识字写字能力。

识字教学要注意儿童心理特点，将学生熟识的语言因素作为主要材料，结合学生的生活经验，引导他们利用各种机会主动识字，力求识用结合。

要运用多种识字教学方法和形象直观的教学手段，创设丰富多彩的教学情境，提高识字教学效率。

按照规范要求认真写好汉字是教学的基本要求，练字的过程也是学生性情、态度、审美趣味养成的过程。每个学段都要指导学生写好汉字。要求学生写字姿势正确，指导学生掌握基本的书写技能，养成良好的书写习惯，提高书写质量。第一、第二、第三学段，要在每天的语文课中安排10分钟，在教师指导下随堂练习，做到天天练。要在日常书写中增强练字意识，讲究练字效果。

汉语拼音教学要尽可能有趣味性，宜多采用活动和游戏的形式，应与学说普通话、识字教学相结合，注意汉语拼音在现实语言生活中的运用。

（2）关于阅读教学

阅读是运用语言文字获取信息、认识世界、发展思维、获得审美体验的重要途径。阅读教学是学生、教师、教科书编者、文本之间对话的过程。

阅读是学生的个性化行为。阅读教学应引导学生钻研文本，在主动积极的思维和情感活动中，加深理解和体验，有所感悟和思考，受到情感熏陶，获得思想启迪，享受审美乐趣。要珍视学生独特的感受、体验和理解。教师应加强对学生阅读的指导、引领和点拨，但不应以教师的分析来代替学生的阅读实践，不应以模式化的解读来代替学生的体验和思考；要善于通过合作学习解决阅读中的问题，但也要防止用集体讨论来代替个人阅读。

阅读教学应注重培养学生感受、理解、欣赏和评价的能力。这种综合能力的培养，各学段可以有所侧重，但不应把它们机械地割裂开来。

在理解课文的基础上，提倡多角度、有创意的阅读，利用阅读期待、阅读反思和批判等环节，拓展思维空间，提高阅读质量。但要防止逐字逐句的过深分析和远离文本的过度发挥。

各个学段的阅读教学都要重视朗读和默读。各学段关于朗读的目标中都要求"有感情地朗读",这是指,要让学生在朗读中通过品味语言,体会作者及其作品中的情感态度,学习用恰当的语气语调朗读,表现自己对作者及其作品情感态度的理解。朗读要提倡自然,要摒弃矫情做作的腔调。

应加强对阅读方法的指导,让学生逐步学会精读、略读和浏览。有些诗文应要求学生诵读,以利于丰富积累,增强体验,培养语感。

在阅读教学中,为了帮助理解课文,可以引导学生随文学习必要的语文知识,但不能脱离语文运用的实际去进行"系统"的讲授和操练,更不应要求学生死记硬背概念、定义。

要重视培养学生广泛的阅读兴趣,扩大阅读面,增加阅读量,提高阅读品位。提倡少做题,多读书,好读书,读好书,读整本的书。关注学生通过多种媒介的阅读,鼓励学生自主选择优秀的阅读材料。加强对课外阅读的指导,开展各种课外阅读活动,创造展示与交流的机会,营造人人爱读书的良好氛围。

(3)关于写作教学

写作是运用语言文字进行表达和交流的重要方式,是认识世界、认识自我、创造性表述的过程。写作能力是语文素养的综合体现。写作教学应贴近学生实际,让学生易于动笔,乐于表达,应引导学生关注现实,热爱生活,积极向上,表达真情实感。

关于"写作"的目标,第一学段定位于"写话",第二学段开始"习作",这是为了降低学生写作起始阶段的难度,重在培养学生的写作兴趣和自信心。

在写作教学中,应注重培养学生观察、思考、表达和创造的能力。要求学生说真话、实话、心里话,不说假话、空话、套话,并且抵制抄袭行为。

为学生的自主写作提供有利条件和广阔空间,减少对学生写作的束缚,鼓励自由表达和有创意的表达,鼓励写想象中的事物。加强平时练笔指导,改进作文命题方式,提倡学生自主选题。

写作教学应抓住取材、立意、构思、起草、加工等环节,指导学生在写作实践中学会写作。重视引导学生在自我修改和相互修改的过程中提高写作能力。

要重视写作教学与阅读教学、口语交际教学之间的联系,善于将读与写、说与写有机结合,相互促进。要关注作文的书写质量,要使学生把作文的书写也当作练字的过程。

积极合理利用信息技术与网络的优势,丰富写作形式,激发写作兴趣,增加学生创造性表达、展示交流与互相评改的机会。

(4)关于口语交际教学

口语交际能力是现代公民的必备能力。应培养学生倾听、表达和应对的能力,使学生具有文明和谐地进行人际交流的素养。

口语交际是听与说双方的互动过程。教学活动主要应在具体的交际情境中进行,不宜采用大量讲授口语交际原则、要领的方式。应努力选择贴近生活的话题,采用灵活的形式组织教学。

重视在语文课堂教学中培养口语交际的能力,鼓励学生在各科教学活动以及日常生活中锻炼口语交际能力。

(5)关于综合性学习

综合性学习主要体现为语文知识的综合运用、听说读写能力的整体发展、语文课程与其他课程的沟通、书本学习与生活实践的紧密结合。

综合性学习应贴近现实生活。联系生活中的实际问题开展学习活动,在实现语文学习目标的同时,提高对自然、社会现象与问题的认识,追求积极、健康、和谐的生活方式,增强抵御风险和侵害的意识,增强在与自然、社会和他人互动中的应对能力。

综合性学习应突出学生的自主性,重视学生主动积极的参与精神,主要由学生自行设计和组织活动,特别注重探索和研究的过程,要加强教师在各环节中的指导作用。

综合性学习应强调合作精神，注意培养学生策划、组织、协调和实施的能力。

综合性学习的设计应开放、多元，提倡与其他课程相结合，开展跨领域学习。跨学科学习，也应以提高学生语文素养为目的。

积极构建网络环境下的学习平台，拓展学生学习和创造的空间，支持和丰富语文综合性学习。

（6）关于语法修辞知识

本标准"学段目标与内容"中涉及语音、文字、词汇、语法、修辞、文体、文学等丰富的知识内容，在教学中应根据语文运用的实际需要，从所遇到的具体语言实例出发进行指导和点拨。指导与点拨的目的是帮助学生更好地识字、写字、阅读与表达，形成一定的语言应用能力和良好的语感，而不在于对知识系统的记忆。因此，要避免脱离实际运用，围绕相关知识的概念、定义进行"系统、完整"的讲授与操练。

本标准通过所附的"语法修辞知识要点"（**本教材未附录该要点**）对相关内容略加展开，大致规定教学中点拨的范围和难度；这一部分提到有关的名称，则便于教师在引导学生认识语言现象和问题时称说。关于语言结构和运用的规律，须让学生在具有比较丰富的语言积累和良好语感的基础上，在实际运用中逐步体味把握。

考点2　评价建议

语文课程评价的根本目的是促进学生学习，改善教师教学。语文课程评价应准确反映学生的学习水平和学习状况，全面落实语文课程目标。应充分发挥语文课程评价的多重功能，恰当运用多种评价方式，注重评价主体的多元与互动，突出语文课程评价的整体性和综合性。要根据不同年龄学生的学习特点，按照不同学段的课程目标，抓住关键，突出重点，采用合适方式，提高评价效率。语文课程评价应该改变过于重视甄别和选拔的状况，突出评价的诊断和发展功能。

1.充分发挥语文课程评价的多种功能

语文课程评价具有检查、诊断、反馈、激励、甄别和选拔等多种功能，其目的是考察学生实现课程目标的程度，检验和改进学生的学习和教师的教学，改善课程设计，完善教学过程。应发挥语文课程评价的多种功能，尤其应注意发挥其诊断、反馈和激励的功能，有效地促进学生的发展。

2.恰当运用多种评价方式

形成性评价关注学习过程，有利于及时揭示问题、及时反馈、及时改进教与学活动。终结性评价关注学习结果，有利于对教学活动作出总结性的结论。形成性评价和终结性评价都是必要的。应加强形成性评价，注意收集、积累能够反映学生语文学习与发展的资料，可采用成长记录袋等各种方式，记录学生的成长过程。对学生语文学习的日常表现，应以表扬、鼓励等积极的评价为主，采用激励性的评语，从正面加以引导。

要坚持定性评价和定量评价相结合，全面反映学生语文学习的状态及水平。评价方法除了纸笔测试以外，还有平时的行为观察与记录、问卷调查、面谈讨论等各种方法。语文学习具有重情感体验和感悟的特点，更应重视定性评价。学校和教师要对学生的成长记录和考试结果进行分析，评价结果的呈现方式除了等级或分数以外，还可用代表性的事实客观描述学生语文学习的进步，并提出建议。

各种评价方法都有其一定的适应性，在评价的客观性和深刻性上也各有差别，因此，评价设计要注重可行性和有效性，力戒繁琐，防止片面追求形式。

3.注重评价主体的多元与互动

应注意将教师的评价、学生的自我评价及学生之间的相互评价相结合，加强学生的自我评价和相互评价，促进学生主动学习，自我反思。评价要理解和尊重学生的自我评价与相互评价。要尊重学生的个体差异，有利于每个学生的健康发展。

根据需要，可让学生家长、社区、专业人员等适当参与评价活动，争取社会对学生语文学习的更多关注和支持。

4.突出语文课程评价的整体性和综合性

语文课程评价要体现语文课程目标的整体性和综合性,全面考察学生的语文素养。应注意识字与写字、阅读、写作、口语交际和综合性学习五个方面的有机联系,注意知识与能力、过程与方法、情感态度与价值观的交融、整合,避免只从知识、技能方面进行评价。

5.具体建议

(1)关于识字与写字的评价

汉语拼音学习的评价,重在考察学生认读和拼读的能力,以及借助汉语拼音认读汉字、讲普通话、纠正地方音的情况。

识字的评价,要考察学生认清字形、读准字音、掌握汉字基本意义的情况,以及在具体语言环境中运用汉字的能力,借助字典、词典等工具书查检字词的能力。第一、第二学段应多关注学生主动识字的兴趣,第三、第四学段要重视考察学生独立识字的能力。

写字的评价,要考察学生对于要求"会写"的字的掌握情况,重视书写的正确、端正、整洁,在此基础上,逐步要求书写流利。第一学段要关注学生写好基本笔画、基本结构和基本字,第二、第三学段还要关注学生的毛笔书写,第四学段还要关注学生基本行楷字的书写和对名家书法作品的临摹。义务教育的各个学段的写字评价都要关注学生写字的姿势与习惯,引导学生提高书写质量。第三学段要求学生会写2500个字。对学生写字学习情况的评价,当以本标准附录5"义务教育语文课程常用字表·字表一"(**本教材未附录该字表**)为依据。

评价要有利于激发学生识字、写字的兴趣,帮助学生养成写规范字的习惯,减少错别字。

(2)关于阅读的评价

阅读的评价,要综合考察学生阅读过程中的感受、体验和理解,要关注其阅读兴趣与价值取向、阅读方法与习惯,也要关注其阅读面和阅读量,以及选择阅读材料的能力。重视对学生多角度、有创意阅读的评价。语文知识的学习重在运用,其概念不作为考试内容。

能用普通话正确、流利、有感情地朗读课文,是朗读评价的总要求。根据阶段目标,各学段的要求可以有所侧重。评价学生的朗读,可从语音、语调和语气等方面进行综合考察,评价"有感情地朗读",要以对内容的理解与把握为基础,要防止矫情做作。

诵读的评价,重在提高学生的诵读兴趣,增加积累,发展语感,加深体验和领悟。在不同学段,可在诵读材料的内容、范围、数量、篇幅、类型等方面逐渐增加难度。

默读的评价,应从学生默读的方法、速度、效果和习惯等方面进行综合考察。

精读的评价,重点评价学生对阅读材料的综合理解能力,要重视评价学生的情感体验和创造性的理解。第一学段可侧重考察对文章内容的初步感知和文中重要词句的理解、积累;第二学段侧重考察通过重要词句帮助理解文章,体会其表情达意的作用,以及对文章大意的把握;第三学段侧重考察对文章表达顺序和基本表达方法的了解领悟;第四学段侧重考察理清思路、概括要点、探究内容等方面的情况,以及读懂不同文体文章的能力。

略读的评价,重在考察学生能否把握阅读材料的大意。浏览的评价,重在考察学生能否从阅读材料中捕捉有用信息。

文学作品阅读的评价,着重考察学生感受形象、体验情感、品味语言的水平,对学生独特的感受和体验应加以鼓励。第一学段侧重考察学生能通过朗读和想象等手段,大体感受作品的情境、节奏和韵味;第二学段侧重考察在阅读全文基础上对重要段落和语句的细致阅读,具体感受作品的形象和语言;第三、第四学段,可通过考察学生对形象、情感、语言的领悟程度,以及自己的体验,来评价学生初步鉴赏文学作品的水平。

评价学生阅读古代诗词和浅易文言文,重点考察学生的记诵积累,考察他们能否凭借注释和工具书理解诗文大意。词法、句法等方面的概念不作为考试内容。

第三部分 语文课程与教学论 249

要重视学生课外阅读的评价。应根据各学段的要求,通过小组和班级交流、学习成果展示等方式,了解学生的阅读量和阅读面,进而考察其阅读的兴趣、习惯、品位、方法和能力。

(3)关于写作的评价

写作的评价,应按照不同学段的目标要求,综合考察学生写作水平的发展状况。第一学段主要评价学生的写话兴趣;第二学段是习作的起始阶段,要鼓励学生大胆习作;第三、第四学段要通过多种评价,促进学生具体明确、文从字顺地表达自己的见闻、体验和想法。对于作文的评价还须关注学生汉字书写的情况。

写作的评价,要重视学生的写作兴趣和习惯,鼓励表达真情实感,鼓励有创意的表达,引导学生热爱生活,亲近自然,关注社会。

写作材料准备过程的评价,不仅要具体考察学生占有材料的丰富性、真实性,也要考察他们获取材料的方法。要引导学生通过观察、调查、访谈、阅读等途径,运用多种方法搜集材料。

重视对作文修改的评价。要考察学生对作文内容、文字表达的修改,也要关注学生修改作文的态度、过程和方法。要引导学生通过自改和互改,取长补短,促进相互了解和合作,共同提高写作水平。

评价结果的呈现方式,根据实际需要,可以是书面的,可以是口头的;可以用等级表示,也可以用评语表示;还可以采用展示、交流等多种方式。

提倡学生在成长记录中收存有代表性的课内外作文和有价值的典型案例分析,以反映写作的实际情况和发展过程。

(4)关于口语交际的评价

口语交际的评价,须注重提高学生对口语交际的认识和表达沟通的水平。考察口语交际水平的基本项目可以有讲述、应对、复述、转述、即席讲话、主题演讲、问题讨论等。

口语交际的评价,应按照不同学段的要求,综合考察学生的参与意识、情意态度和表达能力。第一学段主要评价学生口语交际的态度与习惯,重在鼓励学生自信地表达;第二、第三学段主要评价学生日常口语交际的基本能力,学会倾听、表达与交流;第四学段要通过多种评价方式,促进学生根据不同的对象和内容,文明地进行人际沟通和社会交往。评价宜在具体的交际情境中进行,让学生承担有实际意义的交际任务,并结合学生在日常生活和学习活动中的表现,综合考察学生真实的口语交际水平。

(5)关于综合性学习的评价

综合性学习的评价,应着重考察学生的语文综合运用能力、探究精神与合作态度。主要着眼于学生在综合性学习过程中的表现,如是否能积极参与活动,是否能主动提出问题,还有搜集整理材料、综合运用语文知识探究问题、展示与交流学习成果等方面的情况。第一、第二学段要较多地关注学生参与语文学习活动的兴趣与态度;第三、第四学段要多关注学生在语文活动中提出问题、探究问题以及展示学习活动成果的能力。各个学段综合性学习的评价都要着眼于促进学生提高语文水平的效率,并有助于他们扩大视野,更好地掌握学习语文的方法。

评价要尊重和保护学生学习的自主性和积极性,鼓励学生运用多种方法,从不同的角度进行探究。要充分注意学生解决问题的思路和方法。对有新意的思路和表达以及有特点的展示方式,尤其要给予足够的重视。除了教师的评价之外,要多让学生开展自我评价和相互评价。

考点3　教材编写建议

①教材编写应依据课程标准,全面有序地安排教学内容,设计教学活动,并注意体现基础性和阶段性,关注各学段之间的衔接。

②教材应体现时代特点和现代意识,关注现实,关注人类,关注自然,理解和尊重多样文化,有助于学生树立正确的世界观、人生观、价值观。

③教材要注重继承与弘扬中华民族优秀文化和革命传统,有助于增强学生的民族自尊心和爱国主义感情。

④教材应符合学生的身心发展特点,适应学生的认知水平,密切联系学生的经验世界和想象世界,有助于激发学生的学习兴趣和创新精神。

⑤教材选文要文质兼美,具有典范性,富有文化内涵和时代气息,题材、体裁、风格丰富多样,各种类别配置适当,难易适度,适合学生学习。要重视开发高质量的新课文。

⑥教材应注意引导学生掌握语文学习的方法,养成良好的学习习惯。课文注释和练习等应少而精,具有启发性,有利于学生在探究中学会学习。

⑦教材内容的安排要避免繁琐,简化头绪,突出重点,加强整合,注重情感态度、知识能力之间的联系,致力于学生语文素养的整体提高。

⑧教材的体例和呈现方式应灵活多样,避免模式化。设计的体验性活动和研究性专题要体现语文特点,内容适量,便于实施。

⑨教材要有开放性和弹性。在合理安排基本课程内容的基础上,给地方、学校和教师留有开发、选择的空间,也为学生留出选择和拓展的空间,以满足不同学生学习和发展的需要。

⑩教材编写应努力追求设计的创新和编写的特色。要重视现代教育技术在语文课程中的运用。编写语言应准确、规范。

考点4 课程资源开发与利用建议

①语文课程资源包括课堂教学资源和课外学习资源,例如:教科书、相关配套阅读材料、其他图书、报刊、工具书、教学挂图,电影、电视、广播、网络,报告会、演讲会、辩论会、研讨会、戏剧表演,生产劳动与社会实践场所,图书馆、博物馆、纪念馆、展览馆、布告栏、报廊、各种标牌广告,等等。

自然风光、文化遗产、风俗民情、方言土语,国内外的重要事件,日常生活的话题等也都可以成为语文课程的资源。

②各地都蕴藏着多种语文课程资源。学校要有强烈的资源意识,认真分析本地和本校的特点,充分利用已有的资源,积极开发潜在的资源,特别是人的资源因素和在课程实施过程中生成的资源因素。

③学校应积极创造条件,努力为语文教学配置相应的设备;还应当争取社会各方面的支持,与社区建立稳定的联系,给学生创设语文实践的环境,开展多种形式的语文学习活动。

④语文教师应高度重视课程资源的开发与利用,创造性地开展各类活动,增强学生在各种场合学语文、用语文的意识,通过多种途径提高学生的语文素养。

以上是《义务教育语文课程标准(2011年版)》的全部内容。《普通高中语文课程标准》在考试大纲中虽有提及,但在近年试题中并未考查,考生了解即可。如有需要《普通高中语文课程标准(2017年版)》电子版相关文件的考生,可以扫描下方二维码获取。

第二章　教学设计能力

第一节　教学设计概述

一、语文教学设计的基本理念

①从以教师为主转向以学生为主。
②从以传授知识为主转向以方法指导为主。
③从以结果为主转向以过程为主。
④从单一讲解转向组合优化。
⑤从以课内为中心转向课内外结合。

二、语文教学设计的原则

1. 整体性原则

整体性原则要求教师从实际出发，全面了解语文课程的能力培养要求、语文素养的形成和知识体系，对整个教学计划、教学系统及该学段、学年、学期的具体教学内容等有一个整体的认识，明确一个单元或一篇课文的教学设计在整个教学计划和教学系统中的地位和作用。在进行具体的教学设计时，教师要能够充分考虑学生现阶段的知识水平、语文能力与认知结构顺序，加强学习新知与巩固已知的联系，准确把握教学目标，让学生可以循序渐进地学习语文知识、训练语文能力，从而实现语文教学的整体优化目标。教师还要能够综合课文作者的写作思路、教材编者的编辑思路、学生的学习思路，概括文本要点，根据语境揣摩语句的含义，阐释文本内容，研究表达方式，设计出利于学生理解与掌握课文的总体教学思路，使整个课堂成为一个整体科学的渐进序列。

2. 实效性原则

教学设计以优化教学效果、帮助学生有效学习为目的。实效性原则要求教师优选和重构语文资源，注重方法和策略，结合学生的认识结构，选择实用的教学形式和恰当的教学手段，设计恰当、充实的教学内容，突出重点，突破难点，组织具有建构性、多样性和选择性的教学活动。

3. 可操作性原则

教学设计是教学过程的工作蓝图，具有可操作性。可操作性原则要求教学设计反映教学内容，能够切实解决教师教什么、怎么教，学生学什么、怎么学等问题；要求教学目标清晰准确、全面具体、可查可测；要求教学过程中的教学活动及其步骤明确具体；要求教学效果具有可参照性和可测性，保证课堂教学正常有序地进行。

4. 灵活性原则

教学设计是可变的，具有灵活性。灵活性原则要求教师在进行教学设计时，能根据教学实际需要，灵活组合排列教材，充分考虑教学过程动态变化的可能性，使教学设计留有实践选择的余地。

5. 示范性原则

教师的示范是对学生的启迪，能够激发学生自主学习语文的潜力，启发学生进行言语活动的再创造。示范性原则要求教师在进行教学设计时,能根据语文学科的性质和学生实际情况,针对不同的教学内容和教学目标,设计巧妙、即时、即景的示范性教学环节,保证教学内容的科学性,做出言语表达、学习方法、行为技能等方面的示范。

6.创新性原则

创新性原则是指教学设计应体现教师的创新意识与创新能力。创新性原则要求教师在进行教学设计时,要在尊重教学内容的基础上,充分发挥主观能动作用,追求创新,设计新颖的教学程序或方法,更好地培养学生的语文素养,提高学生的语文综合素质。

7.综合性原则

综合性原则要求教师在进行小学、初中学段的教学设计时,应综合知识与能力、过程与方法、情感态度与价值观三个方面的要求,在进行高中学段的教学设计时,应综合语言建构与运用、思维发展与提升、审美鉴赏与创造、文化传承与理解四个方面的要求,教师还应注重听说读写之间的联系,科学地开发与整合教学资源,加强教学内容的整合,统筹安排教学活动,引导学生形成综合发散式思维,促进学生语文素养的整体提高。

三、语文教学设计的依据

考点1　语文课程标准

语文课程标准是语文教师教学工作的指南,设计语文教学必须以语文课程标准为依据。所以,教师必须认识和把握语文课程标准。

《义务教育语文课程标准(2011年版)》共分为三个部分。第一部分为前言,前言的引言部分指出语文课程的重要作用和语文课程改革的指导思想,说明语文课程的性质、语文课程的基本理念和语文课程的设计思路。第二部分为课程目标与内容,在指出总目标后分别列出义务教育四个学段的阶段目标。第三部分为实施建议,分别就教学、评价、教材编写、课程资源开发与利用等方面提出建议。附录有优秀诗文背诵推荐篇目、关于课外读物的建议和语法修辞知识要点等。

《普通高中语文课程标准(2017年版2020年修订)》共分为七个部分。第一部分为前言,指出修订普通高中课程方案的必要性,说明修订工作的指导思想和基本原则、修订的主要内容。第二部分介绍了普通高中语文课程的课程性质与基本理念。第三部分介绍了语文学科核心素养与课程目标。第四部分介绍了普通高中语文课程的结构。第五部分介绍了普通高中语文课程的内容。第六部分介绍了学业质量内涵、学业质量水平及学业质量水平与考试评价的关系。第七部分为实施建议,分别就教学与评价、学业水平考试与高考命题、教材编写、课程资源的利用与开发、地方和学校实施课程提出建议。附录有古诗文背诵推荐篇目和关于课内外读物的建议。

课程标准是国家制定的某一学段的共同的、统一的基本要求,而不是最高要求;课程标准主要是对学生在经过某一学段之后的学习结果的行为描述,而不是对教学内容的具体规定;对学生学习结果行为的描述应该是可理解的、可达到的、可评估的,而不是模糊不清的、可望而不可即的;课程标准说明了教师不是教科书的执行者,而是教学方案(课程)的开发者,即教师是"用教科书教,而不是教教科书";课程标准的范围涉及作为一个完整个体发展的三个领域:认知、情感与动作技能,而不只是知识方面的要求。教师必须摆正课程与教学的位置,处理好课程与教学的关系,从而真正地认识和把握语文课程标准。

基础课程教育改革要求课程走向民主、走向开放,并且由专家走向教师,由学科走向学生。语文课程不再只是由课程计划、语文课程标准、语文教科书等组成的文本课程,而是教师与学生共同的体验课程。教师与学生不再孤立于课程之外,而是课程的有机构成部分,是课程的主体和创造者。语文教学不只是严格地依据语文课程标准,忠实地实施语文课程标准,更是语文课程的创生与开发。教学过程成为课程内容持续生成与转化、课程意义不断建构与提升的过程。在这里,课程与教学的辩证统一关系凸显了出来,不断促使语文教学和语文课程互相转化、互相促进、互相作用、互相制约、有机地融为一体。

考点2 教材内容

语文教材是教师教和学生学的主要依据。钻研教材,对于教学内容的设计具有十分重要的意义,因为教材决定了教什么。钻研教材的总要求是客观、务实,不能有太大的随意性。除了常规性的阅读理解,教师还应做到以下几点。

1.把握教材体系

把握教材体系主要包括统观全套教材,把握总体要求;熟悉整册教材,明确当册的教学重点;研究单元与单元之间的关系及内部组合的特点,把握听说读写的知识点和训练点,做到连点成线。具体做法如下:首先,要浏览并通读整个学段的语文教材,了解整套教材的体系、各册教材的重点、单元组合的特点、文体安排的规律、各类课文的特点、语文知识的系统和语文训练的序列,以把握所教的单册教材在整套教材中的地位和作用。其次,熟悉某一学期所教的整册教材的主要教学任务,教学的内容及知识点数量,单元组合的方式,教读课文与自读课文的配合,精读课文与略读课文的配合,知识教学与能力训练的比重,重点阅读课文与写作、口语交际、综合性学习的联系等。最后,了解教材的前后衔接规律,如该年级与上下年级的联结,引导学生稳妥、有效地过渡到下一阶段的学习,为之后的学习打下坚实的基础。

2.独立钻研教材

在教学设计的过程中,有些教师一味照搬他人的教案,还有些教师花费大量的时间去查阅各种资料,搬来各种教参,结果迷失在他人的设计套路中,理不出头绪。其实,设计教学的有效做法是在独立钻研的基础上,依据自己的思考,有目的地寻找和利用相关资料,个性化解读教材。

"钻研教材不同于自己平时读书。凡属按读写训练要求确定作为例子的课文,我都努力读熟。不管是讲读课文还是阅读课文,也不管是哪种文体、风格、内容的文章,都不凭个人的兴趣好恶去读,我给自己立了个规矩:拿到课本先通读,编好单元按单元读,下周教的课文本周读,明天上的课文今天读。即使一篇较熟、较长的课文,我也要读十遍左右。这样,到上课时就能运用自如了。在反复读课文的过程中,我总思考这样几个问题:文章写了什么内容?思路怎样?好在哪里?最主要的特色是什么?作者为什么这样写?要以什么作为读写训练的例子?读写训练如何进行?有没有教学中可能遇到的疑点和难点?怎样引导学生解决?文章有无不足之处?这十大问题,我都坚持独立思考,没有得出心得决不翻教学参考书。"特级教师陆继椿的这番话对年轻教师来说有重要的借鉴意义。

考点3 学生实际

教学是师生的双向互动。有效的教学设计是为了"学"而设计的。以学定教、以学促教是语文教学设计的重要思想。了解学生的状况,可从以下几个方面入手。

①了解学生学习新任务的预备状态或先决条件(现有状态,如有没有"进入"的障碍)。
②了解学生对目标状态是否有所涉猎、娴熟于心。
③了解学生对学习新任务的情感态度(学习愿望、毅力、动机、兴趣、时间精力投入的可能性)。
④了解学生学习新任务的自我监控能力(学习习惯、方法、策略及风格)。

了解学生的方法有很多,如课堂观察、批改作业或课后练习,与班主任、其他任课教师交流意见,专项测试、谈话与问卷等。

考点4 教师实际

教师是课堂教学工作的主导,既是教学设计者,又是教学实施者。教师的理论修养、专业知识水平和教学技能水平各有差异,教学设计一定要依据自身的条件,审慎地对待自己的长处与短处,充分发挥自身的特点和专长,实现既定的教学目标。例如:教学诗歌散文时,朗读课文是不可缺少的一环,有的教师普通话语音纯正,音色优美,由自己朗读课文,声情并茂,可以感染学生,达到示范朗读的目的。如果教师本人的普通话不标准,不是很适合做朗读示范,则可以设计播放课文朗读录音环节,并在播放结束后稍作提示,这样同样可以实现朗读教学的目的。不顾自身条件,照搬别人的经验,往往会导致失败。需要明确的是,考虑教师自身的条件绝不意味着降低教学要求和随意删减教学内容,以为不适合自己教就不教。依据教师自身条件主要是从方法论的角度优化教学设计,不是迁就教师自身的不足,而是弥补其不足。

第二节 常见的教学方法

教师应积极开发、合理利用课程资源,灵活运用多种教学策略和现代教育技术,努力探索网络环境下新的教学方式,精心设计和组织教学活动,重视启发式、讨论式教学,启迪学生智慧,提高语文教学质量。

常见的语文教学方法有朗读法、讲授法、讨论法、谈话法、练习法、导读法、情境教学法、"读""思""议""导"教学法、网络学习法、"读写结合"教学法、研究性学习法等。这里主要介绍前几种教学方法。

一、朗读法

朗读就是朗声读书,即用普通话把文字清晰、响亮、有感情地读出来,变视觉形象为听觉形象。朗读是一项口头语言艺术,需要创造性地还原语气,使无声的书面语言变成有声的口头语言。朗读有助于学生感知和积累语言知识,有助于提高学生吸收和运用语言的能力,有助于学生习得和积淀语感。

朗读训练要求符合学生的年龄特点,要求语音和语调的规范化。语音的规范化包括读音正确、音质自然;语调的规范化包括声调高低适度、强弱适中,语速快慢适宜,停顿恰当。具体要求有用标准的普通话朗读、语言流畅、感情充沛、节奏鲜明等。

朗读训练的常用方式有四种:①教师范读。教师示范远胜于单纯的讲解,是最好的指导方式。②学生单读。指定学生单读的方式带有考查性和学生示范性,是最好的训练方式。③学生齐读。齐读的方式适用于诗歌等音韵感和节奏感较强的作品。④学生分角色读。分角色读的方式适用于戏剧等人物个性鲜明的作品。引导学生正确朗读,注意纠正那些不正确的朗读方法,如唱读、念经式朗读、演戏式朗读等。朗读训练应突出停顿、重音、语调、节奏四个方面。

二、讲授法

讲授法是语文课堂上经常使用的教学方法,是教师以口头语言的形式直接向学生传授教学内容的教学方法。讲授法可分为讲演、讲述、讲解等不同类型,但这几种方法并不是截然对立的,可以综合使用。

①讲演的"演"在语文教学中多指"表演",强调教师凭借丰富的体态语,声情并茂地讲授教学内容,从而调动学生情绪,吸引学生注意力。例如:教学《陈情表》时,教师可运用讲演的方法将文本"表演"出来,把李密与祖母相依为命的特殊感情、祖母与国家不能兼顾的矛盾心情淋漓尽致地展现出来,在调动学生情绪的同时,帮助学生更好地理解文章的情感内涵。

②讲述重在叙述和描绘,多在介绍背景材料或描绘某种情景时使用。教师在讲述时要尽量生动活泼、条理清晰且富有表现力。例如:教学《兰亭集序》时,教师可运用讲述的方法向学生介绍这篇文章的写作背景及作者的身世经历,帮助学生感知作者的情感态度,保证教学活动顺利进行。

③讲解重在解读和阐释,多在文本解读、概念解析、原理阐释、学法分析、疑难解答等情景中使用。讲解法要求教师的表述逻辑严密,论证有力,深入浅出,能够突出理性思辨的特点。例如:教学《鱼我所欲也》时,教师可运用讲解的方法帮助学生分析文章的论点、论据和论证过程,使学生更好地理解全篇内容。

运用讲授法,要精选讲授材料,使教学内容具体可感;把握讲授要点,语言简练、准确、生动,思路清晰、条理性强;控制讲授时间,以免学生分散注意力,感到疲倦。讲授法是教师向学生单向输出信息,不利于学生自主反思、自主发问,所以要配合朗读法、讨论法、问答法等多种方法使用。

三、讨论法

讨论法是学生与学生在教师的指导下展开交流,并尝试在交流的过程中解决某个问题,获取某个知识点的教学方法。运用讨论法时要注意以下几点。

①注意教师的指导。虽然讨论是学生与学生之间的活动,但教师作为讨论活动的组织者与引导者,在讨论过程中要随时关注学生的动态并相机点拨,既要对学生的思路加以引导,又不能过早地下结论,把自己的意见强加给学生。

②注意明确问题。讨论法不是让学生漫无边际地讨论,而是让学生针对某个具体问题发表自己的看法。因此,教师应明确讨论目的,确定讨论内容与形式,在讨论的过程中也要注意随时引导学生围绕中心问题展开讨论,避免学生在讨论的过程中偏离主题。

③注意辨明观点。讨论活动结束后,教师可组织学生依次发表观点,同时要求其他学生认真听取别人的发言,在聆听后及时交流,在交流中达成某种共识。

④注意知识与能力的获取。教师组织学生讨论,既是为了解决文本中的某个问题,也是为了让学生养成思考的习惯,锻炼学生的思考和口语交际能力。

四、谈话法

谈话法,又称问答法,是教师在学生已有知识和经验的基础上,以师生相互问答为主要方式来组织课堂教学活动,使学生获得新知识、巩固旧知识的教学方法。运用谈话法时要注意以下几点。

①注意提问的艺术。提问要紧紧围绕教学目标与教学内容,要具有计划性、目的性和启发性;提问的内容要有一定的难度、深度和广度;问题与问题之间要有一定的逻辑性。

②正确评价学生的回答。教师要通过评价引导学生逐步地由现象接近本质,并且用准确的语言表达出来,以帮助学生获得规律性的认识;教师评价学生的答案时应保持民主的态度,允许学生提出不同的意见,还可以让别的同学参与评价;要坚持以表扬为主的原则,对学生答对的部分加以肯定,对学生回答中存在的问题给予中肯的分析和启发性的引导。

③正确对待学生提出的问题。对涉及课文主旨且对学生运用知识和发展智力有较大价值的关键性问题,教师要引导学生深入钻研,并表扬问题的提出者;对只有少数学生不懂的枝节问题,教师可简要点拨或鼓励学生利用工具书自行解决;对当场无法回答的问题,教师也要如实说明,并表示会在查阅资料解决问题后给予回复。

④正确处理面向集体提问和指名回答的关系。教师的提问通常先面向全体学生,以引起学生的思想感情活动,在学生思考一段时间后指名学生回答问题。随机点名的方式能使学生保持注意力的高度集中。

五、练习法

练习法是指通过听说读写等多种形式的练习,引导学生阅读、理解课文,从中获得知识,并把知识转化为技能的教学方法。练习法的主要训练方式包括朗读、默读、吟诵、背诵、默写、填空、智力竞赛、填表、写短文等。篇章教学的检测阶段、巩固阶段和运用阶段，单元复习和学期复习，都经常采用练习法。

练习法的一般程序：①教师设计练习题，向学生说明练习的内容和方法；②指导学生开展练习活动；③通过问答等方式了解和收集反馈信息；④调节和校正练习活动，保证教学计划的实施；⑤检测评定练习成绩，强化练习效果。

运用练习法需体现语文学科教学的目的，体现知识与能力的要求；需以教材为本并保证教学的灵活性。例如：《茅屋为秋风所破歌》的教学结束时，教师可让学生尝试将诗歌改写为一篇记叙文，这样既能加深学生对诗歌内容的理解，又能锻炼学生的写作能力。

六、导读法

导读法是指以教师指导学生阅读为主要手段，以学生的阅读活动为主要形式，以培养学生的自读能力为主要目的的教学方法。导读法一般由教师提出问题和要求，学生自己认读，自己分析，自己归纳，互相质疑解难，共同切磋琢磨。在学生阅读的过程中，教师可随时指导、点拨。例如：教学《台阶》时，教师可先给学生一些要求和提示，比如要用阅读小说的策略、角度赏析文章，要从情节入手，分析人物形象，要体会"台阶"的含义，把握小说的主题，然后引导学生按这些要求和提示自主阅读文本并解决相关问题。

七、情境教学法

情境教学法是指利用生活场景、图片、幻灯片、电影、电视、录音、录像、课本剧等，创设一定的教学情境，使学生在具体直观的情境中观察、体验、思考、练习，从而掌握教学内容，完成训练任务的教学方法。

情境教学法的优势是教学方式的科学化和教学内容的情境化。科学化的手段打破了时空限制，能把古今中外的社会现象和天南地北的自然景观生动形象地搬进课堂，使丰富多样的教学内容化为具体直观的情境呈现在学生面前。因此，对于那些难以想象的宏观景象、不易觉察的微观世界、抽象的意念、事物内部的变化形态等教学内容，便可以采用情境教学法。例如：教学《雷雨》时，教师可充分利用话剧的特点，让学生进行角色扮演，深入分析和体会人物性格特点。

八、"读""思""议""导"教学法

"读""思""议""导"教学法是指在阅读教学中，力求以学生为主体、教师为主导，按照让学生"读一读""想一想""议一议"，最后由教师"点拨引导"的顺序进行教学的教学方法。

在使用这一教学方法时，学生先"读一读"课文，在这一环节中发现问题，整体感知课文，理解课文所要表达的大概意思；然后"想一想"作者写这些内容的目的是什么；再"议一议"，不仅要找到以上问题的答案，还要"议一议"感兴趣的问题、句段、人物、环节。最后教师针对课堂中出现的问题进行点拨、引导，帮助学生解决课文中的问题，明确阅读思路。

考题再现

【2020年·小学·论述】 结合教学实际，论述方言区小学汉语拼音教学运用的策略。

【参考答案】

汉语拼音教学在小学语文教学中处于重要的基础地位。学好汉语拼音，有利于小学生识字和学说普通话。教师在具体的汉语拼音教学的过程中，应注意运用适当的教学策略。

①方言区的小学生，受其第一语言——方言及学习环境的影响较大，而且因为年龄偏小，容易受外界因素影响。

因此，教师应因地制宜，因材施教，灵活掌握教学进度，合理安排教学内容。

②利用形象教学拼音字母。汉语拼音的声母、韵母的读音不能只靠机械记忆，教师可充分利用教材中的插图来帮助学生记忆拼音字母。例如，在教学韵母"a"时，教师可引导学生观察教材插图中小女孩儿的头和小辫儿与"a"的相似之处，并相机教读"圆头小辫儿，aaa"。再如，教学韵母"o"时，教师可引导学生观察教材插图中公鸡打鸣的场景，并相机教读"公鸡打鸣，ooo"。

③联系小学生的生活实际读准拼音，对方言中容易混淆的拼音进行重点教学。音节拼读是小学生拼音入门的难点，教师可联系小学生生活实际，联系他们熟悉的事物来教学。例如，在教学音节"huā"时，首先，教师可展示"花"的实物或图片，引导学生说出事物名称，并逐步指导学生分解出"h-u-ā"；其次，教师展示一幅画，引导学生分解出"h-u-à"；最后，引导学生说出两者的声、韵母均相同，只有声调不同，让学生初步学习音节拼读方法。在此基础上，教师鼓励学生多说多练，帮助学生记准汉语拼音的音与形。

④通过游戏的方式学习拼音。拼音教学中，教师可以通过编儿歌（教师编或启发学生编）、找朋友等一系列游戏方式帮助学生学习拼音，激发学生的学习兴趣。例如，教学音节拼写时，教师可提前准备好声母卡和韵母卡，发给学生，学生根据教师提示，找到对应的声母卡或韵母卡，并互相介绍自己"我是声母/韵母×××"，再一起说出"我们相拼×××"，这样寓教学于游戏之中的教学方式，可使小学生快速掌握汉语拼音。

⑤要将拼音教学与学说普通话和识字相结合，注重实践，充分发挥汉语拼音对识字和学说普通话的促进作用。例如，学生学会了一些拼音后，教师可以鼓励学生阅读一些感兴趣的带有注音的课外书籍，并鼓励学生从身边实际入手，每日跟同学分享一句话，把学到的拼音运用到日常生活中，巩固学习效果。

第三节　教学目标设计及教学重难点的把握

教学目标是指预期的学习结果，是教学活动的出发点和归宿，为教学提供方向，指导教师确定教学内容、选择教学方法、安排教学流程、设计教学活动，是评价教学的重要依据。

语文教学目标是对学生学习成果及终结行为的具体描述，是对学生在教学活动结束后语文知识增长、语文能力培养、语文素养提升等方面的说明。

一、教学目标表述的基本要素

语文教学目标通常以行为目标的形式进行表述，一般包括四个基本要素，即行为主体、行为动词、行为条件、行为结果。其中，行为主体与行为条件有时可以省略。

1.行为主体

行为主体是指完成预期行为的学生。学生心理和行为的变化，是判断教学效果的直接依据，也是判断教师是否完成教学任务的根本依据。因此，教学目标的陈述要从学生的角度出发。

2.行为动词

行为动词用以描述学生形成的可观察、可测量、可评价的具体行为。设计者在对行为目标进行表述时，应尽可能选用意义明确、易于观察、具有质和量的具体规定性的外显性行为动词。

3.行为条件

行为条件是指影响学生产生学习结果的特定的限制或范围。对行为条件的表述可以是对使用辅助手段的说明，如"借助工具书"；可以是对时间限制的说明，如"在5分钟内"；也可以是对完成行为情境的说明，如"在课堂讨论时""读完全文后"等。

4.行为结果

行为结果是指预期行为产生的结果,通常用表现程度、水平或标准的文字来表示,需描述出教学活动结束后,学生应达到的最低表现标准或学习水平。行为结果的表述可以从行为的速度和行为的质量两个方面来确定,如"阅读现代文,每分钟不少于500字""完全无误"等。

二、教学目标表述的基本方式

教学目标表述的基本方式通常指结果性目标表述方式与体验性(表现性)目标表述方式两类,两种表述方式的不同主要体现在行为动词的使用上。

结果性目标表述方式明确描述学生的学习结果,采用的行为动词明确、可测量、可评价。结果性目标表述常用的行为动词见下表。

表3-2-1 "知识与能力"知识水平结果性目标常用行为动词

知识水平	行为动词
了解水平:再认或回忆知识,识别、辨认事实或证据,举出例子,描述对象的基本特征等	辨认、回忆、背诵、选出、举例、复述、列举、描述、识别、再认等
理解水平:把握内在逻辑关系,与已有知识建立联系,进行解释、推断、区分、扩展,提供证据,收集、整理信息等	说明、阐释、解释、比较、分类、概述、归纳、概括、判断、区别、提供、把……转换为……、猜测、预测、估计、推断、检索、收集、整理等
应用水平:在新的情境中使用抽象的概念、原则,进行总结、推广,建立不同情境下的合理联系等	使用、应用、质疑、辩护、设计、解决、撰写、拟定、检验、计划、总结、推广、证明、评价等

表3-2-2 "知识与能力"能力水平结果性目标常用行为动词

能力水平	行为动词
模仿水平:在新的情境中使用抽象的概念、原则,进行总结、推广,建立不同情境下的合理联系等	重复、模拟、模仿、再现、例证、描摹、扩展、缩写等
独立操作水平:独立完成操作,进行调整与改进,尝试与已有技能建立联系等	表现、完成、制定、拟定、解决、安装、测绘、测量、尝试、试验等
迁移水平:在新的情况下运用已有技能,理解同一技能在不同情境中的适用性等	联系、转换、灵活运用、举一反三、触类旁通等

体验性(表现性)目标的表述方式描述学生的心理感受与体验,采用的行为动词通常是体验性、过程性的。"过程与方法""情感态度与价值观"领域的目标一般采用体验性(表现性)目标表述方式。体验性(表现性)目标表述常用的行为动词见下表。

表3-2-3 体验性(表现性)目标的学习水平和行为动词

学习水平	行为动词
经历水平:独立从事或合作参与相关活动,建立感性认识等	感受、经历、参加、参与、寻找、尝试、讨论、交流、合作、分享、参观、访问、考察、接触、体验等
反应水平:在经历的基础上表达感受、态度和价值判断,做出相应的反应等	遵守、拒绝、认同、认可、承认、接受、同意、反对、愿意、欣赏、称赞、喜欢、感兴趣、关心、关注、重视、采用、采纳、支持、尊重、爱护、珍惜、蔑视、怀疑、摒弃、抵制、克服、拥护、帮助等
领悟(内化)水平:具有相对稳定的态度,表现出持续的行为,具有个性化的价值观念等	养成、形成、热爱、建立、树立、具有、坚持、保持、追求、确立等

考题再现

【2015年·小学·教学设计】阅读下文,为这篇文章设计教学目标。

卧薪尝胆

①两千多年前,在长江下游有两个国家,一个是吴国,一个是越国。他们都想征服对方,使自己的国家强大起来。

②会稽一战,越国打了败仗。越王勾践万般无奈,只好派人向吴王夫差求和,表示愿意和夫人一起去吴国,给吴王当奴仆。吴国的谋臣们纷纷要求灭掉越国,免除后患。得胜的吴王非常骄傲,不听大家的建议,答应了勾践的请求。

③勾践夫妇来到吴国,穿上了粗布衣,住进了石头房,给吴王养马驾车,舂米推磨,受尽了屈辱。他们在吴国整整干了三年,才回到自己的国家。

④回国以后,越王勾践时刻不忘报仇雪恨。白天,他亲自下田耕种;晚上,就睡在柴草上。他还在屋子里挂了一只苦胆,每顿饭前,总要先尝尝它的苦味,提醒自己不忘兵败会稽的耻辱。

⑤经过二十多年的努力,越国终于转弱为强,出奇兵灭掉了吴国。

【参考设计】

教学目标:

(1)知识与能力

①正确、流利、有感情地朗读课文。

②掌握生字词的读音和写法。

(2)过程与方法

①能够大致复述课文内容,通过合作探究等形式,与同学讨论交流,理解文章的中心思想。

②培养积极思考、勇于表达观点见解的良好习惯。

(3)情感态度与价值观

理解成语"卧薪尝胆"的含义,感受勾践励志图强的精神,懂得只有艰苦奋斗、发愤图强,才能取得胜利的道理。

三、教学目标表述的原则

1.清晰准确

教学目标的表述应该清晰准确,目标的文字表述应与对学生学习结果的预期一致,使用的行为动词、交代的行为条件和定位的行为结果,要符合该学段的课程目标,符合教材与学生实际。例如:"可以查阅工具书""在3分钟内默读完""在交流讨论时,敢于发表自己对……的见解""运用'这是……的场景,用……词句,表现了……的思想情绪'的句式评析课文中的细节"等。

2.全面具体

《义务教育语文课程标准(2011年版)》指出"课程目标从知识与能力、过程与方法、情感态度与价值观三个方面设计",注重追求三个维度目标的有机整合,着眼于语文素养的整体提高。教师在设计教学目标时,应从整体角度出发,注意展示语文学科工具性与人文性统一的特点,考虑三维目标之间相互关联、相互映照、相互渗透的内在统一性关系。表述教学目标时,可以按行为结果中表现程度的高低依次表述,力求目标全面且具体。

《普通高中语文课程标准(2017年版2020年修订)》确立了"语言建构与运用""思维发展与提升""审美鉴赏与创造""文化传承与理解"四个方面的学科核心素养,注重追求核心素养目标的有机整合,着眼于语文学科核心素养的整体提高。教师在设计教学目标时,应从学科核心素养的整体角度出发,注意核心素养之间相互关联、相互映照、相互渗透的内在统一关系,展示语文学科工具性与人文性统一的特点。表述教学目标时,同样可以按行为结果中表现程度的高低依次表述,力求目标全面且具体。

3.可查可测

语文教学目标应当具有可行性,要科学、明确、具体,不笼统、不模糊,可量化、可评估。教学目标要能指示行动的程度或阶段,要便于观察与检测,可以采用标准的表示行为结果的句式将学生的发展状态用语言直接描述出来,指出"学什么""怎么学""学到何种程度"等。例如:"会用……的方法描写一个场面""能当堂背诵全文"等。

四、教学目标设计的依据

单篇教学设计是云南省特岗教师招聘考试的重点,本部分内容以单篇阅读课文教学为例,分析语文教学目标的设计依据。

1.课程标准

(1)《义务教育语文课程标准(2011年版)》

《义务教育语文课程标准(2011年版)》明确规定了语文课程的性质、基本理念及课程目标与内容,并提出了教学实施建议。其中,课程目标与内容是语文教学目标设计的直接依据。

《义务教育语文课程标准(2011年版)》规定了学生在知识与能力、过程与方法、情感态度与价值观三个维度的课程总目标,又将总目标分解成不同学段,使之变成更为具体的学段目标。

(2)《普通高中语文课程标准(2017年版2020年修订)》

《普通高中语文课程标准(2017年版2020年修订)》明确规定了语文课程性质与基本理念、学科核心素养与课程目标、课程结构、课程内容与学业质量,并提出了实施建议。其中,课程内容是语文教学目标设计的直接依据。

《普通高中语文课程标准(2017年版2020年修订)》规定了学生在"语言建构与运用""思维发展与提升""审美鉴赏与创造""文化传承与理解"四个方面的学科核心素养,又以语文学科核心素养为纲,以学生的语文实践为主线,设计了18个学习任务群,并且明确提出了各个学习任务群的学习目标与内容。

2.学情

教学目标是学生现阶段语文学习应该达到的认知结构和行为表现的水平,学生原有的认知结构及学生在认知结构上可能发生的变化是教学目标设计的依据。教师在设计教学目标时,必须从学生的实际出发,考虑学生的心理状态、学习动机、学习兴趣、知识基础、思维特点、学习习惯、求知需求等,同时注意不同学生的差异。教师招聘考试中的教学设计,通常没有具体的学情作为参考,考生只需将某年级学生一般的语文学习水平作为教学目标的设计依据即可。

3.单元教学目标

确定单篇阅读课文的教学目标时,需要依据单元教学目标。

部编版语文教材采用"人文主题"与"语文要素"双线组织单元的结构,每个单元都有一篇单元介绍。"人文主题"强调语文与生活的联系,重视主流文化与传统文化的渗透,引导学生形成正确的价值观与人生观。"语文要素"包括基本的语文知识、必需的语文能力、适当的学习策略及学习习惯等,被分解成多个知识或能力训练点,由浅入深,由易到难,均匀地分布在各个教学单元与教学内容里,保证语文综合素养的基本训练,形成一条较易把握的线索与层级序列较为清晰的梯度结构。

4.文本材料

课文是语文教学的直接依据,文本的体裁、内容及其蕴含的思想情感,用字、遣词、造句、达情等文本特点都是设计教学目标的依据。此外,教材的助读系统,即文本材料提供的"课文介绍""注释""研讨与练习"等版块内容,也可作为教学目标的设计依据。

五、教学目标设计存在的问题

1. 主体错位

颠倒主体,弱化目标,表述教学目标时以教师为主体,围绕教师设计教学目标,使教师成为目标的执行者,是教学目标设计常见的问题。例如:"引导学生厘清文章思路""培养学生欣赏散文的能力""使学生树立为人民服务的意识"。这类教学目标的行为主体是教师,是站在教师"教什么"和"如何教"的角度设计的,忽略了学生"学什么"和"如何学"的问题,以致学生在课堂上处于被动接受的地位。

学生是语文学习的主体,教师是教学的设计者、组织者、引导者,教学目标应描述学生的最终行为,指向学生的学习变化。

2. 含糊笼统

设计教学目标时贪多求全,模糊重点,表述目标时使用一些只能个体自己感知、他人难以观察与测量的内隐性心理动词,导致目标泛化与虚化。

教师应该根据文本的表达形式与人文意蕴,设计相对集中、符合学生认知规律的教学目标,用外显性行为动词将学生经过学习后认知结果应该在行为上发生的变化及达到的目标表述出来,让学生明确一堂课要学什么,要达到什么样的水平。

3. 脱离实际

教学目标脱离教学实际,违背教学规律,在实际教学中,流于形式,不可操作。语文学科具有较强的人文性与综合性,教师在设计教学目标时可能会使目标异化或脱离实际。例如:"提高音乐欣赏水平""学会写具有音乐美、建筑美、绘画美的诗歌"。前者属于音乐学科的教学目标,后者对中学生的要求过高,难度过大,且没有必要。

教材实际通常包括教材的编写体例、单元介绍、课文在单元中所处的位置、单篇课文应在单元中承担的基本教学任务等;学生实际通常包括学生的学习需要、学习起点、对语言的感悟能力、阅读水平、思维发展品质等。语文教师应该依据教材实际与学生实际确立符合语文学科特点与学情的教学目标。

六、教学重难点的把握

1. 教学重点的确定

教学重点是指为了达到教学目标而必须着重引导学生理解和掌握的内容,是教学内容中最基本、最主要、最核心、最关键的部分。教学重点一般具有一定的稳定性和长期性,它在一定的教学阶段中贯穿教学的始终,不会因为学生的理解和掌握程度而转移。

教学重点可以从以下几个方面来确定。

①文本特征。例如:王勃的《滕王阁序》极富艺术特色,尤其在写景上。文章不惜笔墨描写景物的色彩变化,由近及远,上下浑成,虚实相称,富有层次感。因此,在教学《滕王阁序》时,便可将"揣摩精彩语句,感受文章的美学特征"作为教学重点。

②各篇课文之间的联系。在确定某一内容是否可以作为本课教学的重点时,要先考虑这一内容是否已经在之前的教学中讲解过,如果没有,就要考虑这一内容在之后的教学中还会不会涉及,如果涉及,就要考虑在哪一节课中将这一内容作为教学重点更合适。

③学情。对于绝大多数学生已经掌握或极易掌握的内容,即使是最基本、最有用的内容,也不必将其列入教学重点。例如:八年级的学生对叙事抒情类散文已经有了基本认知,因此,在教学朱自清的《背影》时,教师可以用较少的时间带领学生简要梳理课文的主要内容,概括作者的思想感情,转而将间接抒情的手法、叙述性语言与描述性语言的区别等学生不甚熟悉的内容作为本课的教学重点。

2. 教学难点的确定

教学难点是指教学中过于复杂抽象的、远离学生生活实际的、学生难以理解和掌握的知识、技能和方法。教学难点具有暂时性和相对性：难点内容一旦经过教学被学生理解，就不复存在了；同一知识、技能与方法对一些学生来说可能是难点，但对另一些学生来说就可能不是难点。

教学难点与教学重点有一定的联系，但二者并不完全相同。教学重点主要是由教学内容在知识结构中的地位和作用决定的，教学难点则更多地与学生的认知能力有关。因此，教师在确定教学难点时，不仅要看知识本身的难易程度，还要综合考虑学生的理解水平。

第四节 教学内容的设计及课堂教学技艺

一、教学内容设计的原则

1. 系统性原则

教学内容的安排不能仅仅停留在对字、词、句、段的理解和语言运用的理论等所谓的语文知识层面上，也要尽可能营造一些语言学习的环境，鼓励学生多听、勤说、多看、多写，达到能听、会说、能读、会写的水平，注重提高学生的综合素养。

2. 适用性原则

教师在教学过程中面对的是不同性格的学生个体，学生的语文知识水平、言语思维能力等各不相同。因此，教学内容的确定还应从每个学生的实际情况出发，尽可能地满足每个学生的求知需求。

3. 启发性原则

各学科教学都要以学生的智力为基础，教师在教学过程中要注重学生的智力开发，注重基础知识与逻辑思维的训练，启发学生形成正确的世界观、人生观、价值观，逐步提高学生的知识水平和综合素养。

二、教学内容设计存在的问题

1. 混淆教学内容与教材内容

教学内容不等同于教材内容。现行语文教材属于"文选型"教材，其主体是一篇篇课文，而教学内容是这一篇篇课文中所体现的语文知识或语文技能等。教材内容是教学内容的基础和依据，教学内容是教材内容的重构和延展。教材内容是由文字所构成的篇章，教学内容是在篇章中提炼出"教什么""学什么"。

2. 教学内容浅显化

阅读教学中只讲授浅层次的知识或重复学生已经掌握的知识，却较少涉及本该重点讲授的重难点，导致课堂教学安排不合理，学生难以准确把握教学内容。例如：教学鲁迅的《祝福》时，只笼统地讲到"祥林嫂是封建礼教的牺牲品"，至于小说是如何描写祥林嫂的"死"的，如何通过祥林嫂的外貌体现其生存状态变化的，在祥林嫂不幸的一生中，周围的人又是如何表现的，等等，却鲜少涉及。

3. 教学内容错误

同样的教学材料，不同版本的教材、不同的教师会有不同的解读，但这并不意味着语文教学内容没有确定性。教师在确定教学内容时不必循规蹈矩，可以灵活选择，但是教师的选择要有学理可依，所选择的教学内容必须是正确的、经得起推敲的。例如：李商隐的《无题》（相见时难别亦难）是一首以爱情为主题的律诗，教师如果讲奉献精神便是选错了教学内容。

三、教学内容的确定

1. 从教学目标中提取教学内容

教学内容来自教学目标，同时又服务于教学目标。一个完整的教学目标确立后，就可以从中提取教学内容。例如：某课的教学目标是"能鉴赏朦胧诗的艺术特征"，那么便可将"鉴赏朦胧诗的艺术特征"作为本课的教学内容之一。再如：某课的教学目标是"能勾画出课文中表示人物心理活动的动词"，那么便可将"总结表示人物心理活动的动词"作为本课的教学内容之一。

2. 根据选文确定教学内容

根据选文来确定教学内容，大体可以从以下几个方面把握。

①对于一些经典名篇，教学时要注意对作品的阐释，要让学生清晰、明确地领会文章内涵，透彻地领会文章的思想和艺术，理解和感受它们何以为经典、经典在何处。

②除了对作品本身的阐释之外，还要利用选文进行语文知识的教学，包括语言和言语的知识、文章和文学的知识、阅读和作文的知识等。

3. 根据学生需求确定教学内容

教学内容的确定必须考虑学生的需求。教学时，教师应选取与学生实际（如认知规律、学习风格等）契合度较高的内容作为教学内容。例如：《一名物理学家的教育历程》一文中多次提及高维空间、统一场论等概念。高维空间和统一场论对中学生来说过于深奥，与学生的认知规律契合度较低，所以教师可以将作者的教育历程及作者的教育历程所带给我们的生活启示作为主要教学内容。与物理相关的科学知识只要让学生有所了解即可，不必深入介绍。

四、课堂教学技艺

考点1　课堂讲授的语言技艺

1. 语文课堂教学语言应言之有物

在语文教学中，教师讲课应言之有物，论之有实，不能夸夸其谈，或信口开河，或空发议论，或离题太远，而应根据学生的心理特点，有意识地把已学知识和未学内容联系起来，把课本知识与现实生活联系起来，有意识地穿插有关的时代背景、作者生平、名人逸事等，最大限度地充实教学内容。例如：特级教师程红兵教学《我的叔叔于勒》时，用"十年思盼，天涯咫尺，同胞好似摇钱树；一朝相逢，咫尺天涯，骨肉恰似陌路人"这一对联概括文章中两部分的内容，精美生动。

2. 语文课堂教学语言应有逻辑性和程序性

语文教学必须以教学内容的逻辑性为基础。对于教师先讲什么、再讲什么、最后讲什么，学生先练什么、接着练什么、然后练什么的问题，教师必须有切实具体的计划和安排。

课堂教学总是要在特定的时间和环境条件下围绕某个特定的问题有层次地展开，教师要做到言之有序，否则就难以达到交流和传递信息的目的。教学语言的逻辑性就是要注意教学语言表述的顺序和层次，要按人们在语言交流中长期形成的约定俗成的规矩行事。其最终目的是表述得条理清楚，让听的人听得明白晓畅，不至于产生歧义。如果教师讲课东拉西扯、语无伦次，学生自然也听得糊里糊涂。教学语言叙述的方法有顺叙、倒叙、插叙等，教师可根据特定的语言环境来恰当地选择使用。一般情况下用得较多的是顺叙，即按前因后果依次叙述。叙述可按时间顺序由远及近或由近及远地展开；可按空间层次逐层展开；也可按逻辑顺序依次展开。教学表述则要按当篇文章的结构要求和表述需要逐层叙述。在选定某一叙述方法后，中途一般不可随意变更，必须变更时要做必要交代，否则会导致表述混乱。

3.语文课堂教学语言要能引发学生思考

教师的语言要能引发学生思考并让他们有所领悟。在语文课堂教学中,教师要善于激发学生的主体意识,增强学生学习的内在动力,引导学生质疑,多为学生制造悬念和创设情境,激发学生思考的积极性和求知的欲望,使他们融会贯通地掌握知识并发展智力。为此,教师课前要设计好课堂提问的问题,让学生带着问题去看书,去听课。课堂上要注意循循善诱,因势利导,深入浅出,多用疑问性提问、疏导性提问、铺垫性提问,使学生在引导下受到启迪,探求新知识,掌握新内容。

4.语文课堂教学语言要富有感情

教师使用的教学语言要恰当地表达出褒贬评价和感情,不能置身于课文之外,不能对学生推诿敷衍。教师的情感对学生有直接的感染作用,情感是学生、教师、教材三者之间的催化剂和黏合剂。教师进入角色、挥洒真情是语言教学艺术化的关键所在。讲课不能是一种简单的灌输,应该建立在心理相容和情感共鸣的基础之上,真正做到理中蕴情,通情达理。在语文教学中,教师要带着饱满的热情讲课,做到情动于中,形之于外。

5.语文课堂教学语言表达要有节奏

教师要紧扣教材语言特色,在课堂上用好教学语言,语调要抑扬顿挫,语句要长短相间,节奏要恰当鲜明。教师还要能随着教学内容和教学实际的需要调整语速缓急和语调轻重,力求让学生听得津津有味,兴趣盎然,最终达到理想的教学效果。语言表达切忌平铺直叙,平淡无奇。

考点2 课堂讲授的非语言技艺

课堂讲授的非语言技艺包括教师的面部表情、目光注视、动作姿势、个人修饰及教师的倾听、板书等。在课堂上教师的非语言行为是对课堂语言行为的补充,对教师的教学和学生的学习起着辅助作用。

教师面部表情的变化能够向学生传达自己的意思和情感,不仅能够帮助学生理解、记忆教学内容,还能够恰当地表达对学生的赞许、劝勉等态度,从而起到肯定或提醒监督等作用。教师耐心、细心的倾听能够让学生更乐于表达自己的想法。教师也可以根据学生表达出的信息来对学生的思维方式进行指导、点拨。

考点3 课堂教学的评述技艺

语文教学中的评述技艺是指在语文课堂教学中,针对学生的答问,教师做出恰如其分的评述,或肯定,或纠偏,或解释,或加工,或补充。评述的目的在于激励学生开动脑筋、积极发言,同时使教学语言更缜密、更多样、更生动,从而增强学生听课的效果,提高教师讲课的质量。

1.课堂教学评述的方式

（1）引发

引发是指教师针对学生回答中的错误或疏漏之处,因势利导,点拨启智,引导学生自己否定错误的说法并弥补疏漏的评述方式。

（2）换述

换述是指在学生以某种表达方式发表见解后,教师随机更换另一种表达方式来做总结,使语言简洁明快,切中肯綮,学生更容易理解的评述方式。

（3）反复

反复是指教师将学生作答的主要内容,特别是重难点,再重复一遍,以引起学生注意的评述方式。反复是语文教学中较为常见的评述方式。

（4）顶释

顶释是指当学生说了一句概括性较强的话后,教师用顶真的形式引导出第二句加以补充和解释,使语言形象生动,激发学生兴趣的评述方式。

（5）回应

根据表意的隐显，回应可以分为直接回应和间接回应两类。

①直接回应。直接回应是指教师对学生的学习结果进行正面的、直截了当的评点和评价的方式。它可以分为肯定式、否定式、肯定否定式和补充式等。

②间接回应。间接回应是指教师对学生的学习结果不做直接评点，而在语言中隐含回应意思的一种方式。这种回应曲折委婉，多适用于否定的内容。间接回应的表达形式有很多，如教师可在提出问题或要求时表达回应的态度。

2.课堂教学评述存在的问题

（1）居高临下

部分教师在教学过程中总是告诉学生"应该"怎么做、"必须"怎么做、"最好"怎么做、"可以"怎么做，这类教师所使用的语言被称为居高临下型语言。有些教师通常使用居高临下型语言向学生传递解决问题的办法，并期望学生无条件地接受。

（2）傲慢无礼

傲慢无礼型语言表达了一种预先设定好的立场，不允许学生提出不同的想法，会使学生感受到与教师之间地位的不平等，容易导致学生对教师产生防备心理。有些教师常会使用"你应该……""如果你听从我的劝告，你就会……""你必须……"等语句。

（3）讽刺挖苦

教师在使用讽刺挖苦型语言的时候，是希望学生听懂这些话中的弦外之音。他们认为这是一种较为温和、较为"高雅"的表达方式。这类语言的潜台词是"如果我把话挑明，你们就会不喜欢我""跟你们坦白太危险了""我是有水平的教师，说的话是有水平的"。

（4）无的放矢

学生急切地渴望教师对自己有所帮助时，教师无的放矢的语言会让学生非常失望，进而他们就会认为教师无能、自私、冷漠。如果学生经常听到教师说无的放矢型语言，就会怀疑教师一直在敷衍自己，对自己毫不关心。长此以往，师生关系难以融洽，师生间的隔阂也会日益加深。

3.课堂教学评述的原则

（1）捕捉信息，延伸疏导，拓展学生思维

教师在学生回答问题时，一定要"明察秋毫"，善于从学生积极的思维活动中捕捉有效信息，并及时延伸引导，以拓展学生的思维空间。

（2）积极回应，明确观点，活跃学生思维

合理引导，激活学生思维，使学生踊跃回答问题，是一种非常好的做法。在这一过程中，教师既要保护好学生回答问题的积极性，又不能使学生的发言漫无边际、正误不分。因此，课堂上教师一定要审时度势，及时地、积极地回应学生的回答，明确观点，从而优化学生原有的认知结构：如果学生回答正确，其原有的认知结构就会得到肯定和强化；如果学生回答错误或不全面，也能及时进行调整和优化。

（3）延迟回应，鼓励学生，引导学生思考

在学生回答有困难或是回答错误时，教师不宜急于让其他学生补充、完善，而应该及时变换提问的方式、角度，或者提出能帮助回答这个问题的铺垫性的问题，让回答有困难的学生继续思考、回答。较为理想的做法是在学生回答正确时，教师扮演引导者或助手的角色，要求学生加工或反思自己的回答。如教师可以追问："你是怎么得出这个结论的？""你为什么这样认为呢？"这样的交流还能让其他学生了解他在思考什么，在怎样思考。以这种方式启发学生回顾回答的过程，有助于培养学生良好的思维习惯，引导学生监控自己的学习过程，并使学生通过回顾自己的思维过程，获得思考的策略。

第五节　教学过程设计

一、教学导入

教学导入是教学过程的起始环节，是教师在教学开始之前，为引导学生将注意力集中到将要学习的内容上，而依据教学目标、教学内容、学生实际情况等精心设计的教学活动。教学导入的功能包括建立知识间的联系、沟通教学内容、渲染教学情境、点明学习主题、集中学生注意力、激发学生学习兴趣、引导学生明确学习目的等。

教学导入的方法多种多样，按照导入形式大致可以分为语言导入、活动导入、多媒体导入三大类。

1.语言导入

（1）标题导入法

标题导入法是指教师通过引导学生揣摩、分析文章标题导入教学的方法。标题是一篇文章的眼睛，与文章内容联系紧密。有的标题是对文章内容的高度概括，体现了文章的主题；有的标题是理解文章的突破口。教师引导学生分析标题，可以快速抓住文章的主题，帮助学生探求课文的中心问题，唤起学生的阅读兴趣，吸引学生的注意力。例如：教学《过秦论》时，可通过分析课文标题的含义"指责秦朝过失的一篇史论"进行导入。

（2）故事导入法

故事导入法是指教师以讲故事的方式导入教学的方法。故事往往情节曲折，寓意无穷，既充满意趣，又引人深思，极易引发学生的好奇心。常见的故事导入法形式有介绍逸事、介绍作者及课文背景故事、联系时事热点等。教师借助与课文内容相关的故事进行教学导入，既能激发学生的学习兴趣，活跃课堂氛围，引导学生快速进入学习状态，也能在一定程度上缓解学生学习课文的畏难情绪。例如：教学《马说》时，可通过"伯乐相马"的故事进行导入。

（3）设疑导入法

设疑导入法是指教师依据教学内容与学生实际，设置问题导入教学的方法。教师设计的问题应与本课的教学重点相关，应当具体、明确、难度适中，有趣味、有价值，还要让学生能够在思考后答得出来。教师通过设置疑问，适当地制造悬念，创设情境，能够抓住学生心理，激发学生的求知欲与学习兴趣，引导学生思辨，活跃课堂气氛。例如：教学《师说》时，可通过"大家理想中的师生关系应该是什么样的呢？""我们班上很多同学呀，见了我就会绕道走，有的同学有问题也不张口问，不懂装懂，你们觉得这些做法对吗？"等问题进行导入。

（4）复习导入法

复习导入法又称温故知新导入法，是指教师通过引导学生复习学过的知识导入教学的方法。教师依据学生已经掌握的知识、经验，从新旧知识的联系入手，带领学生复习旧知识，发现新问题，引入新的学习内容，明确新的学习任务，激发学生探求新知识的好奇心，使学生的思维处在最佳发展区，在头脑中形成较为系统、完整的知识体系。例如：教学《藤野先生》时，可通过复习鲁迅在《从百草园到三味书屋》中对另一位老师——寿镜吾先生的描写进行导入。

（5）引用导入法

引用导入法是指教师通过引用与课文内容相关的诗词名句导入教学的方法。教师通过将诗文、格言、警句等与教学内容相结合导入教学，能够创设情境，渲染气氛，拓展知识，提升课堂魅力，提高学生的人文底蕴，激起学生的共鸣。例如：教学《记承天寺夜游》时，可通过列举一些描写月夜的诗文名句进行导入。

第三部分　语文课程与教学论　267

2. 活动导入

（1）游戏导入法

游戏导入法是指教师通过组织学生进行与教学内容相关的游戏导入教学的方法。教师组织与课文内容相关的具有娱乐性的游戏导入教学，可以拉近学生与文本之间的距离，激发学生的学习兴趣与探究欲望，活跃课堂氛围，引导学生快速进入学习状态。例如：教学《白雪歌送武判官归京》时，可通过组织学生参加与"雪"有关的"飞花令"游戏进行导入。

（2）实验导入法

实验导入法是指教师通过演示与教学内容相关的实验导入教学的方法。教师借助相关教具，根据教学内容，当堂演示相关实验，可以引导学生迅速集中注意力，通过观察现象，发现问题，总结规律，得出结论，从而加深对课文相关内容的印象，产生深入学习的兴趣。例如：教学《死海不死》时，可通过为学生演示"超饱和食盐水使鸡蛋浮在水面上"的实验进行导入。

3. 多媒体导入

（1）图片导入法

图片导入法是指教师通过展示与教学内容相关的图片导入教学的方法。教师运用多媒体设备，为学生呈现形象直观的图片，可以使学生直观感受相关情境，帮助学生降低学习难度，进入课文情境，快速理解课文。例如：教学《中国建筑的特征》时，可通过展示故宫、颐和园、天坛、西安古城、南京夫子庙等中国建筑的图片进行导入。

（2）音频导入法

音频导入法是指教师通过播放与教学内容相关的音频导入教学的方法。教师运用多媒体设备，为学生播放相关音频，让声音作用于学生的听觉，促使学生联想，从而使学生产生情感共鸣，快速进入学习状态。例如：教学《孔雀东南飞》时，可通过播放歌曲《孔雀东南飞》进行导入。

（3）视频导入法

视频导入法是指教师通过播放与教学内容相关的视频文件导入教学的方法。教师运用多媒体设备为学生播放直观、具体、生动形象的视频资料，既能丰富教学内容，吸引学生的注意力，带领学生进入新课学习，又能提高学生观察与思考的能力。例如：教学《"飞天"凌空——跳水姑娘吕伟夺魁记》时，可通过播放吕伟的相关比赛视频片段进行导入。

二、教学切入

教学切入是指教师结合语文学科特点、课文信息、教学内容等多方面因素，确定教学内容的重难点，从中寻找解读课文、教授课文的"突破口"，选取一种或几种教学切入点，展开对全篇课文的发散思考与解读的教学活动。

考点1　教学切入点与教学导入语

教学切入点与教学导入语既存在联系又互相区别。联系在于两者作用相同，都是为了激发学生的阅读兴趣，迅速抓住学生的注意力。区别在于切入点高于导入语，教学切入点是解决文章内容和教学重点的一个策略，而教学导入语是教学过程的起始环节。切入点重在"入"，是课堂教学阅读点的选择。切入点在内容上牵一发而动全身，在形式上是连接文本与学生已有知识结构的"桥梁"。导入语重点在"引"，是两次课堂教学之间的一种过渡，是教师在一个新的教学内容或教学活动开始时，引导学生进入学习的课堂行为方式。在实际的教学过程中，教师可以依据教学切入点设计教学导入语，但并非所有的教学切入点都能承担教学导入语"引"的作用，也并非所有的教学导入语都能起到牵一发而动全身的作用。

考点2 教学切入点的选择

1. 从文眼切入

从文章之"眼"切入课文教学,对学生理解文章深意大有裨益。例如:教学《湖心亭看雪》一文时,教师抓住文段尾句"莫说相公痴,更有痴似相公者"中的"痴"字,便可引导学生认识作者寒冬之时去湖心亭赏雪的"痴"态,体会作者对天人合一、山水之乐的"痴"情,对远离世俗、怡情雅致的"痴"意,对故国往事不舍的"痴"念。以"痴"切入,学生对文章的理解便可更加深入。

2. 从关键词、句、段切入

关键词、句、段是一篇文章的神经中枢和信息节点,能够集中揭示文章的重心,能够表达情感、塑造形象,能够展现文章风格。教学时抓住这些关键处,就能够帮助学生理解文章主旨及写作技巧。例如:教学朱自清的《春》一文时,如果能从"一年之计在于春"一句展开教学,就能使学生发现整篇文章的生机和活力,较快感受文章的意境,进而发现作者的写作顺序是盼春、绘春、赞春,写作内容是春草、春花、春风、春雨和春天里人们的活动。接下来,学生自然也就会结合尾句"春天像健壮的青年,有铁一般的胳膊和腰脚,他领着我们上前去",理解作者写春景的目的是激励人们发奋努力,创造美好的未来。

3. 从学生的兴趣点切入

以小说教学为例,传统教学总是按照故事情节发展的顺序进行。按部就班、循规蹈矩的教学模式会逐渐消磨掉学生的学习兴趣与积极性。事实上,我们的教学完全可以打破陈规,直接从学生的兴趣点入手,以适应学生的求知需求。例如:教学《鲁提辖拳打镇关西》一文时,多数学生会直接关注题目中的"拳打"二字,想知道鲁提辖是怎样"拳打"镇关西的。此时教师便可顺应学生的需求,放弃一般的教学步骤与过程,直奔小说的高潮——"拳打"部分。学生在欣赏了打斗场面之后,自然会思考一些问题,主动去研究与探索事情的来龙去脉,接下来文章的情节、脉络、结构等就容易被学生所掌握了。

4. 从文章的插图切入

现行的某些语文教材中,部分课文配有插图,教师如能充分利用,将其作为教学切入点,也可达到良好的教学效果。在导入新课之前,让学生认真欣赏和仔细观察插图,培养学生的形象思维,然后让学生用口头语言讲述图画的内容。这种看图说话的方式,学生极为熟悉,都会争相发言,互相补充,之后教师便可因势利导,把学生带进课文,让大家对照总结自己是怎么讲的,作者又是怎么写的。此时教师稍加点拨,学生便能心领神会,豁然开朗。

教学切入点还可以从学生的质疑、文章的线索与结构、不同文章间的比较等方面选取。文章不同,教学切入点选取的角度也不同,同一篇文章也可以有多个教学切入点。只要能够激发学生对语文学习的热情和求知欲,切入点的选择就是合理的。

三、教学展开

教学展开是教学流程的"发展"与"高潮",是课堂教学的中心环节。

考点1 教学展开的具体步骤

1. 介绍相关资料

作者生平、写作缘由、时代背景、社会影响等相关资料,是学生理解课文的基础,"知人论世"对学生理解课文有直接帮助。例如:教学《茅屋为秋风所破歌》时,可先介绍诗歌的写作背景。唐肃宗乾元二年(759年),关中地区闹饥荒,民不聊生。这年秋天,杜甫弃官到秦州,又辗转经同谷到了四川。在亲友的帮助下,在成都西郊的浣花溪畔建起了一座草堂,暂时过上了安定的生活。但这种表面上的安逸掩饰不住他的焦虑,更不能冲淡他忧国忧民的情怀。上元二年(761年)秋天,一场暴风雨袭击了他的茅屋,再一次把他从隐居生活中敲醒,让他面对现实,让他忧思,于是他在百感交集中写下了这首诗。

2. 整体感知

教师应引导学生通过辨认文字符号,整体感知课文。整体感知阶段的任务应包括以下内容。

①认识生字新词。教师应锻炼学生独立使用工具书识字解词的能力,帮助学生不断扩大词汇量。

②了解课文内容并辨认课文体裁。对课文内容和体裁有一个大致的了解,有利于明确本课的教学重点与难点。

③通读课文。通读课文的方式包括朗读、视读、默读、教师范读、学生试读、自由阅读、分角色读、班组齐读等。朗读要做到规范化,默读和视读要有明确的目标。

④质疑问难。学生针对课文内容提出问题是学生从感知向理解发展的过渡,教师也需要借助学生提出的问题带领学生向分析阶段过渡。

3. 深入研读

深入研读阶段的任务是对课文内容与形式的各个方面进行深入细致的分析,主要包括以下内容。

①课文结构分析。分析课文结构有助于学生掌握课文的结构方式,进而通过结构方式掌握课文内容。结构分析的基本任务是把握作者的写作思路,注意开头、结尾、层次段落、过渡照应与写作的详略安排等。

②内容要素分析。分析内容要素主要指分析诗歌中的意境,议论文中的论点、论据,小说中的人物形象、故事情节,戏剧中的矛盾冲突,说明文中的说明对象、说明方法,等等。

③写作技巧分析。分析写作技巧主要指分析文本的构思、剪裁技巧,写人、写事、写景的方法,说明的方法,论证的方法,抒情的方法,等等。

④语言分析。分析语言主要指分析语言的规范性和艺术性,即进行语法分析、修辞分析和语言风格分析,重点分析课文中对表现思想内容有重要作用、表现力强、准确鲜明且蕴藉深厚的关键性语句。例如:鲁迅作品的语言风格之一是善用警句。警句都是智慧的结晶,是浓烈感情的爆发,具有震撼人心、永不磨灭的魅力。教师应带领学生根据文章的思想内容,联系作者生平与时代背景,对这些语句进行分析、讲解、吟诵、品味。

⑤重点分析。重点分析即分析课文的特点、要点与难点。特点是一篇课文区别于其他课文的本质特征。例如:朱自清的《背影》以特殊的视角、特写的镜头描绘了父亲帮"我"买橘子时的背影,达到了含不尽之意于"背影"的效果,令人印象深刻。要点是显示一篇课文主旨的精华所在。例如:《师说》的要点是"师者,所以传道受业解惑也"的教师作用与"弟子不必不如师,师不必贤于弟子。闻道有先后,术业有专攻,如是而已"的教师标准。难点是学生难以理解、需要教师加以指导的内容。难点的确定,要依靠教师对学生的了解和对教材体系与课文内容的把握。例如:《孔乙己》的难点为对造成孔乙己人物悲剧原因的认识,教师需带领学生重点分析。

4. 综合总结

综合总结是在深入研读的基础上进行的,由局部到整体、由现象到本质的概括过程。这一阶段的基本任务是概括中心思想与总结写作特点。

概括中心思想时可以从课文标题入手,也可以从综合段意入手;可以从课文的主要材料中选取基本观点,也可以寻找作者的弦外之音。例如:《过秦论》中贾谊表面采用铺张渲染的手法极言秦之过,实则是借"仁义不施"致使秦亡的历史教训,劝谏西汉统治者以史为鉴,施行仁政。

总结写作特点即总结与一篇课文特定内容相适应的基本的写作方法。教师指导学生将课文的内容与形式结合起来,从整体上把握课文最基本的写作方法,可以加深学生对课文的理解,为学生读写结合创造条件。例如:《海燕》运用了象征的写作手法,歌颂了俄国无产阶级革命先驱坚强无畏的战斗精神。

考点2　教学板书

云南省特岗教师招聘考试中提到的板书通常指体现教学目的与教学内容内在联系的重点、难点、中心和关键的主板书。板书作为辅助课堂教学语言表达的主要手段,其"助手"功能决定了板书设计的意义:能用较快的速度吸引学生的注意力,把学生顺利引入教学情境;能用精要的书面语言与直观、清晰的形式帮助学生识记与理解教学内容;能明晰地教给学生思维方式,开发学生智力;为学生提供词语概括与归纳的示范,以实例展示教师炼字炼句的能力。

1.教学板书设计原则

(1)目的性与针对性

无论是传统板书还是多媒体板书,都要依据教学目标与教学内容的特点,恰当地选择板书类型。板书存在的价值在于它能有的放矢地体现教学意图,清晰地呈现教学重点,从而提高教学质量与效率。

(2)直观性与形象性

板书对学生而言是一种视觉刺激,板书设计得越形象有趣,越能引起学生的注意,越有利于在不知不觉中加深学生对课文内容的理解和记忆。

(3)条理性与清晰性

板书具有对教材进行概括与总结的作用。设计板书时既要突出教材主要内容,也要讲究板书的布局,尽可能按顺序、有条理、清晰地呈现出所授内容的逻辑层次。

(4)精要性与新颖性

好的板书不必面面俱到,用精练简洁的文字或符号高度概括复杂的课文内容,往往能起到以简驭繁、语约义丰的效果。在关注精要简约的同时,还要注意板书的新颖性。板书的设计可以利用"陌生化"的艺术手法为学生创设学习的期待视野。

(5)示范性与易懂性

板书的作用是帮助学生借助提纲挈领、形象简洁的文字或符号更好地理解教学内容,同时它还具有向学生展示教学思路、指导学习方法的示范作用。因此,板书设计要简单易懂,符合学生的知识水平、年龄特点及接受能力。

2.教学板书常用类型

根据表达内容的不同,板书主要可以分为词语锤炼式、结构提纲式、故事情节式、人物形象式、说明程序式、综合式等类型。

①词语锤炼式板书是以体现课文中关键词语为主的板书。这种板书便于学生掌握字、词、句等基础知识,积累精当用词。例如《荷塘月色》的板书设计:

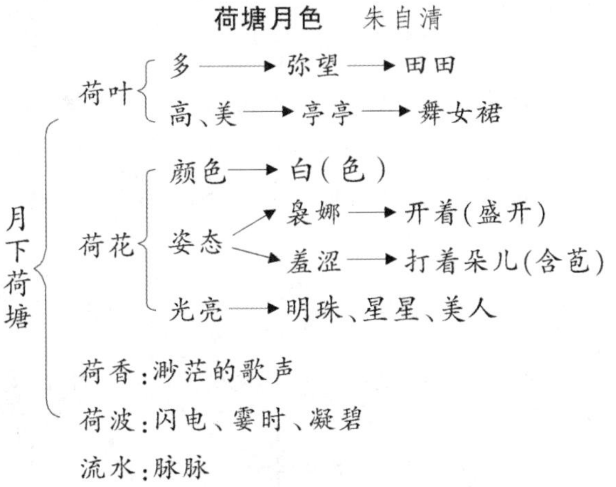

荷塘月色　　朱自清

$$
\text{月下荷塘}\begin{cases}\text{荷叶}\begin{cases}\text{多}\to\text{弥望}\to\text{田田}\\\text{高、美}\to\text{亭亭}\to\text{舞女裙}\end{cases}\\\text{荷花}\begin{cases}\text{颜色}\to\text{白(色)}\\\text{姿态}\begin{cases}\text{袅娜}\to\text{开着(盛开)}\\\text{羞涩}\to\text{打着朵儿(含苞)}\end{cases}\\\text{光亮}\to\text{明珠、星星、美人}\end{cases}\\\text{荷香:渺茫的歌声}\\\text{荷波:闪电、霎时、凝碧}\\\text{流水:脉脉}\end{cases}
$$

图3-2-1

②结构提纲式板书是以揭示课文脉络结构为主的板书。这种板书提纲挈领,便于学生从总体上掌握课文的结构特点和脉络层次。例如《春》的板书设计:

春　朱自清

一、盼春

二、绘春 { 春草图（草报春）
春花图（花争春）
春风图（风唱春）
春雨图（雨润春）
迎春图（人迎春） }

三、赞春

图 3-2-2

考题再现

【2020年·中学·教学设计】阅读下文，为这篇课文设计教学板书。

咏怀古迹（其三）

杜甫

群山万壑赴荆门，生长明妃尚有村。
一去紫台连朔漠，独留青冢向黄昏。
画图省识春风面，环珮空归夜月魂。
千载琵琶作胡语，分明怨恨曲中论。

【参考设计】

咏怀古迹（其三）

杜甫

首联	引出歌咏对象	入题
颔联	叙述昭君悲剧的一生	铺垫
颈联	揭示昭君悲剧的根源	铺垫
尾联	点明昭君之怨	高潮

③故事情节式板书是以展示课文故事情节为主的板书。这种板书便于学生清楚地了解故事梗概、理解课文内容。例如《药》的板书设计：

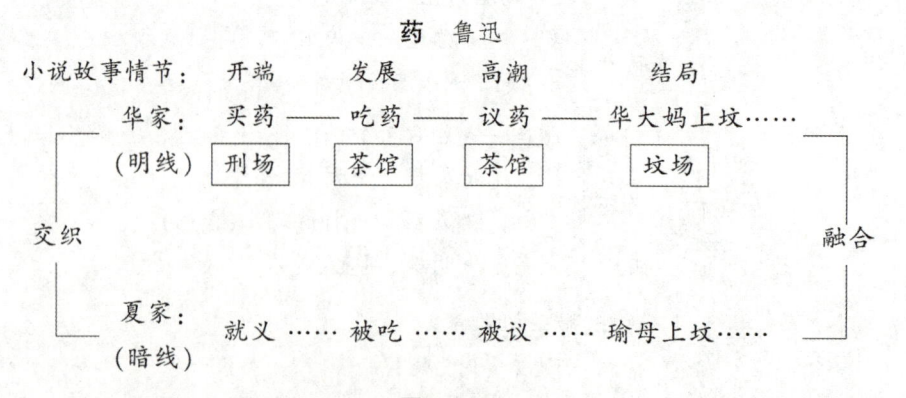

药　鲁迅

小说故事情节：　开端　　发展　　高潮　　结局

华家：　买药 —— 吃药 —— 议药 —— 华大妈上坟……
（明线）　[刑场]　[茶馆]　[茶馆]　　[坟场]

交织　　　　　　　　　　　　　　　　　　融合

夏家：　就义 …… 被吃 …… 被议 …… 瑜母上坟……
（暗线）

图 3-2-3

④人物形象式板书是以展示人物性格特征为主的板书。这种板书便于帮助学生掌握人物性格特征，理解作品通过人物所反映的主题思想。例如《守财奴》的板书设计：

272　语文学科专业基础知识

$$
\text{守财奴}\begin{cases}\text{对钱—贪婪}\\\text{对妻—绝情}\\\text{对女—残忍}\\\text{对人—阴毒}\end{cases}\begin{matrix}\text{生命的赌徒}\\\text{金钱的奴隶}\end{matrix}
$$

图 3-2-4

⑤说明顺序式板书是指体现说明文说明顺序的板书。这种板书便于学生掌握说明文的说明顺序。例如《苏州园林》的板书设计：

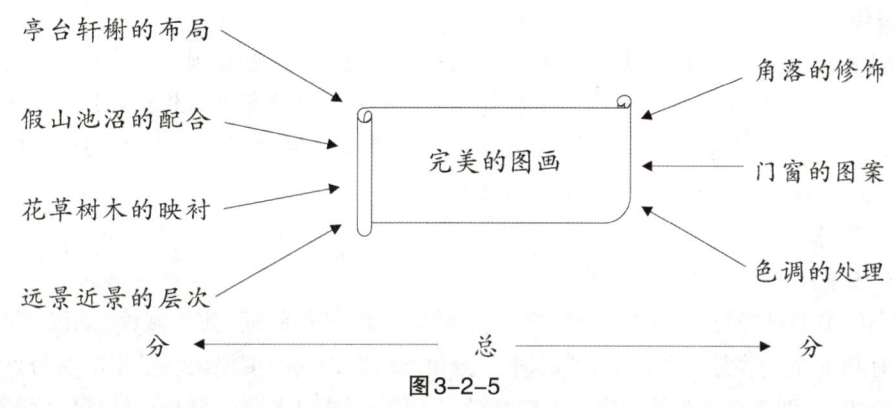

亭台轩榭的布局 → 完美的图画 ← 角落的修饰
假山池沼的配合 →   ← 门窗的图案
花草树木的映衬 →   ← 色调的处理
远景近景的层次 →

分 ←——————→ 总 ←——————→ 分

图 3-2-5

⑥综合式板书是指体现课文内容、结构、写法等各方面教学要点的板书。这种板书便于学生全面掌握课文内容。例如《药》的板书设计：

表 3-2-4

结构	情节	场景	线索	
			明线	暗线
第一部分	开端	刑场	老栓买药	夏瑜牺牲
第二部分	发展	茶馆	小栓吃药	鲜血被吃
第三部分	高潮	茶馆	茶客议药	狱中斗争
第四部分	结局	坟场	华大妈上坟	瑜母迷惘

四、教学收束

教学收束既是一堂课的结尾，又是下一节课潜在的开始。教学收束具有明确重点、梳理思路、总结规律、提炼升华等作用。

1.教学收束的原则

（1）简洁明了

设计教学结束语要简练紧凑，精当扼要。无论课堂教学容量多庞大，文章结构多繁复，教师都应引导学生抽丝剥茧，用精练准确的语言归纳全文的思想内容，概括文章的写作特色。例如：一位教师在总结李清照的《武陵春·春晚》和温庭筠的《望江南》（梳洗罢）教学时，只用了一句话——"带着课堂上的收获，课后欣赏李清照的《声声慢》（寻寻觅觅），体会词中作者表达的思想感情"。

（2）突出重点

好的结束语应该围绕教学目标、教学重点和教学难点进行设计，使学生一听就能判断是否理解并掌握了这节课应重点学习的内容。例如：一位教师在讲完《中国石拱桥》后的结束语为"同学们，通过这篇课文，我们学习了如何合理地安排说明顺序——第一，按照时间的先后；第二，按照主次；第三，按照写作的目的"。

(3)启思引智

结束语应根据课文的思想内容和人物线索,引导学生由课内向课外延伸、拓展,通过启思引导,让学生明白,课堂教学仅仅是语文学习的起点,能借助课堂上的语文学习读懂人生与社会,才是语文学习的真谛。

(4)前后照应

设计结束语时不要忘记课堂开始时的导入语,一节课的结束语要与课堂教学的导入语相照应,形成回环往复、浑然一体的效果。这里所说的"照应"也指课堂教学结构、教学方法上的照应,前有暗示,后有交代;前有伏笔,后有说明。

(5)激励渲染

教师在使用结束语时,应根据教材的内容和学生的情况,适当地控制音调的高低和说话的节奏速度。表示激昂慷慨和兴奋愉快时,可以把声音放大一点、高一点;表示庄严肃穆和疑惧感叹时,可以把声音放小一点、低一点。或平和舒缓,或高亢激奋,或停顿间歇,或一泻千里。尽量通过抑扬顿挫的语调,营造一种特定的结束氛围,牵动学生思绪,引起学生强烈的情感共鸣。

2.教学收束的方式

(1)阅读式收束

阅读按不同的类别可分为个人阅读、分组阅读、整体阅读、延伸阅读、比较阅读、朗读、默读等不同的形式。个人阅读有利于提高学生阅读的质量与水平。分组阅读能最大限度地调动学生的参与意识。整体阅读能突出文章的气势,在课堂结束时能把气氛推向高潮,适用于说理文教学。延伸阅读即阅读某位作家的某一作品后,再阅读这位作家的有关资料或其他作品,使学生获得对这位作家及其作品较为全面的认识。比较阅读即把内容、风格等相近或相反的作品放在一起阅读,以此来品味作品之间的异同,加深对所学课文的理解。例如:《念奴娇·赤壁怀古》的教学结束后,可让学生阅读苏轼的《赤壁赋》,对比二者异同;《采薇》的教学结束后,可让学生搜集其他有关战争、思乡的诗词,对比阅读,进一步感知《采薇》所传达的情感。

(2)归纳式收束

归纳式收束就是教师用准确精练的语言,对教学内容的重点及难点进行归纳总结,使学生明晰知识线索,巩固知识内容,加深理解,强化记忆。例如:讲完《泪珠与珍珠》时,可以这样安排结束语:"每一张照片、每一个故事都承载了太多真挚纯洁的情感。我总想,会流泪的人也是幸福的。因为流泪表示他们还有对生活的渴望和留恋,对真情的感动和拥有。从这个意义上说,无泪的人,也是世界上最痛苦的人。所以让我们珍惜泪水,珍惜这纯洁真挚的泪珠中凝聚的所有珍珠般晶莹美好的情感吧。我想这也是我们今天学习琦君这篇文章的收获之一。"这样的结束语概括性强,有利于学生抓住内容的重点和问题的精髓,起到画龙点睛的作用。

(3)悬念式收束

教学的收束也应像文章的结尾一样,讲究悬念迭出,回味无穷,给人一种意犹未尽的感受。因此,在课堂教学结束时,采用巧设悬念的方法,有时能收到"欲知后事如何,且听下回分解"的艺术效果。例如:《范进中举》第一课时讲完时,可以这样设计课堂结束语:"范进中举后,他的地位发生了什么变化?他喜极而疯之后,又发生了什么故事?"这样的结束语能紧紧抓住学生的好奇心理,诱导学生去阅读后面的故事情节,同时为第二课时的教学做好铺垫,使前后课时互相关联,形成一个整体。

(4)作业式收束

给学生布置作业,是课堂最常用的收束方法。作业是学生运用知识解决问题、巩固已学知识的一种方式。布置作业的目的在于检测学生对知识的掌握程度,锻炼学生解决问题的能力,激发学生的学习兴趣,培养学生的良好习惯。作业的布置是教师的教学思想与教育机智的体现,其容量和难易程度都会对学生产生一定的影响。布置作业要遵循以下原则。

①目的性与针对性

作业的布置应针对教材和学生实际。学生的水平存在一定的差异性,作业也要有一定的层次性。作业难度要适中,要能体现课堂教学所要达到的教学目标。例如:讲完《咏雪》后,可同时布置两项作业,一是搜集描写雪的句子,二是写一篇描写雪的短文。学生可以根据自己的情况自主选择其中一项完成。

②趣味性与多样性

兴趣能激发学生的学习动机。作业形式要新颖灵活、不拘一格,也要考虑不同学生之间的差异性,尽量为学生布置多种有趣的作业。除了传统的书面作业外,应适当地采用口头练习(复述、讲故事等)、表演练习(小品、话剧)等多种作业形式,追求作业的开放性与探究性。例如:讲完《鸿门宴》后,除了要求学生完成课后练习题外,教师还可以给学生布置情景剧表演作业,要求学生小组合作,排练"鸿门宴",下节课进行汇报表演。

(5)比较式收束

比较式收束就是在一篇课文或一个单元教学内容的结束阶段,从文章的体裁、内容、结构、表达、立意等方面,有所侧重地将其与另一篇课文或另一个单元进行对照分析,概括出它们的相似点与不同点。比较式收束有利于加深学生对课文的理解,把握不同文章的风格及特点。例如:讲完《陈奂生上城》后,将它与前篇课文《项链》进行比较,让学生了解二者的相同之处,即都以出色的心理描写见长,并明确它们在描写人物心理的方法上各有特点——《项链》中的心理描写运用了西方小说惯用的心理分析法;《陈奂生上城》中的心理描写则运用了"土洋结合"的方法。

(6)拓展式收束

教学时,除了在课堂上向学生传授知识,还应把学生的视野由课内引向课外,使学生自觉地去课外寻求知识,以弥补课堂教学的不足。因此,教师宜在课堂教学临近尾声时,用简短的话语向学生介绍与课文有关的内容,引导学生由课内向课外延伸、扩展。例如:讲完《林黛玉进贾府》后,可以鼓励学生去阅读全本《红楼梦》,拓展学生的知识面;在《定风波》(莫听穿林打叶声)教学活动结束后,可以让学生小组合作搜集与"风雨"有关的诗词歌赋,集体研读后,根据自己的兴趣写一篇小文章。

教学收束的方式多种多样,各有特色,但无论选用哪种方式,都必须符合课文的内容要求和学生的特点,必须是整堂课和整篇课文教学的有机组成部分。

考题再现

【单选题】"我们学习、做事要有执着的态度和全神贯注的精神,培养一丝不苟的作风。罗丹差一点儿把朋友锁在自己的工作室,但他成了闻名世界的大艺术家。有这么一位聋哑青年,他作画时全神贯注,一丝不苟,金鱼竟然游到纸上了。"这位教师使用了哪种课堂收束方式?(　　)

A.拓展式收束

B.悬念式收束

C.归纳式收束

D.比较式收束

【答案】B。解析:题干中这样的收束,能紧紧抓住学生的好奇心理,在学生的心里激起悬念,诱导着学生去阅读后面的故事情节,为下一课时《鱼游到了纸上》的教学做好了铺垫,并使前后课时互相关联,形成了一个整体。所以这应是一则悬念式收束。

第三部分　语文课程与教学论　275

第六节　课堂提问与课堂偶发事件的处理

一、课堂提问

考点1　课堂提问的方式

课堂提问是指教师在课堂教学中,通过提出疑问,创设问题情境,引导和促进学生学习的教学行为方式。课堂提问的方式主要包括以下几种。

1.疏导性提问

疏导性提问适用于初读课文环节,可以帮助学生掌握课文的字、词、句等基础知识,了解课文梗概,厘清作者的写作思路,了解作者的写作目的,为进一步理解课文做铺垫。例如:教学《邓稼先》一课,可以在学生初读课文时提问"哪些句段最让你感动?",让学生带着问题读课文,激起学生阅读的兴趣。

2.深究性提问

深究性提问适用于细读课文环节,可以帮助学生了解文章的主要内容,厘清文章的结构层次,掌握人物的形象特点等。例如:教学《怀疑与学问》一课,可以在学生细读课文时提问"文中所说的怀疑精神有什么样的内涵?""它对做学问有什么重要意义?"等,让学生抓住课文主线,更加快速、准确地了解文章内容。

3.比较性提问

比较性提问适用于精读课文环节,可以加深学生对难词难句及重点段落的理解,帮助学生了解文章语言、结构等的优点,掌握中心内容。例如:教学《包身工》一课,可以在学生精读课文时提问"①有几个'慈祥'的老板到小菜场去收集一些莴苣的菜叶,用盐一浸,这就是她们难得的佳肴。②有几个黑心的老板到小菜场去收集一些莴苣的菜叶,用盐一浸,这就是她们的晚餐。这两句话哪句更好?为什么?",让学生体会反语这一修辞手法的妙用,进一步感受作者对包身工悲惨境遇的同情。

4.检查性提问

检查性提问适用于复习巩固环节,可以帮助教师了解学生对文本内容的掌握情况,使学生巩固所学内容。例如:教学《永遇乐·京口北固亭怀古》一课,可以在学生复习时提问"这首词中最典型的修辞手法是什么?""这首词表达了作者什么样的情感?"等,及时了解学生对用典这一修辞手法的掌握情况及对本词主要内容的理解程度。

5.总结性提问

总结性提问适用于课堂总结环节,可以帮助学生进一步掌握课堂教学的重难点内容,获得规律性的认识。例如:教学《不求甚解》一课,可以在教学基本结束后提问"学完《不求甚解》后,同学们得到了什么启示呢?请结合自己的读书经验,谈谈你对这句话的理解",帮助学生强化从本篇课文中所学到的道理,并加深学生对"不求甚解"这一成语的理解与记忆。

考点2　课堂提问存在的问题及处理技巧

1.问题难度设置不当

问题难度设置不当是指教师所提问题的难度过低或过高,无法对学生起到启发或引导作用。

教师提出的问题难度应适中,适合学生运用迁移规律去学习知识、解决问题;应是学生力所能及的,符合学生的认识水平和实际能力的。此外,教师所提问题应保证清晰明确,其问题间域不可过大或过小。如间域过大,学生就不明白如何回答才符合要求或标准;间域过小,则不易引起学生的注意或容易导致学生钻"牛角尖"。

2.提问时间把握不当

提问时间把握不当是指教师提问的时机选择不当,无法保证提问的有效性。

教师在课堂教学中,要善于选择最佳的发问时机,并学会创造良好的发问时机;要善于创设问题情境,促使提问时机出现。具体的处理技巧包括三点:在教材的重难点之处提问;在易混淆之处提问;在学生心求通而不能通,口欲答却又答不出之时提问。

3.问题数量控制不当

问题数量控制不当是指教师在课堂教学中所提问题总量过多或问题内容过长,影响学生思考,降低问答效率。

提问固然能帮助学生理解课文,有助于学生思维能力的发展。但如果课堂上提出的问题过多,提问时间过长,就会使学生频繁或长期处于紧张状态,大脑产生疲劳感,进而处于"抑制状态",出现"厌问""疲答"现象。因此,教师在提问时应充分考虑教学实际,控制问题的数量,合理分配提问时间,使学生在轻松愉悦的环境中回答问题,解决问题,提升学习效率。

二、课堂偶发事件的处理

1.课堂偶发事件的含义及特点

课堂偶发事件是指与课堂教学目的、教学计划无关的,出乎教师意料的,直接影响和干扰课堂教学过程的突发事件。课堂偶发事件的特点主要表现在以下几个方面。

①课堂偶发事件具有突发性,即课堂偶发事件往往是课堂教学中突然发生的意料之外的事情。

②课堂偶发事件具有偶然性,即课堂偶发事件是偶然发生的,不是经常发生的,没有规律。

③课堂偶发事件具有新异性,即课堂偶发事件是课堂教学中发生的一种与教学无关的新异刺激,会干扰或破坏课堂教学活动的正常进行。

④课堂偶发事件具有两极性,即对课堂偶发事件的处理,将会带来积极或消极两种不同的结果。

2.课堂偶发事件的处理

(1)处理课堂偶发事件的教学艺术

处理课堂偶发事件,不仅要体现科学性,更要体现艺术性。

①敏锐观察,正确决策。

②沉着冷静,以静制动。

③正确教育,因势利导。

④时效统一,及时高效。

⑤化弊为利,长善救失。

⑥幽默诙谐,化解矛盾。

⑦采用暗示,旁敲侧击。

⑧言语生动,语调多变。

(2)课堂偶发事件的处理办法

①趁热打铁法

趁热打铁法是指当课堂偶发事件出现时,教师抓住时机,马上处理,以取得最佳教育效果的方法。这一方法往往能及时解决偶发事件,给学生以强烈的思想震撼和深刻的印象。

②冷却处理法

冷却处理法是指教师在课堂上对一些偶发事件给予暂时冷却,继续按照原教学计划进行教学活动,等到课后其他时间再处理的方法。这一方法能使教师有比较充裕的时间去想一个更周全的解决办法,选择恰当的教育方案,冷静地处理偶发事件。

③巧妙暗示法

巧妙暗示法是指当课堂偶发事件出现时,教师并不中断教学活动,而是用目光注视、突发提问、身体移近等含蓄、间接的方法悄悄提醒当事人,消除影响教学的不利因素,使教学工作得以正常进行的处理方法。这一方法既不影响教学秩序,又不损害学生的自尊心。

④大度宽容法

课堂上有些偶发事件往往会使教师感觉到自己的尊严受到挑战,感情和威信受到损害。采用大度宽容的方法处理偶发事件,不是教师软弱无能,也不是教师对学生无原则的迁就,更不是对学生不良行为的默认、纵容与包庇,而是要使学生在心灵深处进行反省,慢慢感化学生。

⑤因势利导法

课堂中出现的偶发事件容易激起学生的好奇心,吸引他们的注意力。在这种情况下,为了让学生的注意力重新回到原定的教学内容上,教师可以转而发掘事件中的积极因素,顺应学生的好奇心,满足学生的求知欲,因势利导地开展教学活动。这不但能保证课堂教学的良好秩序,而且可以扩充课堂教学内容,从而达到教学目的。

第七节　教案写作

语文教案是语文教学设计的书面成果,是教师在授课前准备的教学方案,是课堂教学的主要依据。语文教案设计技能是语文教师的基本功之一。

一、教案设计的类型

从不同角度划分,教案可分为以下几种类型。

考点1　详细教案、简明教案和微型教案

根据繁简程度,教案可分为详细教案、简明教案和微型教案。

1. 详细教案

详细教案内容周详全面,近乎讲稿。它要求教学内容、教学过程、教学方式方法、师生互动等都写得十分详细,提出的问题及问题的答案,乃至各环节之间衔接的语言,都要精心设计,详细记录在教案里。详细教案的设计需用较多的时间和精力,但有利于教师驾驭教学。因此,详细教案更适合职前师范生或刚走上工作岗位、教学经验较少的年轻教师使用。

2. 简明教案

简明教案简称"简案",又叫教学提纲。它的文字比较精练,篇幅比较短小,只写出最基本、最重要的内容。比如教学过程只写几个重要的步骤,教材分析只写个提纲等。设计这种教案,需要有一定的教学经验,需要有从容地把握教学过程的能力,需要对一些教学环节有临场发挥的能力,它只适合对课文和课堂有较高驾驭能力的教师使用。

3. 微型教案

微型教案也称卡片教案,内容只涉及最基本的教学步骤和简明的板书。微型教案内容简洁,形式醒目,取放自如,便于教师临场发挥。采用微型教案进行教学,需要教师有丰富的教学经验和对课文、课堂驾轻就

熟的把握能力。

考点2 知识型教案、教法型教案和综合型教案

根据内容差异,教案可分为知识型教案、教法型教案和综合型教案。

1.知识型教案

知识型教案的内容是语文知识的汇集或教学参考资料的摘录,包括题目、作者、时代背景、生字新词、层次结构、段落大意、逐段分析、全文总括、中心思想、写作特点的介绍等。如果是文言文,还有串讲和译注等内容。详细的甚至会写成讲稿。这类教案资料性、文献性强,是一种静态的教案,有人称之为"资料教案"。其优点是知识相对稳定,便于长期保存,反复使用;缺点是只写了"教什么",没有写出"怎样教",缺乏教学个性。

2.教法型教案

教法型教案的内容注重教学过程的设计和教学方法的运用,包括简述教学目标、教学过程,确定教学重难点,设计提问、点拨,注重板书,补充练习和检测题目等。这类教案针对性强,是教师根据学生的实际情况编写的,具有较强的教学个性,是一种动态的教案。其优点是注重"怎样教",便于施教过程中师生双边活动的实际操作,缺点是知识性不强。

3.综合型教案

综合型教案是一种知识、教法互补,静态、动态结合的教案,既有一定的资料汇集,又有一定的教法设计,力求将"教什么"和"怎样教"有机结合,将语文知识共性和教学个性有机结合。无论是对于新教师,还是对于经验丰富的教师,这种类型的教案都是值得提倡的。

二、教案的结构与内容

语文教案的整体结构一般分为课题计划和课时计划两大部分。

考点1 课题计划

课题计划指教学一个单元或一篇课文的整体计划。课题计划通常包括课题、教学目标、课型、重难点、教学方法、教具、课时安排等内容。

①课题。课题是指单元或课文的题目,写作或口语交际课的主题。

②教学目标。小学和初中学科的教学目标通常从知识与能力、过程与方法、情感态度与价值观三方面进行陈述;高中学科的教学目标通常从语言建构与运用、思维发展与提升、审美鉴赏与创造、文化传承与理解四个方面进行陈述。教学目标可分行排列。

③课型。课型通常分为两类:一类是在一堂课里同时完成两项或两项以上教学任务的综合型;另一类是在一堂课里主要完成一项教学任务的单一型。其中,在单一型课型中,以讲授新教材为主的为新授课,以复习旧知识为主的为复习课,以练习技能技巧(作文、作业)为主的为练习课,以分析作业或讲评作文为主的为作业分析课,以考试为主的为检查课等。因此,如果课程属于单一型,应具体标明是哪一种课型。

④重难点。重难点部分应分项列出课题的教学重点、教学难点。

⑤教学方法。教学方法部分应注明整个教学过程中主要运用的方法,如练习法、讨论法、朗读法等。

⑥教具。教具部分应说明课题教学中所用的教具,包括电化教具、多媒体等。

⑦课时安排。课时安排部分应写明课题教学所需课时数。

考点2 课时计划

课时计划是指一个课时的教学计划。课时计划通常包括课时、教学目标、教学重难点、教学过程、板书设

计、教学后记等内容。

①课时。此处应注明本课时是整个课题教学中的第几课时。

②教学目标。此处应写明本课时为实现整个课题教学目标所应达到的具体教学目标。

③教学重难点。此处重难点是指本课时教学的重难点。

④教学过程。此处教学过程又称教学进程、教学程序,主要包括教学要点、教学步骤、教学内容、教学方式。教学要点就是列出教学的几件大事,即概括地揭示本课时的主要教学内容及教学方式,如导入新课、简介作者及背景、处理生字词、朗读课文、讲析课文第一大部分、布置作业。教学步骤与教学内容是教案的主体部分,教师要设计总体的教学思路,并围绕这条思路,考虑教学内容实施的具体步骤与环节。教学步骤一般包括导入、讲解、提问、讨论、总结、布置作业等,同时要兼顾教师的指导,学生的听说读写思活动,多媒体手段的运用,复习、练习等具体教学环节,并估计各个环节所需的时间。

⑤板书设计。每个课时的板书属于"课时板书",可分散写在教学步骤之中,可另外写在与教学步骤平行的备课稿纸右侧,也可集中写在本课时计划教学过程部分的最后。最后一个课时计划中可写上全课题总的板书,称为"课题板书"。

⑥教学后记。教学后记又称教后记、教学小结或教学回顾,是教学设计实施情况的小结。有的教师在写完教后记,往往还会写"又记""再记"。写教后记有利于积累教学经验,改进教学方式,是促进教师专业成长的极好方式。

除此之外,教案中还要注明日期、执教教师、年级、班级等。

课时计划可采用以下格式。

表3-2-5 课时计划格式及内容

课题:	
教学目标:	
教学重点:	
教学难点:	
课型:	
教学方法:	
课时安排:	
教学过程与内容: 第一课时 一、教学要点 教学内容与步骤: (一)导入新课 (二)讲读分析 (解题、介绍相关知识、检查预习、巩固自学、厘清层次、确定段意、概括中心思想、总结技巧等) …… (三)练习作业设计 (四)板书设计 (五)补充资料	备注 (教法、教具及师生活动等) ×分钟 ×分钟
教学后记:	

需要说明的是,语文教案没有固定的格式,以上介绍的只是它大致的内容结构,其格式及内容并非一成

不变。设计教案时,完全可以根据实际情况对其中的一些要素进行适当整合与变通。从使用的角度来看,教案是教学活动的预设案,教学时应尽量按照教案施教,发挥教案的作用,但也要根据不断变化的教学实际对方案进行灵活调整,既要以它为依据,又不能受它的束缚。

三、教案编写基本要点

语文教案的编写必须把握以下要点。

①目标准确。确立教学目标是为了解决为什么教的问题。合理确定教学目标,要注意把握教材,结合学生的实际水平,表述要简洁明确。

②内容充实。教学内容的选择与确定是解决教什么的问题。教学内容要具体化,实实在在,项项落实。

③重点突出。每节课重点解决什么问题,要明确提出并加大解决力度。不可面面俱到,样样都抓。

④思路清晰。教学思路是解决怎么教的问题。教学内容的先、后、详、略要简洁明确;教学结构的设置、教学程序的安排等,要清晰明了。

⑤衔接自然。前后教学环节之间要衔接自然,环环相扣。特别要注意过渡语的设计。

⑥方法灵活。教学方法的选择是进一步解决怎么教的问题。在充分发挥教师的主导作用与确立学生的主体地位的基础上,应注意教法与学法的统一,灵活选择教学方法。

⑦留有余地。教案是教学预设的结果,备课时应充分考虑可能发生的各种情况,并在教案中有所体现。教学的生成内容也应在教案中呈现。编写教案时要在纸张右侧适当空出部分版面,便于在施教过程中随时修改和补充。

考题再现

【2017年·中学·教学设计】阅读下文,为这篇课文设计教学思路。

陋室铭

刘禹锡

山不在高,有仙则名。水不在深,有龙则灵。斯是陋室,惟吾德馨。苔痕上阶绿,草色入帘青。谈笑有鸿儒,往来无白丁。可以调素琴,阅金经。无丝竹之乱耳,无案牍之劳形。南阳诸葛庐,西蜀子云亭。孔子云:何陋之有?

【参考设计】

《陋室铭》教学思路

一、解题

1."铭"的简介。

铭,最初是铸或刻在器物、碑碣上记述事实、功德等的文字,后来发展成为一种述功记行的文体,有时也用来警诫和勉励,如墓志铭、座右铭等。铭文一般都是押韵的,讲究句式整齐,常用排比、对偶句。

2.作者简介。

刘禹锡是唐代诗人、哲学家。他一生创作了不少脍炙人口的诗词散文,受到同时代大诗人白居易的推崇。其中,《陋室铭》就是其代表作之一,因篇幅短小、语言精练、立意高远而流传至今。据说,当年刘禹锡被贬到安徽和州当通判,受到和州知县的百般刁难,让他在半年时间内连搬三次家,住房一次比一次小,最后仅是斗室(仅能容下一床一桌一椅的房子)。刘禹锡因此起笔写了《陋室铭》一文,并请人刻在石头上,立在门前,以此明志。

二、交流预习体会

学生畅所欲言,说出自己的学习体会。

三、确定学习目标

1.朗读课文,解决生字。

2.结合注释,疏通文义。

3.能简要概括课文大意。

4.思考:学完课文,你受到什么启示?

5.熟读,力求背诵课文。

四、指导学生自学

1.学生自学。

2.小组交流学习情况。

3.学生汇报学习结果。

五、深入学习

1.本文从哪些方面来写陋室?请找出相关句子。

2.你喜欢陋室的主人公吗?为什么?

3.从陋室的主人公身上,你学到了什么?

六、拓展思维

陋室的主人公淡泊名利、安贫乐道,同时还重视自身的道德修养,你喜欢陋室主人的这种生活态度吗?新时代的我们应该怎样看待金钱、地位、名利呢?当你发现身边的人个个都比你富有时,你会怎么想,又会怎样做呢?

七、品味语言,练习背诵

1.让学生反复朗读,并说说读后的感受。

(你觉得这篇文章写得好吗?为什么?)

2.总结本文语言的特点。

本文是一篇骈文。字数相同、意思相对的两个相接的句子,叫作骈句。骈句不仅讲究对偶,而且讲究声律。本文中的押韵就是讲究声律的表现之一。押韵指在句末或联句之末用韵母、声调相同或相似的字。文中"名""灵""馨""青""丁""经""形""亭"押韵。骈文押韵能够让人加深印象,便于吟诵和记忆,同时有声调和节奏之美。

3.练习背诵。

八、课文总结

强化练习

教学设计题

1.阅读以下材料,回答问题。

小石潭记

从小丘西行百二十步,隔篁竹,闻水声,如鸣珮环,心乐之。伐竹取道,下见小潭,水尤清冽。全石以为底,近岸,卷石底以出,为坻,为屿,为嵁,为岩。青树翠蔓,蒙络摇缀,参差披拂。

潭中鱼可百许头,皆若空游无所依,日光下澈,影布石上。佁然不动,俶尔远逝,往来翕忽,似与游者相乐。

潭西南而望,斗折蛇行,明灭可见。其岸势犬牙差互,不可知其源。

坐潭上,四面竹树环合,寂寥无人,凄神寒骨,悄怆幽邃。以其境过清,不可久居,乃记之而去。

同游者:吴武陵,龚古,余弟宗玄。隶而从者,崔氏二小生,曰恕己,曰奉壹。

(1)根据上述材料确定本文的教学目标。

(2)根据上述材料设计教学思路,简要说明每个环节的教学内容与教学方式。

2.阅读《渔家傲·秋思》一文,回答问题。

渔家傲·秋思
范仲淹

塞下秋来风景异,衡阳雁去无留意。四面边声连角起,千嶂里,长烟落日孤城闭。

浊酒一杯家万里,燕然未勒归无计。羌管悠悠霜满地,人不寐,将军白发征夫泪。

(1)请为这首词设计教学思路。

(2)请为《渔家傲·秋思》设计课堂教学板书。

参考答案

教学设计题

1.【参考设计】

(1)教学目标

知识与能力:

①了解写作背景,能够正确、流利、有感情地朗读课文。

②疏通文义,掌握常见的文言实词、虚词的用法及特殊句式,提高文言文阅读的能力。

过程与方法:

①自主朗读,筛选文本,抓住关键字词,学习作者按游览顺序写景的写作方法,感受文章的意境。

②"知人论世",小组合作探究,感受作者的心境。

情感态度与价值观:

体会作者在贬居生活中孤独、悲凉的心境,培养积极、乐观、健康的生活态度。

(2)教学思路

(一)导入

课件展示柳宗元的相关内容,介绍本文的写作背景,激发学生的阅读兴趣。

(二)初读感知

①播放朗读音频后,学生自主朗读课文,初步感受文章的语言美。

②学生结合课下注释及工具书,疏通文义,教师相机指导。

(三)赏景

①朗读课文,思考问题。

学生朗读课文,思考:文章写了小石潭的哪些景物?它们的特点各是什么?找出文中原句并加以概括。

水"清":"水尤清冽""潭中鱼可百许头,皆若空游无所依"。

石"奇":"全石以为底""卷石底以出,为坻,为屿,为嵁,为岩"。

树"美":"青树翠蔓,蒙络摇缀,参差披拂"。

鱼"灵":"怡然不动,俶尔远逝,往来翕忽"。

②读文探源,教师明确。

学生默读课文,思考:探求小石潭的源头,结合文中句子回答。

明确:溪岸"斗折蛇行""犬牙差互""不可知其源"。

③再读课文,发散想象。

教师使用多媒体播放音乐,学生配乐朗读课文,想象小石潭的美景。

④探究顺序,代表发言。

学生分小组讨论文章的写作顺序,各小组代表总结本组意见并发言。

教师小结:"伐竹取道"发现小石潭,然后将远镜头逐渐拉近到潭底,看到了潭底的全石,以及近岸为坻、为屿、为嵁、为岩的卷石,又欣赏了覆盖、缠绕、摇动、连接、随风飘荡的青树翠蔓;走近,对潭中的鱼儿进行了特写,然后又向着潭水的西南方向去探寻源头。"移步换景",按游览顺序来写景。

(四)探情

①品读情感,文中求据。

学生回顾课文,思考:初时听闻小石潭之音、置身于小石潭之景的作者是何心情?哪处句子能够体现?

明确:"乐",可从"心乐之"和"似与游者相乐"看出。

②知人论世,深入思考。

思考:作者在观景的过程中,心情发生了怎样的变化?

明确:由乐转凄。

小组讨论,思考:结合课文内容分析作者心情由乐转凄的原因。

教师小结:从文中"四面竹树环合,寂寥无人,凄神寒骨,悄怆幽邃,以其境过清"可看出,作者受不了这种透彻心骨的凄凉,不忍独自品味那种孤独和无奈,故心情由乐转凄。

PPT展示柳宗元生平经历,鼓励学生结合作者生平经历补充回答。

明确:作者寓情于景,情景交融,环顾小潭,寂寥无人,思及改革失败,政治上郁郁不得志,顿时感到连小石潭之景都变得"凄神寒骨,悄怆幽邃"了,因此由乐转凄。

③齐读课文,体味凄情。

(五)师生总结

教师引导学生回顾本课内容并总结,引发学生深思。

总结:政治失意使柳宗元寄情山水,成就了永恒的经典。但反过来思考,并不是失意、孤独、凄怆的悲情成就了柳宗元,最终成就他的,是他的真才实学。所以作为后辈,我们应当依傍才学行遍天下,在遇到困难时,失意但不失志,学会以积极、乐观、豁达的心态去面对学习与生活中出现的困难,昂首前行!

2.【参考设计】

(1)教学思路:

一、教学目标

知识与能力:

①能够借助课文注释和字典,理解文章大意。

②熟练朗读文章,能够流利背诵。

过程与方法:

①抓住关键词句,借助相关资料解读文本。

②学习古人写景抒情的方法。

情感态度与价值观:

感受词作中慷慨激昂的爱国热情,激发爱国情感。

二、具体教学思路

①教师通过介绍作者的另一篇作品,导入课文。

②介绍作者。

③教师范读课文,请学生注意字音、节奏、语气。

④让学生采用多种方式朗读。

在朗读中加深对生字词的认识、理解句子含义,对于重难点句子可以全班一起讨论。

⑤教师根据文章内容进行提问。

学生通过小组讨论、合作探究等方式找出答案。

⑥教师总结,帮助学生争取当堂背诵。
⑦布置作业。
(2)教学板书:

渔家傲·秋思
范仲淹

上片:写"秋"景(边塞秋景)　塞下　雁去　边声　　描绘出一幅萧瑟、
　　　　"异"　千嶂　落日　孤城　　荒凉的边塞风景
下片:抒"思"情(戍边将士)　浊酒　归无计
　　　　"泪"　羌管　人不寐　　抒发词人思家忧国、
　　　　　　　白发　征夫泪　　壮志难酬的情感
意境:苍凉悲壮　沉郁雄浑

第三章 教学评价能力

第一节 语文教学评价的功能和种类

教学评价是指以教学目标为依据,通过一定的标准和手段,对教学活动及其结果进行价值上的判断,即对教学活动及其结果进行测量、分析和评定。它以参与教学活动的教师、学生、教学目标、内容、方法、教学设备、场地和时间等因素的有机组合的过程和结果为评价对象,是对教学工作的整体功能所做的评价。

一、语文教学评价的功能

考点1　导向功能

导向功能是指教学评价对实际教育活动有定向引导功能。只有通过评价,具体的教育活动的价值才能被肯定或被否定。评价所肯定的东西就成了有价值的、为教育活动参与者所追求的东西;评价所否定的东西就成了无价值的、为教育活动参与者所舍弃的东西;评价所忽视的东西自然也不会引起教育活动参与者的重视。因此,教学评价对实际的教育活动具有直接导向功能。

考点2　诊断功能

诊断功能是指教学评价能够对教育活动中存在的问题进行揭示与分析,找到症结所在,进而提出改进和补救的建议。例如:教学评价可以帮助学生发现语文学习中存在的困难与不足,判断造成困难与不足的原因,同时也可以帮助教师了解自身语文教学上的不足和学生学习上的问题,为师生协同采取措施、改善教学提供信息基础。尤其是对于发展上有特殊困难的学生,教师更需要通过发挥课程评价的诊断功能来发现其学习中存在的问题,及时帮助他们。

考点3　调节功能

调节功能是指通过教学评价结果的反馈,被评价者能够了解自身发展存在的优势与不足,从而调整自己的学习行为,促进自身进一步发展。教育活动始终是处于不断调整的过程之中的,但要使调整变得科学有效,除了需要诊断出教育活动的问题外,还必须把这些诊断出的问题及时反馈给被评价者,以促使其对自己的行为做出调整。否则,诊断出的问题就没有任何价值。语文教学评价的重要性并不只是得出一个客观准确的评价结论,而是将评价的结果以科学的、恰当的、具有建设性的方式反馈给被评价者,促使其最大限度地接受,从而对自身有一个更为客观、全面的认识,并得到进一步发展。

考点4　激励功能

激励功能是指通过教学评价,被评价者在正确认识自己的优势与不足的基础上,能够从正反两个方面受到激励,提高发展的积极性和主动性。积极的评价可以增强被评价者的自信心,激起被评价者进一步学习的兴趣;而适度的否定评价往往能引发被评价者一定的焦虑感,使其知耻而后勇,更加勤奋努力。语文教学评价活动应当倡导多元化的评价内容,灵活使用不同的评价方法和手段,尤其要重视质性评价方法,如成长记录袋等,强调评价的日常化,为被评价者提供一个自我展示的平台和机会,鼓励被评价者展示自己的努力和成绩,让被评价者通过他人的赞赏受到激励。

考点5　反思功能

反思功能是指在教学评价中通过被评价者的主动参与促进被评价者自我反思,从而使被评价者更深刻地发现问题和更有效地改进活动,并在此过程中提升自我的反思能力。

考点6　鉴定功能

鉴定功能是指教学评价可以对评价对象与评价指标的适应程度做出区分和认定。对教育活动中教育目标实现的程度分析,必须依靠教学评价才能完成。语文教学评价以一定的指标为依据,对教育活动及其有关情况进行判断,对评价对象与评价指标相适应的程度做出区分和认定,从而发挥鉴定的功能。

二、语文教学评价的种类

教学评价的种类多种多样,按照不同的标准有不同的分类。

考点1　诊断性评价、形成性评价和终结性评价

根据教学评价在教学过程中所起作用的差异分类,语文教学评价可分为诊断性评价、形成性评价和终结性评价。

1.诊断性评价

诊断性评价是在学期开始或一个单元教学开始时,为了解学生的学习准备状况及影响学习的因素而进行的评价。它包括通常所称的各种摸底考试,目的是查明学生已有的知识水平、能力发展情况及学习上的特点、优点与不足之处,从而更好地组织教学内容、选择教学方法,因材施教。

诊断性评价的主要功能:①检查学生的学习准备程度;②决定对学生的适当安置;③辨别造成学生学习困难的原因。

2.形成性评价

形成性评价是在教学过程中为改进和完善教学活动而进行的对学生学习过程及结果的评价。它通常综合运用多种评价方式,包括在一节课或一个课题的教学中对学生的口头提问和书面测验。这种评价能使教师和学生及时获得反馈信息,从而促使教师更好地改进教学过程,提高教学质量。

形成性评价的主要功能:①改进学生的学习;②对学生的学习产生激励作用;③强化学生的学习意识;④给教师提供反馈。

3.终结性评价

终结性评价是在一个大的学习阶段、一个学期或一门课程结束时对学生学习结果的评价,也称总结性评价。

终结性评价的主要功能:①评定学生的学习成绩;②证明学生掌握知识、技能的程度和能力水平,以及达到教学目标的程度;③确定学生在后续教学活动中的学习起点;④预测学生在后续教学活动中成功的可能性;⑤为制定新的教学目标提供依据。

诊断性评价、形成性评价和终结性评价的对比情况见下表。

表 3-3-1　诊断性评价、形成性评价和终结性评价的比较

种类	诊断性评价	形成性评价	终结性评价
作用	查明学习准备情况和不利因素	确定学习效果	评定学业成绩
主要目的	合理安置学生，考虑区别对待，采取补救措施	改进教学过程，调整教学方案	证明学生已达到的水平，预测在后续教程中成功的可能性
评价重点	素质、过程	过程	结果
手段	特殊编制的测验、学籍档案和观察记录分析	经常性测验、作业、日常观察	考试
测试内容	必要的预备性知识、技能的特定样本，与学生行为有关的生理、心理、环境样本	课题和单元目标样本	课程和教程目标样本
试题难度	较低	依教学任务而定	中等
分数解释	常规参照、目标参照	目标参照	常规参照
实施时间	课程或学期、学年开始时，教学进程需要时	课题或单元教学过程中，经常进行	课程或一段教程结束后，一般每学期1~2次
主要特点	"前瞻式"	"治疗式"	"回顾式"

考点2　相对性评价和绝对性评价

根据教学评价所凭借的标准、解释方法的差异分类，语文教学评价可分为相对性评价和绝对性评价。

1.相对性评价

相对性评价又称常模参照性评价，是指运用常模参照性测验对学生的学习成绩进行的评价，主要依据学生个人的学习成绩在该班学生成绩序列或常模中所处的位置来评价和决定其成绩的优劣，而不考虑学生是否达到教学目标的要求。

相对性评价常以常模为参照点，把学生个体的学习成绩与常模相比较，根据学生在该班中的相对位置和名次，确定他的学习成绩在该班中是属于"优""中"还是"差"。相对性评价具有甄选性强的特点，因而可以作为选拔人才、分类排队的依据。它的缺点是不能明确表示学生的真正水平，不能表明他在学业上是否达到了特定的标准，对个人的努力状况和进步的程度也不够重视。

2.绝对性评价

绝对性评价又称目标参照性评价，是指运用目标参照性测验对学生的学习成绩进行的评价，主要依据教学目标和教材编制试题来检测学生的学业成绩，判断学生是否达到了教学目标，而不以评定学生之间的差异为目的。

绝对性评价可以衡量学生的实际水平，了解学生对知识、技能的掌握情况，它关心的是学生掌握了什么、能做什么或没掌握什么、不能做什么，宜用于升级考试、毕业考试和合格考试。它的缺点是不适用于甄选人才。

考点3　定性评价和定量评价

根据教学评价方法的差异分类，语文教学评价可分为定性评价和定量评价。

1.定性评价

定性评价是对评价材料做"质"的分析。定性评价根据评价者对评价对象平时的表现、实际的状态或文献资料进行观察和分析，运用分析、综合、比较、分类、演绎、归纳等逻辑分析方法，对评价所获得的数据、资料进行加工，分析结果主要是描述性资料。

2.定量评价

定量评价是对评价材料做"量"的分析。定量评价运用数理统计、多元分析等数学方法,从复杂的评价数据中提取出规律性的结论。定量评价方式准确、高效,应用广泛,可移植性和说服力强。但是,它忽略了那些难以量化的重要品质与行为,忽视了个性发展与多元标准,把丰富的个性心理发展和行为表现简单化为抽象的数量表征。

在教学评价中,应多采用定量评价与定性评价相结合的方式,以达到优势互补,提高教学评价准确性和全面性的目的。

考点4 分数评价、等级评价和档案袋评价

根据教学评价结果体现方式的差异分类,语文教学评价可分为分数评价、等级评价和档案袋评价。

1.分数评价

尽管我们坚决反对用考试分数作为评价教学质量和人才的唯一标准,但也不能否认分数评价法在评价体系中所起的重要作用。对教师来说,为了使分数体现客观、公正的原则,根据语文学科的特点,在检测时,必须妥善处理好客观题和主观题选用比例的问题,必须把握好试题的难度和区分度,必须对学生所学知识及时进行检测。对学校来说,期末考试或升学考试的分数不能用来作为评价教师工作业绩和学生学业成绩的唯一依据,更不能把它作为学校实行末位淘汰制的"法宝",而应当对学生基础、平时考核成绩、终端结果、进步幅度、竞赛获奖、研究行动等各个方面进行综合性的量化考核,力求让评价更加全面、准确、科学。

2.等级评价

这里所说的等级评价一般指的是用"优—良—及格—不及格""甲—乙—丙—丁"或"很好—较好—中等—较差—很差"等来评价学生。这种评价法比较适合用来评价学生的说话能力、辩论技巧、写作能力、主题归纳能力等。它的优点是有意将分数模糊化,有利于充分调动学生的积极性。比如辩论赛,考查学生知识理解的广度和深度,陈述问题是否有针对性,语言是否深刻,思维是否敏锐,以及态度、气质、修养和情感等方面的表现,我们在评价时恐怕难以用一个准确的分数加以评价,而采用较为模糊的等级评价,评价的结果自然就会显得更加合理。

3.档案袋评价

档案袋评价法是一种较全面的、注重实际的评价方法。它是学生在某一阶段语文学习状况的汇总,也是评价学生进步过程、努力程度、反省能力、发展水平和学习效果的较为理想的模式。档案袋内容的选择和提交由教师和学生共同决定,诸如各种大小测试的成绩、回答问题的情况、参与语文课外活动的情况、帮助同学学习语文的情况、各类语文竞赛获奖的情况、语文学习心得等。档案袋中具体的材料,既可以让学生用来自己评价自己,也可以让学生干部用来评价同学,还可以让教师用来评价学生,弥补了长期以来只凭分数或只凭感觉来评价学生的不足。这种评价法既有助于教师对学生语文学习的准确预测,同时,也有助于教学评价和语文课堂教学得到较好的整合。

第二节 语文课堂教学评价的主要原则

一、客观性原则

①评课者所持的标准要客观。不同类型的课有不同的评价标准。如国家级优质课评课就有国家级的评课标准,省级有省级的标准,市级有市级的标准。

②语文课堂教学评价所引用的资料要客观。评课者评价语文课要以事实为依据。听课者要真实地记录这方面的资料,做到评有所据。而所搜集的资料应来源于课堂,评课者不能随意增删。

③语文课堂教学评价过程要客观。评课者填写评课表格不能根据自己的喜好,随意地拔高、压低,而应该用统一的标准去考量课堂教学。

二、公正性原则

语文课堂教学评价的目的不应集中于对执教者本人的点评。单凭一节课来评价教师教学水平和教学业绩,带有很大的偶然性和片面性。评价一位教师的教学水平和教学业绩,应该从这个教师的知识结构、工作经历、工作态度、教学成果等多方面综合考虑。

三、科学性原则

科学性是学术研究的生命,也是语文评课活动的生命。评价的科学性应该体现在评价的方法要科学、评价的过程要科学、评价的依据要科学三个方面。

1. 语文课堂教学评价的方法要科学

评价一节课的优劣得失,要采取一定的方法,这种方法应该符合科学的规范。目前语文课堂教学评价的方法可以分为两大类,即量化评价方法和质性评价方法。量化评价方法能得出客观可信的结论;质性评价方法注重抓住事物的本质,突出评课的重点。

2. 语文课堂教学评价的过程要科学

评课要有一个过程,这个过程要符合科学要求。评价小组人员组成应为单数,因为这样可以避免出现争持不下的局面;评价的分数要去掉最高分和最低分,这样才可以最大限度地避免随意性;评价要适时综合平衡,避免宽严不当。

3. 语文课堂教学评价的依据要科学

评课者可以对教师的课堂教学"说三道四",但要言之有据,要用科学的依据说服教师。科学的依据应该包含课程标准的整体要求,课程标准对该阶段的教学要求,教育学、心理学、学科教育学的基本规律。运用这些理论去剖析教学现象,评价就由感性上升到了理性。评课者言之凿凿,教师才会心悦诚服。

四、目标性原则

不同类型的课有不同的要求和特点,评课者对一节课的评价应该从整体着手,但绝不是不分轻重、主次,"面面俱到",而需要有所侧重。

五、激励性原则

激励性指评价机制的指向是以肯定或发展为前提的。评课不仅是甄别与选拔,更重要的是促进学生发展和教师成长。

1. 目标激励:给教师提出一个教学研究的目标

评课不可能面面俱到,要根据课型和要解决的主要问题,抓住课堂教学中的主要问题进行评论,不能要求过多过细而抑制了教师对教学个性的追求和教学创造力的发挥。评价的目的不是鉴定,而是为了发展,评课者不仅要关注教师的操作层面,更要从教学过程中所体现的教育思想、教学原则、教学理念等潜隐层面去发现、点拨和引领,鼓励教学创新,提倡教学个性,引领教师朝先进的教育思想和教学理念的方向发展。

2.闪光点激励:抓住教师课堂成功之处进行鼓励

语文课堂教学评价过程,既要解决必须解决的问题,还要注意语言的技巧、发言的分寸,评价的方向和火候。评课者不仅要时刻维护教师的教学自信,还要通过评课来帮助教师寻找自信、培养自信、强化自信,评课时要"优点谈足,缺点抓准",要评出特色,点出创新。

3.信息激励:为教师提供教改信息

评课要用发展的眼光,相信教师是会不断进步的。因此,评课的目的不是把教师分成优、良、合格、差几个等级并以此为基础进行奖惩,或对教师过去工作的成败简单进行考核、鉴定、认可,而是要为教师提供关于教育教学的信息反馈和咨询,帮助教师总结和反思自己在教育教学中的优势和薄弱之处,分析产生问题和不足的根源,探讨克服缺陷、发扬优势的措施与途径,从而不断改进教育教学实践,提高教师的教学水平。

第四章 案例分析能力

第一节 教学案例分析题目的类型

语文教学案例分析能力主要指考生对某一教学实录或教学简案片段的评析能力。评析的内容主要包括评析教学行为、分析设计意图和提出教学建议三种类型。

一、评析教学行为

评析教学行为即要求考生结合课程标准中的内容对某一教师的教学实录片段进行评析，通常是要求分析该教师教学的优缺点。教学实录是对课堂教学的真实记录，往往以对话的形式呈现。作答此类题目，考生要对新课程标准的相关内容有一定的了解，然后将理论与实际相联系，评析实际教学是否符合新课程标准的相关要求。评析时可从教学过程、教学内容、教学方法、教学评价等角度入手，也可从教师的基本素质入手。

①教学过程：是否尊重学生的主体地位；能否调动学生的学习兴趣。
②教学内容：能否达到教学目标；能否解决教学重难点；难度是否适中；是否是由浅及深、由易到难。
③教学方法：是否新颖多样；是否有利于学生综合素养的提高。
④教学评价：教学反馈是否及时；评价方式是否多样。
⑤教师的基本素质：能否因势利导，及时调整教学计划；能否因材施教，尊重学生的独特性；是否具有灵活处理课堂偶发事件的教育机智。

考题再现

【2021年·小学·案例评析】根据小学语文阅读技能和阅读能力培养的教学案例，写一个课评。

义务教育课程标准实验教科书人教版四年级上
《卡罗纳》教学设计

教学目标：
1. 认识课文中的"遭""悯""咛""咐""恸"5个生字。
2. 紧扣动作和神情描写的词句，感受大家对卡罗纳的关爱，领悟表达的丰富性、准确性，并有感情地朗读课文。
3. 激发关爱他人、帮助他人的情感，美化自己善良的心灵。

教学重点：
1. 读懂课文内容，激发关爱他人、帮助他人的情感。
2. 通过文字想象人物的内心活动，体会人物情感。

教学过程：
一、课程导入

导入：（配乐）世上只有妈妈好，妈妈是最无私的，她给了我们无尽的爱。母爱是那潺潺的流水，滋润着我们的心田；母爱是那熊熊的火炬，点燃了生命的希望。我们为拥有伟大的母爱而感到无比幸福！可是，有一位和我们年纪相仿的外国小朋友却永远地失去了母亲，失去了珍贵的母爱！他就是卡罗纳。

出示自学提示:A.将课文读正确、读通顺。B.从哪些地方可以看出卡罗纳的不幸？C.面对遭遇不幸的卡罗纳,大家是怎样做的？用横线标出有关句子。D.你从大家的言行中受到什么启发？在旁边写上批注（用一个词或简短的话表达）。E.课文讲了一件什么事？这节课我们就按这几个步骤去读懂课文,去感受另一种关爱之情。

二、初读课文,感知不幸

1.下面让我们走进《卡罗纳》,走进饱含深情的字里行间,用你喜欢的方式读课文,把生字读准,把句子读通顺。思考:从哪里可以看出卡罗纳的不幸？

2.正确读出下列词语：

遭到　怜悯　俯下　千叮咛万嘱咐　哟　庄重严肃　屏息凝神　默默地　端详

目不转睛　恍然大悟　号啕大哭

（目标指向:读正确即可,个别字形提醒一下）

3.找出写卡罗纳不幸的句子,感受其不幸。

A.指名读。

B.自由读,你的心里产生了一种怎样的感受？他是一个怎样的孩子？（板书:可怜,不幸）

C.师小结:卡罗纳失去了母亲,遭到了巨大的不幸,心里承受着无尽的悲伤,他是一个多么可怜的孩子呀!

三、深入课文,感受关爱

卡罗纳失去母亲的痛苦是巨大的,此时的他,最需要的是什么？（关爱、幸福）当可怜的卡罗纳来到了学校,周围的人又是如何去关心他的呢？下面请同学们默读课文,围绕自学提示C,画出句子,并抓住重点词去体会,然后在小组里交流讨论。

1.生讨论,师巡视,点拨引导。

2.交流,教师根据学生的反馈,出示相关课文段落。

（一）老师：

①出示（昨天上午,我们刚走进教室,老师……）

②点拨:你从哪些地方体会到了什么？（"庄重严肃""热情""不许""拉""！""暗示"……体会到老师很关心卡罗纳。）

③老师怕我们哪怕是有丝毫的不当之举都会伤害卡罗纳,所以提前跟我们说要"庄重严肃,热情地对待他"可见老师是多么地关心他。——齐读

④（老师把卡罗纳拉到自己胸前,对他说:"哭吧,痛痛快快……"）读着读着,你仿佛看到了什么？（一个"拉"字,给了你丰富的想象。这个感叹号给我们传递的是老师的安慰和鼓励。）——再读,你还感受到了什么？你从哪些地方体会到的？（连续用了两个"你要坚强！"和三次使用"她",充分表达了老师对卡罗纳的关爱。）

指导朗读。

老师就像母亲一样关爱他,安慰他,鼓励他。假如你是老师,你该怎样对卡罗纳说这些话呢？

老师就是这样怀着对卡罗纳的无限同情,把他拉到胸前,用低沉的声音安慰他说——（低沉又有力的声音,多热情的鼓励啊！）

老师就是这样怀着对卡罗纳的无限关爱,把他拉到胸前,用轻柔的声音鼓励他说——（轻柔又坚定的声音,多真诚的鼓励啊！）

老师就是这样怀着对卡罗纳的无限关爱,把他拉到胸前,用满含爱意的声音热情地鼓励他说——齐读

⑤老师会怎样暗示呢？（自由做动作）是啊,老师把对卡罗纳真切的关心淡化在一句语重心长的话语里,一个看似不经意的眼神里,一个不起眼的动作中。她时时刻刻都记着不要伤害到卡罗纳,她的良苦用心真让我们感动!

（二）母亲：

①出示（母亲把我推开了,她目不转睛地望着卡罗纳。）生抓重点词谈体会（推开　目不转睛）

②点拨:"目不转睛"是什么意思？母亲目不转睛地望着卡罗纳好像在说:"＿＿＿＿＿＿＿。"文中的"我"读懂了吗？

从哪里看出来的？一个和卡罗纳毫不相干的人却为他付出了母亲般的爱,真让我们感动啊!

(三)同学们、"我":

①出示(我心里不由得泛起一阵同情和怜悯……我本想跟他说几句话,但不知说什么……放学的时候,大家围在他身边,谁都……我恍然大悟,没去拉母亲的手……)

②生抓重点词谈感受(屏息凝神地望着 默默地看着)

点拨:怎么样叫"屏息凝神"？(理解词语)"屏息凝神地望着""默默地看着"这目光里有什么?(同情、关爱、鼓励)"'我'是怎么做的,'我'为什么这样做?"引导联系前文。

此时无声胜有声!这是默默地注视,更是默默地关怀,默默地疼爱。在他们的眼里、在他们的心里正流淌着浓浓的情,深深的爱。生活中难免会遭到不幸,我们应该正确面对。对于我们周围那些遭到不幸的人,我们应该给予他们什么呢?(爱)

四、升华情感

1.卡罗纳是不幸的,因为他失去了母亲。卡罗纳又是幸福的,因为他身边有这么多疼他爱他的人给了他无私的爱。我们相信这些爱会使他忘却伤痛,会使他鼓起勇气去面对生活!

2.正因为这世界上有了爱,我们才有了幸福和快乐。关爱他人是一种美德,它能给人以春天般的温暖,它能融化一颗冰冷的心。假如你是卡罗纳的同学,此时你肯定有很多话要对卡罗纳说,让我们也加入这关爱的行列,拿起手中的笔,把鼓励的话、祝福的话送给卡罗纳。请写在练习本上。(播放歌曲《爱的奉献》)

3.交流。

生:"别伤心,你要坚强。""卡罗纳,我们大家都是你的亲人。"

4.我们相信,卡罗纳在这么多爱的包围、滋润下,心头的悲伤会渐渐消退。老师相信,此时你的心中也一定埋下了一颗爱的种子……"只要人人都献出一点爱,世界将变成美好的人间!"

五、拓展延伸

《卡罗纳》这篇文章选自《爱的教育》这本书,请同学们读一读课后的资料袋,了解了解这本书吧。

小结作业:

1.和父母交流感受,讨论其中的人物。

2.小练笔,根据自己的亲身经历,把自己身边的爱写出来分享。

【参考答案】

材料中教师的教学有利于提高学生的阅读技能和阅读能力,值得借鉴。

①《义务教育语文课程标准(2011年版)》在第二学段(3~4年级)的"学段目标与内容"中指出,"用普通话正确、流利、有感情地朗读课文""初步学会默读,做到不出声,不指读"。该教师在教学中指名读,要求学生自由读、默读、齐读,引导学生综合运用多种方式进行阅读,并相机进行指导,有效锻炼并提高了学生的阅读能力。

②《义务教育语文课程标准(2011年版)》在第二学段(3~4年级)的"学段目标与内容"中指出,"能联系上下文,理解词句的意思,体会课文中关键词句表达情意的作用""能初步把握文章的主要内容,体会文章表达的思想感情""关心作品中人物的命运和喜怒哀乐,与他人交流自己的阅读感受"。该教师在教学中引导学生理解关键词语和句子,概括文章内容,体会卡罗纳的不幸,组织学生进行交流讨论,有利于帮助学生掌握正确的阅读方法,提高学生的阅读能力。

③《义务教育语文课程标准(2011年版)》在第二学段(3~4年级)的"学段目标与内容"中指出,"诵读优秀诗文,注意在诵读过程中体验情感,展开想象,领悟诗文大意"。该教师在"深入课文,感受关爱"环节引导学生发挥想象,通过一个动词、一个标点感受老师对卡罗纳的关爱,有利于培养学生的想象力,提高学生的共情能力和文本阅读能力。

④《义务教育语文课程标准(2011年版)》在"教学建议"中指出,教师应"注重听说读写之间的有机联系,加强教学内容的整合,统筹安排教学活动,促进学生语文素养的整体提高"。该教师在教学过程中注重学生听说读写综合

技能的锻炼,其教学有利于学生语文综合素养的提高。

⑤《义务教育语文课程标准(2011年版)》在"教学建议"中指出,"阅读是学生的个性化行为。阅读教学应引导学生钻研文本,在主动积极的思维和情感活动中,加深理解和体验,有所感悟和思考,受到情感熏陶,获得思想启迪,享受审美乐趣"。该教师在教学中重视情感、态度、价值观的正确导向,引导学生逐步深入分析文本,鼓励学生分享、交流阅读体验,珍视学生独特的阅读感受,有利于达成教学目标,解决教学重难点,同时能够激发学生关爱他人、帮助他人的情感,培养学生美好的道德品质。

二、分析设计意图

分析设计意图即分析教师设计教学简案或进行实际教学时的出发点,这一出发点往往与新课程标准及学生有密切的联系。以下主要对不同教学环节的主要设计意图进行介绍。

1.导入环节常见的设计意图

在教学导入环节,教师往往会根据教学文本的特点和学生的学段特点设计不同的导入方式。导入环节的基本设计意图是吸引学生的注意,激发学生的学习兴趣、求知欲和探索欲,使其更好地进入新课学习。这一环节常见的设计意图如下。

①激发学生的学习兴趣、求知欲和探索欲,如设疑导入。

②帮助学生温故知新,如通过回忆与所学新课相关的旧课导入。

③吸引学生的注意力,激发学习兴趣,帮助学生进入学习情境,如游戏导入、故事导入、多媒体导入。

④使学生深入理解课文内容及主旨,理解作者的思想感情,如通过展示文章作者生活的时代背景和文章的写作背景导入。

2.阅读感悟环节常见的设计意图

阅读教学以读为本,朗读和默读是各个学段的阅读教学中必不可少的教学方式。这一环节常见的设计意图如下。

①反复朗读,以读促思,使学生在朗读的过程中加深对课文的理解,把握作者的感情倾向,进一步感悟文章的主旨。

②学生分角色朗读,有利于学生更好地理解人物的处境及感情,把握人物的形象特点,加深对文中人物形象的感知。

③学生自主朗读课文,圈画重点字词句,在有疑问的地方做批注,使学生初步感知课文内容,厘清课文思路,锻炼学生的理解与感知能力,培养学生自主阅读的能力。

④教师范读或播放朗读音频,明确读音、轻重音、节奏等,然后学生自荐朗读、全班齐读或集体默读,有利于提高学生的阅读水平,帮助学生感悟文章主旨。

⑤综合使用多种朗读方法进行教学,有利于活跃课堂气氛,可以帮助学生在潜移默化中掌握多种阅读方式,提高阅读水平。

3.拓展延伸环节常见的设计意图

在教学过程中,教师有时会向学生拓展与课内知识相关的课外知识,或者要求学生课前或课后阅读同一作者的不同作品或与该篇课文类型相同的其他作者的作品。这一环节常见的设计意图如下。

①将课内学习适当拓展到课外,进行专题式的学习,有利于学生整合相关知识,深化对这一知识点的认知与理解。

②要求学生阅读同一作者的不同作品,旨在通过对比阅读的方式,使学生更加全面地认识作者,感知作者创作作品时的心路历程,加深对所学课文的认识。

③要求学生阅读与该篇课文类型相同的其他作者的作品,旨在通过对比阅读的方式,使学生对所学课文

的叙事特点、描写方式、抒情方式等有一个更加清晰的认识。

4.作业布置环节常见的设计意图

作业布置是教学设计中不可缺少的一环,通常在一课时的教学或一篇课文的教学结束后进行。这一环节常见的设计意图如下。

①学以致用,锻炼和提升学生的语言文字运用能力和思维能力。

②巩固课堂所学知识,强化记忆。

③及时查漏补缺,便于学生有针对性地进行复习和补充,便于教师有针对性地在之后的教学中做出调整。

5.板书设计环节常见的设计意图

板书对课堂教学有重要的辅助作用。有效的板书往往具有简要、直观、富有启发性的特点。这一环节常见的设计意图如下。

①吸引学生的注意力,将学生顺利引入教学情境。

②帮助学生梳理、理解与识记教学内容。

③启发学生思维,开发学生智力。

④提供概括与归纳的范例,培养学生的总结概括能力。

6.多媒体教学环节常见的设计意图

多媒体于新型课堂教学来说是一把双刃剑。教师恰当地使用多媒体,一方面能够高效利用教学时间,更加合理地安排教学,另一方面能够方便快捷地创设引导学生广泛、深度参与的学习情境,从而产生事半功倍的教学效果。但是教师过多地依赖多媒体教学,既不利于教师教学能力的展示与提高,也会在一定程度上限制学生的思考,不利于锻炼学生的联想与想象能力。因此,教师要在新课程理念的指导下,恰当使用多媒体进行教学。这一环节常见的设计意图如下。

①多媒体播放汉字书写笔顺的动画,能够吸引学生的注意力,帮助学生明确书写顺序,强化学生的记忆。

②在学生深入分析人物形象并进行自主想象后,多媒体播放相关的影视作品片段,既能形象直观地展示人物形象,使学生更加全面地认识人物,又能活跃课堂气氛,提高教学效率。

③在学生对某一事物或某种情境进行联想和想象后,教师运用多媒体进行画面展示,既能使抽象的内容具体化,让学生产生身临其境之感,又有利于激起学生的学习热情、好奇心和求知欲,同时还能活跃课堂气氛,提高教学效率。

7.练习题设计环节常见的设计意图

分析练习题的设计意图类题目通常有两种考查形式:一种是给出练习题,要求考生分析设计意图;另一种是要求考生根据教学实录片段或教学设计片段设计练习题并写出设计意图。练习题的设置通常是为了检测或锻炼学生听说读写某一方面或多方面的能力水平,致力于学生语文综合素养的提高。这一环节常见的设计意图如下。

①锻炼学生的写作/口语交际/表达/语言文字运用能力,提高学生的语文综合素养。

②检测学生对某一知识点的掌握程度,调动学生已有体验来加深对课文的理解。

③锻炼学生的概括与归纳能力,做到学用结合。

④培养学生多角度看问题的思维方式及创新能力。

⑤引导学生树立正确的价值观、人生观、世界观。

8.选文编选意图

一般来说,编入同一单元的选文都存在着某种共性:要么都是古代诗歌,要么都是劝谏类文言文,要么都是抒情散文,要么都是新闻报告……有时教师为了让学生更好地理解某种抒情方式或叙事特点,还会灵活调整课文的教学顺序。但不论是教材原本的编选方式还是教师在实际教学中所做的调整,最终目的都是让学生通过学习几篇同类作品能够见微知著、举一反三,获得自主阅读、学习该类作品的能力。

三、提出教学建议

提出教学建议类题目即要求考生针对教学实录或教学设计片段中存在的问题，结合新课程标准提出合理的改进建议，或者给出一则棘手案例，要求考生站在教师的角度提出合理的解决措施并说明理由。

不同环节提建议的角度均不同，提出教学建议最重要的是"对症下药"。

1.教学目标中常存在的问题及建议角度

问题：教学目标不符合学科、学生学段的特点；教学目标设计过于单薄、不全面；"三维目标"没有做到以学生为主体或过于侧重某一方面。

建议角度：分析学科、学生学段的特点；结合新课程标准中"三维目标"的相关表述，阐述"三维目标"相互渗透、互为一体的关系。

2.教学导入中常存在的问题及建议角度

问题：新课导入方式枯燥无趣，学生学习兴趣低、难以进入学习状态。

建议角度：设计生动形象、新颖有趣的新课导入方式，吸引学生的注意力，激发学生的学习兴趣。

3.教学过程中常存在的问题及建议角度

问题：教学方法单一；教师讲授的内容过多，学生的课堂参与度低；过分依赖多媒体；学生表现超出预期，教学计划被打乱；教学评价单一。

建议角度：多种教学方法相结合；尊重学生的主体地位；调动学生参与课堂教学的积极性；合理使用多媒体；充分发挥教育机智，因势利导，及时调整教学思路；采用多种评价方式。

4.作业布置中常存在的问题及建议角度

问题：作业难度过小或过大，不具有普适性；作业量过大。

建议角度：提高或降低作业的难度；给予学生充分的选择；布置适量的作业。

5.板书设计中常存在的问题及建议角度

问题：板书烦琐、条理性差；选择的板书类型不适合课文的特点。

建议角度：教师逐步提高总结归纳的能力；设计符合课文特点的板书。

第二节　教学案例分析题目的设问形式及作答思路

一、评析教学行为类题目

1.设问形式

①用简要的语言评价上述教学设计/教学实录片段/教师的教学行为。

②分析该教学实录片段中蕴含的教学智慧/谈谈该教学实录片段给你的启发/谈谈对文中教师教学行为的看法/评析上述教学设计的优点（缺点）。

③从新课程标准的角度对上述教学实录片段或教师的教学行为加以评价。

④分析该教师是如何做到"……（某教学理念）"的。

⑤分析该教师培养了学生哪些方面的语文核心素养。

2.作答思路

作答评析教学行为类题目常遵循以下步骤。

第一步:指出该教师教学行为的正误/表明观点、态度。
第二步:理论+分析。列出相关课程理论知识,结合材料,分条列点,一一分析。
第三步:总结。若教师的教学行为存在不足,则要在指出其不足之后,提出相应的改进建议和措施。

示例:
阅读《死海不死》教学实录(片段),回答问题。

师:你说说看,这篇课文是说明文中的哪一种?
生:是知识小品。
师:你说对了。但什么是知识小品,你知道吗?
生:不知道。
师:知识小品有什么特点,知道吗?
生:不知道。
师:你都不知道?(生点头)那你怎么知道这篇课文是知识小品呢?
生:我是瞎蒙的。(笑声)
师:你肯定不是瞎蒙的,你心里肯定有一个关于知识小品的"样子",而这篇课文正好符合你心里的这个"样子"。是这样吗?
生:我心里没有样子。(笑声)
师:那你为什么不说它是产品说明书或别的什么说明性文体,而偏偏要说它是知识小品呢?你在说的时候心里肯定有过一些选择,是不是?
生:是的。
师:好好想想,你在各种文体中选定知识小品,当时是怎么想的?
生:因为它是介绍关于死海的知识的,文章很短小……所以是知识小品。
师:说得对啊!知识小品就是介绍科学知识的,文章篇幅又很短小,所以叫"小品"。你看你说出了知识小品的一些重要特点,你明明知道,怎么说不知道呢?
生:这是我看了课文后临时想出来的。
师:这更了不起,说明你的思维很敏捷,很有判断力。我早说过你不是瞎蒙的嘛!(笑声)下面请大家再来看看知识小品除了篇幅短小、知识性强以外(板书:篇幅短小;知识性强),还有什么特点?
学生在教师的引导下,又归纳出了知识小品具有趣味性的特点并对其特点的重要性进行了排序。

问题:
(1)请评析上述教学案例的优点。
(2)从教师教学的角度,评析该教师的教学行为。

【参考答案】

(1)上述教学案例中,教师从学情出发,以问促思,循循善诱,以机智的语言,启发了学生的思维,并对学生进行了由衷地肯定和激励,让学生通过自己的思考获取知识,这有助于学生养成勤于思考的习惯。在之后的教学过程中,学生在教师的启发下归纳出了知识小品的两个特点。整个教学过程都是以学生为中心的,教师引导学生步步深入,学生渐入佳境,整堂课也因教师风趣机智的语言而显得兴味盎然。这就使教学实现了"从理论上和实践上找到一条通向'不教'之境的桥梁"的目标。

(2)①该教师善于启发、引导,发挥教育机智,针对学生的回答做出有效评价,引导学生思维,完成教学目标。面对学生"不知道""瞎蒙的"等回答,该教师并没有立刻将这一问题抛给另一个学生回答,也没有直接给出答案,更没有批评这位学生,而是及时调整了教学思路,有条理、有耐心地引导学生思考,使学生能够依靠自己的努力,从文本中得出正确结论,从而顺利完成了课堂教学,有效达成了教学目标。

②有效的教学是教师的"教"与学生的"学"的统一。该教师没有以自己的"教"代替学生的"学",而是

通过耐心引导让学生体会到了自己在课堂上的主体地位,又通过适当的鼓励保护了学生在学习上的自尊心,激发并保持了学生对学习的兴趣。

二、设计意图类题目

1.设问形式
①分析上述教学设计中某种教学行为的意图(作用)。
②阐述整个教学设计或教学设计中某一环节的设计意图。
③分析编者设计某道练习题的意图。
④分析把两篇或两篇以上的文章(诗歌)编选在同一单元(同一课)的意图。

2.作答思路
作答设计意图类题目一般不需要结合新课程标准,但基本遵循"先总结后分析"的大体步骤。
第一步:总述意图。
第二步:结合材料,分条列点,一一分析。
示例:

《乡愁》教学过程设计

一、创设情境,导入新课
(多媒体播放有关乡愁的音乐)
导入语:"少小离家老大回,乡音无改鬓毛衰。"贺知章是幸运的,他的幸运之处在于他终究回到了家乡。而有些人一生都漂泊在外,背井离乡,思归而不能,这是多么痛苦的一件事啊!诗人余光中就是这痛苦的经历者,他将这份思念注入一首诗中,现在我们就来看一下余光中的思念到底有多深,他又是怎样表达思念家乡、思念祖国的情感的。
【设计意图】播放有关乡愁的音乐,渲染伤感的氛围,为学生营造一种悲伤的情境;以贺知章的诗句引入教学内容,过渡自然,并且在对比中突出了诗人余光中乡愁的浓烈、深沉。

二、走近作者,背景拓展
PPT出示作者简介及写作背景。
【设计意图】正式开始学习课文之前,为学生介绍作者、创作背景,帮助学生了解作者为何无法回到故乡,进而明白作者产生浓烈乡愁的原因,为深入分析文章做好铺垫。

三、初步朗读,整体感知
1.听录音朗读,感受诗的感情基调和朗读节奏。
明确:这首诗的感情基调是深沉又略带哀伤的,朗读时的速度应该是缓慢的。
2.学生自由朗读,边朗读边标出节奏和重音。
3.教师指名学生有感情地朗读,并进行适当的指导。
指导:全诗按"小时候""长大后""后来""现在"的时间顺序排列。第1节、第2节是生离,第3节是死别,死别更令人痛彻心扉,朗读时应读出情感的递进。
4.其他学生进行评价,教师给予鼓励式点评。
5.教师范读。
【设计意图】听范读录音,明确诗歌感情基调和朗读节奏,学生在反复朗读的过程中增强对诗歌情感的感知。教师指名学生朗读,并进行朗读指导,帮助学生积累朗读技巧,提升诗歌朗读能力。教师范读再次明确朗读的感情基调、节奏、字音等,引起学生对基础知识的重视。

四、解读全诗,整体感悟

(一)构图想象

1.学生自由品读,想象诗中的画面。

2.教师请学生分节描述自己想象的画面,并恰当评价。

【设计意图】组织学生自由品读诗歌,想象诗中的画面,培养学生丰富的想象力和创造力,激发学生的个性思维;请学生描述自己想象的画面,锻炼学生的口语表达能力,提升学生的语文综合素养。

(二)深入领悟

教师引导学生探究以下问题。

1.这首诗表达了作者怎样的情感?

明确:这首诗表达了作者对家乡、对祖国的思念之情。

2."乡愁"本是一种抽象的情感,但余光中的《乡愁》却把它转化成了各种具体可感的事物。作者是如何实现这一转化的?

明确:作者巧妙地将"乡愁"这种抽象的情感进行了物化,找到了它的对应物。在人生的各个阶段里,"乡愁"分别被寄托在了邮票、船票、坟墓和海峡等对应物上,得以具体呈现。

3.愁是凝重的,为何诗中却说"小小的邮票""窄窄的船票""矮矮的坟墓""浅浅的海峡"?

明确:作者正语反说,以一种轻描淡写的口吻将乡愁浓缩于面积小、程度轻的对象上,反衬出乡愁的浓烈。托物寄情,表达了绵绵不尽的乡愁,含蓄委婉,深沉哀怨。

【设计意图】以层层深入的问题引导学生理解诗歌的独特表达技巧,从而更加全面、深入地感受作者对家乡、祖国深沉的爱。

五、深情朗读,课堂小结

1.学生有感情地朗读课文,加深理解,熟读成诵。

2.教师小结。

结语:"乡愁"是中国诗歌一个历久常新的普遍主题,余光中的《乡愁》就是其中情意深长、音调动人的一曲。同学们可以在课下搜集一些有关乡愁的诗歌,体会诗人们的离愁别绪。

【设计意图】再次朗读,加深对课文的感悟,增进对"乡愁"的理解;教师的话既带有总结性,又带有启发性,激起学生对中国诗歌"乡愁"主题的探究兴趣,使学生受到感染和熏陶,激发爱国热情。

六、板书设计

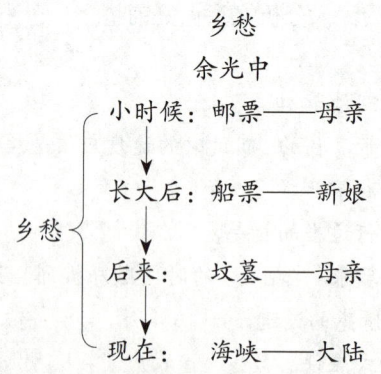

<pre>
                    乡愁
                   余光中

         ┌ 小时候: 邮票——母亲
         │   ↓
         │ 长大后: 船票——新娘
   乡愁 ─┤   ↓
         │ 后来: 坟墓——母亲
         │   ↓
         └ 现在: 海峡——大陆
</pre>

【设计意图】结合课文,提炼关键信息,梳理课文脉络,培养学生的提炼概括能力。

三、提出建议类题目

1.设问形式

①如果你是这位老师,你会怎么办?

②从某个角度出发,为某教师提供较为明确具体又具有可操作性的指导建议。
③请结合具体的教学案例,从教师必备素养的角度出发,谈谈如何完善自我。

2.作答思路

作答提出建议类题目常遵循以下步骤。

第一步:分析问题出现的原因/分析材料事态可能带来的影响/梳理材料未遵循的新课程标准的相关理论。

第二步:结合材料,分条列点,一一分析。

第三步:提出解决问题的办法或应对策略。

示例:

阅读某教师教学郑振铎《猫》一课的教学实录(片段),回答问题。

(教师引导学生重点研读有关第三只猫的文字)

师:通过学习我们知道,文章重点写的是第三只猫,因为第三只猫最能表现文章的主旨。但是同学们的阅历少,在学习过程中,对部分内容理解起来有一定的难度,可能存在很多的疑问。接下来,哪位同学有疑问就提出来,大家一起帮助你解决。

(学生思考后纷纷举手质疑)

生1:小猫为什么总是凝望鸟笼?

生答:也许它觉得芙蓉鸟很漂亮、很幸福,而自己却很不幸,所以很羡慕芙蓉鸟。也有可能是它喜欢芙蓉鸟。

生2:"我"根据什么判定芙蓉鸟是被这只猫咬死的?

生答:因为小猫经常凝望鸟笼,鸟死后,它嘴里好像还在吃着什么。

生3:为什么"我"对第三只猫的死,比对以前两只猫的亡失"更难过得多"?

生答:因为第三只猫是被"我"误伤之后死的,而"我永无改正我的过失的机会了",所以我更难过。

生4:课本第92页第一段中的"忧郁"与第94页中的"忧郁"有什么不同?

生答:第一个"忧郁"的意思是"担心",第二个"忧郁"指的是第三只猫的性格特点。

生5:假如养前两只猫时也养了鸟,鸟也被咬死,"我"将怎样想?怎样做?

(教师对这个问题给予高度的评价)

生答:如果是前两只小猫咬死了芙蓉鸟,"我"不会怪罪它们,更不会用棒打它们。因为"我"喜欢这两只小猫。

师:为什么"我"不会棒打前两只猫呢?就因为"我"喜欢它们。(一边讲一边板书)那为什么"我"会冤枉第三只猫呢?

生(齐答):不喜欢它,它不受欢迎。(师板书)

师:所以"我"妄下断语、棒打冤死了第三只猫。(师板书)仅仅是因为它不受欢迎就被冤枉而死,多可怜的一只猫呀!实际上,在我们的生活中有没有这样的事情发生呢?

生(齐答):有。

师:是呀,我们每一个人都可能犯这样的错误。生活中你们有没有遇到过类似的事情呢?你们有没有因为不喜欢某个人而冤枉了他(她)呢?你们觉得这样因为刻板印象而怀疑别人是对的吗?

生6:所谓事出有因,不被喜欢必然是有原因的,那么如果遇到了什么事,我首先想到那个我不喜欢,也就是重点怀疑的人,也没有什么错啊,没准这样还会提高解决问题的效率呢。

问题:如果你是案例中的教师,你将如何应对学生6提出的疑问,请给出合理可行的教学建议。

【参考答案】

①学生是学习的主体,教师扮演着组织者和引导者的角色。案例中,教师引导学生重点研读有关第三只猫的文字,学生提出疑问,尝试互相回答问题,以加深对文章的理解,教师适当评论并引导,目的是通过对第三只猫的遭遇和对文章作者的反思来启发学生明白不要因为固有印象来判断一个人的好坏,要对事实加以

查证的道理。如果我是案例中的教师,面对学生6的质疑,我首先会尊重学生的独立思考,不简单地批评、否认学生6的观点,同时也会以委婉温和的方式来引导学生6站在被冤枉者的角度思考问题,逐步启发其明白作者要表达的主旨。

②教师应运用教育机智,巧妙处理课堂上出现的突发状况。如果我是案例中的教师,面对学生6提出的与我期待中相反的回答,我会冷静思考这位学生为什么会有这样的想法,然后用谈话的方法,让他明白有时即使没有做错什么事情,也会有人持有偏见,从而以固有的观点来片面评价。比如,我会说"那你想一下,这第三只猫做错了什么事吗?它只是不太活泼,有一些'忧郁',这就是它的性格啊,就像人一样,有的人可能不太合群,有些内向,无法让别人了解真实的自己,但这就是个人的性格不同而已,我们仍然要以公正的心去评判他,不是吗?"我会启发该学生学会理性思考,即使是面对不喜欢的人或事,也要以公正公平的心态来对待,决不能让先入为主的偏见代替理性的客观事实。

强化练习

案例分析题

以下是三年级《石榴》一课教学实录片段,请简要评析。

师:下面检查预习,今天老师要来点"刺激"的!老师把这节课的生字词都藏到了石榴果的背后。石榴果越大,题目的难度也越大!自己来选择挑战的题目!开始——

生:我选果子最小的那一个。(众笑)

师:1号题?1号题只有一个生字,你一定能读好!

(生读)

师:读得太棒了!同学们,第一位挑战者初战告捷。接着来挑战吧!

生:我想选3号题。(生读句子)

师:老师特别仔细地听了,有一个词的读音啊,读得非常标准!你能带大家读读这个词吗?

(生领:咧开。生齐:咧开)

师:这句话中还有一个很长的句子,她也读得很流利。其实,在读长句子的时候只要注意了句子的停顿,还有一些在意思上联系紧密的词,读得紧凑些,你也能读得跟她一样流利!现在,自己试试,只读第二句话。

(生自由读)

师:下面我们接着挑战!在2号题中啊,可出现了不少的二类字,你能把他们都读准吗?自己先读读红色词语。

生:剥开、玛瑙、紧偎、嚼嚼、甜津津。

师:这段话中,有一个多音字。这个字表示去掉外面的壳时,它就读作本文的读音"bāo",让我们一起再读一遍这个词——"剥开"。(生齐读)其实很多的多音字,可以根据它的意思来判断它的读音。

师:同学们,在这段话中,还有一个多音字潜伏在里面,就是这个字——"嚼"。究竟它应该怎么读呢?请同学们根据它的意思来判断它的读音。

生:根据这个字在词语里的意思,它应该读作"jiáo"。

参考答案

案例分析题

【参考答案】

①教师应加强对学生阅读的指导、引领和点拨,要善于通过合作学习解决阅读中的问题。题干教师在教学新课、新

词时,采用游戏教学的方式,设置了一个个小问题,让学生自己选择难易程度不同的问题并进行回答;在读新词时,将学生自由读、学生领读、齐读三种方式相结合,增强了学生之间的合作意识,同时很好地调动了学生学习的积极性,值得借鉴。

②各个学段的阅读教学都要重视朗读、领读和齐读。题干中教师在教学生字的时候采用"读"的方式,不仅能带动学生学习生字词、阅读的兴趣,还能帮助学生对生字、生词的读音和意义进行准确识记,值得借鉴。

③在阅读教学中,教师为了帮助学生理解课文,可以引导学生学习必要的语文知识,但不能脱离语文运用的实际去"系统"地进行讲授和操练,更不应要求学生死记硬背概念、定义。题干教师在学生朗读生词后,通过有效的教学评价,引导学生认识字音与字义的关系,激发学生"读"的兴趣与思考表达的积极性,进而使学生在掌握学习生词的方法的基础上,明确本课生字、生词的读音与意义,值得借鉴。

中公教育·全国分部一览表

分部	地址	联系方式
中公教育总部	北京市海淀区学清路23号汉华世纪大厦B座	400-6300-999 / http://www.offcn.com
北京中公教育	北京市海淀区学清路38号金码大厦B座910室	010-51657188 / http://bj.offcn.com
上海中公教育	上海市杨浦区锦建路99号	021-35322220 / http://sh.offcn.com
天津中公教育	天津市和平区卫津路云琅大厦底商	022-23520328 / http://tj.offcn.com
重庆中公教育	重庆市江北区观音桥步行街未来国际大厦7楼	023-67121699 / http://cq.offcn.com
辽宁中公教育	沈阳市沈河区北顺城路129号（招商银行西侧）	024-23241320 / http://ln.offcn.com
吉林中公教育	长春市朝阳区辽宁路2338号中公教育大厦	0431-81239600 / http://jl.offcn.com
黑龙江中公教育	哈尔滨市南岗区西大直街374-2号	0451-85957080 / http://hlj.offcn.com
内蒙古中公教育	呼和浩特市赛罕区呼伦贝尔南路东达广场写字楼702室	0471-6532264 / http://nm.offcn.com
河北中公教育	石家庄市建设大街与范西路交叉口众鑫大厦中公教育	0311-87031886 / http://hb.offcn.com
山西中公教育	太原市坞城路师范街交叉口龙珠大厦5层（山西大学对面）	0351-8330622 / http://sx.offcn.com
山东中公教育	济南市工业南路61号9号楼	0531-86557088 / http://sd.offcn.com
江苏中公教育	南京市秦淮区中山东路532-2号金蝶软件园E栋2楼	025-86992955 / http://js.offcn.com
浙江中公教育	杭州市石祥路71-8号杭州新天地商务中心望座东侧4幢4楼	0571-86483577 / http://zj.offcn.com
江西中公教育	南昌市东湖区阳明东路66号央央春天1号楼投资大厦9楼	0791-86823131 / http://jx.offcn.com
安徽中公教育	合肥市南一环路与肥西路交叉口汇金大厦7层	0551-66181890 / http://ah.offcn.com
福建中公教育	福州市八一七北路东百大厦19层	0591-87515125 / http://fj.offcn.com
河南中公教育	郑州市经三路丰产路向南150米路西 融丰花苑C座（河南省财政厅对面）	0371-86010911 / http://he.offcn.com
湖南中公教育	长沙市芙蓉区五一大道800号中隆国际大厦4、5层	0731-84883717 / http://hn.offcn.com
湖北中公教育	武汉市洪山区鲁磨路中公教育大厦（原盈龙科技创业大厦）9、10层	027-87596637 / http://hu.offcn.com
广东中公教育	广州市天河区五山路371号中公教育大厦9楼	020-35641330 / http://gd.offcn.com
广西中公教育	南宁市青秀区民族大道12号丽原天际4楼	0771-2616188 / http://gx.offcn.com
海南中公教育	海口市大同路24号万国大都会写字楼17楼（从西侧万国大都会酒店招牌和工行附近的入口上电梯）	0898-66736021 / http://hi.offcn.com
四川中公教育	成都市武侯区科华北路62号力宝大厦北区3楼	028-87018758 / http://sc.offcn.com
贵州中公教育	贵阳市云岩区延安东路230号贵盐大厦8楼（荣和酒店楼上）	0851-85805808 / http://gz.offcn.com
云南中公教育	昆明市东风西路121号中公大楼（三合营路口，艺术剧院对面）	0871-65177700 / http://yn.offcn.com
陕西中公教育	西安市未央区文景路与凤城四路十字西南角中公教育大厦	029-87448899 / http://sa.offcn.com
青海中公教育	西宁市城西区胜利路1号招银大厦6楼	0971-4292555 / http://qh.offcn.com
甘肃中公教育	兰州市城关区静宁路十字西北大厦副楼2层	0931-8470788 / http://gs.offcn.com
宁夏中公教育	银川市兴庆区清和北街149号（清和街与湖滨路交汇处）	0951-5155560 / http://nx.offcn.com
新疆中公教育	乌鲁木齐市沙依巴克区西北路731号中公教育	0991-4531093 / http://xj.offcn.com
西藏中公教育	拉萨市城关区藏大中路市外事办东侧嘎玛商务楼二楼	0891-6349972 / http://xz.offcn.com